Dieter Freiburghaus
Dynamik der Arbeitslosigkei

Band 2

SCHRIFTEN DES WISSENSCHAFTSZENTRUMS BERLIN
Internationales Institut
für Management und Verwaltung

Verantwortlicher Herausgeber
Prof. Dr. Fritz Scharpf

Mitherausgeber
Prof. Dr. Karl W. Deutsch
Prof. Dr. Meinolf Dierkes
Prof. Dr. Walter Goldberg
Dr. Helmut G. Meier
Prof. Dr. Frieder Naschold

Dieter Freiburghaus

Dynamik der Arbeitslosigkeit

Umschlagsprozeß und Dauerverteilung der Arbeitslosigkeit in der Bundesrepublik 1966 – 1977

Verlag Anton Hain · Meisenheim am Glan
1978

CIP-Kurztitelaufnahme der Deutschen Bibliothek

Freiburghaus, Dieter:
Dynamik der Arbeitslosigkeit
Umschlagsprozeß und Dauerverteilung der Arbeitslosigkeit in der Bundesrepublik 1966 – 1977
1977 / Dieter Freiburghaus. –
Meisenheim am Glan: Hain 1978
(Schriften des Wissenschaftszentrums Berlin ;
Bd. 2 : Internat. Inst. für Management u. Verwaltung).
ISBN 3-445-01840-5

D 188

Umschlaggestaltung: Christian Ahlers, Berlin
Repro, Druck, Bindung: Friedrich Pustet, Regensburg
Printed in Germany
ISBN 3-445-01840-5

VORWORT DER HERAUSGEBER

Im Rahmen der generellen Ausrichtung des Wissenschaftszentrums Berlin auf international vergleichende, interdisziplinäre und anwendungsorientierte Forschung hat sich das Internationale Institut für Management und Verwaltung (IIMV) in seiner Programmperiode 1973-1978 auf Untersuchungen zur Interaktion zwischen Staat und Wirtschaft im Bereich der Industriepolitik konzentriert. Die übergreifende Fragestellung wird in fünf Forschungsbereichen - Regionale Wirtschaftsstrukturpolitik, Sektorale Wirtschaftsstrukturpolitik, Arbeitsmarktpolitik, Industriestrukturforschung, Organisation und Management, Politik und Verwaltung - bearbeitet.

Die hier vorgelegte Untersuchung von Dieter Freiburghaus entstand im Forschungsbereich Arbeitsmarktpolitik im Rahmen einer längerfristig angelegten, international-vergleichenden Untersuchung zu Problemen der Arbeitslosigkeit in den europäischen Ländern. Das Projekt hat den Eindruck verstärkt, daß die heutige Arbeitslosigkeit in den hochentwickelten Industrieländern weder mit der vorübergehenden Arbeitslosigkeit vergangener Konjunkturzyklen noch mit der Massenarbeitslosigkeit der großen Depression verglichen werden kann. Deshalb müssen auch die traditionellen Erklärungs- und Therapieansätze der ökonomischen Theorie in der gegenwärtigen Situation weitgehend versagen. Veränderungen in der Struktur und der Funktionsweise der Arbeitsmärkte, die bis in die frühen Siebzigerjahre durch hohe Wachstumsraten und ein abnehmendes inländisches Erwerbspotential verdeckt wurden, treten seit dem Konjunktureinbruch 1973/74 immer deutlicher zutage. Eine verminderte Anpassungsfähigkeit des Arbeitsmarktes an strukturellen Wandel, die Abwälzung der Arbeitslosigkeit auf weniger leistungsfähige oder marginale "Problemgruppen" und gleichzeitig steigende Anforderungen an die Qualifikation der Arbeitskräfte lassen Zweifel daran aufkommen, ob die herkömmliche Verbindung von Konjunktur- und Wachstumspolitik mit einer mobilitätsorientierten "aktiven" Arbeitsmarktpolitik noch in der Lage sein wird, Angebot und Nachfrage auf den Arbeitsmärkten wieder in Übereinstimmung zu bringen.

Zentrale These von Freiburghaus ist es, daß die gegenwärtige Problematik durch die in der Arbeitsmarktökonomie vorherrschenden statistischen Bestands- und Strukturanalysen nicht abgebildet werden kann und daß die neue Funktionsweise des Arbeitsmarktes nur auf der Grundlage einer Beschreibung ablaufender Prozesse und einer Erfassung der Stromgrößen von Arbeitsmarktbewegungen analysiert werden kann. Die Erklärung der neuen Arbeitsmarktlage erfordert also nicht nur neue theoretische Konzepte, sondern auch neue Ansätze und Verfahren der empirischen Forschung.

Die bisher in der Bundesrepublik verfügbaren Daten bilden die dynamischen Aspekte der Arbeitslosigkeit in ungenügender Weise ab. Erforderlich sind entweder aufwendige neue Primärerhebungen oder weitreichende Umstellungen in der Erfassung und Aufbereitung der herkömmlichen Statistiken, die nur mittelfristig zu verwirklichen sind. Deswegen kommt es vorerst vor allem darauf an, aus den gegebenen Daten durch neue methodische Verfahren ein Maximum an Information über die Arbeitsmarktdynamik herauszuholen. Diese Aufgabe hat Freiburghaus übernommen und gelöst. Er demonstriert einerseits die systematischen Verzerrungseffekte der herkömmlichen Statistik, und er zeigt andererseits einen methodischen Weg, wie auch auf der Grundlage der verfügbaren Daten eine zutreffende Schätzung der tatsächlichen Dauer der Arbeitslosigkeit und ihrer Verteilung auf unterschiedliche Personengruppen möglich ist. Die Analyse der Verteilung von Arbeitslosigkeitsfällen unterschiedlicher Dauer auf unterschiedliche Personengruppen bildet das empirische Kernstück der hier vorgelegten Arbeit.

Sie zeigt im ganzen, daß zwar in der Bundesrepublik die durchschnittliche Dauer der Arbeitslosigkeit wesentlich geringer ist als bisher angenommen, daß aber der Anfall langfristiger Arbeitslosigkeit in zunehmendem Maße auf bestimmte Problemgruppen verlagert wird, die in systematischer Weise aus dem Arbeitsmarkt herausgedrängt oder von ihm ferngehalten werden.

Die Relevanz dieser Untersuchungsergebnisse für die Arbeitsmarktforschung und die Arbeitsmarktpolitik wird kaum unterschätzt werden. Wie üblich trägt der Autor die alleinige Verantwortung für die Richtigkeit der Daten und Forschungsergebnisse sowie die daraus gezogenen Folgerungen.

Fritz W. Scharpf
Direktor
Internationales Institut für Management und Verwaltung
des
Wissenschaftszentrums Berlin

Vorwort

Diese Arbeit entstand im Rahmen eines international vergleichenden Forschungsprojekts über Ursachen und Struktur der Arbeitslosigkeit, welches vom IIMV in der Bundesrepublik, Großbritannien, Frankreich und Schweden durchgeführt wird. Gleichzeitig wurde sie als Dissertation am Fachbereich Politische Wissenschaft der Freien Universität Berlin eingereicht. Diese "Doppelfunktion" führte zu Friktionen und erforderte Kompromisse. Ich möchte beiden Institutionen und ihren Vertretern, Prof. Dr. M. Bolle und Prof. Dr. F. W. Scharpf für die Unterstützung danken.

Den Kollegen am IIMV und den Kommilitonen des Doktorandenseminars Bolle, die mit ihren Ideen, Fragen und kritischen Kommentaren für die Reproduktion der motivationalen Basis sorgten, möchte ich ebenfalls danken. Dies gilt ganz besonders für meinen Institutskollegen Günther Schmid. Robert Frank von der Cornell University und Günter Bühler halfen mir bei der stochastischen Analyse. Winfried Seeringer unterstützte die Computerarbeiten. Frau Brigitte Müller erledigte die mühselige Schreibarbeit zuverlässig und mit nie erlahmender Energie.

Berlin, im August 1978 Dieter Freiburghaus

Zusammenfassung

Die Untersuchung der Arbeitslosigkeit war bisher in der Bundesrepublik weitgehend von einer statischen Betrachtungsweise geprägt. Dies zeigt sich sowohl in den dominanten Erklärungsansätzen wie in der empirischen Forschung. Die ständigen Ströme im Arbeitsmarkt und in seinem Umfeld, die starken Umwälzungs- und Abwälzungsprozesse in der Arbeitslosigkeit haben noch nicht die Aufmerksamkeit gefunden, die ihnen für die Erklärung der heutigen Form der Arbeitslosigkeit und für deren Bekämpfung zukommen müßte. Einer der Gründe für die Einseitigkeit liegt in empirisch-methodischen Schwierigkeiten bei der Erfassung, Beschreibung und Analyse des dynamischen Arbeitsmarktgeschehens. Der weitaus größte Teil der vorhandenen Informationen über die Arbeitslosigkeit stammt aus Querschnittsuntersuchungen, aus Bestandsanalysen also, die nur Momentaufnahmen des Gesamtprozesses darstellen. Grundsätzlich sind jedoch allein aus festgestellten Nettoveränderungen zwischen aufeinanderfolgenden Querschnitten die (Brutto-) Ströme, die ihnen zugrunde liegen, nicht rekonstruierbar.
Ein besonderes Problem tritt bei der Untersuchung der Dauer der Arbeitslosigkeit für verschiedene Gruppen auf. Deren Verteilung und ihre zeitliche Entwicklung ist - abgesehen von der grundsätzlichen Bedeutung der Dauer für die Analyse der Arbeitslosigkeit - eine zentrale Beschreibungsgröße für den Umschlagsprozeß. Die vorhandenen, aus Querschnittsuntersuchungen stammenden Daten über die Dauer geben diese - und damit alle mit der Dauer korrelierenden Merkmale der Arbeitslosen - jedoch mit einer doppelten Verzerrung wieder: Zum einen wird nur die bisherige Dauer der Arbeitslosigkeit bis zum Stichtag festgehalten und zum anderen stellt der Arbeitslosenbestand eine nach der Dauer verzerrte Auswahl aus dem Gesamtstrom aller Arbeitslosen dar. Die Analyse dieser Verzerrungen, die Sichtung bisher für die Umrechnung der Dauerverteilung angewandter Methoden, die Entwicklung eines neuen, auf die Datensituation in der Bundesrepublik zugeschnittenen Verfahrens sowie die Auswertung und Interpretation der mit ihm gewonnenen Ergebnisse bilden den Hauptinhalt dieser Arbeit.

Der erste Teil geht den Gründen für die bisher vorherrschend statische Betrachtungsweise der Arbeitslosigkeit nach. Die damit einhergehenden Verkürzungen und Einseitigkeiten sind ein Grund für die ungenügende Erklärungskraft vorliegender Ansätze. Außerdem wird auf Hindernisse eingegangen, die sich der Entwicklung neuer, interdisziplinärer Forschungsansätze entgegenstellen. In der Dualisierung der Forschung in akademisch-disziplinär ausgerichtete Theoriebildung auf der einen und in auf die Perspektive politischer Handlungsträger verkürzterer Beratungswissenschaft auf der anderen Seite wird ein Grund für die Stagnation gesehen. Die Skizze einer intermediären "diagnostischen" Sichtweise der aktuellen Arbeitsmarktprobleme schließt diesen einleitenden Teil ab.

Der zweite Teil setzt sich eingangs mit methodischen Problemen einer dynamischen Arbeitsmarktbeschreibung und der Einbettung des Arbeitsmarktprozesses in ein Stromsystem des Arbeitsmarkts auseinander. Eine solche Beschreibung stößt jedoch sehr schnell an Grenzen des vorhandenen empirischen Materials. Dieses wird auf dem Hintergrund seiner Entstehung kritisch durchleuchtet. Soweit es die Daten zulassen, wird der "äußere Umschlagsprozeß" der Arbeitslosigkeit, ihre Bestandsentwicklung aus den Zu- und Abgängen, analysiert. In dem Zusammenhang wird ein Verfahren entwickelt, das eine Schätzung der (statistisch nicht ausgewiesenen) Altersschichtung des Zugangs zu den Arbeitslosen erlaubt. Abschließend wird eine einfache Methode zur Berechnung der durchschnittlichen Dauer der Arbeitslosigkeit dazu benutzt, die zeitliche Entwicklung der relativen Bedeutung von Dauer und Neuzugang zur Arbeitslosigkeit zu untersuchen.

Im dritten Teil werden die oben erwähnten Verzerrungen in der Verteilung der Dauer der Arbeitslosigkeit untersucht. Verschiedene bisher in anderen Ländern angewandte Methoden zur Berechnung der Verteilung der vollständigen Dauer werden auf ihre Brauchbarkeit im Hinblick auf die Untersuchungsziele und die spezifische Datensituation der Bundesrepublik gesichtet.

Die meisten dieser Methoden eignen sich nur für die Transformation der Dauerverteilungen in einer stationären Situation. Es wird ein neues Verfahren, die Verbleibwertmethode, vorgestellt, das dieser Beschränkung nicht unterliegt. Es beruht auf einer grundsätzlich sehr einfachen Zusammenführung von Informationen aus Zugangsstatistiken mit den Verteilungen der bisherigen Dauer aus den Bestandsanalysen.

Im vierten Teil werden die Einzelschritte dieses Verfahrens entwickelt und seine Durchführung und Umsetzung in ein Computerprogramm erläutert. Die Rohdaten lassen sich in vielfältiger Weise für die Interpretation des Arbeitslosigkeitsprozesses auswerten. Neben der Verteilung der Dauer für verschiedene arbeitsmarktrelevante Gruppen und deren Entwicklung in der Zeit ist eine Beschreibung des Abgangsprozesses aus der Arbeitslosigkeit mit Hilfe von Abgangsraten möglich. Interessante Aspekte ergibt außerdem die Untersuchung der Verteilung der insgesamt in der Arbeitslosigkeit verbrachten Zeit für verschiedene Gruppen. Der vierte Teil schließt mit einer Zusammenfassung der wichtigsten empirischen Ergebnisse der Arbeit ab. Das entwickelte Programm ermöglicht künftig ohne großen Aufwand die Fortschreibung aller hier gewonnenen Informationen über Dauer und Umschlagsprozeß der Arbeitslosigkeit.

INHALT

II. Teil

Einleitung

Diese Arbeit ist in der Hauptsache ein Beitrag zur Lösung eines statistisch-methodischen Problems, das sich bei der empirischen Beschreibung und Untersuchung der Dynamik der Arbeitslosigkeit stellt. Es geht darum, mit gegebenen Daten[1)] folgende Frage zu beantworten: Wie verteilt sich die Dauer der Arbeitslosigkeit in einer Gruppe von Arbeitslosen, die während eines bestimmten Zeitraums arbeitslos geworden sind, oder anders gesagt, nach welcher Zeit werden wieviele der arbeitslos Gewordenen wieder aus der Arbeitslosigkeit ausgeschieden sein.

Ist die Situation stationär, bleiben also die Dauer und die Anzahl der Zugänge zur und Abgänge aus der Arbeitslosigkeit über längere Zeit konstant, dann ist es irrelevant, welchen Zugangszeitraum zur Arbeitslosigkeit man wählt und wie lange dieser ist. In der Realität verändert sich allerdings die Dynamik der Arbeitslosigkeit ständig, so daß die Verteilung der Dauer vom Eintrittszeitpunkt abhängig wird. Der Eintrittszeitraum muß aus diesem Grunde relativ kurz gewählt werden im Verhältnis zur Veränderungsgeschwindigkeit der Bedingungen, die die Dauer beeinflussen. Die Arbeitslosen, die in einem solchen relativ kurzen Zeitraum (praktisch meist ein Monat) neu arbeitslos geworden sind, werden, in Anlehnung an den Gebrauch bei soziologischen Längsschnittuntersuchungen, Kohorten genannt. Gruppen sind dagegen Teilmengen der Arbeitslosen, die in arbeitsmarktrelevanten Charakteristika übereinstimmen, also etwa Geschlechter, Altersgruppen, Qualifikationsgruppen etc..

Diese Arbeit setzt sich also das Ziel, die Verteilung der Dauer der Arbeitslosigkeit und deren Veränderung in der Zeit für arbeitsmarktrelevante Untergruppen von Arbeitslosenkohorten zu bestimmen. Dies ist deswegen ein Problem, weil die Daten über die Dauer der Arbeitslosigkeit, die die verfügbaren Statistiken ausweisen, anderer Natur sind:

Es sind Querschnittsinformationen, die die Frage beantworten, wie sich die bisherige Dauer der Arbeitslosigkeit unter denen verteilt, die zu einem bestimmten Zeitpunkt gerade arbeitslos sind (Bestandsbetrachtung).

Hier schließen sich einige Fragen an. Einmal ob und warum diese beiden Verteilungen (bisherige Dauer bei einem Bestand, vollständige Dauer bei einer Kohorte) nicht dieselben sind. Zweitens inwiefern die Umrechnung ein Problem darstellt und unter welchen Bedingungen es lösbar ist. Drittens wieso in den meisten Fällen nur die erste, nicht aber die zweite Information in den Statistiken vorhanden ist und viertens unter welchen Gesichtspunkten die nicht vorhandene und zu berechnende Information über die Dauer von Bedeutung ist.

Auf diese Fragen gibt die Arbeit Anworten. Sie können hier kurz vorweggenommen werden:

- Die beiden Verteilungen sind nicht dieselben, jedenfalls nicht unter den Regeln, die den Abgang aus der Arbeitslosigkeit normalerweise beherrschen (8.2)[2]. Die beiden Verteilungen hängen in einer Art und Weise zusammen, die im allgemeinen weder Mittelwert noch Varianz oder andere Verteilungsmaße konstant hält. Es ist sogar so, daß sich die Ordnung beispielsweise der Durchschnittsdauer für verschiedene Untergruppen zwischen den beiden Konzepten verkehren kann (7.2).

- Die Gewinnung der Längsschnittinformation aus der vorhandenen Querschnittsinformation ist unter bestimmten zusätzlichen Bedingungen (Stationarität des Prozesses) oder mit Hilfe bestimmter zusätzlicher Daten (beispielsweise über den Zugang zur Arbeitslosigkeit) grundsätzlich möglich (8.3). Schwierigkeiten bereitet vor allem die Abschätzungen der Fehler, die dabei entstehen.

- Längsschnittinformationen sind direkt meistens nicht verfügbar, weil entweder das statistische Erhebungskonzept sie grundsätzlich nicht erzeugen kann - wenn jemand an einem Stichtag nach der Arbeitslosigkeit befragt wird, kann er nicht wissen, wie lange diese noch andauern wird - oder weil, meistens aus Gründen des finanziellen oder organisatorischen Aufwands, die grundsätzlich vorhandenen Längsschnittinformationen - beispielsweise bei der Registrierung der Arbeitslosigkeit - nicht statistisch ausgewertet werden (5.2). Kurz: in der Bundesrepublik gibt es in der Vergangenheit solche Daten nicht und es wird sie voraussichtlich auch noch für längere Zeit, abgesehen von einigen Spezialerhebungen, nicht geben.

Die letzte Frage, die nach der Bedeutung der Dauerverteilung für Kohorten, nach der Motivation also, solche Daten zu gewinnen, läßt sich nicht so kurz beantworten. Es ist nicht so, daß die eine Verteilung grundsätzlich richtiger ist als die andere. Da sie jedoch unter den gegebenen Bedingungen sehr stark voneinander abweichen, ist es wichtig, sich der Differenz der beiden Konzepte bewußt zu sein und das einem bestimmten Erklärungskontext jeweils adäquate zu verwenden. Dies ist in der Diskussion um die Dauer der Arbeitslosigkeit bisher meist nicht der Fall. Eine Aussage wie: "Die durchschnittliche Dauer der Arbeitslosigkeit beträgt 1976 schon über sieben Monate" ist richtig, wenn sie als die durchschnittliche bisherige Dauer bei denjenigen gelesen wird, die beispielsweise Ende September 1976 gerade arbeitslos sind. Interessiert man sich jedoch für alle diejenigen, die 1976 überhaupt arbeitslos waren, ergibt sich eine wesentlich kürzere Durchschnittsdauer von unter vier Monaten.

Soviel zur Motivation "im technischen Sinne". Die nicht unbeträchtliche Anstrengung, die hier zur Erzeugung dieser Längsschnittinformation gemacht wird, hat jedoch noch einen breiteren Hintergrund. Es ist die Bedeutung, die diese berechneten Verteilungen für die empirische Analyse der Dynamik der Arbeitslosigkeit hat. Untersucht man den Umschlagsprozeß der Arbeitslosigkeit, also die Zusammenhänge zwischen Zugang zur und Abgang aus der Arbeitslosigkeit, den Arbeitslosenbeständen und der Arbeitslosigkeitsdauer, dann wird die Dauer im Sinne dieses Kohortenkonzepts zentrale Beschreibungsgröße. Damit verschiebt sich die Frage nach der Bedeutung dieser Berechnungen auf die Bedeutung, die die Analyse des Umschlagsprozesses für die Untersuchung und Erklärung der Arbeitslosigkeit hat. Dieser Frage wird im ersten Teil der Arbeit nachgegangen.

In einem Seminar mit Ökonomen und anderen Sozialforschern stellte sich kürzlich die Frage, wieviele Fälle von Arbeitslosigkeit es in der Bundesrepublik im Jahre 1977 wohl gegeben habe, als der durchschnittliche Jahresbestand ca. eine Million betrug. Die Antworten lagen zwischen 5oo ooo und zwei Millionen. Tatsächlich waren es jedoch 3,3 Millionen. Dies ist ein Indiz dafür - und es gibt viele andere - daß, nicht nur in der öffentlichen, auch in der wissenschaftlichen Diskussion, die Vorstellung eines relativ festen Bestandes von langfristig Arbeitslosen vorherrscht. Diese Vorstellung hängt eng mit den beiden in der Bundesrepublik noch immer im Vordergrund stehenden Erklärungsansätzen der "Nachfragelücke nach Arbeitskraft" und der "strukturellen Arbeitslosigkeit" im Sinne von Profildiskrepanzen zwischen Angebot und Nachfrage zusammen. Nimmt man jedoch zur Kenntnis, daß beispielsweise 1977 auch über drei Millionen Arbeitslose wieder aus der Arbeitslosigkeit ausgeschieden sind, daß von diesen ca. 75 % wieder in das Erwerbsleben eintraten und daß insgesamt pro Jahr ca. sechs Millionen neue Arbeitsverträge (bei 22 Mio. Beschäftigten) zustande kommen[3)], dann wird diese Vorstellung in Frage gestellt. Der Bestand an Arbeitslosen ist dann nicht mehr direkt als solcher erklärungsbedürftig, sondern zu erklären ist die Arbeitsmarktdynamik, die die eine Million als Bestand immer wieder erzeugt und aufrechterhält.

In Ländern, in welchen schon während langer Zeit hohe Arbeitslosigkeit herrscht, allen voran in den USA, hat dieser Streit der "Bestandsanalytiker" (Konjunkturalisten versus Strukturalisten) schon längst an Bedeutung verloren und die Arbeitsmarktforschung ist dazu übergegangen, entweder direkt die Prozesse auf dem Arbeitsmarkt ins Zentrum der Untersuchungen zu rücken (Turnover-Arbeitslosigkeit, Search-Theory, Abwälzungsmechanismen der Arbeitslosigkeit auf sozial schwache Gruppen), oder die strukturellen Bedingungen von Verhalten und Prozessen auf dem Arbeitsmarkt aufzuklären (Segmentationstheorien, Dualisierungsansatz, Diskriminierungsuntersuchungen). Es ist anzunehmen, daß mit zunehmender "Amerikanisierung" der Arbeitslosigkeit in der Bundesrepublik die Arbeitslosigkeitsforschung einen ähnlichen Weg gehen wird. Dazu soll diese Arbeit einige Überlegungen und einiges empirische Material beitragen.

Was kann die Hypothese der "Amerikanisierung"[4)] der Arbeitslosigkeit mehr oder anderes bedeuten als die Vermutung, daß für lange Zeit in der Bundesrepublik offene Arbeitslosigkeit in der Größenordnung von vier bis sechs Prozent der Erwerbsbevölkerung ein neuer "Normalpegel" werden könnte, auf dem sich konjunkturelle Schwankungen aufbauen werden? Sie könnte vor allem einen anderen Erklärungsansatz, eine andere Sichtweise als die hier und heute noch vorherrschenden implizieren. Zu negieren wäre nicht, daß eine Hauptursache für die heutige Arbeitslosigkeit in einer Abschwächung der Nachfrage nach Arbeitskraft seit 1973 bei einer potentiellen Zunahme des (inländischen) Arbeitskräfteangebots zu finden ist; zu negieren wäre ebensowenig, daß ein lange andauerndes Wirtschaftswachstum mit Raten, die denen der frühen siebziger Jahre entsprächen, die Arbeitslosigkeit beträchtlich reduzieren würde, wenn auch nicht mehr auf das "Überbeschäftigungsniveau" von unter ein Prozent. Geht man aber davon aus, daß ein solches Wirtschaftswachstum aus Gründen, die hier nicht weiter aufgeführt werden sollen, sehr unwahrscheinlich und wohl nicht einmal wünschenswert ist, dann wird zwar die Begründung der Arbeitslosigkeit durch Nachfragedefizit nicht falsch, sie wird nur uninteressant. In den Vordergrund des Interesses rückt dann die Frage, wie der Arbeitsmarkt unter diesen veränderten Voraussetzungen funktioniert, warum und wie die verkleinerte Nachfrage nach Arbeitskraft in offene Arbeitslosigkeit umgesetzt wird - was auf dem Hintergrund verschiedener alternativer Verarbeitungsmöglichkeiten der Nachfragereduktion untersucht werden muß - und was dies wiederum für die Nachfrage nach Arbeitskraft für Folgen hat; wie und warum die offene Arbeitslosigkeit in bestimmter Weise auf bestimmte Gruppen abgewälzt wird und was dies für die Möglichkeit der Verminderung der Arbeitslosigkeit durch staatliche oder andere Maßnahmen bedeutet, wie es die Wahrscheinlichkeit beeinflußt, daß sich potentielle Handlungsträger motiviert fühlen, etwas zu tun.

Die "Amerikanisierung" des Arbeitsmarkts könnte also besagen, daß diese Verarbeitungs-, Abwälzungs- und Umwälzungsmechanismen im Arbeitsmarkt, die teilweise das Resultat eines plötzlichen Nachfrageeinbruchs auf einem Arbeitsmarkt, dessen Strukturen sich unter langanhaltender Überbeschäftigung herausgebildet hatten, und teilweise das Resultat längerfristiger Struktur- und Verhaltensänderungen sind, eine Art Eigendynamik der Aufrechterhaltung einer hohen Arbeitslosigkeit entfalten; daß also diese Arbeitslosigkeit Teil der Funktionsdynamik des Arbeitsmarkts wird, durch positive Rückkopplungen verstärkt und durch negative Rückkopplungen auf hohem Niveau stabilisiert, relativ unabhängig geworden von mittelfristigen Veränderungen in der wirtschaftlichen Dynamik. Wenn dem so wäre, dann müßte die Hoffnung auf ein "Patentrezept" gegen die Arbeitslosigkeit auch hier aufgegeben werden. Eine Strategie zu ihrer Bekämpfung wäre nur noch in einem langwierigen, komplizierten Kleinkrieg gegen die Strukturen und Verhaltensweisen, die den Hintergrund der die Arbeitslosigkeit "erhaltenden" Arbeitsmarktdynamik darstellen, zu sehen.

Im ersten Teil dieser Arbeit sollen einige Indizien für die Existenz solcher "enogener Faktoren"[5] der Arbeitslosigkeit aufgeführt werden, eingebettet in den Versuch, eine den neuen Phänomenen der Arbeitslosigkeit adäquatere Sichtweise des Arbeitsmarktgeschehens zu skizzieren. Außerdem werden einige Überlegungen zum Verhältnis von begrifflichem Konzept ("Theorie") und empirischer Untersuchung angestellt, welches auch in dieser Arbeit mehr durch Parallelität der Intention als durch stringenten Bezug gekennzeichnet ist.

I. Teil

ARBEITSLOSIGKEIT UND ARBEITSMARKTDYNAMIK

1. Kapitel

Erklärungsanspruch zwischen akademischer Theorie und politischer Beratung

Die Gleichzeitigkeit von Überfluß und Mangel wird auf beiden Seiten empfunden, die sich wissenschaftlich mit dem Phänomen oder dem Problem der Arbeitslosigkeit auseinandersetzen, sowohl bei den "Theoretikern" - es sind immer noch die Ökonomen, die in erster Instanz als zuständig erachtet werden - wie auch bei den "Praktikern", die dem Hilferuf von Gesellschaft und Politik nach Anleitung ihres Handelns folgen möchten. Die Theoretiker verschiedener Schulen schwanken zwischen der selbstsicheren Pose, die Unmöglichkeit, die Möglichkeit oder gar die Notwendigkeit von Arbeitslosigkeit längst theoretisch eingefangen zu haben und der Vermutung, daß beim Arbeitsmarkt zwischen theoretischer Modellierung und Wirklichkeit wohl eine noch größere Lücke klafft als bei anderen Gegenständen der Ökonomie. Die Praktiker sind durch eine kaum mehr überblickbare Fülle von Erklärungsansätzen und die diesen auf dem Fuße folgenden Rezepte verunsichert, die in keinen verbindenden Kontext mehr integrierbar erscheinen. Woher also stammt bei einem überreichlichen Erklärungsangebot das Gefühl des Mangels, das sich in reger wissenschaftlicher Tätigkeit manifestiert?

Ein Grund mag in einem Bedürfnis nach einer idealen Erklärung, einer vollständigen Theorie einerseits, nach dem idealen Handeln, dem "Patentrezept" andererseits liegen, welches in der Bundesrepublik in der Forschungstradition und im politischen Handeln stärker ausgeprägt zu sein scheint als anderswo. Daß es _die_ Theorie des Arbeitsmarkts nicht gibt, die sowohl grundlegende Gesetze wie konkrete Erscheinungsformen umfaßt, die die verschiedenen disziplinären Aspekte zu integrieren vermag und die auch noch strengen Kunstregeln der Theoriebildung genügt, ist eine Tatsache. Ob eine solche jedoch sinnvolles Ziel von Wissenschaft sein kann, ist mehr als fraglich[6]. Daß es auf der anderen Seite kein Patentrezept gegen Arbeitslosigkeit und Unterbeschäftigung gibt, ist ebenso offensichtlich. Wieso aber besteht immer noch das Bedürfnis nach einem solchen? Gibt es keinen Zwischenweg zwischen arbeitsmarktpolitischer Flickschusterei und dem idealen Rezept, oder traut man sich ihn einfach nicht zu, weil dann so vieles konkret in Frage gestellt werden müßte, Verteilungsrelationen, soziale Besitzstände und bürokratische Traditionen?

Diese These würde also besagen, daß die Erklärungen der Arbeitslosigkeit, die insgesamt in den Theorien und in den mehr anwendungsbezogenen Ansätzen enthalten sind, ausreichend wären im Verhältnis zu einem realistischen Theorieanspruch einerseits, als Grundlage für ein handlungsentschlossenes politisches Subjekt andererseits, daß also das Gefühl des Mangels einzig am überzogenen Anspruch festzumachen wäre. Dem steht immerhin entgegen, daß auch in Ländern wie den USA, deren Wissenschaft dem Verdacht, die Wirklichkeit ideal in der Theorie einfangen zu wollen, weniger ausgesetzt ist, und die seit Jahren einen pragmatischen Kleinkrieg gegen die Arbeitslosigkeit führen, das Bedürfnis nach adäquateren Erklärungen des Arbeitsmarktgeschehens ebenfalls zu bestehen scheint. Dies wird durch eine große Anzahl von empirischen und theoretischen Arbeiten belegt. Letztere versuchen zum überwiegenden Teil durch Erweiterung und Modifikation bestehender Paradigmen (etwa durch Einbeziehung des Informationsproblems in die Arbeitsmarktanalyse[7])oder durch extensive Anwendung der Human Capital Theorie den heutigen Problemen des Arbeitsmarkts auf die Spur zu kommen. Andere sind dabei, neue, unorthodoxe, multidisziplinäre Ansätze zu entwickeln. Die Widerstände, denen sich diese neuen Sichtweisen der Arbeitsmarktprobleme ausgesetzt sehen, verweisen auf einen anderen Grund des Mangelgefühls und der Schwierigkeit, es zu beheben. Sie können an den Erfahrungen demonstriert werden, die beim Versuch der Übertragung eines solchen "Approach" in die Diskussion in Deutschland gemacht wurden. Es handelt sich um den "Dualen Arbeitsmarkt"-Ansatz[8]. Diese interessante, interdisziplinär angesetzte Sichtweise der Entwicklung des Arbeitsmarkts stieß schon in den USA auf wenig Gegenliebe bei den zünftigen Labor Economists. Die Theoretiker bemängelten, daß sie sich über die Kunstregeln von Theoriebildung hinwegsetzte und überdies nichts aussage, was nicht auch rein ökonomisch zu erklären sei[9]. Die Praktiker kritisierten die Unmöglichkeit, aus dieser Sichtweise unmittelbar neue Politiken ableiten zu können. Dazu kam dann hier noch die Ansicht, daß die Verhältnisse in Deutschland sich doch so erheblich unterschieden (andere Gewerkschaftsstrategie, keine Rassenprobleme, andere Berufsausbildung), daß der ganze Ansatz nicht sinnvoll übertragbar sei. Wird dann noch die rigide Forderung der empirischen Beweisbarkeit gestellt, der sich die orthodoxen Theorien längst entzogen haben, dann scheint der Störenfried besiegt, und man kann wieder zur akademischen oder politischen Tagesordnung übergehen.

Der Grund, warum eine Betrachtungsweise der Arbeitsmarktprobleme, wie sie der "Duale Arbeitsmarkt" Ansatz darstellt, auf so viele Gegner stößt und von vielen ihrer Befürworter durch Überforderung, durch das Stellen von Ansprüchen, denen sie nicht genügen kann, ihrer originären Erklärungskraft beraubt wird, liegt nicht in erster Linie am Inhalt und ihren nicht zu leugnenden Schwächen, sondern am wissenschaftlich ungewohnten Ort, an dem sich ein solcher Ansatz angesiedelt hat. Auf der einen Seite entzieht er sich disziplinärem Theoretisieren und auf der anderen Seite läßt er sich schlecht für die unmittelbare Politikanleitung gebrauchen.

Dies verweist auf eine weitere Ursache für das Ungenügen der wissenschaftlichen Auseinandersetzung mit komplexen, realen Problemen wie dem der Arbeitslosigkeit. Sie liegt in der Dichotomie der akademisch disziplinären Theoriebildung auf der einen und der pragmatischen, eklektischen Anwendungswissenschaft, die unmittelbar auf das Rezept zielt, auf der anderen Seite. Diese Aufspaltung der Sozialwissenschaft in zwei Teile, welche sich in der Bundesrepublik ja auch institutionell immer mehr verfestigt[1o)], verstärkt die immanente Tendenz der Theorien, sich auf ihre formalen Strukturen zu kaprizieren und verstärkt die immanente Tendenz der "Rezeptbildner", die Restriktionen, denen das Handeln ihrer Klienten unterworfen ist, zu Restriktionen des Erkennens und Erklärens zu machen[11)].

Das Ideal der theoretischen Sozialwissenschaft - man hat sich die Ökonomie als bisher "theoriefähigste" vor Augen zu halten - ist es immer noch, in Anlehnung an die Erfolge der Naturwissenschaft durch eine radikale Komplexitätsreduktion eine möglichst kleine Menge von Zusammenhängen, die annähernd die Eigenschaften eines mathematischen Axiomensystems haben, so zu bilden, daß durch logische Deduktion die Gesetze und Zusammenhänge der Wirklichkeit "abgeleitet" werden können. Dieses Ideal, und viele seiner Folgen, teilen die sonst so verfeindeten Brüder "bürgerliche" und "marxistische" Ökonomie. Man ist sich auch einig, daß diese grundlegenden Gesetze und Beziehungen, die man glaubt, herausdestilliert zu haben, der eigentlich interessante Gegenstand von Wissenschaft seien, und setzt dagegen die konkret einzelnen, historisch besonderen "Erscheinungsformen", die im Geruche des nicht Seriösen stehen, die negiert, als uninteressant beiseite geschoben oder so manipuliert werden, daß sie die Axiome nicht mehr in Frage stellen. Dazu gibt es Techniken; etwa die Behauptung der "Verkehrtheit" der Erscheinungen oder die der völligen empirischen Entleerung zentraler Begriffe. Erklären eines Phänomens bedeutet nur noch, es konsistent - im Sinne der jeweiligen Kunstregeln -

an das bisherige Theoriegebäude anzuschließen, es ins Paradigma mitaufzunehmen, wie immer es dabei umgeformt und zurechtgestutzt werden muß. Damit hängt der imperiale Anspruch solcher Theorien zusammen, der ja immer ein Begleiter von Dogmen ist. Die Wirklichkeit, die der Objektbereich dieser Wissenschaft ist, ist die Wirklichkeit der Theorie, ein komplexes Spiel als Kunstobjekt. Die Mathematisierung solcher Wissenschaft ist nicht eine ihrer Möglichkeiten, sondern die ihr adäquate[12)].

Auf der anderen Seite steht die anwendungsbezogene Beratungswissenschaft, die "Sozialtechnologie". Ihr Kriterium ist die Möglichkeit, Handeln anzuleiten, welches der Erreichung gegebener Ziele dient. Voraussetzung dafür ist, daß die Gesellschaft in handelnde Subjekte und zu behandelnde Problemfelder eingeteilt wird, und daß eine teilweise Identifikation des Wissenschaftlers mit den Subjekten, seinen Klienten, zustandekommt. Diese Trennung und Identifikation setzt sich auch dann fort, wenn die "inneren Organe" des handelnden Subjekts zum Problemfeld gemacht werden. Auch diese Wissenschaft hat eine ihr eigene Art der Komplexitätsreduktion, indem sie die Restriktionen, denen die zu beratende Instanz unterliegt, perzipiert, verinnerlicht und zu Bedingungen und Schranken der Untersuchung der Realität macht. Wirklichkeit wird hier das, was den möglichen Wirkungen der Instanz zugänglich ist, Problem ist hier, was für diese Instanz Problem ist.

Die Meinung, die dabei von beiden Seiten aufrechterhalten wird, ist natürlich, daß diese Trennung nicht bestehen soll, daß die Beratung durch die Erkenntnisse der Theorie angeleitet werden kann. Die Erfahrung, die immer wieder verdrängt wird, ist allerdings, daß dies in den seltensten Fällen gelingt, daß sich die Beziehung zwischen den beiden Teilen meist darin erschöpft, theoretische Versatzstücke unvermittelt als Begründungselemente für Praxisanleitung zu verwenden, die dann ihr Interesse, respektive das Interesse des Handlungsträgers und Auftraggebers, da "wissenschaftlich begründet", nicht mehr offenlegen muß.

Die zweite These besagt also, daß sich zwischen zwei notwendigen Polen von Sozialwissenschaft - der Strukturierungsleistung von durch Logik angeleitetem Intellekt auf der einen und der Fähigkeit zur Beurteilung konkreter, empirisch zu erfassender, komplexer realer Gegebenheiten auf der anderen Seite - eine unfruchtbare Dichotomie entwickelt hat, die das fortbestehende Bedürfnis, reale Probleme zu erklären, zu begreifen und unter Umständen bei ihrer Bewältigung mitzuhelfen, immer weniger befriedigt. Wie weit diese Dichotomie, die in der Ökonomie am offensichtlichsten ist, auch für andere Sozialwissenschaften eine Gefahr darstellt, wo ihre Ursachen liegen und was sie für die weitere Entwicklung der Wissenschaft und deren Einfluß auf die Gesellschaft bedeutet, kann hier nicht weiter untersucht werden. Vermutlich hätte eine solche Analyse von dem durch die Sozialwissenschaften (oder zumindest einiger ihrer Disziplinen) noch nicht vollumfänglich erkannten und in seinen Konsequenzen für Erkennen und Handlungsanleitung durchschauten grundlegenden Unterschied zwischen Natur- und Sozialwissenschaften auszugehen: daß der Gegenstand der letzteren selbstreflektierende Systeme sind, zu deren Realität in gleichem Maße ihre "materiellen" Strukturen <u>und</u> die Interpretationen und Deutungen gehören, die sie über sich selbst erzeugen[13)].

Wenn hier dennoch versucht werden soll, eine intermediäre Position zwischen "reiner" Theoriebildung und unmittelbarer Rezeptur zu skizzieren und zur Grundlage einer alternativen Sichtweise des Arbeitsmarktgeschehens und der Arbeitslosigkeit zu machen, dann geschieht es mit einem Seitenblick auf Disziplinen der Sozial- und Humanwissenschaften, deren Zweck schon immer in erster Linie Therapie und deren Objekt eine Vernachlässigung des Faktums der Selbstreflektiertheit nicht zuließ, also etwa auf Psychologie und Medizin. Diese Wissenschaften vom Menschen kennen in der Diagnostik eine solche intermediäre Position, eine Form der Analyse konkreter Problemsituationen auf dem Hintergrund verallgemeinerter Erkenntnis mit dem Ziel, Grundlage von Handlungsanleitung zu sein. Die Frage ist also, ob in Analogie zu dieser Situation auch in einem "Krankheitsfall" wie dem der Arbeitslosigkeit und auf dem Hintergrund der Disziplinen Ökonomie, Soziologie und Politikwissenschaft so etwas wie eine soziale Diagnostik denkbar ist, eine Sichtweise gesellschaftlicher Probleme, die die "Früherkennung" von Gefahren anstrebt, die verborgene Symptome aufdeckt, die Leiden bewußt macht, auch da, wo noch keine Therapie in Sicht ist, die aber auch schon in der Aufklärung komplexer Zusammenhänge einen Therapiebeitrag sieht, da diese Voraussetzung für die Selbsthilfe der Gesellschaft ist.

Es kann nicht die Intention dieser Arbeit sein, eine solche Sozialdiagnostik zu entwerfen oder auch nur, die Diagnose der Arbeitsmarktprobleme umfassend zu stellen. Dennoch kennzeichnet dieses Interesse die Überlegungen in den beiden folgenden Kapiteln, die als Versuch verstanden werden sollen, am konkreten Objekt einige Aspekte einer "diagnostischen Sichtweise" zu illustrieren.

Es gibt nun aber noch wesentlich konkretere Gründe, warum trotz der Vielfalt von Erklärungen, trotz der Reichhaltigkeit des Datenmaterials die Arbeitslosigkeit immer noch als ein unbekanntes Wesen gilt. Einmal sind die gängigen Ansätze auf die Begründung von Beständen gerichtet, die zu bestimmten Zeitpunkten vorgefunden werden. Für diese Bestände und ihre Zusammensetzung werden dann Einzelursachen gesucht. Im Arbeitsmarkt und in der Arbeitslosigkeit finden aber auch jetzt permanent riesige Umwälzungen statt, die den Hintergrund für Prozesse der Abwälzung der Arbeitslosigkeit darstellen. Die Bestände sind nur Momentaufnahmen dieser Prozesse und als solche gar nicht kausal erklärbar. Diese

Statik der Erklärung ist auch noch in einem anderen Sinne zu kritisieren. Das jetzt vorgefundene wird als Wirkung von jetzt bestehenden Ursachen zu begreifen versucht, und nicht als das Resultat einer Entwicklung, für die zu jedem Zeitpunkt auch alternative Möglichkeiten bestanden hätten. Mit dem Verkennen der realen Entwicklung, die zu einem Zustand geführt hat, geht auch die falsche Annahme einer problemlosen Reversibilität solcher Zusammenhänge einher, etwa in der Form: wenn verringertes Wachstum die Ursache der Arbeitslosigkeit ist, dann müßte die Arbeitslosigkeit bei vergrößertem Wachstum wieder verschwinden. Der "Hysteresis-Effekt"[14] wird dabei vergessen. Die meisten Erklärungen gehen zudem immer noch von einem ökonomistischen Bild des Arbeitsmarkts aus, von der Vorstellung des Arbeitsmarkts als "System von Angebot und Nachfrage"[15], als eines nur ökonomischen Zweckmäßigkeiten gehorchenden, neutralen Auktionators und vergessen, daß er auch ein Feld von Machtkämpfen um die Verteilung zwischen Kapital und Arbeit, aber auch innerhalb der beiden Parteien ist.

Einigen Mängeln in den Erklärungsansätzen, die in der Bundesrepublik noch im Vordergrund der Diskussion stehen, soll im folgenden Kapitel nachgegangen werden.

2. Kapitel

Zur Kritik einiger vorherrschender Erklärungsansätze

Gegenstand der kritischen Betrachtung sind hier nicht die allgemeinen Unterbeschäftigungstheoreme der ökonomischen Theorien, sondern die die gesellschaftliche Diskussion über die Arbeitslosigkeit leitenden Konzepte oder Sichtweisen, die allerdings ihre Argumente teilweise aus jenen beziehen und deren Weiterentwicklung mitbestimmen. Aus drei Gründen setzt hier die Kritik an diesen "Alltagskonzepten" an. Der erste ist ihre unmittelbare und große Relevanz für die gesellschaftliche Reflexion, für die praktischen Kontroversen um die Arbeitslosigkeit, für die Rechtfertigung von Handeln oder Nichthandeln, sowie als Grundlage von Strategien, die Arbeitslosigkeit als Vorwand für die Erreichung anderer Ziele zu benutzen[16)]. Ihre Relevanz also für die Vermittlung zwischen dem Problem, seiner Perzeption und politischem oder individuellem Handeln[17)]. Es sind diese Alltagskonzepte, die "die Massen ergreifen", und die damit, unabhängig von ihrer Qualität in Bezug auf theoretische Standards, relevant werden. Damit ist der zweite Grund für die kritische Auseinandersetzung mit diesen angesprochen: einer Diagnostik kann es nicht gleichgültig sein, wie der Patient sein Leiden reflektiert, dieses ist vielmehr Teil des Problems und damit ist zu hoffen, daß die kritische Bearbeitung dieser Standpunkte Elemente einer solchen alternativen Sichtweise zu Tage treten läßt. Da außerdem diese alternative Sichtweise insofern "Praxis" intendiert, als sie in der Diskussion in Konkurrenz zu jenen robusten, interesseverwurzelten Standpunkten treten möchte, kann es ihr nur bekömmlich sein, in einer etwas rauhen Umgebung eingepflanzt zu werden.

Die Kritik kann also, soll sie Gegenstand und Funktion gerecht werden, nicht auf die logische Konsistenz, auf die richtige "Ableitung" solcher Erklärungsansätze in und aus übergeordneten Aussagesystemen abzielen. Ebenfalls geht es ihr nicht in erster Linie um die empirische Falschheit einzelner behaupteter Zusammenhänge: ihre empirische Belegbarkeit macht sie ja so widerstandsfähig, wenn auch nicht gehaltvoller. Nicht die je einzelnen Kausalbeziehungen sind das Problem, sondern vor allem deren falsche Verknüpfung. Anlaß der Kritik sind auch nicht die offenen oder versteckten politisch-ideologischen Intentionen; die Interessengebundenheit der Standpunkte ist ja eine der Grundlagen ihrer Relevanz in der realen Auseinandersetzung; diese Interessen sind allenfalls sichtbar zu machen, die Funktion der Standpunkte und ihre Wirkung auf das Problem, seine Perzeption und auf staatliches Handeln aufzuklären.

Gegenstand der Kritik ist vielmehr das Mißverhältnis zwischen der Analysekapazität dieser Ansätze und der Komplexität der "neuen Arbeitslosigkeit", ein Mißverhältnis, das dann störend ist, wenn sie vorgeben, Grundlage kurierenden Handelns zu sein; - ist ihre naiv kausale Argumentation, die den Interdependenzen der unterliegenden Entwicklung nicht gerecht werden kann; - ist die Unfruchtbarkeit ihrer Gegenüberstellung; - ist die ihnen gemeinsame Dominanz einer statischen Betrachtungsweise eines Phänomens, das nur an der Oberfläche eine gewisse Konstanz zeigt; - ist die ihnen gemeinsame einseitig ökonomische Auffassung des Arbeitsmarkts als einer "neutralen" Allokationsmaschine, die die sich da abspielenden Macht- und Verteilungskämpfe nur ungenügend zu thematisieren vermag.

Diese die Diskussion bestimmenden Vorstellungen, Ansätze und Sichtweisen ordnen sich unter die beiden leitenden Gesichtspunkte der "strukturellen Arbeitslosigkeit" und der "Arbeitslosigkeit als Resultat einer Nachfragelücke" ein, und folgen damit einer weitverbreiteten Primärgliederung von sozioökonomischen Problemen in einen "Struktur-" und einen "Niveauaspekt". Diese beiden Aspekte können grundsätzlich nie alternativ oder gar ausschließlich einen Sinn haben. Einmal wird jede Strukturdiskrepanz auf einer unteren Ebene der Disaggregation zur Niveaudiskrepanz und umgekehrt, und zum zweiten können Strukturprobleme die Grundlage für Niveauprobleme sein und Niveauprobleme die Grundlage für die Entstehung von Strukturproblemen[18].

Diese beiden dominanten Ansätze sind in sich je höchst heterogen und finden ihren inneren Zusammenhalt mehr durch Interessengebundenheit und den Gegner als durch tatsächliche Kohärenz. In den nachfolgenden Abschnitten sollen nun die Hauptlinien der jeweiligen Argumentationen kritisch nachgezeichnet werden. Daß dabei nicht auf ganz bestimmte ausformulierte "Theorien" rekurriert werden kann, versteht sich von selbst.

Arbeitslosigkeit als Resultat einer "Nachfragelücke"

Dieser Ansatz postuliert, daß die Hauptursache der heutigen Arbeitslosigkeit in einem generellen Mangel an Arbeitsplätzen[19] zu suchen sei, oder anders gesagt, daß unter gegebenen Bedingungen, insbesondere des Lohnniveaus und der Lohnstruktur, die Nachfrage nach Arbeitskraft kleiner sei als das Angebot. Meistens impliziert der Ansatz der Nachfragelücke zugleich, daß die Ursache für die geringe Nachfrage nach Arbeitskraft in einer Nachfragelücke nach Gütern und Dienstleistungen liege. Nachfragelücke meint dann, daß eine höhere Nachfrage mit gegebenem Produktionspotential hätte befriedigt werden können (konjunktureller Aspekt), respektive daß das Wachstum des Produktionspotentials hinter den Möglichkeiten - was konkret meist nur heißt, hinter den früheren Wachstumsraten - zurückgeblieben sei (wachstumdefizitärer Aspekt).

Ob die konjunkturellen Schwankungen und die Verringerung des Wirtschaftswachstums adäquat von mangelnder Nachfrage her zu beschreiben sind, soll in dieser Arbeit nicht weiter diskutiert werden. Daß sich seit 1973 das Wirtschaftswachstum beträchtlich verlangsamt hat[20], daß dies, geht man von nicht ebenso stark zurückgehenden Wachstumsraten der Arbeitsproduktivität aus, zu einer Verringerung der

Nachfrage nach Arbeitskraft führt, daß auch tatsächlich die Erwerbstätigkeit seit der Konjunkturwende 1973 stark zurückgegangen ist[21], und daß das potentielle inländische Angebot an Arbeitskraft[22] wegen des Eintritts von stark besetzten und des Austritts von schwach besetzten Altersjahrgängen in und aus dem Arbeitsmarkt steigt, sind Tatsachen, die nicht zu bestreiten sind, und die anscheinend die These von der Nachfragelücke schon beweisen. Bei näherer Betrachtung wird es jedoch zweifelhaft, ob dies als Erklärung ausreicht, ob die aufgeführten Tatsachen so durch Kausalbeziehungen verbunden sind, wie dieser Ansatz das unterstellt, und noch zweifelhafter, ob diese Erklärung Grundlage für eine Wirtschaftspolitik sein kann, die positive Beschäftigungswirkungen haben soll. Die Forderung aus dieser Diagnose zielt ja meist auf Wachstumspolitik, sei dies mit Hilfe von Globalsteuerung oder mit Hilfe von Impulsen für spezielle Bereiche der Wirtschaft, sei dies durch Nachfragestimulierung oder durch Kostenentlastung der Unternehmer zulasten der Arbeitnehmer oder des Staates.

Die erste Frage, die hier kritisch zu stellen ist, bezieht sich auf die Entwicklung der Arbeitsproduktivität. Aus ihrer Definition folgt, daß, wäre ihre Steigerung nur ebenso stark zurückgegangen wie die Wachstumsrate des Outputs, die Arbeitskraftnachfrage konstant geblieben wäre. Zumindest nach den Vorstellungen der ökonomischen Theorie wäre bei dem behaupteten Überangebot von Arbeitskraft eine solche Tendenz der Arbeitsproduktivität über den Preismechanismus am Arbeitsmarkt und Veränderungen der Faktorrelationen bei relativen Preisänderungen nicht auszuschließen. Offensichtlich hat sie nicht stattgefunden, die Steigerung der Arbeitsproduktivität setzte sich kaum abgeschwächt fort[23]. Soll also die Nachfragelücke nach Gütern und Dienstleistungen die Mindernachfrage nach Arbeitskraft begründen, ist diese Entwicklung der Arbeitsproduktivität erklärungsbedürftig.

Dafür gibt es verschiedene Argumente, die hier vor allem auf implizite Aussagen über den Arbeitsmarkt hin zu überprüfen sind. Das erste geht davon aus, daß sich die technisch bedingte Steigerung der Arbeitsproduktivität tatsächlich verlangsamt hat, daß dies jedoch aus dem Grunde (noch) nicht sichtbar wird, weil der Prozeß der betrieblichen Anpassung des Arbeitskräftepotentials nach unten, verbunden mit der "Entdeckung" von Produktivitätsreserven (beispielsweise im Bürobereich), die während der Hochkonjunktur nicht "erschlossen" worden waren, sich immer noch fortsetzt. Dieser Zusammenhang ist für das Arbeitslosigkeitsproblem insofern interessant, als er die Externalisierung von Arbeitskräftereserven bedeutet, die während der Hochkonjunktur im Betrieb gehalten wurden. Dies würde bedeuten, daß die Arbeitslosigkeit stärker anstieg, als es sich durch Produktions- und technisch bedingte Produktivitätsentwicklung allein erklären läßt. Hier wird ein Mechanismus sichtbar, der die Tendenz hat, sowohl Überbeschäftigung (durch Hortung von Arbeitskräften im Betrieb), als auch Unterbeschäftigung (durch möglichste Externalisierung der Reserven) zu verstärken. Solche positiven Rückkopplungen werden noch öfter in der Argumentation auftauchen. Ihre (in einigen Fällen bisher nur vermutete) Existenz stützt das Argument einer nicht stetigen Übersetzung der tatsächlichen Arbeitskräftenachfrage in sichtbar werdende Beschäftigungsgrade.

Eine zweite Argumentationslinie hält an der Preisreagibilität der Faktorrelationen fest, sieht jedoch das Hauptproblem in einer (nicht marktgerechten) Inflexibilität der Löhne nach unten. Die Hauptgründe dafür werden in der Monopolmacht der Gewerkschaften, in deren solidarischer Lohnpolitik, die die Lohnstruktur weitgehend konstant halte, und in den hohen Lohnsubsidien während der Arbeitslosigkeit gesehen. Ob tatsächlich eine Verbilligung der Arbeitskraft ihren vermehrten Einsatz nach sich ziehen würde, ist, wie unten weiter begründet wird, zumindest zweifelhaft. Die empirische Überprüfung scheitert an der tatsächlich weitgehenden Inflexibilität der Löhne, respektive an der hohen Konstanz der Faktoreinkommensrelation. Aus der Sicht der Arbeitsmarktanalyse ergeben sich jedoch interessante Aspekte bei der Begründung dieser Tatsache: Die gewerkschaftlichen Lohnforderungen und ihre hohen Durchsetzungschancen brauchen nicht mit Monopolmacht erklärt zu werden, sie können durchaus "marktgerecht" sein, wenn man in Betracht zieht, daß die Gewerkschaften vor allem in einem "primären" Arbeitsmarkt der fachlich qualifizierten, dreißig bis fünfzigjährigen Kernarbeiter operieren, der tatsächlich eher durch partielle Angebotsknappheit denn durch Unterbeschäftigung charakterisiert ist[24]. Die (vorläufig noch wirksame) Übertragung der Lohnsteigerungen durch Tarifstrukturen und solidarische Lohnpolitik auf "weniger produktive" Arbeitskräfte könnte ein Grund für die deutlichere Herausbildung von Randbelegschaften sein, deren Kosten bei gleichbleibenden Tarifen durch ständige optimale Volumenanpassung an die Produktionserfordernisse reduziert werden. Diese Entwicklung zeigt sich in der Verteilung der Arbeitslosigkeit zu Lasten sekundärer Arbeitskräfte[25] und im hohen Anteil relativ kurzfristiger Umschlagsarbeitslosigkeit bei diesen Gruppen. Ob jedoch eine Veränderung der Lohnstruktur zu Lasten dieser Arbeitskräfte deren Beschäftigungschancen wieder erhöhen würde, ist höchst fraglich, weil diese duale Struktur, hat sie sich einmal herausgebildet, eine starke Tendenz zur Selbstperpetuierung hat[26].

Darüber hinaus gibt es noch weitere Argumente, die - zumindest für die Produktion des sekundären Sektors - eine starke Abhängigkeit der Entwicklung der Arbeitsproduktivität von der Lohnkostenentwicklung in Frage stellen. Für eine solche Loslösung der Entwicklung der Zusammensetzung des Kapitals von den Preisen sprechen Gründe u.a. der technischen Logik und der "Strategie des Kapitals". Da die Technologie des Produktionsprozesses sehr eng mit der technischen Komplexität und der Qualität des Outputs zusammenhängt, gibt es eine technologische Interdependenz des ganzen Produktionsapparats, durch die kaum mehr Wahlmöglichkeiten für den Einsatz alternativer Faktorrelationen offen gelassen werden. Der strategische Aspekt geht davon aus, daß "lebendige Arbeit" für die immer komplexer werdenden Produktionsprozesse immer mehr zum unberechenbaren Störfaktor wird, nicht nur im Zusammenhang mit Streik, Dienst nach Vorschrift etc., sondern auch als Präzision und Rhythmus moderner Technologie grundsätzlich nicht mehr entsprechend. Der Arbeiter - als disfunktional für die Produktion - würde zurückgedrängt, unabhängig von seinem Preis (Roboterisierung der Produktion).

Soweit einige Bemerkungen zur Problematisierung der Transfomation verminderten Wirtschaftswachstums in Verkleinerung der Arbeitskraftnachfrage. Es soll hier nicht bestritten werden, daß die Nachfrage auch tatsächlich zurückgegangen ist, wenn dies auch nicht so einfach nachzuweisen ist, da diese Nachfrage nicht direkt beobachtet und gemessen werden kann. Der Rückgang der besetzten Arbeitsplätze kann theoretisch ebenso gut mit mangelndem Angebot, respektive mit qualitativer Nichtübereinstimmung von Angebot und Nachfrage - verbunden mit ungenügender Anpassung - erklärt werden. Hier setzen die Argumente der "Strukturalisten" ein, auf die im zweiten Teil dieses Kapitels eingegangen wird.

Die wichtigsten Indikatoren, die als Beweis für eine gegenüber dem Angebot zu geringe Nachfrage nach Arbeitskraft ins Feld geführt werden, sind die registrierte Arbeitslosigkeit und die Anzahl der offenen Stellen, resepektive deren im Gegensatz zu früheren Jahren für die Anbieter ungünstiges Verhältnis. Daß sich darin der Übergang von einem Verkäufer- zu einem Käufermarkt widerspiegelt, soll nicht grundsätzlich bestritten werden. Das Argument ist aber zum Beweis der generellen Nachfragelücke nicht so stichhaltig, wie es auf den ersten Blick erscheint. Die registrierte Arbeitslosigkeit als Indikator für ein Zuviel an angebotener Arbeitskraft ist aus zwei Gründen fragwürdig. Einmal suchen nicht alle registrierten Arbeitslosen tatsächlich sofort einen Arbeitsplatz. Es gibt, wie später gezeigt wird, durchaus andere

Gründe, sich registrieren zu lassen[27]. Natürlich gibt es auch Arbeitsuchende, die arbeitslos, jedoch nicht registriert sind. Es gibt jedoch keine Anhaltspunkte, daß diese Zahl sehr bedeutend ist. Andere Autoren sehen auch noch in der sogenannten "stillen Reserve", oder doch in Teilen von ihr, Arbeitskraftangebot, das keinen Abnehmer findet und auch nicht mehr auf dem Markt direkt sichtbar wird. Die hier verwendeten Kategorien sind meist sehr unscharf (entmutigte Arbeitskräfte, verdeckte Arbeitslosigkeit, latente Arbeitslosigkeit). In allen Fällen wird davon ausgegangen, daß mehr Arbeit angeboten würde, wenn die Bedingungen dafür besser wären. Dies ist nicht zu bestreiten; damit ist aber noch nicht gesagt, daß diese Gruppen ein arbeitsmarktpolitisches Problem darstellen. Auf jeden Fall läßt sich durch Berechnung der stillen Reserve auf der Basis von konstant gehaltenen oder aus der vorangegangenen Entwicklung extrapolierten Erwerbsquoten nicht die Größenordnung der Gruppe ermitteln, für die die Nichtbeschäftigung subjektiv ein Problem darstellt[28].

Zum anderen führt auch hier die statische Interpretation der Arbeitslosenzahl zu einer falschen Vorstellung. Im Jahre 1976 dauerten beispielsweise 66 % aller Fälle von Arbeitslosigkeit weniger als drei Monate[29]. Geht man davon aus, daß die Suche eines neuen Arbeitsplatzes wegen der ungünstigeren Bedingungen im Arbeitsmarkt - womit nicht nur die zugegebenermaßen geringe Nachfrage, sondern auch die durch geringere durchschnittliche Einkommenszuwächse und den Ersatz der zurückwandernden Ausländer notwendige "Anpassungsmobilität" nach unten gemeint sind - länger dauert als zu Zeiten der Überbeschäftigung, dann könnte ein beträchtlicher Teil der Arbeitslosigkeit als friktionelle oder Fluktuationsarbeitslosigkeit bezeichnet werden. Dies nicht mit der Absicht, sie als unproblematisch für Betroffene und Gesellschaft zu deklarieren, sondern um das einseitige Bild einer Nachfragelücke in der Höhe der Arbeitslosigkeit zu korrigieren.

Ähnliches ist zum Indikator "gemeldete offene Stellen" zu sagen. Ihr Bestand ist in der Tat seit Beginn der Rezession im Jahre 1973 sehr stark zurückgegangen. Relevant für die aktuelle Nachfrage nach Arbeitskraft sind aber nicht die Bestände, sondern die Neumeldungen von offenen Stellen. Konnten zu Zeiten der Übernachfrage die offenen Stellen während langer Zeit nicht besetzt werden, stauten sie sich als Bestand sehr stark auf. Heute jedoch können sie in den meisten Fällen sehr schnell besetzt werden. Die Zugänge zu den offenen Stellen gingen jedoch seit 1973 nur schwach zurück[30]. Die schnellere Besetzung der offenen Stellen ist natürlich allein schon ein Indikator für einen "entspannteren" Arbeitsmarkt. Kritisch ist hier nur anzumerken, daß der stark geschmolzene Bestand an offenen Stellen den Rückgang der Nachfrage nach Arbeitskräften weit überschätzt. Die gemeldeten offenen Stellen sind zudem nur ein Auswahlsatz aus den tatsächlich angebotenen Arbeitsplätzen, da keinerlei Meldepflicht gegenüber den Arbeitsämtern besteht. Zur Zeit der Hochkonjunktur wurden ca. vier Fünftel der unbesetzten Arbeitsplätze auch dem Arbeitsamt gemeldet. Bei den Anforderungen für qualifizierte Arbeitskräfte lag dieser Satz allerdings unter zwei Dritteln. Bei einigen Arbeitskräftekategorien waren mehr offene Stellen gemeldet, als tatsächlich Arbeitsplätze besetzt werden sollten, es wurde also auf Vorrat angefordert[31]. Da es keine neueren Untersuchungen zu diesem Thema gibt, kann nicht sicher gesagt werden, wie sich die Rezession auf das Meldeverhalten der Arbeitgeber ausgewirkt hat. Die Tatsache, daß es gerade bei den weniger qualifizierten Arbeitskräften, die vornehmlich über die Arbeitsämter vermittelt werden, heute für die Betriebe sehr leicht ist, Arbeiter per Anzeige am Fabriktor und per Bekanntenvermittlung zu finden spricht immerhin dafür, daß die gemeldeten offenen Stellen stärker gesunken sind als die tatsächlich zu besetzenden. Vermutlich sind auch die Überanforderungen völlig verschwunden, was diese Tendenz noch verstärkt.

Diese kritischen Argumente stützen sich alle auf die Tatsache, daß tatsächlich eine entspanntere Arbeitsmarktsituation herrscht als vor vier Jahren. Sie können also den Nachfragerückgang nach Arbeitskraft nicht widerlegen, da sie ihn voraussetzen. Worum es jedoch geht, ist, daß die Größe des Nachfragerückgangs nicht exakt festzustellen ist, daß einiges dafür spricht, daß er die Arbeitslosigkeit nur zum Teil erklärt und daß drittens Eigenheiten der Signalgebung und der Indikatorbildung zu einer Überschätzung der Bedeutung der Nachfragelücke führen.

Ähnliche Probleme bestehen beim Angebot an Arbeitskraft. Die Zunahme des inländischen Arbeitskräftepotentials führt ja nur dann zu einer Zunahme des Angebots an Arbeitskraft, wenn die Erwerbsneigung konstant bleibt und wenn der Einzelne eine gleichbleibende Anzahl von Arbeitsstunden anbietet. Beides muß nicht der Fall sein. Es ist durchaus denkbar, daß die Bevölkerung insgesamt heute nicht mehr Arbeitsstunden anbieten würde, als nachgefragt werden, daß aber institutionelle und strukturelle Inflexibilitäten es unmöglich machen, daß der einzelne weniger als die Normalzeit anbieten kann, mit der Folge, daß der eine mehr arbeiten muß, als er möchte und der andere seine Arbeitskraft gar nicht verkaufen kann [32]. Weiter ist zu bedenken, daß die Zunahme der Frauenerwerbstätigkeit in bestimmten Altersgruppen während der Hochkonjunktur durch den starken Nachfragesog und die damit gegebene Möglichkeit für den Arbeitnehmer, seine Anforderungen - beispielsweise an Arbeitszeitregelungen - durchzusetzen, mitverursacht wurde.

Mit der Frage der Arbeitszeit und ihrer Verteilung ist der dritte Problembereich angesprochen, der die Erklärung der Arbeitslosigkeit durch eine Nachfragelücke als ungenügend erscheinen läßt. Der "Ausfall" an Arbeitsstunden, der seit 1973 eingetreten ist [33], könnte sich sehr verschieden auf die Erwerbspersonen verteilen. Wäre er gleichmäßig verteilt worden, dann gäbe es keine offene Arbeitslosigkeit. D.h., daß die Arbeitslosigkeit nicht durch diesen Rückgang allein erklärt werden kann, sondern daß mindestens die Mechanismen der Ungleichverteilung und der Perpetuierung dieser Ungleichverteilung aufgedeckt werden müssen.

Beim Verteilungsproblem der Arbeitszeit geht es jedoch nicht nur um diese Grundfrage, wieso überhaupt die Arbeitszeitreduktion zu Arbeitslosigkeit geführt hat, sondern auch um die Frage, warum sich diese so ungleich für verschiedene Gruppen auswirkt. Die Mechanismen der Abwälzung der Arbeitszeitreduktion auf Arbeitslose und die Abwälzung der Arbeitslosigkeit immer stärker auf Randgruppen des Arbeitsmarkts (Marginalisierung der Arbeitslosigkeit) hat ja die fatale Implikation, gleichzeitig die individuelle Last zu maximieren und das Problem für die Gesellschaft scheinbar zu minimieren. Zugleich wird es immer leichter, individuelle Faktoren als "Ursachen" für die Arbeitslosigkeit auszumachen. Diese Verteilung der Arbeitslosigkeit hat weiter zur Folge, daß bei einer Belebung der Nachfrage bei zentralen Gruppen sofort Arbeitskräftemangel auftritt, was jetzt schon teilweise der Fall ist. Damit wird auch fraglich, ob höhere Wachstumsraten tatsächlich die Arbeitslosigkeit reduzieren würden.

Soweit also zur Kritik und zum Nachweis von Mängeln und unbeantworteten Fragen bei der Erklärung der Arbeitslosigkeit durch eine Nachfragelücke. Alle Argumente verweisen in der einen oder anderen Weise auf die im Arbeitsmarkt herrschenden Mechanismen und Umwälzungsprozesse, deren Aufklärung erst die Frage beantworten kann, warum verminderte Wachstumsraten zu offener Arbeitslosigkeit führten, in welcher Höhe diese entsteht, welche Gruppen aus welchen Gründen wie stark betroffen werden und warum für verschiedene Gruppen die Arbeitslosigkeit verschieden lange dauert. Alle diese Fragen sind jedoch für das Verständnis und für die Möglichkeit der Bekämpfung der Arbeitslosigkeit von großer Relevanz, so daß die Erklärung durch Nachfragelücke zwar nicht falsch, aber wenig hilfreich erscheint. Der allgemeine Nachfragerückgang bleibt allerdings einer der Hauptfaktoren für die Veränderungen in der Funktionsweise der Arbeitsmärkte.

Strukturelle Arbeitslosigkeit

Die unterschiedlichsten Erklärungsansätze der Arbeitslosigkeit finden sich unter diesem Begriff zusammen; will man sie alle erfassen, hat man nur den Strukturbegriff sehr weit zu interpretieren. Da natürlich die Arbeitslosigkeit mit den Strukturen des Arbeitsmarktes, mit den Strukturen der Wirtschaft und denen des gesellschaftlichen Systems zu tun hat und von ihnen "verursacht" wird, ist sie im weitesten Sinne strukturell bestimmt.

Die Vielfalt der verwendeten Strukturbegriffe ist die Stärke dieses Ansatzes: eine Vielzahl von in der Tat relevanten Problemen des Arbeitsmarkts können in seinem Namen thematisiert, wenn auch nicht integriert werden. Sie ist aber auch seine Schwäche: die Sprachverwirrung unter den "Strukturalisten" macht es denen, die kein Interesse haben, Strukturen in Frage stellen zu lassen, leicht, mit Argumenten gegen einen bestimmten Typus den ganzen Ansatz zu diskretieren. Dies soll hier nicht geschehen. Es soll im Gegenteil versucht werden, mit der Kritik auch eine, wahrscheinlich unvollständige, Anatomie dieses vielköpfigen Wesens zu geben.

Zur allgemeinsten Variante, daß die Arbeitslosigkeit mit der Struktur dieses Wirtschaftssystems zu tun habe, ist nichts beizufügen: sie ist so richtig wie hilflos. Etwas konkreter werden diejenigen, die die Arbeitslosigkeit auf Nachfragemangel und Wachstumsschwierigkeiten zurückführen, diese aber als Ausdruck einer Strukturkrise und nicht als konjunkturelles Phänomen, und damit die Arbeitslosigkeit als strukturell verursacht sehen[34]. Im Umkreis dieser Interpretation steht auch die Ansicht, daß Arbeitslosigkeit durch Rationalisierung ohne entsprechende Produktionsausweitungen verursacht werde. In Bezug auf den Arbeitsmarkt führt diese Argumentation zum "Nachfragemangel" zurück, der hier nur anders begründet wird.

Eine weitere Variante könnte als Strukturwandel-Arbeitslosigkeit oder, von einem anderen Standpunkt aus, als Anpassungsdefizit-Arbeitslosigkeit bezeichnet werden[35]. Sie geht davon aus, daß der (regionale, sektorale, technische) Strukturwandel der Wirtschaft auf dem Arbeitsmarkt "Anpassungserfordernisse" erzeugt, denen gegenüber die Anpassungsleistung der Arbeitskräfte durch (regionale, berufliche, qualifikatorische) Mobilität zurückbleibt. Sichtbarer Ausdruck der so verursachten Arbeitslosigkeit wäre eine Diskrepanz zwischen den Eigenschaften der durch die Arbeitslosen angebotenen und der nachgefragten Arbeitskraft, und zwar eine Diskrepanz, die in grundsätzlich veränderbaren Eigenschaften der Arbeitskräfte liegt, also durch entsprechende Mobilität aufhebbar wäre. Da dieses permanente Anpassungsproblem zu Zeiten hohen Wachstums keine nennenswerte Arbeitslosigkeit erzeugt hat, geht dieser Ansatz entweder davon aus, daß sich der Strukturwandel beschleunigt hat, oder daß die Anpassungsfähigkeit der Arbeitskräfte geringer geworden ist. Das Tempo des Strukturwandels, resp. die Höhe der durch ihn erzeugten Anpassungserfordernisse im Arbeitsmarkt, läßt sich nicht durch einen einfachen Indikator messen. Eine Autorengruppe beim IAB kommt zum Schluß, daß sich der sektorale Beschäftigtenstrukturwandel tendenziell verlangsamt hat, stellt jedoch immerhin für 1974 und 1975 eine (vorübergehende, konjunkturbedingte?) starke Änderungsgeschwindigkeit fest[36]. In einem anderen Artikel von Mitgliedern dieser Gruppe wird betont, daß die Anpassungsprozesse, die gegenwärtig und künftig vom Arbeitsmarkt zu leisten sind, nicht zu Arbeitslosigkeit führen müssen, da durch die sehr starke Fluktuation im Arbeitsmarkt der Einzelne immer nur kleine Anpassungsschritte zu leisten hätte[37]. Um die These der strukturellen Arbeitslosigkeit vollends zu verwerfen, wird vom IAB außerdem nachgewiesen, daß die berufs- und sozialspezifischen Streuungen der Arbeitslosenquote 1975 relativ geringer sind als beispielsweise 1967[38].

Dieser Kritik an der Bedeutung der Strukturwandel-Arbeitslosigkeit soll hier nicht grundsätzlich widersprochen werden. Es sind allerdings einige Mängel aufzuzeigen, die die Schlußfolgerung des IAB, daß der politische Primat zur Bekämpfung der Arbeitslosigkeit auf Wachstums- und Konkunkturpolitik liegen müsse, fragwürdig erscheinen läßt[39]. Günther Schmid[4o] weist zu Recht auf Schwachstellen der Untersuchung über die geringere Streuung der Arbeitslosenquoten im Vergleich zu 1967 hin: Einmal ist es fragwürdig, Variationskoeffizient und Lorenzmaß (Indikatoren für die relative Streuung) für den Nachweis geringerer Diskrepanzen zu verwenden. Bei einer gleichen absoluten Differenz zwischen Arbeitslosenquoten bleibt ja das Mobilitätserfordernis gleich hoch, unbeeinflußt von der relativen Annäherung bei steigendem Durchschnitt. Zum zweiten ist der Vergleich mit 1967 aus dem Grunde fragwürdig, weil damals, sowohl regional wie sektoral, einige "Ausreißer" (Strukturkrise im Ruhrgebiet, bei Textil und Bekleidung) die Streuung stark erhöht haben. Drittens erfassen die regionalen und beruflichen Diskrepanzen nur einen Teil der Anpassungsprobleme, die der Strukturwandel mit sich bringt. So sind etwa Firmen- und Branchenwechsel bei konstanter Berufsbezeichnung und ein großer Teil qualfifikatorischer Anpassungsleistungen nicht berücksichtigt. Mit anderen Worten, diese Studie macht zwar den begrüßenswerten Versuch, eine (enggefaßte), prinzipiell empirischer Überprüfung zugängliche, Definition struktureller Arbeitslosigkeit zu geben, die These von deren tendenziell abnehmender Bedeutung belegt sie jedoch nicht.

Sowohl die These von der Strukturwandel-Arbeitslosigkeit, wie auch die hier erwähnte Kritik des IAB sind jedoch insofern inadäquat, als sie von einer statischen Betrachtungsweise ausgehen: Ihr Zutreffen oder Nichtzutreffen wird mit der Untersuchung momentaner Zustände zu belegen versucht, sei es durch die Gegenüberstellung von Beständen an Arbeitslosen und offenen Stellen - untergliedert nach den verschiedensten Merkmalen -, sei es durch die Analyse von Streuungen der

Arbeitslosenquoten. Außerdem ist die Entweder-Oder Haltung falsch: die Tatsache, daß der Strukturwandel in einem überbeschäftigten Arbeitsmarkt zu keinen nennenswerten Problemen geführt hat, schließt ja nicht aus, daß unter anderen globalen Gegebenheiten sich Strukturen und Verhaltensweisen herausbilden, die die Anpassung an Strukturwandel erschweren. Diese Aspekte sollen im folgenden durch eine "Mikrobetrachtung" des Anpassungsproblems erläutert werden.

Die lange Wachstumsphase war im Durchschnitt von ständig steigenden Löhnen, von einer "Unterschichtung" der inländischen Arbeitskräfte durch Ausländer - die zudem einen großen Teil der regionalen Anpassungen übernahmen - und von einem Verkäufer-Arbeitsmarkt gekennzeichnet. Für die deutschen Arbeitskräfte bedeutete dies, daß der größte Teil qualifikatorischer Anpassungen nach oben wies, daß regionale Mobilität nur in geringem Ausmaß geleistet werden mußte, und daß Branchen- und Berufswechsel in den meisten Fällen mit steigendem Einkommen verbunden waren. Die Arbeitskräfte brauchten außerdem kaum selbst Informationen über andere Berufsmöglichkeiten zu beschaffen, da sie von den Arbeitskräfte suchenden Arbeitgebern an sie herangetragen wurden. Es ist deshalb nicht erstaunlich, daß der Strukturwandel von den Arbeitskräften leicht durch innerbetriebliche Anpassung und zwischenbetriebliche Fluktuation ohne Arbeitlsosigkeit bewältigt wurde. Alle diese günstigen Bedingungen sind heute nicht mehr gegeben: die Deutschen müssen wieder Arbeitsplätze einnehmen, die zuvor den Ausländern "vorbehalten" waren. Die geographische Mobilität der jetzt schon lange hier lebenden Ausländer ist nicht mehr überdurchschnittlich hoch: bei gleichem regionalen Strukturwandel wird von den deutschen Arbeitskräften mehr geographische Mobilität verlangt. Bei kaum mehr steigenden Reallöhnen sind viele Anpassungsprozesse mit Lohneinbußen verbunden. Die entlassenen Arbeitskräfte kommen auf einen Käufermarkt und müssen sich die Informationen selbst beschaffen. Dieses braucht Zeit. Außerdem ist es bei einer Anpassung nach unten ökonomisch rational, längere Zeit arbeitslos zu bleiben als bei einer Anpassung nach oben [41]. Selbst wenn also insgesamt ausreichend Arbeitsplätze vorhanden wären, und selbst wenn grundsätzlich die Bereitschaft zur Anpassung bei den Arbeitskräften nicht kleiner geworden wäre, führt dieses veränderte "Milieu" dazu, daß jeder durch den Strukturwandel bedingter Arbeitsplatzwechsel mit größerer Wahrscheinlichkeit von Arbeitslosigkeit begleitet ist und daß diese Arbeitslosigkeit länger dauert. Der Strukturwandel schafft also nicht einfach ein Nebeneinander von Arbeitslosen und offenen Stellen, die nicht zueinander passen, und die in statischen Analysen nachgewiesen werden können. Er löste aber Mobilitätserfordernisse aus, die im Vergleich zu früher schwieriger zu bewältigen sind und längere Zeit in Anspruch nehmen. Strukturwandel unter ungünstigeren Gesamtbedingungen ist also ein Problem für den Arbeitsmarkt, das sich nicht in ein Entweder-Oder konjunktureller oder struktureller Verursachung aufschlüsseln läßt.

Damit ist jedoch das Argument noch nicht entkräftet, daß bei genügend hohen Wachstumsraten die Anpassungsprobleme, die durch den Strukturwandel ausgelöst werden, wieder auf das frühere niedrigere Niveau zurückgingen. Sie müßten allerdings so hoch sein, daß eine im Unterschied zu früher <u>steigende</u> Anzahl deutscher Arbeitskräfte integriert und zusätzlich wiederum mehr Ausländer "unterschichtet" werden könnten. Das ist offensichtlich eine wirtschaftspolitische Illusion.

Es ist jedoch ein anderer Aspekt zu erwähnen, der die Probleme des <u>Strukturwandels</u> mit den Problemen der <u>Arbeitsmarktstrukturen</u> in Verbindung bringt. Die oben angeführte Argumentation ging ja noch davon aus, daß sich am Charakter der Mobilitätsprozesse als einer Kette von kleinen - für den Einzelnen nicht sehr aufwendigen - Anpassungsschritten nichts geändert hätte als das allgemeine "Milieu", in denen sie stattfinden. Ist es jedoch richtig, daß eine immer stärkere Abschottung betrieblicher Arbeitsmärkte für Kerngruppen stattfindet und sich daneben ein sekundärer Arbeitsmarkt entwickelt [42], dann bliebe dies nicht ohne Einfluß auf die Mobilitätsprozesse. Die möglichen Auswirkungen sollen an einem vereinfachten Modellbeispiel demonstriert werden.

Im Betrieb I werde die Produktion eingeschränkt, im Betrieb II, der ähnliche Berufe beschäftigt, ausgeweitet. Früher hätte der Betrieb I qualifizierte und unqualifizierte Arbeitskräfte etwa in dem Verhältnis entlassen, in welchem sie objektiv durch die Produktionseinschränkung überflüssig geworden wären. Betrieb II hätte beide Kategorien auf dem Markt gefunden und durch relativ kleine (horizontale) qualifikatorische Anpassungen einsetzbar gemacht. Heute wird der Betrieb (und der Betriebsrat!) jedoch anders reagieren: er wird versuchen, möglichst viele unqualifizierte und marginale Arbeitskräfte zu entlassen und die Kernbelegschaft, die teilweise Dequalifizierungen und Lohneinbußen hinnimmt, zu behalten [43]. Für den Betrieb II bedeutet dies, daß er nur unqualifizierte Arbeitskräfte auf dem Markt findet. Das Resultat: Arbeiter in Betrieb I nehmen, um nicht entlassen zu werden, Dequalifizierungen hin; es gibt eine große Zahl von unqualifizierten Arbeitslosen; Betrieb II klagt über Facharbeitermangel. Dies entspricht ziemlich genau dem Bild, das sich heute auf einigen Märkten bietet.

Ähnliche Probleme entstehen bei regionalen und beruflichen Anpassungen. Bestimmte strukturelle Verfestigungen führen dazu, daß notwendige Anpassungsprozesse nicht mehr von denjenigen vollzogen werden, die dem neuen "Ort" im Produktionsprozess schon möglichst nahe stehen, sondern die Anpassungsleistungen werden auf Arbeitskräfte verschoben, die ihnen am wenigsten gewachsen sind. Es ist jedoch nicht ganz einfach, dahinter das Zusammenspiel von Strukturwandel und strukturellen Verfestigungen auf dem Arbeitsmarkt zu sehen, die ihrerseits teilweise durch die insgesamt ungünstigere Arbeitsmarktlage verursacht sind, - im Zusammenspiel mit anderen Faktoren diese ungünstige Situation noch verschärfen und perpetuieren. Strukturwandel-Arbeitslosigkeit kann also zu einem Problem werden, selbst wenn sich die gesamten "Anpassungserfordernisse" nicht vergrößert und die individuellen Anpassungsleistungen nicht verkleinert haben, wenn jedoch die arbeitsmarktstrukturellen Voraussetzungen für Mobilitätsprozesse ungünstiger geworden sind. Da gleichzeitig eine Problemverschiebung stattfindet - im erwähnten Beispiel wird das Problem von Firmenwechsel zu einem Problem unadäquater Qualifikation - lassen sich die Ursachen nicht mehr durch eine statische Analyse der momentanen Situation finden.

Ein letzter Ansatz von struktureller Arbeitslosigkeit ist damit weitgehend schon impliziert. Wie die Strukturwandel-Arbeitslosigkeit geht er von einer Profildiskrepanz zwischen Angebot und Nachfrage aus, die jedoch nur schwer oder gar nicht durch Anpassungsleistungen der Arbeitslosen ausgeglichen werden kann. Man könnte sie als die Schwerzubeschäftigenden-These bezeichnen. Es handelt sich um Diskrepanzen wie die zwischen einem großen Angebot unqualifizierter und (scheinbar) schwer qualifizierbarer Arbeitskraft und der Nachfrage nach Facharbeitern, zwischen einem großen Angebot an Teilzeitarbeit und der überwiegend auf Vollzeitarbeit gerichteten Nachfrage, zwischen dem Angebot jüngerer, unerfahrener Arbeitskräfte und der Nachfrage nach Leuten mit langjähriger Berufserfahrung, zwischen dem Angebot älterer Dienstleistungs-Arbeiter und der Nachfrage nach unverbrauchten jüngeren, zwischen dem Arbeitskraftangebot von Leistungsgeminderten und der Nachfrage an überdurchschnittlich Leistungsfähigen.

Bei erster Betrachtung sind dies sehr verschiedenartige Probleme, die jedoch eine Reihe von Gemeinsamkeiten haben. Die erste besteht darin, daß alle diese Gruppen in Bezug auf Leistungsvorstellungen, die der Arbeitgeber hat, in irgendeiner Weise "behindert" sind. Da diese Gruppen jedoch während der Hochkonjunktur alle zum größten Teil in die Produktion integriert waren, hängt ihre überdurchschnittlich hohe Arbeitslosigkeit offensichtlich damit zusammen, daß die Leistungsanforderungen gestiegen sind. Dies nicht etwa deshalb, weil der Produktionsprozeß es unbedingt erforderlich macht, sondern weil es die Arbeitsmarktsituation zuläßt, sich von den "weniger produktiven Arbeitskräften" zu trennen.

Längerfristig hat diese Strategie allerdings fatale Implikationen. Einmal fällt es leicht, die Ursache für die Arbeitslosigkeit an individuellem Ungenügen festzumachen und damit auch die Schuld (im doppelten Wortsinn) der Gesellschaft an den Arbeitslosen zu verringern. Sie führt zweitens zu falschen Rezepten: die Unqualifizierten sind deswegen arbeitslos weil sie unqualifiziert sind, also würde ihre Qualifizierung zur Verringerung der Arbeitslosigkeit führen. Dies ist falsch: sie sind wegen des "den Letzten beißen die Hunde"-Prinzips überdurchschnittlich arbeitslos, nicht weil ihre Arbeitskraft grundsätzlich nicht verwertbar wäre[44]. Diesen Zusammenhang haben die meist erfolglosen Bemühungen, die Arbeitslosigkeit der Schwarzen in den USA durch Bildungsmaßnahmen abzubauen, bewiesen. Drittens lassen sich durch das "Aussieben" der "Leistungsgeminderten" die Leistungsstandards höher schrauben, was die Gruppe der an diesen neuen Maßstäben gemessenen "objektiv" Leistungsgeminderten weiter anwachsen läßt. Viertens werden Teile dieser Gruppe durch die Erfahrung von Arbeitslosigkeit und "Nutzlosigkeit" psychisch geschwächt, und ihre Fähigkeit, den Leistungsanforderungen zu genügen, weiter beeinträchtigt.

Die Zahlen lassen an der Tatsache, daß es solche Profildiskrepanzen gibt, und daß sie sich weiter verschärfen, keinen Zweifel. Sie werden langfristig eines der größten Probleme für die Gesellschaft werden. Falsch wäre jedoch die Folgerung, daß es diese Leistungsminderungen - soweit sie überhaupt bestehen und nicht nur Vorwände für die Diskriminierung beispielsweise von Frauen und Jugendlichen darstellen - allein seien, die die Arbeitslosigkeit dieser Leute verursachen. Richtig ist, daß erst die Entspannung auf dem Arbeitsmarkt es erlaubt hat, diese Gruppe nicht zu beschäftigen. Falsch ist es jedoch anzunehmen, daß die Zunahme der Arbeitskraftnachfrage allein genügen würde, sie wieder zu integrieren. Es wurde oben bei der Kritik an der Strukturwandel-These gezeigt, wie Strukturen im Arbeitsmarkt die Anpassungsprobleme verschieben. Bei der Abwälzung der Arbeitslosigkeit auf die "Schwerzubeschäftigenden" handelt es sich wahrscheinlich zum größten Teil um beinahe-irreversible Prozesse, reversibel nur noch unter der Bedingung von Phantasiewachstumsraten oder von Eingriffen in die Allokation der Arbeitskraft von fragwürdigem Ausmaß.

Zusammenfassung

Die vielen Erklärungsansätze der heutigen Arbeitslosigkeit, die sich selbst unter die beiden Oberbegriffe der Arbeitslosigkeit auf Grund einer Nachfragelücke (Niveauaspekt) und der Arbeitslosigkeit auf Grund struktureller Diskrepanzen (Strukturaspekt) zusammenzufassen, haben sich nicht als im einzelnen falsch, sondern als je einseitig und ungenügend erwiesen. Ihre bloße Addition führt zwar zu einer Enzyklopädie einzelner Kausalfaktoren, jedoch kaum zu einem besseren Verständnis des komplexen Phänomens. Erst die Untersuchung von Wechselwirkungen und Rückkoppelungen zwischen diesen Faktoren im realen historischen Prozeß der Herausbildung der heutigen Arbeitsmarkt- und Arbeitslosigkeitsstrukturen verspricht fundierte Einsicht.

Einige Schwächen waren allen hier kritisierten Theoremen gemeinsam. Einmal gehen sie alle von einer mehr oder weniger statischen Betrachtungsweise aus, deren empirische Entsprechung die Untersuchung und Aufgliederung der Bestände von Arbeitslosen ist. Diese ist nicht an sich abzulehnen, die Bestände und ihre Zusammensetzung müssen jedoch immer als Momentaufnahmen eines starken Umwälzungsprozesses gesehen werden. Nicht sie selbst sind erklärungsbedürftig, sondern zuerst dieser Prozeß. Fragwürdig ist insbesondere die Aufspaltung der Bestände in verschieden verursachte Teilarbeitslosigkeiten (friktionell, strukturell, konjunkturell etc.). Damit wird jede Möglichkeit verwischt, die reale Interdependenz all dieser Faktoren aufzuspüren.

Weiter ist für all diese Ansätze eine Nichtthematisierung der zunehmenden Macht- und Verteilungskämpfe, die auf dem Arbeitsmarkt ausgetragen werden, charakteristisch. Die beobachtbare Verteilung und Umverteilung der Arbeitslosigkeit kann wahrscheinlich nicht allein mit Hilfe ökonomischer Gesetze, sondern muß weitgehend als das Resultat der Machtstrategien verschiedener Akteure erklärt werden[45].

3. Kapitel

Aspekte einer "diagnostischen Sichtweise" der Arbeitsmarktprobleme

Im ersten Kapitel wurde ein Typ von wissenschaftlicher Erklärung sozio-ökonomischer Probleme gefordert, der zwischen den immer weiter auseinanderfallenden Richtungen akademisch-disziplinärer Theorien einerseits und unmittelbar auf Handlungsanleitung und Rezeptbildung gerichteter wissenschaftlicher Pragmatik andererseits liegt. Intendiert war damit weder ein Paradigmawechsel als Grundlage einer neuen Theorienbildung, noch eine alle disziplinären Aspekte umfassende Synthese (etwa als Systemtheorie des Arbeitsmarkts), sondern eine Sicht-, Interpretations- und Integrationsweise theoretischer Gesichtspunkte und empirischen Einzelwissens, die in Anlehnung an ähnliche wissenschaftliche Leistungen in Medizin und Psychologie als Diagnostik gekennzeichnet wurde. Es wurde betont, daß ein solcher Ansatz in der Lage sein müßte, die Interaktion von allgemeinen, grundlegenden Entwicklungen und Tendenzen mit konkreten, "zufälligen", aber für die reale Problemlage wichtigen Situationen und Ereignissen zu thematisieren und aufzuklären. Es wurde ebenfalls erläutert, daß diese Herangehensweise sich als primäres Objekt nicht das "Problem als solches", sondern die Wechselwirkung zwischen realen Strukturen, Prozessen und Verhaltensweisen auf der einen und der gesellschaftlichen Perzeption und Reflexion - manifest in gesellschaftlichen Diskursen - auf der anderen Seite wählt. Neben der schon genannten Bedeutung dieses Diskurses für die Problemwerdung und Problembeeinflussung wird in diesem Kapitel auch noch seine Rolle für die Empirie anzusprechen sein. Es wird sich zeigen, daß soziale Wirklichkeit gar nicht anders empirisch erfaßbar ist als durch das Medium des Diskurses.

Ein wichtiges Element einer solchen Diagnostik und zugleich ein Beitrag zur Diagnose aktueller Probleme stellte die Kritik vorherrschender Erklärungsansätze dar, die im zweiten Kapitel vorgenommen wurde. Kritik nicht als Nachweis der Falschheit, sondern als Aufzeigen bestimmter Mängel, Einseitigkeiten, implizierter Deutungen, Strategien und Absichten. Einige Aspekte einer alternativen Sichtweise wurden dabei schon angesprochen.

Diese Arbeit will nicht die Diagnose der heutigen Arbeitsmarktprobleme stellen. Weder kann sie von einem Einzelnen geleistet werden, noch kann sie irgendwann abgeschlossen und vollständig sein; Diagnosen stehen nicht in Lehrbüchern. Sie können nur Ziel und permanenter Gegenstand eines kollektiven Forschungsprozesses sein. Dieser hat in Bezug auf die "neue" Arbeitslosigkeit in der Bundesrepublik eben erst eingesetzt. Seine Grundlage wird eine große Zahl weiterer empirischer Untersuchungen sein, die je einzelne Aspekte aufzuhellen vermögen. Was eine Diagnostik zu leisten hätte, wäre, solche Forschungen anzuleiten, die Relevanz bestimmter Gesichtspunkte zu beurteilen und Kriterien zur Integration einzelner Aspekte zu liefern. Auch eine solche Diagnostik ist nicht Aufgabe dieser Arbeit. Sie kann auch nicht als allgemein anwendbare, von ihrem Gegenstand losgelöste existieren. Sie hat mehr ad hoc Charakter, schlägt vorläufige Strukturen vor und leitet die nächsten Schritte an.

In diesem Kapitel sollen einige weitere Aspekte der Diagnostik und Diagnose der aktuellen Arbeitsmarktprobleme erläutert werden. Zuerst ist einiges über Begriffsbildung und Erklärungsmuster zu sagen. Daran schließen sich zwei Beispiele solcher Muster, die hier Erklärungskomplexe genannt werden sollen, an. Abschließend werden einige Bemerkungen über Empirie und Messung gemacht.

Begriffsbildung, -verwendung und Erklärungsmuster

Als was ist Arbeitslosigkeit im Rahmen dieser Überlegungen Thema? Wie konstituiert sich der Arbeitsmarktbegriff im Hinblick auf eine "diagnostische Sichtweise"? Daß solche zentralen Begriffe hier nicht vorausgehend definiert und fixiert werden können, sondern daß sie erst durch ihren Gebrauch in der Problementwicklung, durch die immer wieder andere Einbindung in Problemzusammenhänge, durch ihre Beleuchtung aus verschiedenen Gesichtswinkeln Gestalt gewinnen, braucht kaum erwähnt zu werden: es wäre wohl nicht hilfreich, an die Aufklärung des gesellschaftlichen Diskurses über die Arbeitslosigkeit mit einem theoretisch lupenreinen Begriff heranzugehen. Trotzdem soll versucht werden, einiges über die Besonderheit der Begriffskonstitution und -verwendung zu sagen.

a) Arbeitslosigkeit

Seit die Arbeitslosigkeit in der Bundesrepublik stark angestiegen ist, oder genauer, seit Zweifel um sich gegriffen haben, ob dies wirklich nur ein vorübergehendes, konjunkturelles Phänomen darstelle, hat ein lauter und intensiver öffentlicher Diskussionsprozeß darüber eingesetzt, was Arbeitslosigkeit sei, wo sie echt, wo unecht, wo sie freiwillig, wo unfreiwillig, wo sie offen, wo versteckt und wo latent vorkommt und wie sie zu messen sei. Mit mehr oder weniger offensichtlichen politischen Interessen wird sie von den einen begrenzt und reduziert, bis fast nur noch Vollbeschäftigung übrig bleibt[46], von den anderen erweitert und ausgedehnt, bis die eine Million registrierter Arbeitsloser nur noch als Spitze eines Eisbergs erscheint [47]. Von dem hier vertretenen Standpunkt aus ist es weder möglich noch sinnvoll, an diese Diskussion mit dem Anspruch heranzutreten, sie durch eine "wissenschaftlich" begründete Definition der Arbeitslosigkeit obsolet zu machen, eine erstmals richtige Erfassung und Messung zu ermöglichen. Der ausgedehnte Diskussionsprozeß über die Arbeitslosigkeit ist Teil des Problems - indem damit Arbeitslosigkeit problematisiert, d.h. als Problem perzipiert wird - und er ist Teil der Lösung - indem er die Begriffe erzeugt, in denen die Gesellschaft dieses Problem reflektiert und damit Bedingungen schafft, darauf zu reagieren, und sei es in der Form der Verdrängung des Problems. Ein wissenschaftlicher Beitrag zur begrifflichen Klärung müßte in erster Linie in der Reflexion über diese Diskussion bestehen, in der Nachzeichnung ihres Verlaufs, Darstellung ihrer Widersprüchlichkeit, Entdeckung der Interessenstandpunkte, also in der Aufklärung der Diskussion des Begriffs.

Arbeitslosigkeit wird hier auch nicht in erster Linie Thema im Sinne der Auseinandersetzung im Rahmen ökonomischer Schulen, im Sinne des theoretischen Streits um ihre Notwendigkeit für das oder im kapitalistischen System, um die Frage der Freiwilligkeit oder Unfreiwilligkeit unter axiomatisch gesetzten Marktbedingungen, um die Möglichkeit ihrer Existenz im Gleichgewicht, um das Problem der "natürlichen" oder optimalen Arbeitslosigkeit[48]. Thema ist ebenfalls nicht, ob und wie die theoretisch konstitutierten Begriffe empirisch zum Zwecke der Theorieüberprüfung einlösbar sind, welche erfahrbare Wirklichkeit den Begriffen allenfalls gerecht wird[49]. Die Abgelöst- und Abstraktheit der Begriffe ist ja oft wesentlicher Schutz der Theorien vor Falsifikation. Interessant jedoch wäre die Untersuchung der Wechselwirkungen zwischen der Evolution des theoretischen Begriffs der Arbeitslosigkeit und dem gesellschaftlichen Diskussionsprozeß.

Eine direkt das Handeln staatlicher oder anderer gesellschaftlicher Instanzen anleiten wollende Wissenschaft wird sinnvollerweise Arbeitslosigkeit als das thematisieren, als was sie für diese Instanzen zum Problem wird. Für den Staat beispielsweise als finanzielle Last, als möglicher Entzug legitimatorischen Potentials, als Grundlage längerfristiger gefährlicher Entwicklungen. Für die Gewerkschaften als Problem der Schwächung der Arbeiterklasse, als agitationswirksame

Größe, als Dilemma ihres Handelns im Rahmen betrieblicher Mitbestimmung. Der hier vertretene Standpunkt kann sich diese Begriffsbestimmungen nicht zu eigen machen, sondern er hat gerade die - für die Handlungsanleitung notwendigen - Verkürzungen, Vereinfachungen und Einseitigkeiten aufzudecken und Aspekte der Arbeitslosigkeit zu thematisieren, die für diese Handlungsträger nicht, nicht mehr, oder noch nicht Problem sind.

Neben diesen theoretischen und "öffentlichen" Wirklichkeiten von Arbeitslosigkeit existiert natürlich auch, und nicht zuletzt, die individuelle Erfahrung von Arbeitslosigkeit, die Situation, daß Individuen sich in der Rolle des Arbeitslosen reflektieren, identifizieren und darstellen. Welchen Nicht-Arbeitern diese Rolle aufgezwungen wird, welchen sie als Möglichkeit gegeben und welchen sie abgesprochen wird, ist wiederum weitgehend Resultat des allgemeinen Diskussionsprozesses, durch welchen die vorangegangenen Erfahrungen reflektiert werden. Ein Kind konnte beispielsweise im letzten Jahrhundert arbeitslos sein. Der hier verwendete Begriff der Arbeitslosigkeit kann sich wiederum nicht unmittelbar an die individuelle Beurteilung anschließen. Er hat aber auch von ihr auszugehen, sie auf dem Hintergrund ihrer Bedingungen, ihrer Entwicklung und Veränderung zu relativieren. Die hier vertretene Sichtweise interessiert sich also für das Spiel, bei welchem die eine Partei immer noch einen Arbeitslosen wegdefiniert, die andere immer noch einen aus dem Versteck zieht, sie beteiligt sich aber nicht direkt daran, auch nicht als Schiedsrichter. Sie versucht jedoch die Regeln zu entziffern und die Strategien zu verstehen.

b) Arbeitsmarkt, Arbeitsmarktdynamik und Arbeitsmarktprozesse

Für den Begriff des Arbeitsmarkts gilt in Bezug auf die Wandelbarkeit seines Inhalts und seiner Funktion, in Bezug auf die Eingebundenheit in Diskussionsprozesse und in Bezug auf seine Ausdeutung durch interessengebundene Standpunkte ähnliches wie für den Begriff der Arbeitslosigkeit. Dennoch ist hier die Analyse des Begriffs im Zusammenhang mit gesellschaftlichen Diskussionsprozessen weniger ergiebig, da er in geringem Maße wertbelastet ist. Darüber, daß hier die Arbeitskraft auf Märkten gehandelt wird, d.h. daß bei der Allokation und Preisbildung Marktgesetze zumindest auch eine Rolle spielen, herrscht breiter Konsens. Damit ist noch nicht gesagt, daß es tatsächlich sinnvoll ist, den Arbeitsmarkt ausgehend von diesen Gesetzen - durch Modifikation und Anpassung an die Besonderheiten der Ware Arbeitskraft - zu untersuchen. Es ist, gerade in Bezug auf die Analyse der Arbeitslosigkeit, ebenfalls denkbar, daß eine soziologische Herangehensweise an die Probleme der Allokation und Preisbildung, die Markteinflüsse nur als einen von vielen Faktoren berücksichtigt, ergiebiger ist[5o)]. Die Verwendung des Begriffs Arbeitsmarkt soll mit anderen Worten nicht implizieren, daß dieses Gebilde in erster Linie mit den Kategorien ökonomischer Theorien untersucht werden soll.

Der Arbeitsmarktbegriff wird hier sehr weit gefaßt. Er besteht nicht nur aus der Summe der einzelnen "Tauschakte" und ihren Interdependenzen ("Zirkulationsspäre"), sondern er umfaßt auch die Vorgänge, die zum Zustandekommen des Angebots von Arbeitskraft und der Nachfrage nach Arbeitskraft in bestimmter Quantität und Qualität führen ("Produktionsspäre")[51)], sowie die Wechselwirkungen zwischen den "Produktionsbedingungen" und der "Marktlage". Er umfaßt ferner die "internen" und "externen" Arbeitsmärkte[52)]. Die ersteren sind bestimmt durch Kontraktveränderungen zwischen denselben Partnern, die letzteren durch Allokation von neu auf den Markt kommender Arbeitskraft, respektive durch Kontrakte zwischen neuen Partnern. Die immer stärkere Ausprägung und Abschottung interner Arbeitsmärkte hat wesentliche Auswirkungen auf die Verteilung der Arbeitslosigkeit[53)].

Arbeitsmarkt soll auch nicht als ein durch bestimmte Funktionen für die Wirtschaft oder die Gesellschaft charakterisiertes Subsystem definiert (=beschränkt) werden. Einige Funktionen kommen ihm zwar überwiegend zu (Allokation der Arbeit, Bildung der Lohnhöhe und der Lohnstruktur). Die funktionale Begriffsbestimmung muß jedoch von der Möglichkeit, solche Funktionen aus gesellschaftlichen Komplexfunktionen herauszulösen, ausgehen. Dies ist jedoch wiederum nur auf dem Hintergrund eines schon fixierten theoretischen Rasters, beispielsweise des ökonomischen, möglich. Gerade solche Brüche im Arbeitsmarktgeschehen, wie sie das plötzliche Ansteigen der Arbeitslosigkeit darstellen, lassen jedoch viele andere Funktionen, wie etwa zentrales Feld gesellschaftlicher Integration oder Desintegration, Austragungsort intergenerationaler Verteilungskonflikte, Instanz der Wert- und Statuszuweisung weit über die Lohnhöhe hinaus zu sein, sichtbar werden, die unter Umständen mehr zur Erklärung des Geschehens beitragen, als die "eigentlich ökonomischen" Funktionen.

Arbeitsmarkt wird also weder inhaltlich noch funktional von vorneherein definiert und gegen andere Bereiche oder Systeme (z.B. Bildungssystem, Betrieb) abgegrenzt. Er wird hier als Teil eines von ökonomischen, sozialen, psychologischen, traditionalen, rechtlichen, institutionellen und politischen Faktoren strukturiertes Feld betrachtet, welches sich nicht durch Systemgrenzen, die irgendwie entlang von Verdünnungszonen des Zusammenhangs gezogen werden, abgrenzen läßt. Arbeitsmarktanalyse ist eine Forschungsstrategie, die von dem Phänomen des Kaufs und Verkaufs der Arbeitskraft aus in das es umgebende gesellschaftliche Feld vorstößt und dieses in Bezug auf die Bedingungen und Resultate jenes Geschäfts, in Bezug auf sein Gelingen oder Nichtgelingen, und in Bezug auf die Auswirkungen für die Beteiligten thematisiert.

Ganz allgemein lassen sich in diesem Feld Strukturen, Prozesse und Verhaltensweisen feststellen, die eng miteinander verknüpft sind. Strukturen sind jeweils vorgegebene, mehr oder weniger stabile, sich aber immer wieder wandelnde Raster, die Verhaltensweisen bestimmen, fördern, verhindern oder verbieten und die den Rahmen der Prozesse bilden. Die Strukturen haben ökonomische (z.B. grundsätzlicher Warentauschcharakter der Arbeitskraft), soziale (z.B. Barrieren gegen die Aufstiegsmobilität), psychologische (z.B. verinnerlichte Leistungsmotivationen), traditionale (z.B. Vorurteile gegen Frauen in bestimmten Berufen), rechtliche (z.B. Kündigungsschutzgesetz), institutionelle (z.B. Organisation der Arbeitsvermittlung) und politische (z.B. Stellenwert der Arbeitslosigkeit im Wahlkampf) Aspekte. Diese Strukturen bestimmen die verschiedenen Positionen, die die Menschen in Bezug auf den Arbeitsmarkt einnehmen können. Sie sind beispielsweise Nichterwerbstätige, Arbeitslose, Teilzeitbeschäftigte, Facharbeiter, Auszubildende, leitende Angestellte etc..Prozesse sind die permanent ablaufenden Veränderungen dieser Positionen, sind die Betriebswechsel, Mobilitätsfälle und Fluktuationen, die Qualifikationsanpassungen und betriebsinternen Umsetzungen.

Arbeitsmarktdynamik umfaßt nun einerseits diese Prozesse, andererseits die Wechselwirkungen zwischen Strukturen, Prozessen und Verhaltensweisen, die zu gegenseitiger Modifikation und Veränderung führen und in ihrer Gesamtheit Entwicklung ausmachen. Arbeitslosigkeit auf dem Hintergrund der Arbeitsmarktdynamik zu untersuchen bedeutet, sie in den Zusammenhang zu stellen mit den permanent im Arbeitsmarkt vor sich gehenden Fluktuationen[54)], bedeutet, die ständigen Umwälzungen im Arbeitslosenheer zu berücksichtigen[55)], bedeutet, die Abwälzungsprozesse der Arbeitslosigkeit - die erst durch jene Fluktuationen und Umwälzungen ermöglicht werden - zu analysieren und bedeutet endlich, die sich dabei vollziehenden Veränderungen in den Arbeitsmarktstrukturen auf ihre Bedeutung für die Arbeitslosigkeit hin zu untersuchen.

c) Erklärungsmuster

Im zweiten Kapitel wurde mehrmals die Erklärung von Zusammenhängen mit Hilfe einfacher kausaler Verknüpfungen kritisiert. Die Kritik negierte nicht das Kausalprinzip schlechthin, sie stellte es aber als sinnvollen Ansatz zur Erklärung komplexer, dynamischer, sozialer Zusammenhänge in Frage. Kausalität behauptet einen Zusammenhang zwischen zwei Größen, der nur in einer Richtung verläuft und damit der ersten Größe eine Dominanz gegenüber und eine Unabhängigkeit von der zweiten Größe sichert. Die Kausalrelation kann zwar als eine Art Elementarteilchen von Erklärung aufgefaßt werden, aus welchen sich "Erklärungsatome" und "Erklärungsmoleküle" zusammensetzen. Der Erklärungsgehalt der dabei entstehenden Muster ist jedoch andersartig und höher als der der bloßen Summe mehrerer Ursache-Wirkung Beziehungen. Solche Erklärungsatome sind etwa die Rückkopplung oder der schon zwei Systemebenen verknüpfende Regler. Es war die hauptsächliche Leistung der Kybernetik, solche Prinzipien als Grundbausteine von Prozessen erkannt und abstrakt formuliert zu haben.

Es wurde in der bisherigen Darstellung an vielen Stellen auf die Bedeutung von Wechselwirkungen vom Typus Rückkopplung und Regler aufmerksam gemacht. Abschottung betrieblicher Arbeitsmärkte und Arbeitslosigkeit sind, zumindest teilweise, positiv rückgekoppelt: die Arbeitslosigkeit verstärkt die Tendenz, die Kernmannschaft im Betrieb zu schützen und diese Abschottung wiederum kann die Arbeitslosigkeit durch Verstärkung von Profildiskrepanzen erhöhen[56]. Negativ rückgekoppelt können beispielsweise der Zugang zu höheren Bildungsgängen und die Arbeitslosigkeit der Absolventen sein. Das Reglerprinzip bewirkt wahrscheinlich die nun dreijährige ungefähre Konstanthaltung der Arbeitslosenzahl bei der "kritischen Marke"[57] von durchschnittlich einer Million, trotz höchst unterschiedlicher Wachstumsraten. Einer dieser Regler ist die Abdrängung von Arbeitslosen in die "Stille Reserve" und ihr Zurückholen, sobald sich die Lage etwas entspannt.

Aber auch die Arbeitsmarktpolitik kann so wirken: unter der Drohung des weiteren Ansteigens der Arbeitslosigkeit wird die Zahl der Sonderprogramme erhöht und werden Maßnahmen zur optischen Verringerung der Arbeitslosenzahl verstärkt, und umgekehrt. In der Einleitung wurde ein Erklärungsmuster von noch höherer Komplexität angesprochen, welches in Anlehnung an ähnliche Erscheinungen in der Physik Hysteresis-Effekt[58] genannt wurde. Dabei geht es darum, daß die Betätigung eines vorerst als Ursache-Wirkung Beziehung beschreibbaren Zusammenhangs auf einer Makroebene im Mikrobereich der Struktur Veränderungen auslöst, die die Entwicklung nicht oder nur verzögert reversibel machen. Dieses Muster unterliegt z.B. teilweise der Entwicklung der Frauenerwerbstätigkeit in den letzten Jahren. Die stärkere Integration von verheirateten Frauen ins Erwerbsleben während der langen Wachstumsphase kann als mitverursacht durch den Nachfragesog am Arbeitsmarkt erklärt werden. Dies hat aber zu Veränderungen in der Situation und im Verhalten dieser Frauen geführt (Gewöhnung an Doppeleinkommen, Abbau der "Hausfrauenidentität"etc.). Ein Rückgang der Nachfrage nach Arbeitskraft führt deshalb nicht zu einem Rückgang der Frauenerwerbstätigkeit entlang der Funktion, die die Zunahme kennzeichnete. Ähnliches ist bei der Gastarbeiterrückwanderung im Verhältnis zur Rezession 1966/68 zu beobachten[59].

Diese Beispiele machen jedoch zugleich klar, daß solche Erklärungsatome und -moleküle, die in ihrer Struktur noch weitgehend unabhängig vom Verwendungszusammenhang darstellbar sind, bei weitem nicht ausreichen, die Komplexität realer Zusammenhänge wiederzugeben, die ja in der Interdependenz sehr vieler Faktoren begründet liegt, wobei das ob und das wie von Zusammenhängen wiederum von Rahmenbedingungen abhängt. Die Wunderwaffe der Theorie ist bekanntlich die "ceteris-paribus-Klausel", die "alles andere" deswegen außer acht lassen kann, weil sie es "konstant hält". Auch sie ist eine Erbschaft aus der Naturwissenschaft, wo sie, wegen der Möglichkeit der realen Konstanthaltung von Faktoren im

Experiment, berechtigt ist. Für eine Diagnostik macht dies ebensowenig Sinn, wie wenn ein Arzt bei einer Diagnose die konkrete Konstitution des Patienten außer acht lassen würde. Soll die Diagnose mehr sein als die Aufzählung von Symptomen, dann braucht sie also noch komplexere Muster, Figuren oder Gestalten. Diese sind jedoch wahrscheinlich nicht mehr losgelöst von ihrem Gegenstand formulier- und darstellbar. Sie können auch nicht von vorneherein allgemeine Geltung (örtlich, zeitlich) beanspruchen. Trotzdem liegt die Erklärungspotenz, wie jede, in ihrer Möglichkeit, neue Zusammenhänge so zu strukturieren, daß sie "dêjà-vue" Erlebnisse provozieren. Sie könnten, wiederum in Anlehnung an Medizin und Psychologie, "Syndrome" oder "Komplexe" genannt werden. Es sind Erklärungsmuster, die meistens an einem bestimmten Gegenstand entwickelt wurden, die jedoch später, teilweise modifiziert, sich auch in anderen Gebieten bewähren[6o)]. Im folgenden Abschnitt soll versucht werden, dieses Konzept an zwei Beispielen zu erläutern.

Erklärungskomplexe

Ihre Bedeutung für die Integration verschiedenartiger Faktoren und für das Erkennen, Erklären und Deuten komplexer Zusammenhänge wurde im letzten Abschnitt erläutert. Zwei Vorbemerkungen sind jedoch noch erforderlich. Einmal versteht es sich von selbst, daß solche Erklärungskomplexe nicht für sich allein stehen können. Sie haben überall "lose Enden", über welche sie miteinander "vernetzbar" sind. Dies wird aus den Beispielen deutlich. Zweitens haben sie hier illustrativen Charakter. Das will nicht heißen, daß sie nicht auch Teil einer tatsächlichen Diagnose der aktuellen Situation sind. Es wird jedoch darauf verzichtet, alle zur Verfügung stehenden Indizien aufzuführen, die ihre "Zutreffendheit" unterstreichen könnten. Im Vordergrund soll hier die Argumentations<u>struktur</u> stehen. Ganz abgesehen davon, daß es in einigen der angesprochenen Bereiche noch sehr wenig empirisches Material gibt.

a) Marginalisierung

Das Syndrom der Marginalisierung[61] bezeichnet eine Wechselwirkung zwischen der Abwälzung der Arbeitslosigkeit auf "marginale Gruppen" im Arbeitsmarkt und der Verstärkung der marginalen Eigenschaften dieser Gruppen durch die Arbeitslosigkeit. Die Trennungslinie zwischen marginalen und zentralen Gruppen, die während der Vollbeschäftigung nicht deutlich sichtbar war, könnte als eine Art geplanter Bruchstelle verstanden werden, deren tatsächlicher Bruch bei einem "Unfall" die Funktion hat, die "wichtigeren" (mächtigeren) Teile (Interessen) des Systems zu schützen. Diese Gruppen sind also nicht schon immer marginal, sie leisten etwa bei Vollbeschäftigung ebenso entscheidende Beiträge zur Wirtschaftstätigkeit wie die zentralen Gruppen, sie sind da nur gewissermaßen potentiell marginal. Auch gibt es keine absolut feststehende Grenze zwischen diesen Gruppen, vielmehr handelt es sich um graduelle Abstufungen und permanente Veränderungen.

Die latente Marginalität oder die Prädisposition zu Marginalität läßt sich am Thema der Alternativrollen zu voller, ständiger Erwerbstätigkeit festmachen[62]. Im Gegensatz zu den inländischen, qualifizierten, voll leistungsfähigen Männern und unverheirateten Frauen im Alter zwischen ca. 25 und 55 Jahren verfügen die anderen Gruppen über - höchst unterschiedliche - Alternativrollen zur Erwerbstätigkeit, wie Rückkehr ins Ausland, Bildung und Weiterbildung, Rückzug in Hausfrauentätigkeit, "ständig unständige Beschäftigung", vorzeitige Pensionierung, Krankheit und Invalidität. Die Wirkung der Alternativrolle als potentielle Schwächung der Position im Arbeitsmarkt ist dabei praktisch unabhängig von der "Attraktivität", die sie für den Einzelnen hat. Das Konzept geht auch in keiner Weise von Freiwilligkeit aus, weder in Bezug auf die Zugehörigkeit zu einer solchen Gruppe, noch in Bezug auf die aktuelle "Wahl" der Alternativrolle. Die nicht vollständige und definitive Integration großer Gruppen in die Erwerbstätigkeit war schon immer, auch zu Zeiten der Vollbeschäftigung, ein Ergebnis von Strategien zum Zwecke des Schutzes und der Aufwertung der zentralen Gruppen.

Diese Randständigkeit bestimmter Gruppen manifestiert sich und wird unabhängig von der Gesamtsituation aufrechterhalten durch tatsächlichen Wechsel zwischen der Rolle der Erwerbstätigkeit und der Alternativrolle. Bei permanent und lang andauerndem starkem Sog des Arbeitsmarkts auf alle mobilisierbaren Arbeitskräftereserven reduzierte sich allerdings dieser Rollenwechsel auf ein Minimum, was die Illusion einer definitiven Integration erzeugen konnte. Damit wurde auch die Arbeitslosigkeit, die solche Übergänge begleiten kann, auf ein Minimum reduziert. Die schwache Position dieser Gruppen war allerdings auch zu der Zeit in ihrer Qualifikation, in ihrer Stellung in der betrieblichen Hierarchie, im Organisationsgrad und in der Beteiligung an den Organen der Interessenvertretung der Arbeitnehmer sichtbar. Daß diese Gruppen Alternativrollen haben, schwächt ihre Position im Konkurrenzkampf und ihre schwache Position zwingt sie dazu, die Alternativrolle als Möglichkeit, zumindest im Bewußtsein, aufrechtzuerhalten.

Diese Situation macht solche Gruppen in hohem Maße "geeignet", Arbeitslosigkeit in überdurchschnittlichem Ausmaß zu übernehmen. Die Eignung besteht darin, daß, grob gesprochen, Konflikte und Legitimationsschwächungen - sowohl innerbetrieblich wie auch gesamtgesellschaftlich - zumindest kurzfristig umso kleiner werden, je ungleicher die Verteilung der Arbeitslosigkeit zu Lasten dieser Gruppen ausfällt. Ihre in Bezug auf Interessenvertretung schon vorher schwache Position wird durch die Arbeitslosigkeit noch weiter geschwächt. Außerdem lassen sie sich - im Gegensatz zu zentralen Gruppen - auch noch leichter aus der Arbeitslosigkeit in die anderen Rollen abdrängen, oder, wo dies nicht gelingt, als "eigentliche Arbeitslose" in Frage stellen.

Schon zu Beginn der Rezession zeigte sich eine überdurchschnittliche Betroffenheit dieser Gruppen. Die Wahrscheinlichkeit, entlassen zu werden, war für sie höher als für andere, die durch Kurzarbeit oder Umsetzungen im Betrieb gehalten wurden. Bei Massenentlassungen oder Betriebsstilllegungen wurden allerdings auch zentrale Arbeitskräfte betroffen. Für diese ist jedoch die Chance, wieder eingestellt zu werden - jedenfalls soweit es um Dauerarbeitsplätze geht - höher als für marginale Gruppen. Die Selektivität bei Entlassungen zu Lasten der schwächeren Gruppen und die Selektivität bei Einstellungen zu Gunsten starker Gruppen erzeugt auf dem Hintergrund ständiger starker Fluktuationen im Arbeitsmarkt den "Aussiebungseffekt"[63], der hier mit Marginalisierung bezeichnet wird.

Dies hat Konsequenzen, die teilweise im zweiten Kapitel bei der Hypothese der "Schwerzubeschäftigenden" schon angesprochen wurden und die erst das volle Ausmaß der möglichen Schäden dieser kurzfristig stabilisierenden Strategie sichtbar werden lassen. Einmal kann die Marginalisierung,trotz gleichbleibender individueller Anpassungsleistung, die Gesamtanpassungsfähigkeit des Arbeitsmarkts an strukturelle Veränderungen verringern. Zweitens kann sie, insbesondere bei Jugendlichen, aber auch bei Behinderten, die Bereitschaft und die Fähigkeit zu konstanter, integrierender Erwerbstätigkeit nachhaltig zerstören. Drittens werden Bestrebungen der Anpassung der Erwerbstätigkeit an Bedürfnisse der Erwerbstätigen, wie etwa die Schaffung altersgerechter Arbeitsplätze, Erleichterungen für Frauen mit Kindern, Errichtung geschützter Arbeitsplätze für Behinderte, weitgehend zunichte gemacht. Viertens wird die fatale Aufspaltung der Gesellschaft in einen Teil, der unter überhöhter Arbeitsbelastung und in einen Teil, der unter Unbeschäftigtheit und Nutzlosigkeit leidet, verstärkt. Und fünftens bedeutet Marginalisierung die "Externalisierung" eines Problems aus dem gesellschaftlichen Zentrum an deren Ränder, wo es Wirkungen erzeugen kann, die nur noch schwer kontrollierbar sein dürften.

b) Dualisierung des Arbeitsmarkts

Mit diesem Begriff soll hier nicht unmittelbar die - in sich wiederum sehr heterogene - Theorie des "Dual Labor Market" angesprochen werden, wie sie von einigen amerikanischen Ökonomen der "institutionalistischen Schule" in den letzten Jahren entwickelt wurde[64], sondern eine allgemeinere Strukturierungstendenz in "unterbeschäftigten" Arbeitsmärkten, in Bezug auf welche der "Dual Labor Market" eine spezielle Ausprägungsform darstellt. In der Dualisierung wird jedoch auch nicht nur eine der vielen Varianten der Teilarbeitsmarkt- oder segmentierten Arbeitsmarktstruktur gesehen, die, unabhängig von der Gesamtauslastung des Arbeitskräftepotentials, eine Abschottung von Teilbereichen des Arbeitsmarkts durch Errichtung von Mobilitätsbarrieren, meist entlang qualifikatorischer Charakteristika, feststellen. Die Dualisierung ist eine Entwicklung im Arbeitsmarkt, deren Grundlage eine Veränderung in der Beziehung zwischen internen und externen Arbeitsmärkten ist, und die sich u.a. an einem permanenten Überschuß an wenig qualifizierten und marginalen Arbeitskräften auf dem Markt zeigt, der seinerseits immer wieder durch die duale Struktur reproduziert wird.

Interne Arbeitsmärkte sind innerbetriebliche Arbeitsmärkte großer Firmen und öffentlicher Institutionen, in welchen ein großer Teil der notwendigen Anpassungsprozesse der Arbeitskräfte an die betriebliche Entwicklung ohne Rückgriff auf den normalen, externen Arbeitsmarkt durchgeführt wird. Sie lösen sich aus der Marktgesetzlichkeit, soweit sie im Arbeitsmarkt überhaupt besteht, weitgehend heraus. Institutionelle, traditionale und bürokratische Faktoren bestimmen weitgehend über Mobilität, Lohnstruktur und Aufstiegschancen. Diese relative Abkopplung vom äußeren Arbeitsmarkt ist bestimmendes Merkmal interner Arbeitsmärkte. Es kann im Prinzip auch kleinen betrieblichen Märkten zukommen (etwa bei durchschnittlich hoher Qualifikation und hoher gewerkschaftlicher Organisation), die jedoch normalerweise stärker mit dem "offenen Markt" verbunden bleiben, da sie über zu wenig Anpassungspotential verfügen.

Es gibt viele Faktoren, die die stärker werdende interne Strukturierung erklären, wie etwa allein die Größe dieser "Märkte" und die Notwendigkeit ihrer bürokratischen Organisation, die Veränderung in der Kontrolle der Arbeitsverausgabung von einer direkten, personengebundenen Überwachung zu einer Gewöhnung an abstrakte Regelhaftigkeit, technologische Veränderungen, die eine hohe Stabilität des Arbeitsprozesses erzwingen u.a.m. Ihnen soll hier nicht weiter nachgegangen werden. Sie machen allein das Phänomen der Dualisierung nicht aus, denn sie waren alle auch schon während der langen Jahre des schnellen Wirtschaftswachstums gegeben, ohne daß daraus spezielle Probleme erwuchsen. Die langandauernde Arbeitskräfteknappheit hat allerdings die Herausbildung interner Märkte beschleunigt, indem die Betriebe Maßnahmen ergriffen, um qualifizierte Arbeitskräfte von der Abwanderung abzuhalten, die jetzt zum festen Besitzstand "primärer" Arbeiter geworden sind.

Die Rezession, verbunden mit den Abwälzungsprozessen der Arbeitslosigkeit, die als Marginalisierung bezeichnet wurden, hat nun ein nicht voll beschäftigtes Potential von wenig qualifizierten oder dequalifizierten Arbeitskräften erzeugt. Dies ist wiederum die Voraussetzung für die großen Betriebe, die Kernbelegschaft, die als eine langfristige Investition mit weitgehend Fixkostencharakter betrachtet wird, auf die "Grundlast"-Produktion zu schrumpfen, von der angenommen wird, daß sie unabhängig von saisonalen und konjunkturellen Schwankungen durchgehalten werden kann. Die "Spitzenlast" wird dann mit einer variablen, kurzfristig veränderbaren, Randbelegschaft ermöglicht.

Die Schwankungen der Produktion sind ein wichtiger Grund für die Dualisierung in Kern- und Randbelegschaft, der andere hängt mit technischen und organisatorischen Faktoren zusammen. Es gibt Bereiche der Produktion, die durch hohe Belastungen des Arbeiters bei trivialsten Anforderungen an die Qualifikation gekennzeichnet sind. Es sind meist Produktionsvorgänge, die, aus verschiedenen Gründen, nur noch nicht von Maschinen übernommen wurden. Sie fallen zwar permanent an, können jedoch, da nur kürzeste Anlernzeit benötigt wird, von nur kurzfristig beschäftigten Arbeitern übernommen werden. Ein ständiger, hoher Umschlag bei diesem Teil der Randbelegschaft verhindert dessen Organisierung und läßt Arbeitsbedingungen zu, die längerfristig nicht zu ertragen wären. In extremen Fällen handelt es sich um eine Art "Verschleißbelegschaft". In beiden Fällen ist das Grundmuster der Dualisierung eine Aufspaltung des "variablen Kapitals" in einen fixen und einen variablen Teil.

Die "Dual Labor Market Theory" zielt in dieselbe Richtung, sie geht allerdings noch weiter, indem sie annimmt, daß in einem späteren Stadium diese Tendenz zu einer Dualisierung der Wirtschaft insgesamt führt, in welcher der primäre Sektor nur noch die Grundlast mit Technologien einer bestimmten Komplexität übernimmt, und sich daneben ein sekundärer, marginaler Wirtschaftssektor herausbildet, der diesen primären Bereich sozusagen abschirmt. Ob sich diese zweite Stufe der strukturellen Verfestigung der Dualisierung tatsächlich schon empirisch feststellen läßt, soll hier nicht weiter verfolgt werden.

Der Zusammenhang mit der Arbeitslosigkeit ist evident: die zuerst konjunkturell verursachte Unterbeschäftigung war mit Voraussetzung einer strukturellen Veränderung, die nun, relativ unabhängig vom Niveau der Wirtschaftstätigkeit, durch permanente Fluktuation im sekundären Arbeitsmarkt ein bestimmtes Niveau von Arbeitslosigkeit aufrechterhält.

Anmerkungen über Empirie

Abschließend zu diesen Überlegungen über eine alternative Sichtweise der aktuellen Arbeitsmarktprobleme und überleitend zum empirisch-analytischen Teil dieser Arbeit sind einige Bemerkungen zum Verhältnis von Diagnose und Empirie anzubringen.

Der Hauptzweck der Empirie wird hier nicht im stringenten Beweis oder im permanenten Versuch der Falsifikation allgemeiner Aussagen gesehen, der ihr von der positivistischen Wissenschaftsauffassung zugeschrieben wird. Syndrome wie die Dualisierung oder die Marginalisierung sind nicht in erster Linie wahr oder falsch, sondern sie sind mehr oder weniger nützlich, um viele einzelne, beobachtbare Symptome für das Bewußtsein zu einem Gesamtbild, zu einer "Gestalt" zusammenzufügen. Es sind Deutungen, von denen nicht behauptet wird, daß sie als solche der Realität zukämen, sondern daß sie das Produkt einer Interferenz von Realität und Verstand sind. Eine solche Interferenz ist allerdings nur möglich, wenn es Korrespondenzen zwischen den Strukturen der Realität und denen unserer Vorstellungsgebilde gibt, die Komplexität jener entzieht sich jedoch jeder vollständigen oder definitiven und damit richtigen Abbildung. Sie kann also gar nicht wissenschaftliches Ziel sein. Daß der Realität neben ihrer hochkomplexen und -interdependenten Struktur noch eine einfachere, grundlegendere, allgemeinere real zukomme, deren Erkenntnis Aufgabe der Wissenschaft sei, ist eine weitverbreitete Auffassung, die hier nicht geteilt wird. Diagnose ist vielmehr selbst eine Strategie der Erfassung und Deutung der Wirklichkeit, die sich, wie jede Strategie, nicht am Wahrheitskriterium messen läßt, sondern deren Ziel Nützlichkeit und deren Kriterium Durchsetzungskraft ist. Nicht jedoch primär eine Nützlichkeit zur Steuerung der Wirklichkeit, sondern zu ihrer Deutung und Aufklärung. Neben dem "schwachen" Kriterium der individuellen Erfahrung dieser Nützlichkeit ("Evidenzerlebnisse") gilt das der Durchsetzungskraft, der Beeinflussung gesellschaftlicher

Auffassungen. Möglichkeit und Legitimation dafür bezieht die Wissenschaft aus ihren Verfahren, die, wenigstens im Prinzip, "öffentlicher" Kontrolle zugänglich sein sollten.

Obwohl also diese Strukturierungen und Deutungen, die die Diagnose ausmachen, nicht wahr oder falsch sein können, bauen sie auf einer großen Zahl von Indizien und Symptomen auf, die richtig zu erkennen sind. Wenn, mit welchen Methoden auch immer, bekannt würde, daß Arbeitslosigkeit individuell fast ausschließlich eine lange Dauer hat, dann würden Teile der Dualisierungsthese in Frage gestellt. Oder anders gesagt, ein solches empirisches Datum wäre der Verbreitung dieser These nicht förderlich. Den Erklärungsmustern soll also durchaus der Prozeß gemacht werden: Befürworter und Gegner sollen, mit je entgegengesetzten Interessen, alle Indizien beibringen, die die These glaubwürdiger, respektive unglaubwürdiger machen. Das heißt, diese Sichtweise ist in höchstem Maße auf Empirie angewiesen, sie muß sozusagen empiriedurchtränkt sein. Empirie als Realitätserfahrung in einem sehr breiten Sinne, wobei der Empiriker nicht nur Methoden kennen muß, die Realität zu erfassen, er muß auch selbst in dem Gebiet "erfahren" sein. Anders als beim Versuch des "empirischen Nachweises" irgendeiner Kausalbeziehung genügt nicht irgendeine Varianzanalyse mit irgendwelchen mehr oder weniger den theoretischen Begriffen entsprechenden Variablen, die empirische "Methode" besteht hier in einem fundierten Vertrautwerden mit der Materie, in einem Einschätzen können der Bedeutung von Information, welches sich letztlich nicht gänzlich operationalisieren läßt. Es ist wiederum ähnlich wie bei der Medizin: moderne, systematische Diagnosemethoden sind nicht abzulehnen. Die richtige Deutung der gewonnenen Information ist damit jedoch nicht gewährleistet.

Empirie ist also hier weniger als stringentes Beweismittel, aber mehr als bloße Illustration. Sie ist die Vermittlung von Informationen über die Wirklichkeit, die in einem zweiten Stadium, nachdem Erklärungsmuster formuliert wurden, zu einer

Indiziensuche wird. Eine solche Empirie kann nie völlig zielgerichtet sein. Sie ist nie nur die Dienstmagd einer Theorie, die ihr die Begriffe fertig vorgibt und ihr Tun genau anleitet. Ein solches Vorgehen verhindert gerade, noch nicht Gewußtes überhaupt in Erfahrung zu bringen. Zwischen intellektueller Strukturierung als Erkennen von bestimmten Mustern und Empirie als Erfahren von Wirklichkeit besteht ein ähnlicher Zusammenhang, wie der schon beschriebene zwischen Diagnose und Therapie. Die beiden stehen in einer sehr intensiven Wechselwirkung, sie sind aufeinander angewiesen, die Beziehung ist jedoch weder einseitig noch vollständig beschreibbar oder gar instrumentalisierbar[65]. Gerade im intensiven Wechselspiel zwischen sich vorbeugen und genau hinschauen und zurücklehnen und nachdenken, d.h. dann, wenn sich die notwendige wissenschaftliche Arbeitsteilung nicht ausgerechnet entlang einer Empirie-Theorie Scheidelinie herausbildet, und wenn die Empirie nicht ihrer "chaotischen" Eigengesetzlichkeit im Namen von Theorien beraubt wird, ist es möglich, aus der Wirklichkeitserfahrung Leitlinien für die weitere konzeptuelle Arbeit zu gewinnen und aus dieser Mängel und Einseitigkeiten der bisherigen empirischen Forschung zu erkennen. So folgt beispielsweise aus dem Vergleich der in dieser Arbeit bisher angestellten Überlegungen mit den vorhandenen Informationen, daß im Bereich der Beschreibung der Arbeitsmarktdynamik, gemessen an der ihr durch dieses Konzept zugeschriebenen Bedeutung, große Lücken klaffen. Es folgt jedoch nicht daraus, daß eine Untersuchung über die Dauer der Arbeitslosigkeit die vordringlichste Aufgabe wäre, es gibt viele andere Aspekte, die mindestens ebenso interessant sind, und an denen empirische Forschung ansetzen könnte. Einschätzungen der Relevanz eines Aspekts, Beurteilung der eigenen Möglichkeiten, die man unter gegebenen Bedingungen hat, bestimmen, neben vielen zufälligen Faktoren, den Gegenstand der Empirie.

Empirie als Wirklichkeitserfahrung ist jedoch nicht nur sehr lose mit dem Erkenntnisprozeß verknüpft, hat nicht nur Eigengesetzlichkeiten und Ungehobeltheiten, die sie zu einem sperrigen Objekt machen, es gibt auch keine sicheren Anleitungen zum Erfolg: ein großer empirisch-analytischer Apparat kann eine Maus gebären - auch wenn es nach der gehabten Mühe schwer ist, dies zuzugeben. Eine Zeitungsnotiz oder ein Gespräch kann dazu führen, daß es einem wie Schuppen von den Augen fällt. Dies hängt damit zusammen, daß Informationen über die soziale Wirklichkeit als solche gar nicht erfahrbar sind. So wie der Physiker ja nie objektiv messen, sondern nur das Ergebnis einer Wechselbeziehung zwischen Realität und Meßinstrument feststellen kann, sind empirische Daten immer nur das Ergebnis einer Wechselwirkung zwischen der "Realität" und dem gesellschaftlichen Diskurs, nur durch ihn hindurch ist Realität erfahrbar. Dies ist offensichtlich beim Interview und etwas weniger offensichtlich bei "harten" Daten wie der Arbeitslosenzahl. Eine solche Zahl ist jedoch der Output eines riesigen statistisch-institutionellen Apparats, in dessen Tun permanent Ansichten, Wertungen, Beeinflussungen eingehen. Diese besondere Unschärfe, der jedes Datum in den Wirtschafts- und Sozialwissenschaften unterliegt, und die sichtbar wird, wenn man etwas Licht in die "black box" der sie erzeugenden Apparate bringt[66) wird von vielen nicht zur Kenntnis genommen und von anderen dazu benützt, Empirie in den Geruch des Unseriösen zu bringen, um sich selbst nicht mit ihr beschäftigen zu müssen, respektive liebgewonnene Theorien nicht in Frage stellen zu lassen. Stellt man sich jedoch auf den Standpunkt, daß die primäre Wirklichkeit der Sozialwissenschaft ohnehin nur der gesellschaftliche Diskurs sein kann, dann wird Empirie von ihrer bloßen Werkzeughaftigkeit befreit und wird selbst zu einem faszinierenden Gegenstand der Erkenntnis.

II. Teil

DER ARBEITSLOSIGKEITSPROZESS - PROBLEME SEINER BESCHREIBUNG UND ANALYSE

4. Kapitel

Prozesse im Arbeitsmarkt und im Arbeitsmarktumfeld

Wesentlicher Kritikpunkt im ersten Teil dieser Arbeit an der bisher in der Bundesrepublik noch vorherrschenden Analyse der Arbeitslosigkeit war ihr weitgehend statischer Charakter, der sowohl in den Theorien und Erklärungsansätzen, wie auch in der empirischen Forschung, der Beschreibung und der Datenbereitstellung über die Arbeitslosigkeit zu Tage tritt. Es wurde die Ansicht vertreten, daß eine genauere Untersuchung der Dynamik des Arbeitsmarkts einige der bisher scheinbar gesicherten Zusammenhänge in Frage stellen, einige neue Mechanismen der Erzeugung und Aufrechterhaltung der Arbeitslosigkeit aufhellen, und einige Gewichte bei der Problem- und Maßnahmenbeurteilung verschieben würde.

In diesem vierten Kapitel geht es nun in erster Linie darum, die gedanklichen Schritte aufzuzeigen, die von diesen sehr allgemeinen Überlegungen zu der spezifischen Untersuchung einiger Aspekte des Arbeitslosigkeitsprozesses führen, die das Kernstück dieser Arbeit ausmacht. Außerdem soll eine Vorstellung von den Größenordnungen einiger wichtiger Prozesse im Arbeitsmarktumfeld vermittelt und gleichzeitig auf methodische Probleme und solche der Datenverfügbarkeit hingewiesen werden.

Eine notwendige Bedingung der empirischen Untersuchung der Arbeitslosigkeit auf dem Hintergrund der Arbeitsmarktdynamik ist offensichtlich die genaue Beschreibung der Arbeitsmarktprozesse, die im ersten Teil als die Gesamtheit aller Veränderungen in den Positionen definiert wurden, die die

Stellung der Individuen im und zum Erwerbsleben charakterisieren. Das Problem dieser Beschreibung hat zwei Aspekte: der eine ist Verfügbarkeit von Daten, der andere die Konstruktion von geeigneten Beschreibungsmodellen. Mit Beschreibungsmodellen sind hier vorerst nicht nur formal anspruchsvolle, in bestimmten mathematischen Modellsprachen formulierte, umfassende Abbildungssysteme gemeint, deren empirischer Anreicherung gerade im Falle der Arbeitsmarktdynamik wegen der spärlich vorhandenen Daten sehr enge Grenzen gezogen wären. Beschreibungsmodell meint hier ganz allgemein die den Versuch der Beschreibung der Realität anleitenden Vorstellungen und Konzepte, die die Funktion haben, (1) die Informationsbeschaffung über das abzubildende Geschehen anzuleiten, (2) Gesichtspunkte zur Reduktion der realen Komplexität abzugeben und (3) aus vorhandenen Daten ein Maximum an Informationsausbeute zu ermöglichen. In diesem Sinne sind auch die Begriffe, mit denen gearbeitet wird, ihre Definition und Abgrenzung, die Merkmale, die in den Vordergrund gestellt werden, immer auch Teil der Modellbildung, die dem Nachdenken über die Realität Schranken setzen und es so ermöglichen. Da hier zumindest für einige Aspekte des Prozeßcharakters der Arbeitslosigkeit empirische Aussagen angestrebt werden, ist von Anfang an die Notwendigkeit eines Kompromisses zwischen wünschenswerter abstrakter Modellierung und gegebenen Datenrestriktionen im Auge zu behalten.

Die Gewinnung bisher nicht verfügbarer Information, die Beschreibung bisher nicht quantitativ beschriebener Vorgänge, die Zeichnung eines genaueren und reichhaltigeren Bildes des Arbeitslosigkeitsprozesses stehen im Vordergrund dieser Arbeit. Es wird sich zeigen, daß der Versuch der beschreibenden Erfassung der Realität teilweise Eigengesetzlichkeiten hat, die dazu führen, daß nicht gleichzeitig Strukturierungen der Information möglich sind, die den Anforderungen einer Erklärung in optimaler Weise Genüge tun. Dies führt dazu, daß der Erklärung hier nur eine untergeordnete Rolle zukommt;

teilweise werden die beschriebenen Phänomene, die zu Tage tretenden Tendenzen leicht zu erklären sein, - offensichtliche, plausible Interpretationen bieten sich in vielen Fällen an. In anderen Fällen können jedoch nur Vermutungen geäußert werden, deren Bestätigung oder Widerlegung weiterer und andersartiger Untersuchungen bedarf.

4.1 Zur Beschreibung von Arbeitsmarktprozessen

Die Stellung eines Individuums in Bezug auf den Arbeitsmarkt läßt sich zu einem bestimmten Zeitpunkt durch drei Gruppen von Charakteristika beschreiben:

(1) Askriptive Merkmale der Individuen, die ihnen relativ unabhängig von ihrer gegenwärtigen Beschäftigungssituation zukommen, die jedoch für ihre Chancen auf dem Arbeitsmarkt relevant sind (Geschlecht, Alter, Nationalität, Wohnort, Qualifikation, Berufserfahrung etc.). Es gibt kaum individuelle Eigenschaften, die nicht in der einen oder anderen Weise arbeitsmarktrelevant werden können, und es gibt andererseits keine generelle Arbeitsmarktrelevanz, sondern unter spezifischen Gesichtspunkten treten bestimmte Merkmale in den Vordergrund. Statistisches Datenmaterial, das nicht zu einem ganz bestimmten Zweck erhoben wurde, wird deswegen im allgemeinen nur sehr grobe Untergliederungen der Erwerbsbevölkerung zulassen. Außerdem sind viele dieser Merkmale in der Zeit veränderlich (insbesondere auch diejenigen, die durch das Erwerbsleben verändert werden, wie Qualifikation, Gesundheitszustand etc.), was bei dynamischen Analysen zu Problemen führt, da Gruppen mit gleichen askriptiven Merkmalen in der Zeit nicht konstant bleiben.

(2) Merkmale, die die Position der Individuen im Verhältnis zum Arbeitsmarkt, seine "Stellung zum Erwerbsleben" kennzeichnen. Sie lassen sich zweidimensional ordnen, einmal entlang einer Lebensaltersachse (noch nicht im erwerbsfähigen Alter, im erwerbsfähigen Alter aber weiterhin im Bildungssystem, Mitglied der potentiellen Erwerbsbevölkerung, nicht mehr im erwerbsfähigen Alter); zweitens entlang einer "Aktivitätsachse" (voll erwerbstätig, teilzeitlich oder teilweise erwerbstätig, vorübergehend in Bildungsmaßnahmen, arbeitslos, Angehöriger der stillen Reserve, keine Erwerbstätigkeit anstrebend)[1].

(3) Bei denen, die in irgendeiner Form erwerbstätig sind, Merkmale die die konkrete Arbeitssituation, die "Stellung im Erwerbsleben" kennzeichnen (Stellung im Betrieb, Qualifikationsanforderungen, Beruf, Branche, Betriebsort etc.).

Die vielfältigen definitorischen Probleme, die sich bei der Einordnung der Individuen nach solchen Kriterien ergeben, sollen hier nicht weiter diskutiert werden. Nur zu zwei der hier zentralen Kategorien eine Bemerkung: Arbeitslose sind im weiteren Verlauf dieser Arbeit immer die registrierten Arbeitslosen. Das Ziel der Beschreibung des Arbeitslosigkeitsprozesses und die dafür benötigten Daten lassen keine andere Wahl. Allerdings wird im folgenden Kapitel die Zulässigkeit einer solchen Abgrenzung noch kritisch diskutiert[2]. Die "stille Reserve" ist hier eine technische Kategorie, die keine genaue Abgrenzung zu den Nichterwerbstätigen ohne Erwerbswunsch erfordert. Sie umfaßt die nicht arbeitslos gemeldeten, grundsätzlich erwerbsfähigen Nichterwerbstätigen.

Arbeitsmarktprozesse im weitesten Sinn umfassen nun alle Veränderungen in der Stellung der Individuen in Bezug auf den Arbeitsmarkt (also beispielsweise Qualifikationsveränderungen, regionale Mobilität, Betriebswechsel, Rückzug aus der Erwerbstätigkeit, Übergang zu Teilzeitarbeit, Wiederaufnahme einer Arbeit nach Arbeitslosigkeit etc.). Arbeitsmarktprozesse werden hier also, zum Zweck ihrer Beschreibung, nicht ihrer Begründung, an den Individuen festgemacht. Dies ist nur eine von mehreren Möglichkeiten, sie hat aber den für eine dynamische Beschreibung unschätzbaren Vorteil, daß die Identität der Individuen in der Zeit problemlos ist und die Veränderungen als solche an diesen und mit diesen Individuen beschrieben werden können[3]. Aber selbst in diesem Falle ergeben sich schwierige Probleme einer Beschreibung der Arbeitsmarktprozesse, die mit grundsätzlich im Verhältnis zu statischen Analysen anderen Problemen der Informationsreduktion zusammenhängen.

Eine im Sinne der gegebenen Definition vollständige Beschreibung der Arbeitsmarktprozesse wäre in der Summe aller individuellen "Erwerbsbiographien" enthalten, die die Erwerbsverläufe in den oben aufgeführen drei Gruppen von Charakteristika detailliert beschreiben würden. Dies wird wohl kaum jemals konkretes Ziel empirischer Arbeitsmarktforschung sein, wenn auch beispielsweise die im Aufbau begriffene Beschäftigtenstatistik auf der Basis der Meldungen zur Sozialversicherung einen beträchtlichen Anteil dieser Informationen enthält[4]. Zumindest für Teilgruppen der Arbeitskräfte sind jedoch solche Panelstudien und Erwerbsverlaufsuntersuchungen bewährte Mittel empirischer Arbeitsmarktforschung.

Was hier jedoch im Vordergrund des Interesses steht, ist die <u>Reduktion der Informationsmenge</u>, die solche Erwerbsbiographien enthalten, und die erst eine handhabbare Beschreibung der Arbeitsmarktprozesse möglich macht. Um das sich dabei stellende Problem anschaulich zu machen, werden die Erwerbsbiographien in der folgenden Weise transformiert: Man stelle sich einen mehrdimensionalen Raum vor, dessen Achsen durch die Merkmale gebildet werden, die die Position des Individuums in Bezug auf den Arbeitsmarkt charakterisieren. Auf diesen Achsen sind die verschiedenen Ausprägungen abgetragen, die die

Merkmale annehmen können. Eine Achse stelle also etwa das Alter dar, eine zweite die Berufe, eine dritte die Qualifikationsstufen etc.. Der damit aufgespannte Raum heiße Raum der Charakteristikenkonfigurationen. Zu jedem Zeitpunkt befindet sich nun jedes Individuum an einem bestimmten Platz in diesem Raum, mit der Zeit legt es einen Pfad in diesem Raum zurück; die individuelle Erwerbsbiographie läßt sich also in diesen Raum übersetzen. Wenn auch nicht alle möglichen Wege tatsächlich beschritten werden können, würde dieser eine verwirrende Fülle von sich durchkreuzenden Linien aufweisen. Daraus wird die viel schwierigere Problematik der Informationsreduktion bei einer dynamischen Analyse im Vergleich mit einer statischen Analyse sichtbar: Zu einem feststehenden Zeitpunkt läßt sich der Raum der Charakteristikenkonfigurationen durch ein geeignetes Raster aufgliedern, welches "verwandte" Individuen zu Clustern zusammenfaßt. Die Beschreibung reduziert sich dann auf die Angabe der "Koordinaten" dieser Cluster und ihrer Besetzungszahlen. Diese Möglichkeit entfällt jedoch bei einer dynamischen Beschreibung, da in der Zeit die Individuen, die eben noch "nahe zusammen" waren, auseinanderlaufen. Unter Umständen mag es gelingen, typische Pfade auszumachen, die einen Großteil einmal "verwandt" gewesener Individuen gemeinsam ein Stück weit führen. Eine andere, häufig verwendete Beschreibungsmöglichkeit ist die Angabe von zeitlichen Übergangswahrscheinlichkeiten zwischen verschiedenen Clustern, also eine stochastische Beschreibung des dynamischen Geschehens, oder, als deterministisches Gegenstück, die Angabe von Strömen zwischen einzelnen Stationen im Konfigurationenraum. Damit geht jedoch eine ganz wesentliche Dimension verloren: die Individuen sind nicht mehr einzeln in der Zeit verfolgbar, der Einfluß ihrer Vorgeschichte auf einen einzelnen Übergang nicht mehr rekonstruierbar.

Natürlich wird niemand den Versuch unternehmen wollen, ein Beschreibungsmodell des Arbeitsmarkts zu konstruieren, das gleichzeitig sämtliche denkbaren Prozesse erfaßt. Es bieten

sich verschiedene Möglichkeiten an, in sinnvoller Weise Teilaspekte aus dem Gesamtzusammenhang herauszulösen.
Die eben erläuterte Schwierigkeit, daß es bei der Beschreibung dynamischer Prozesse, bei denen grundsätzlich die individuelle Geschichte relevant ist, kein einfaches Verfahren der Informationsreduktion gibt, taucht jedoch auch in vereinfachten Modellen immer wieder auf.

Für die Bildung solcher Teilmodelle bieten sich verschiedene Möglichkeiten der Reduktion oder Aufspaltung der Gesamtmenge der Arbeitsmarktprozesse an. Einmal erlauben feststehende oder für längere Zeit feststehende askriptive Merkmale die Analyse der Arbeitsmarktprozesse getrennt für bestimmte Gruppen von Individuen (etwa für jüngere deutsche Männer).Abstrakt gesprochen beruht diese Reduktion auf der Tatsache, daß es im Raum der Charakteristikenkonfigurationen Teilräume gibt, zwischen denen Übergänge entweder nicht möglich sind (Geschlecht, verschiedene Jahrgänge), nicht kurzfristige möglich sind (Höherqualifikation) oder kurzfristig sehr selten und damit in der Gesamtmasse vernachlässigbar sind (Nationalität, Familienstand). Eine andere Möglichkeit ist die Untersuchung der Veränderungen in einigen wenigen Charakteristika, wobei jeweils außer Betracht bleibt, welche Veränderungen in den arbeitsmarktrelevanten Beschreibungselementen der Individuen außerdem noch vor sich gehen (etwa die Übergänge zwischen "stiller Reserve" und Erwerbstätigkeit ohne gleichzeitige Untersuchung der sich dabei ergebenden beruflichen Veränderungen). In der Sprache des abstrakten Modells handelt es sich dabei um Reduktionen der Dimension des Raums der Charakteristikenkonfigurationen, respektive um die Auswahl einer oder weniger Dimensionen, zwischen denen Wechselwirkungen vermutet werden. Sehr oft werden diese beiden Reduktionsmöglichkeiten miteinander kombiniert (etwa innerbetriebliche Umsetzungen männlicher Metall-Facharbeiter).

4.2 Ströme im Arbeitsmarktumfeld

Eine inhaltlich bestimmte Zweiteilung der Arbeitsmarktprozesse ist in der oben gegebenen Gruppenbildung der die Stellung der Individuen in Bezug auf den Arbeitsmarkt charakterisierenden Merkmalen schon angelegt: Veränderungen der individuellen Positionen finden entweder bei ununterbrochener Erwerbstätigkeit statt (Veränderungen der Stellung im Erwerbsleben) oder sie beinhalten eine Veränderung im "Aktivitätsstatus" (Veränderungen der Stellung zum Erwerbsleben). Während die Prozesse der ersten Art ganz offensichtlich im Arbeitsmarkt stattfinden, respektive das Arbeitsmarktgeschehen selbst ausmachen, charakterisieren diejenigen der zweiten Art Übergänge zwischen dem Arbeitsmarkt und seinem "Umfeld", aus welchem zusätzliche Arbeitskräfte rekrutiert, und in welches vorübergehend oder dauernd nicht mehr benötigte entlassen werden, respektive aus welchem die Individuen in den Arbeitsmarkt eintreten und in welches sie sich, freiwillig oder unfreiwillig, wieder zurückziehen. Wählt man für die Beschreibung der Arbeitsmarktprozesse das Strommodell, faßt man also gleichverlaufende Wege zwischen je zwei Stationen zusammen, dann erzeugen die individuellen Veränderungen der Stellung zum Erwerbsleben in ihrer Gesamtheit ein Stromsystem im Arbeitsmarktumfeld, dessen zentrale Umsteigestation heute die Arbeitslosigkeit darstellt[5].

Zwischen diesen beiden Typen von Arbeitsmarktprozessen bestehen, unter dem Gesichtspunkt der Verursachung und Begründung, sehr enge Wechselwirkungen, respektive fließende Übergänge. Betriebswechsel, die bei angespannter Arbeitsmarktlage problemlos verlaufen, führen heute in vielen Fällen zu Arbeitslosigkeit. Der Versuch, von einer Vollzeit- zu einer Teilzeittätigkeit überzugehen, kann zu einem unfreiwilligen Rückzug vom Erwerbsleben führen. Die Zu- und Abwanderungen ausländischer Arbeitskräfte sind durch die Situation im Arbeitsmarkt bestimmt, ebenso die Anzahl der Frühverrentungen usw..

Die Prozesse innerhalb des Arbeitsmarkts, die Veränderungen der Stellung im Erwerbsleben sind traditioneller Gegenstand ökonomischer und soziologischer Arbeitsmarktforschung: Die Untersuchungen zwischenbetrieblicher Arbeitsplatzwechsel, regionaler und beruflicher Mobilität, sozialen Auf- und Abstiegs im Erwerbsleben, usw. beanspruchten unter verschiedenen Gesichtspunkten schon immer großes Interesse. Seit einigen Jahren gewinnen auch die innerbetrieblichen Veränderungen unter dem Aspekt ihrer Arbeitsmarktrelevanz größere Beachtung. Die langen Jahre der Vollbeschäftigung führten jedoch dazu, daß die Veränderungen der Stellung zum Erwerbsleben kaum Probleme erzeugten und deshalb die Bewegungen im Arbeitsmarktumfeld nur unter bestimmten Gesichtspunkten interessierten. Die Übergänge vom Bildungssystem ins Erwerbsleben wurden in erster Linie unter dem Aspekt optimaler Bereitstellung von Humankapital thematisiert. Die Übergänge zwischen Arbeitslosigkeit und Erwerbstätigkeit reduzierten sich auf bestimmte kleine "Problemgruppen", oder waren als kurzfristige Phänomene, wie etwa die saisonalen Schwankungen, kein schwerwiegendes Problem. Übergänge zwischen Erwerbstätigkeit und Nichterwerbstätigkeit waren höchstens unter dem Aspekt einer möglichst weitgehenden Ausschöpfung von Arbeitskräftereserven interessant. Die Diskussion um den Austritt aus dem Erwerbsleben im Alter stand unter dem Zeichen sozialer Verbesserungen durch größeren Schutz älterer Erwerbstätiger vor Entlassungen einerseits und Flexibilisierung des Verrentungsalters andererseits. Umschulungs- und Weiterbildungsmaßnahmen dienten der langfristigen Sicherung der Verwertungsfähigkeit der Arbeitskraft, aber auch der Ermöglichung von beruflichem Aufstieg und freiwilligem Berufswechsel. Eingehender untersucht wurde die einige Probleme erzeugende Integration der Millionen zusätzlich benötigter ausländischer Arbeitskräfte. Hauptgesichtspunkt all dieser Übergangsprozesse zwischen dem Arbeitsmarkt und seinem Umfeld war also die Mobilisierung genügender Arbeitskräfte nach Quantität und Qualität; das Ausscheiden aus dem Erwerbsleben erfolgte im überwiegenden Teil der Fälle freiwillig und man konnte es sich leisten, die Optionen für die Arbeitskräfte zu vermehren und den Schutz der schwächeren Gruppen auszubauen.

Dies hat sich durch die aktuelle Unterbeschäftigung und durch die Aussicht auf ein langes Anhalten dieser Grundtendenz völlig verändert. Das Nichteintretenkönnen ins Erwerbsleben, das unfreiwillige Ausscheiden aus dem Erwerbsleben, die unzähligen Übergänge zwischen Arbeitslosigkeit und Erwerbstätigkeit, die für große Gruppen häufige oder langandauernde Arbeitslosigkeit sind zu bedeutenden Problemen geworden. Längere Ausbildung, frühzeitiges Ausscheiden im Alter, Nichterwerbstätigkeit verheirateter Frauen werden nicht mehr unter dem Aspekt von wünschenswerten Optionen, sondern unter dem Gesichtspunkt der "Entlastung des Arbeitsmarkts" thematisiert. Arbeitsmarktpolitische Instrumente, die mit dem Ziel der Bereitstellung genügenden Qualifikationspotentials und der Verbesserung individueller Aufstiegschancen eingeführt wurden - wie etwa die Umschulungs- und Fortbildungsprogramme - dienen inzwischen dazu, die Arbeitslosenzahl nicht weiter ansteigen zu lassen. Betriebswechsel sind nicht mehr unter dem Aspekt optimaler Reallokation der Arbeitskraft wichtig, sondern sie erfolgen in den meisten Fällen unfreiwillig und schließen oft kürzere oder längere Zeiten der Arbeitslosigkeit ein.

Diese Situation führt dazu, daß der Untersuchung des Stromsystems im Arbeitsmarktumfeld künftig eine wesentlich größere Bedeutung zukommen dürfte. Nicht nur sind einige dieser Ströme größer geworden (etwa die Anzahl der Übergänge zwischen "stiller Reserve", Arbeitslosigkeit und Erwerbstätigkeit), ihr zum größten Teil unfreiwilliger Charakter erzeugt bisher kaum mehr bekannte individuelle und gesellschaftliche Probleme. Außerdem ist ihre Lenkung und Beeinflussung in den Vordergrund der arbeitsmarktpolitischen Diskussion gerückt. Zur Beschreibung vieler dieser Prozesse fehlen jedoch bisher sowohl geeignete Modelle wie auch Daten in genügend feiner Untergliederung. In einigen Fällen sind noch Bruttozu- und

Abgänge aus einigen der interessierenden Stationen verfügbar, es fehlt jedoch eine Trennung nach den Richtungen, aus denen diese Ströme kommen und in welche sie gehen. In den meisten Fällen sind nur wenige Untergliederungen nach arbeitsmarktrelevanten Untergruppen gegeben. Zur Illustration der Einbettung der Arbeitslosigkeitsprozesse in diese Dynamik des Arbeitsmarktumfeldes zeigt die nachstehende Abbildung 4 I die wichtigsten Ströme und Verknüpfungen und gibt Größenordnungen der wichtigsten Bestände und Bewegungen an.

4.3 Der Arbeitslosigkeitsprozeß

Unter Arbeitslosigkeitsprozeß soll hier der Teil des im letzten Abschnitt beschriebenen Stromsystems des Arbeitsmarktumfeldes verstanden werden, der die Station "Arbeitslosigkeit" berührt, oder anders gesagt, die Arbeitsmarktprozesse, deren Ausgangs- oder Endpunkt Arbeitslosigkeit ist. Er umfaßt also die Zugänge zur und die Abgänge aus der Arbeitslosigkeit nach verschiedenen Richtungen in ihrer Größe und Zusammensetzung, aber auch die Vorgänge im Innern des Arbeitslosenbestandes, die durch die Verteilung der Arbeitslosigkeitsdauer beschrieben werden können.

Schon aus der Abbildung 4 I ist ersichtlich, daß die Arbeitslosigkeit zentraler Umschlagsplatz im Stromsystem des Arbeitsmarktumfeldes geworden ist. Die Fluktuationen zwischen Arbeitslosigkeit und Erwerbstätigkeit übertreffen volumenmäßig den Austausch der Erwerbstätigen, der durch Neueintritte ins Erwerbsleben und durch Verrentung zustandekommt, um ein Mehrfaches. Der Eintritt ins Erwerbsleben aus dem Schulsystem und der Wiedereintritt nach unterbrochener Erwerbstätigkeit führt in vielen Fällen über ein Stadium der Erwerbslosigkeit. Aber auch dem Austritt aus dem Erwerbsleben geht oft eine Zeit der Arbeitslosigkeit voraus, sei es bei zurückwandernden Ausländern, bei verheirateten Frauen oder bei Frühverrentung.

Abbildung 4 I

Größenordnungen von Beständen und jährlichen Strömen im Arbeitsmarktumfeld[6)]
(1976 in Mio.; R ist ein Restaggregat bestehend aus Soldaten, Kranken, Leuten in Bildungs- und Arbeitsbeschaffungsmaßnahmen; in Klammern besonders unsichere Schätzungen)

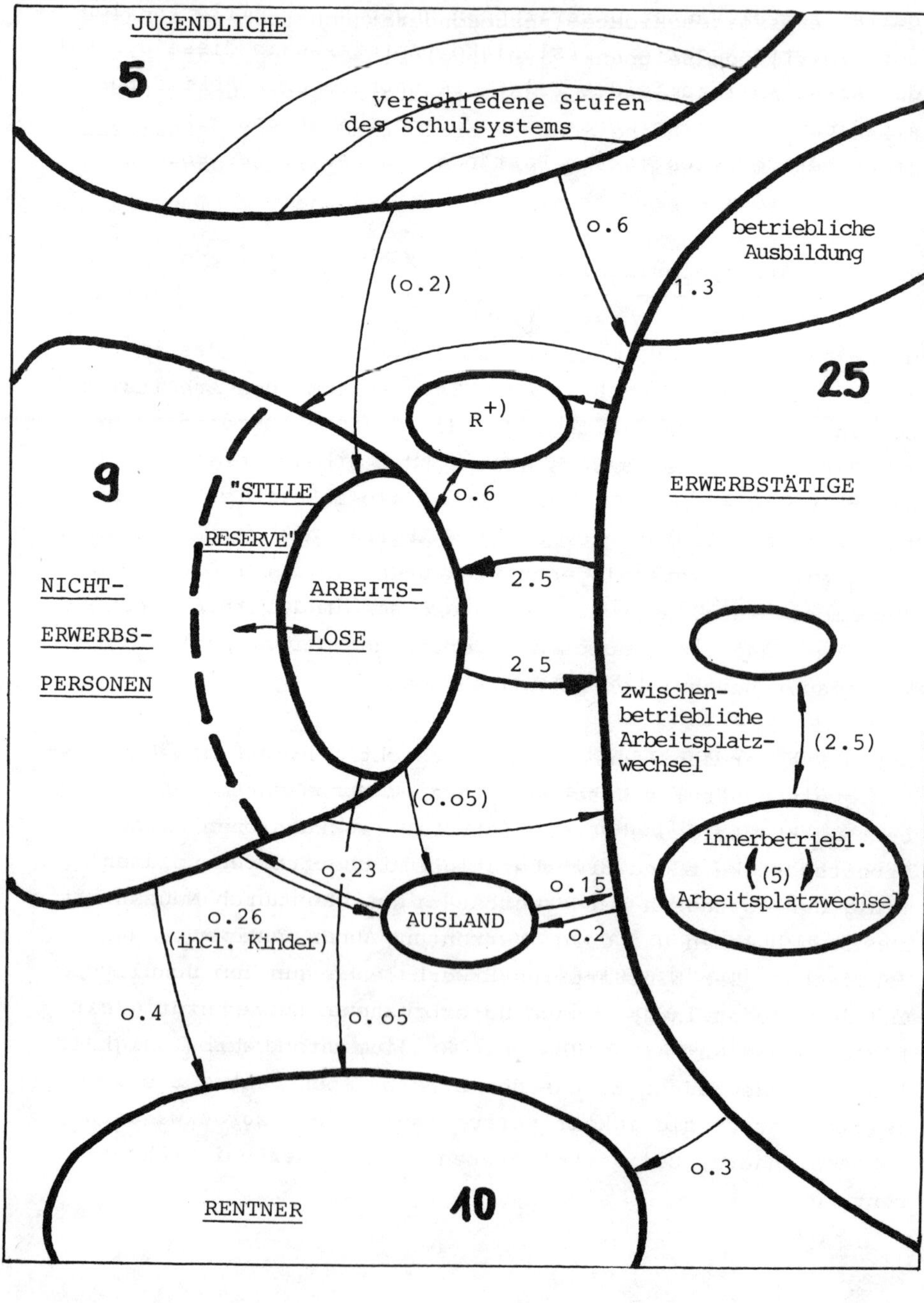

Eine vollständige Beschreibung des Arbeitslosigkeitsprozesses wäre wiederum nur dann gegeben, wenn "Teilbiographien" aller jemals arbeitslos Gewordener zur Verfügung stehen würden, die die persönlichen arbeitsmarktrelevanten Eigenschaften, die Erwerbsvorgeschichte (insbesondere auch frühere Arbeitslosigkeit), den Zeitpunkt des arbeitslos Werdens, den Zeitpunkt des Ausscheidens aus der Arbeitslosigkeit und Informationen über den nachherigen Verbleib enthielten. Selbst wenn diese Informationen vorhanden wären (die Vermittlungskarten der Arbeitslosen bei den Arbeitsämtern enthalten immerhin einen beträchtlichen Teil davon)[7], stellen sich die Probleme der Informationsreduktion und der Auswertung, die im Abschnitt 4.1 angesprochen wurden.

Der Arbeitslosigkeitsprozeß wird in dieser Arbeit im wesentlichen unter zwei Gesichtspunkten genauer betrachtet: Einmal geht es um die Untersuchung des Arbeitslosenbestandes, seiner Zusammensetzung und Veränderung als Resultat ständiger Zu- und Abgänge, was als "äußerer Umschlagsprozeß" bezeichnet werden soll. In diesem Falle interessiert also weder das Woher vor der Arbeitslosigkeit, das Wohin nach der Arbeitslosigkeit noch die Vorgänge im Innern des Arbeitslosenbestandes. Eine solche Beschreibung kann sich auf alle Arbeitslosen beziehen oder aber getrennt für Gruppen mit ähnlichen feststehenden persönlichen Merkmalen durchgeführt werden. Die vorhandenen Daten setzen jedoch einer solchen Untergliederung enge Grenzen[8]. Schon diese einfachst mögliche Beschreibung erlaubt jedoch einige interessante Einblicke in den Arbeitslosigkeitsprozeß. Die Nettobestandsveränderungen lassen sich genauer in ihrem Auf- und Abbau verfolgen, es lassen sich Umschlagszahlen berechnen, die zur durchschnittlichen Dauer der Arbeitslosigkeit in enger Beziehung stehen. Dieser "äußere Umschlagsprozeß" ist Gegenstand des 6. Kapitels.

Der zweite Aspekt, der den Schwerpunkt der weiteren Arbeit ausmacht, ist der "innere Umschlagsprozeß" der Arbeitslosigkeit. Hier geht es um die "Abgangsregel", die die Dauer der Arbeitslosigkeit einzelner Individuen oder von Gruppen mit ähnlichen Merkmalen bestimmt. Es gibt hier viele verschiedenartige Möglichkeiten der Beschreibung; als zweckmäßig wird sich erweisen, das Abgangsverhalten oder den Abgangsprozeß von Kohorten zu analysieren, also von Gruppen von Arbeitslosen, die während eines bestimmten, relativ kurzen Zeitraums neu arbeitslos geworden sind. Um von den gegebenen Daten über die Dauer der Arbeitslosigkeit zu diesen Abgangsprozesses zu kommen, sind die Probleme der Transformation der Dauerverteilungen zu lösen, die in der Einleitung angesprochen wurden. Diese Themen sind Gegenstand des dritten und vierten Teils.

Ein dritter wichtiger Aspekt, der der Vernetzung der Zugänge zur und der Abgänge aus der Arbeitslosigkeit mit den anderen Stationen im Arbeitsmarktumfeld, kann in dieser Arbeit nicht im einzelnen untersucht werden, da es, wie oben schon erwähnt, darüber bisher kaum Daten gibt. Erst recht ist die Verbindung zwischen der Untersuchung des äußeren und inneren Umschlagsprozesses und dieser Vernetzung gegenwärtig nicht analysierbar. Durch das Zusammentragen verschiedener Einzelinformationen und mit Hilfe von Schätzungen und Vermutungen kann jedoch ein ungefähres Bild der Größenordnungen der Ströme, die in verschiedenen Richtungen in die Arbeitslosigkeit und aus ihr hinausführen, erzeugt werden. Da geringe und unsichere zusätzliche Information dann von Nutzen ist, wenn die bisher vorhandene in der Nähe von Null liegt, sind diese Schätzungen und ihre Quellen im Anhang A aufgeführt[9)]. Wichtigstes Ergebnis ist, daß über drei Viertel der Zugänge zur Arbeitslosigkeit und ca. drei Viertel der Abgänge durch Austausch mit den Erwerbstätigen zustande kommen.

5. Kapitel

Verfügbare Daten zur Beschreibung des Arbeitslosigkeitsprozesses

Der Arbeitslosigkeitsprozeß wurde im vorangehenden Kapitel als die Gesamtheit der folgenden Vorgänge definiert:

- Zugänge zur Arbeitslosigkeit, gegliedert nach arbeitsmarktrelevanten persönlichen Merkmalen und nach der Herkunftsposition der Arbeitslosen (Stellung im oder zum Erwerbsleben);

- Verbleibdauer in der Arbeitslosigkeit vom Zugang bis zum Ausscheiden, gegliedert nach persönlichen und Zugangsmerkmalen;

- Abgänge aus der Arbeitslosigkeit, gegliedert wie die Zugänge, zusätzlich nach der Position nach dem Ausscheiden aus der Arbeitslosigkeit.

Die Beschreibung des Arbeitslosigkeitsprozesses erfordert also Informationen über alle diese Vorgänge. Wie schon erwähnt, und wie in den folgenden Kapiteln weiter auszuführen sein wird, sind Bewegungs-, Bestands- und Dauerdaten nicht voneinander unabhängig, so daß in vielen Fällen die eine Information aus den anderen gewonnen werden kann. Dennoch reichen die verfügbaren Daten bei weitem nicht aus, diesen Prozeß vollständig zu beschreiben. Das Ziel dieser Arbeit ist es, aus den beschränkt vorhandenen Daten das Maximum an Information über den Arbeitslosigkeitsprozeß zu gewinnen. In diesem Kapitel werden die vorhandenen Informationen beschrieben. Außerdem werden einige Überlegungen zur Erfassung und Messung der Arbeitslosigkeit angestellt, um die Qualität der verwendeten Daten zu erhellen.

5.1 Datenquellen

Die Statistiken der Bundesanstalt für Arbeit sind die einzige regelmäßige Datenquelle über die Arbeitslosigkeit, die auch Informationen über die Dauer und über die Zugänge zur Arbeitslosigkeit enthält. Die Bewegungsstatistiken sind allerdings sehr spärlich. Die Informationen über die Dauer entstehen bei den zweimal jährlich durchgeführten Querschnittsuntersuchungen (Sondererhebungen) des Arbeitslosenbestandes. Damit stellt sich das Transformationsproblem, auf welches in der Einleitung eingegangen wurde.

Bei den Mikrozensen des Statistischen Bundesamtes, durch die jährlich im Frühjahr ein Prozent der Bevölkerung mit Fragebogeninterviews erfaßt wird, wird den Arbeitsuchenden die Frage nach der Dauer der Arbeitsuche gestellt. Diese Dauer muß also nicht mit der Arbeitslosigkeit übereinstimmen, weder mit der allenfalls registrierten noch mit der subjektiv empfundenen. Die Erwerbslosen nach dem Mikrozensus und die registrierten Arbeitslosen stimmen ohnehin nur teilweise überein. Dies ergibt sich sowohl aus dem Vergleich der Definitionen, die den beiden Erfassungen zugrunde liegen, wie auch aus dem die Anzahl und die Zusammensetzung der beiden Personenkreise betreffenden Zahlenvergleich. Die Schwierigkeiten dieses Vergleichs und die aus ihm zu ziehenden Schlüsse über Erfassung und Messung der Arbeitslosigkeit werden hier nicht weiter dargelegt, da sie nicht direkt mit der Beschreibung des Arbeitslosigkeitsprozesses zu tun haben[10].

Viele der in den letzten Jahren von verschiedenen Institutionen durchgeführten Partialuntersuchungen (regional, gruppenspezifisch etc.) zur Arbeitslosigkeit enthalten ebenfalls Informationen über die Dauer der Arbeitslosigkeit. Sie sind jedoch für die Beschreibung des Arbeitslosigkeitsprozesses auf hoch aggregierter Ebene nicht von Bedeutung.

Die Untersuchung über Dauer und Umschlag der Arbeitlosigkeit muß sich also in erster Linie auf die Statistiken der Bundesanstalt für Arbeit stützen. Damit gelten für Aussagen, die daraus gewonnen werden können, alle Einschränkungen, die auch sonst der Informationsquelle registrierter Arbeitslosigkeit gegenüber anzubringen sind. Zusätzlich ist die Adäquatheit der Erfassung der Dauer zu überprüfen. Auf einige dieser Probleme soll im folgenden eingegangen werden.

5.2 Primär- und Sekundärerfassung der Arbeitslosen durch die Registrierung[11)]

Im Gegensatz zu einer Messung der Arbeitslosigkeit mit Hilfe von regelmäßig durchgeführten Befragungen zum Erwerbsleben, wie sie beispielsweise in den USA und in Frankreich im Vordergrund stehen, ist das Verfahren der Erfassung durch eine Registrierung, wie es in der Bundesrepublik praktiziert wird, grundsätzlich besser geeignet, neben Bestandsdaten auch Bewegungsdaten zu liefern. Die Grundlage der statistischen Auswertungen bilden die Karteien der Arbeitsvermittler in den Arbeitsämtern. Jeder Neuzugang zur Arbeitslosigkeit und jeder Abgang aus der Arbeitslosigkeit ist Anlaß zu einer "Bewegung" in der Kartei, die Dauer der Arbeitslosigkeit entspricht der Zeit, die die Arbeitssuchendenkarte eines Arbeitslosen in der Vermittlungskartei (im Gegensatz zur Ablage) verweilt, respektive den darauf eingetragenen Daten über Zu- und Abgang. Der Arbeitslosigkeitsprozeß, wie er hier von Interesse ist, wird also grundsätzlich durch dieses Primärerfassungssystem abgebildet[12)].

Daran schließen sich zwei Probleme an. Das erste hängt mit der "Richtigkeit" dieser Primärerfassung zusammen: Sind diejenigen, die so als Arbeitslose registriert werden, tatsächlich arbeitslos, sind die "eigentlich" Arbeitslosen auch alle registriert, und entsprechen Zu- und Abgang in der Kartei den Ereignissen arbeitslos zu werden und aus der Arbeitslosigkeit auszuscheiden. Erfaßt also dieses System der Registrierung die "richtigen" Arbeitslosen in "richtiger" Weise. Die Beurteilung dieser Frage hängt offensichtlich von einem Vergleich zwischen der tatsächlichen Erfassung durch das Registrierungssystem und einer - wie immer entstandenen - Erwartung, was erfaßt werden soll, ab.

Das zweite Problem hängt mit der Sekundärerfassung zusammen: Die Primärerfassung durch die Karteien bildet die realen Bewegungen, soweit man "Richtigkeit" voraussetzt, ab. Damit hat man aber noch keine Zahlen, keine Statistiken. Wie oft man nun was zählt, zusammenstellt, weitermeldet und als Statistiken auswertet ist Gegenstand der Sekundärerfassung. Wären alle ursprünglich erfaßten Daten in Computerdateien gespeichert, dann wäre es relativ leicht möglich, das Material nach beliebigen und wechselnden Gesichtspunkten auszuwerten. Dies ist bisher bei der Registrierung der Arbeitslosigkeit nicht der Fall. Die manuelle Auswertung der Karteien[13)] ist jedoch derart zeit- und organisationsaufwendig, daß erstens nur als wichtig erachtete Vorgänge und Merkmale in die Zählprogramme aufgenommen und das zweitens diese Programme nicht ständig neuen Erfordernissen angepaßt werden können.

Von diesen Aufwands- und Organisationsschranken hängt denn auch weitgehend ab, welche der durch die Primärerfassung erhobenen Daten über die Arbeitslosen statistisch aufbereitet zur Verfügung stehen. Dabei gibt es Unterschiede zwischen Bestands- und Bewegungsstatistiken. Wird einmal in einer bestimmten Periodizität eine Bestandsstatistik erstellt, dann ist es ein vergleichsweise geringer Aufwand, dabei ein zusätzliches Merkmal auszuzählen. Wird dieses Merkmal dabei allerdings nicht allein ausgewertet, sondern in der Kombination mit anderen (Erstellung von Kreuztabellen), dann steigt der Auswertungsaufwand entsprechend dem Produkt aus der Anzahl der Ausprägungen der kombinierten Merkmale. Zusätzliche

Probleme ergeben sich jedoch bei der Erstellung einer Bewegungsstatistik. Sie erfordert grundsätzlich nicht eine periodische, sondern eine permanente Zählaktion. Noch mehr Aufwand würde die Auswertung der vollständigen Dauer der Arbeitslosigkeit bedeuten. Bei einer Abgangsstatistik (die nicht erstellt wird), wäre in jedem Fall der Zugangszeitpunkt festzuhalten und daraus die Dauer zu berechnen[14].

Aus diesen Gründen werden nicht annähernd alle Informationen, die über die Arbeitslosen in den Karteien und deren Bewegungen enthalten sind, statistisch aufbereitet. So wird insbesondere die Dauer der Arbeitslosigkeit nur zweimal jährlich bei den Sondererhebungen festgehalten. Bei einer solchen Querschnittsuntersuchung kann jedoch nicht die vollständige, sondern nur die bisher (bis zum Erhebungszeitpunkt) in der Arbeitslosigkeit verbrachte Zeit ermittelt werden. Wie in der Einleitung schon erläutert, ergibt sich damit das methodische Problem, aus einer - in Bezug auf die Dauer und alle mit ihr zusammenhängenden Merkmale - verzerrten Querschnittsinformation die Längsschnittinformation zurückzugewinnen.

Weitere Probleme, besonders für eine längerfristige Untersuchung der Entwicklung des Arbeitslosigkeitsprozesses, ergeben sich aus den immer wieder vorgenommenen Veränderungen in den Auswertungsprogrammen. Dabei geht die Tendenz, entsprechend der zunehmenden Bedeutung der Arbeitslosigkeit, auf immer reichhaltigere Statistiken. Dies gilt vor allem für die Programme der Sondererhebungen. Eine Übersicht über die vorhandenen Statistiken und die Veränderungen - auch der erhobenen Merkmalsausprägungen - in der Zeit, gibt der folgende Abschnitt. Sie beschränkt sich auf die für diese Arbeit in erster Linie relevanten Bewegungs- und Dauerdaten.

5.3 Vorhandene Daten über Dauer der Arbeitslosigkeit und Zugang zur Arbeitslosigkeit

Daten über die bisherige Dauer der Arbeitslosigkeit von denjenigen, die an einem bestimmten Zeitpunkt arbeitslos gemeldet sind, sind nicht ein unmittelbares Ergebnis der Statistiken der Arbeitsämter, sondern sie werden nur bei sogenannten Sonderuntersuchungen gewonnen. An einem bestimmten Stichtag werden verschiedene Merkmale der Arbeitslosen, unter anderem auch die bisherige Dauer, statistisch zusammengestellt. Es handelt sich dabei jeweils um Vollerhebungen, d.h. sämtliche dann Arbeitslosen werden ausgezählt.

Bis zur Mitte der Sechzigerjahre floß diese Informationsquelle nur spärlich, unregelmäßig und mit wechselnden Merkmalskombinationen. Am 15. Oktober 1957 wurde die bisherige Dauer der Arbeitslosigkeit in vier Klassen (mit den Grenzen 2 Monate, 6 Monate, 2 Jahre) nachgewiesen. Sie wurde zum einen mit Geschlecht und Berufsgruppe (Dreistellige Berufsgliederung), zum anderen mit Geschlecht, Stellung im Betrieb (Angestelltenberufe, andere Berufe) und Landesarbeitsämtern kombiniert[15]. Die Untersuchung von 1957 kam zu dem Schluß, daß mit dem Absinken der Nachkriegsarbeitslosigkeit auch die Bedeutung der Dauerarbeitslosigkeit zurückgegangen sei und jetzt vielmehr die "Fluktuationsarbeitslosigkeit" (unter zwei Monate arbeitslos) im Vordergrund stünde. Während in einer ähnlichen Untersuchung im September 1953 noch 32 % der Männer und 22 % der Frauen länger als zwei Jahre arbeitslos gewesen waren, war 1957 dieser Anteil auf 18 % resp. auf 1o % gesunken[16].

Interessant ist, daß 1957 neben dieser Querschnittuntersuchung auch eine kleine Längsschnittstudie gemacht wurde, bei der also die vollständige Dauer vom Zugang bis zum Abgang aus der Arbeitslosigkeit ermittelt wurde. Man beschränkte sich dabei auf eine Stichprobe von 15 Arbeitsämtern. Bei diesen wurde die vollständige Dauer der Arbeitslosigkeit von denjenigen ermittelt, die zwischen Ende August und Ende Oktober 1957 vom Arbeitslosenregister abgingen. Man fand, daß bei den Männern 37 % und bei den Frauen 32 % aller Arbeitslosen "Fluktuationsarbeitslose" (weniger als zwei Monate registriert) waren [17].

Von 1958 bis 1962 gibt es nur Informationen über den Anteil der langfristig Arbeitslosen, kombiniert mit wechselnden Merkmalen. "Langfristig" war dabei definiert als in den letzten zwei Jahren vor dem Stichtag höchstens drei Monate in Arbeit, sonst jedoch arbeitslos. 1963 wurde keine Untersuchung über die Dauer durchgeführt. 1964 wurde Ende September mit einer neuen Einteilung der bisherigen Dauer in sechs Klassen (mit den Grenzen 1, 3, 6 Monate, 1 und 2 Jahre) eine Sonderzählung durchgeführt. Das Ergebnis war beruhigend, der Anteil der längerfristig Arbeitslosen spielte, außer bei den Älteren, keine Rolle (Anteil der über zwei Jahre Arbeitslosen bei den Männern 4 %, bei den Frauen 2 %)[18]. Im folgenden Jahr unterblieb deshalb eine weitere Sonderuntersuchung.

Seit der Wiederaufnahme 1966 stehen jährliche Untersuchungen zu Ende September zur Verfügung. Die Dauereinteilung ist gleich geblieben wie 1964, es wurden jedoch immer neue Merkmalskombinationen in die Zählung einbezogen.

Zu Ende der Rezession 1967/68 interessierte man sich für vermutete Umsetzungsprozesse zwischen Beschäftigten und Arbeitslosen. Im April 1968 wurde deshalb in einer zusätzlichen Sonderzählung Alter und Dauer der Arbeitslosen ermittelt. Es handelte sich um keine Vollerhebung, sondern um eine gestufte Zufallsauswahl[19]. Auch 1969 und 1971 wurden im Frühjahr Sonderzählungen durchgeführt, jedoch mit einem kleineren Zählprogramm als im Herbst. Ab 1974 werden nun auch Ende Mai regelmäßig Sonderuntersuchungen mit dem grundsätzlich gleichen Programm wie im Herbst durchgeführt. Leider ist der Abstand der Untersuchungen mit vier bzw. acht Monaten ungünstig gewählt, da er nicht mit der Klasseneinteilung der Dauer übereinstimmt[20].

Die Tabelle II im Anhang B gibt einen Überblick über die verschiedenen Merkmalskombinationen und Merkmalseinteilungen in den Sondererhebungen seit 1964. Dabei wurden nur die Tabellen berücksichtigt, die das Merkmal "Dauer" enthalten. Dieser Anhang enthält ebenfalls die Fundstellen zu den Sonderuntersuchungen.

Im Gegensatz zu den - zumindest seit einigen Jahren - reichlich vorhandenen Daten über die bisherige Dauer der Arbeitslosigkeit, gibt es nur sehr wenige Informationen über die, für die Untersuchung des Arbeitslosigkeitsprozesses ebenso wichtigen, Zugänge zu den Arbeitslosen. Monatliche Daten werden zwar seit 1961 veröffentlicht, jedoch nur getrennt nach Männern und Frauen[21]. Seit 1966 sind Jahreszahlen, seit 1974 auch Monatszahlen über den Zugang zu den Arbeitslosen nach Geschlecht getrennt für die Landesarbeitsamtsbezirke vorhanden. 1974 bis 1976 und wiederum ab September 1977 werden die monatlichen Zugänge nach Wirtschaftsgruppen (ca. 4o Gruppen) und zehn Wirtschaftsabteilungen[22] für Männer und Frauen erfaßt. Ein besonderer Mangel ist darin zu sehen, daß die Zugänge nicht nach Alter und nach Ausbildungsstand ausgewiesen werden[23].

Abgangszahlen aus der Arbeitslosigkeit sind bisher gar nicht ermittelt worden. Sie lassen sich jedoch leicht berechnen, soweit monatliche Zugänge und Bestände zum Monatsende in derselben Gliederung vorhanden sind. Dies ist bei den Geschlechtern und seit 1974 bei den Landesarbeitsamtsbezirken und den Wirtschaftszweigen der Fall. Die monatlichen Bestandsstatistiken sind jedoch nicht wie die Zugänge nach Herkunfts-Wirtschaftszweigen, sondern nach Berufen gegliedert, was natürlich für die Bedürfnisse der Arbeitsvermittlung Vorrang hat. Nur in den Sondererhebungen sind die Arbeitslosenbestände auch nach Wirtschaftszweigen aufgeführt. Die Abgänge ließen sich hier also höchstens für ca. Halbjahreszeiträume berechnen.

Soviel zu den in den Statistiken der Bundesanstalt für Arbeit über Dauer und Bewegungen im Arbeitslosenbestand ausgewiesenen Daten. Im folgenden Abschnitt werden einige Überlegungen dazu angestellt, inwieweit diese Statistiken den realen Arbeitslosigkeitsprozeß richtig abbilden. Dabei kann es nur um wenige hier besonders interessierende Aspekte dieser komplexen Frage gehen. Deren weitere theoretische und empirische Durchdringung wird in den nächsten Jahren noch viel Arbeit in Anspruch nehmen.

5.4 Probleme der "richtigen" Erfassung der Arbeitslosigkeit

Die Erfassung und Messung eines sozialökonomischen Tatbestands wie Arbeitslosigkeit ist kein dem Phänomen gegenüber neutrales Unterfangen, sondern sie ist eingeschlossen und abhängig von der gesellschaftlichen (wissenschaftlichen, politischen, alltäglichen) Auseinandersetzung mit dem Problem. Nicht nur ist die Erfassung permanent der Beeinflussung durch interessierte Instanzen ausgesetzt, nicht nur beeinflußt sie die gesellschaftliche Perzeption des Problems, sie ist auch Teil des Problems (indem sie durch Definition die "Rolle" des Arbeitslosen miterzeugt) und Teil seiner Lösung (indem sie das Problem begrenzt und beherrschbar macht).

Aus diesen Gründen stellt sich die Frage der "richtigen" Erfassung und Messung der Arbeitslosigkeit auf mehreren, miteinander eng verflochtenen Ebenen:

(1) Auf der Ebene der Wechselwirkung zwischen ausgewiesener Arbeitslosigkeit, gesellschaftlichem Diskurs und politischen Maßnahmen (Diskussion der "richtigen" Erfassung mit dem Zweck der Beeinflussung relevanter Handlungsträger).

(2) Auf der Ebene der Wechselwirkungen zwischen Meßkonzept, gesellschaftlichem Diskurs und individueller Perzeption der Arbeitslosigkeit (Diskussion der "richtigen" Erfassung mit dem Zweck der Beeinflussung individuellen Verhaltens).

(3) Auf der Ebene der wissenschaftlichen Diskussion um die Frage, was aus der Sicht welchen Ansatzes unter Arbeitslosigkeit zu verstehen und also zu erfassen ist.

(4) Auf der Ebene der Diskussion um die Entsprechung von bestimmten Konzepten oder Definitionen verschiedener Provenienz mit Erfassungsverfahren der Arbeitslosen.

(5) Auf der Ebene der "richtigen" institutionellen und statistischen Umsetzung und Durchführung von Erfassungs- und Meßverfahren.

Zu den ersten beiden Punkten sind im ersten Teil dieser Arbeit einige Überlegungen angestellt worden. Die hier vorgelegte Arbeit kann insgesamt als Diskussionsbeitrag zur dritten Ebene verstanden werden, indem sie bisherige Ansätze und die ihnen entsprechenden Empirien in Frage stellt, respektive deren Ergänzung fordert. Zu den letzten beiden Punkten ist in den folgenden Unterabschnitten einiges zu sagen. Dabei geht es also um die Frage, wer in welcher Weise durch das System der Registrierung als Arbeitsloser erfaßt wird und ob diese Erfassung der ihr zugrunde liegenden Definition gerecht wird. Das Verfahren wird damit nur immanent beurteilt. Die erste Frage ist, ob diejenigen, die registriert werden, auch arbeitslos im Sinne der Definition sind und ob alle, die arbeitslos im Sinne der Definition sind, auch erfaßt werden. Die zweite Frage zielt enger auf die Erfassung der Dauer und die Probleme, die dabei entstehen.

5.4.1 Definition und institutionelle Umsetzung

Unabhängig von den verschiedenen Erfassungsverfahren der Arbeitslosen (Stichprobenerhebungen, Unterlagen von Sozialversicherungsträgern oder Arbeitsvermittlern) folgen die meisten Länder bei der Definition der Arbeitslosigkeit den Empfehlungen des internationalen Arbeitsamts vom Jahre 1954[24]. Arbeitslos sind Personen innerhalb bestimmter Altersgrenzen, die nicht erwerbstätig aber arbeitsfähig sind und die Arbeit suchen[25].

In der aufgezählten Reihenfolge sind diese Merkmale zunehmend schwieriger zu definieren, und es ist zunehmend schwieriger, ihr Vorliegen oder Nichtvorliegen objektiv zu bestimmen. Dies ist vor allem bei der Arbeitsuche der Fall. Die Unbestimmtheit war jedoch Voraussetzung dafür, daß die Definition Grundlage für verschiedene Erfassungssysteme werden konnte. Sie verunmöglicht es aber auch, einer bestimmten Erfassung der Arbeitslosigkeit Unrichtigkeit gegenüber der Definition nachzuweisen. Die genaueren Definitionen der Merkmale erfolgen jeweils erst bei der institutionellen Umsetzung und sind von deren Besonderheiten und Beschränkungen mitbestimmt. Damit ergibt sich als Resultat weitgehend, daß das gemessen wird, was gemessen werden soll, da letzteres eben erst durch den Meßprozeß genau bestimmt wird.

Diese Verknüpfung von Definition und Verfahren hat zur Folge, daß immanente Kritik nicht in erster Linie darauf zielen kann, eigentliche Fehler nachzuweisen, sondern nur auf Problem- oder Spannungsfelder hinzuweisen, die zwischen der allgemeinen Definition, ihren möglichen Interpretationen und dem konkret zu betrachtenden Verfahren bestehen.

5.4.2 Grundprobleme der Erfassung durch Registrierung bei den Arbeitsämtern

Im folgenden soll in gedrängter Form auf einige der angesprochenen Problem- und Spannungsfelder eingegangen werden, die bei der Erfassung der Arbeitslosigkeit durch Registrierung bei den Arbeitsämtern im Vordergrund stehen.

Da es in der Bundesrepublik keine Arbeitspflicht und damit auch keine Meldepflicht bei Arbeitslosigkeit gibt, werden nur diejenigen registriert, die sich (a) beim Arbeitsamt melden und (b) den Kriterien für die Arbeitslosigkeit genügen. Dagegen ist formal nichts einzuwenden, da ja die Meldung beim Arbeitsamt als notwendiges Kriterium für die Arbeitsuche interpretiert werden kann. Beachtet man jedoch, daß der "Einschaltungsgrad" der Arbeitsämter bei der Arbeitsvermittlung zwischen 2o und 3o % beträgt[26], daß also von allen neu geschlossenen Arbeitsverträgen nur zwischen 2o und 3o % durch Mitwirkung der Arbeitsämter zustande kommen, und daß dieser Prozentsatz bei den arbeitslosen Arbeitsuchenden auch nicht höher ist[27], dann wird der Gang zum Arbeitsamt als notwendiges Kriterium für Arbeitsuche allerdings fragwürdig.

Ob also arbeitslose Arbeitsuchende zum Arbeitsamt gehen hängt weitgehend von anderen Gründen und Motiven ab als denen der Arbeitsuche, und zwar von solchen, die selbst nicht Voraussetzung für die Registrierung als Arbeitsloser sind. Der wichtigste Grund ist natürlich, daß die Arbeitslosenmeldung eine der Voraussetzungen für die Zahlung von Leistungen an Arbeitslose ist. Die wichtigsten Leistungen sind das Arbeitslosengeld und die Arbeitslosenhilfe, von geringerer Bedeutung das Unterhaltsgeld, das bei Arbeitslosigkeit nach Beendigung einer Fortbildungs-Umschulungsmaßnahme gezahlt wird[28]. Da nun aber keineswegs alle Arbeitslosen Anspruch auf solche Leistungen haben (1976 bezogen ca. 1/4 aller registrierten Arbeitslosen keine Unterstützung vom Arbeitsamt), ist die Wahrscheinlichkeit, daß sich ein definitionsgemäß Arbeitsloser registrieren läßt, von den Vorschriften über Anspruch und Gewährung dieser Leistungen und ihren Veränderungen abhängig.

Es gibt allerdings noch weitere Motive, sich beim Arbeitsamt zu melden, auch wenn keine finanziellen Ansprüche bestehen. Im Vordergrund steht dabei die Vermittlungstätigkeit der Arbeitsämter, auf die bekanntlich die Bundesanstalt ein Monopol hat[29)]. Dann aber auch die Berufsberatung und die "aktiven" Maßnahmen der Umschulung und Fortbildung. Die Bundesanstalt nimmt an, daß diese Dienstleistungen, auf deren Ausbau seit Einführung des Arbeitsförderungsgesetzes (1969) großer Wert gelegt wurde, auch zu einer besseren Erfassung der Arbeitslosen ohne finanzielle Ansprüche geführt hat[3o)]. Das bedeutet jedoch auch, daß damit die "Durchdringung" des Arbeitslosenbestandes von Veränderungen dieser Leistungen, wie etwa der Einschränkung von Fortbildungs- und Umschulungsprogrammen durch das Haushaltsstrukturgesetz[31)] abhängig wird.

Weitere Gründe für die Registrierung liegen darin, daß andere finanzielle Leistungen als Arbeitslosengeld und Arbeitslosenhilfe gesetzlich von ihr abhängig gemacht wurden. Einerseits ist die Meldung Vorbedingung für den Bezug von Sozialhilfe, falls diese wegen Mittellosigkeit während der Arbeitslosigkeit gewährt wird. Andererseits ist der Weiterbezug von Kindergeld bei schulentlassenen Arbeitslosen bis zum 23. Altersjahr von der Registrierung abhängig. Da dieses bei einem Kind monatlich nur DM 5o,-- beträgt, sein Bezug jedoch mit der Registrierung die Verfügbarkeit für den Arbeitsmarkt voraussetzt, dürfte dieses Motiv die Erfassung arbeitsloser Jugendlicher nicht wesentlich verbessern. Ein weiterer Grund für die Registrierung unabhängig von finanziellen Leistungen ist, daß dann die Zeit der Arbeitslosigkeit als Ausfallzeit bei der Rentenversicherung angerechnet wird. Es ist allerdings unsicher, wieweit diese Tatsache bekannt und Anlaß für die Registrierung ist[32)].

Ohne hier weiter auf die Einzelheiten der Leistungsgewährung und der anderen Gründe, sich registrieren zu lassen, einzugehen, kann gesagt werden, daß eine Untererfassung bei Gruppen wahrscheinlich ist, die keine finanziellen Ansprüche gegenüber Arbeits- oder Sozialamt haben. Dies trifft vor allem bei zwei Gruppen zu. Einmal bei verheirateten Frauen, die nach längerer Unterbrechung der Erwerbstätigkeit wieder Arbeit aufnehmen wollen oder müssen, jedoch keine Ansprüche auf Leistungen des Arbeitsamt mehr haben. Zum anderen bei Jugendlichen, die nach der schulischen Ausbildung nicht oder nur kurze Zeit gearbeitet haben, somit keinen Anspruch auf Arbeitslosengeld erworben haben, und die wegen der finanziellen Lage der Eltern weder Arbeitslosenhilfe (falls sie einige Zeit gearbeitet haben) noch Sozialhilfe erhalten[33].

Außer diesen gibt es noch einige weitere Gruppen, die keine Ansprüche haben, die jedoch quantitativ von geringerem Gewicht sind. Einmal ehemals Selbständige, die jetzt eine abhängige Beschäftigung suchen. Dann "ständig unständig" Beschäftigte, die nie die volle Anwartschaftszeit zum Bezug von Arbeitslosengeld oder -hilfe erreichen. Drittens längerfristig Arbeitslose, die aus Mangel an Bedürftigkeit keinen Anspruch auf Arbeitslosen- oder Sozialhilfe haben (vor allem verheiratete Frauen). Viertens sich illegal in der Bundesrepublik aufhaltende Ausländer, die arbeitslos geworden sind, insbesondere auch jüngere Ausländer, die durch Familiennachzug nach Deutschland gekommen sind und nach ihrem 18. Altersjahr keine Arbeitserlaubnis erhalten.

Die Tatsache, daß die Arbeitslosenmeldung Voraussetzung für Leistungsbezug und Anrechnung von Anwartschaftsjahren für die Rentenversicherung darstellt, führt nun auch zum Problem der sogenannten unechten Arbeitslosen. Damit sind registrierte Arbeitslose gemeint, die nicht tatsächlich Arbeit suchen. Da das Arbeitsamt keine andere Möglichkeit hat, den Wunsch, Arbeit aufzunehmen zu überprüfen, als dem Arbeitslosen eine "zumutbare" Tätigkeit anzubieten, und da dies in vielen Fällen aus Mangel an gemeldeten offenen Stellen nicht möglich ist, ist nicht auszuschließen, daß bei vielen Registrierten während einer gewissen Zeit (Arbeitslosigkeit als akzeptable Unterbrechung der Erwerbstätigkeit) und bei einigen bis zum Auslaufen des Anspruchs (wenn der Ehepartner relativ gut verdient) keine große Bereitschaft zur Wiederaufnahme einer Erwerbstätigkeit vorliegt. Diese Tendenz wird durch zwei Entwicklungen verstärkt. Einmal tritt bei Versicherungen ganz allgemein ein immer stärkeres Anspruchsdenken in den Vordergrund; man hat jahrelang einbezahlt, man möchte den Anspruch ausschöpfen, vor allem wenn der "Schadensfall", hier die Arbeitslosigkeit, sonst keine größere Belastung darstellt. Dieser Effekt hat durch seine Ausbreitung die Tendenz zur Selbstverstärkung. Zum zweiten ist durch die massenhafte Arbeitslosigkeit die Stigmatisierung der Arbeitslosen gemindert worden, so daß die "Rolle" des Arbeitslosen eher akzeptiert wird oder sogar zu einer Identifizierung im gesellschaftlichen Kontext gebraucht wird. Diese Effekte sind jedoch quantitativ kaum erfaßbar, da der Wunsch, eine Arbeit aufzunehmen, nicht per se existiert, sondern seine "Intensität" von einer immer wieder veränderten Optionslage abhängig ist.

5.4.3 Bei der Registrierung der Arbeitslosen verwendete Kriterien

Im letzten Unterabschnitt wurde das Grundproblem dargestellt, welches sich bei einer Erfassung der Arbeitslosigkeit durch die Registrierung bei den Arbeitsämtern ergibt: es gibt Arbeitslose, die kein Motiv haben, zum Arbeitsamt zu gehen, und es kann "unechte" Arbeitslose geben, die Motive haben, sich registrieren zu lassen. Nachfolgend sollen nun die durch die Arbeitsämter verwendeten Definitionen und Kriterien, nach welchen die Klienten der Arbeitsämter in Arbeitslose und Nicht-Arbeitslose eingeteilt werden, kurz dargestellt werden.

Gesetzliche Grundlage für die Bereitstellung von statistischem Material durch die Bundesanstalt für Arbeit ist § 5 des Arbeitsförderungsgesetzes: "Die Bundesanstalt hat aus den in ihrem Geschäftsbereich anfallenden Unterlagen Statistiken insbesondere über die Beschäftigung und Arbeitslosigkeit der Arbeitnehmer aufzustellen." Das Arbeitsförderungsgesetz legt nicht im einzelnen fest, wer als Arbeitsloser zu registrieren ist; die betreffenden Kriterien werden erst auf der Ebene von internen Anweisungen konkretisiert und finden sich in den "Erläuterungen zur Statistik der Arbeitsvermittlung"[34]. Diese Definition stützt sich allerdings auf verschiedene Paragraphen des AFG, die die Anspruchsvoraussetzungen für den Bezug von Arbeitslosengeld regeln. Die wichtigsten Begriffe sind:

- Arbeitslosigkeit
- Kurzzeitigkeit einer Tätigkeit
- Der Arbeitsvermittlung zur Verfügung stehen.

Die definierenden Elemente der <u>Arbeitslosigkeit</u> sind:
Ein Arbeitsloser ist ein Arbeitnehmer, der vorübergehend nicht in einem Beschäftigungsverhältnis steht oder der nur eine kurzzeitige Beschäftigung ausübt[35]. "Vorübergehend" ist dabei zeitlich nicht beschränkt, es können auch solche arbeitslos sein, die bisher noch nie erwerbstätig waren. Vorübergehend meint vielmehr, und dies wird erst im Zusammenhang mit der Verfügbarkeit deutlich, daß die Intention vorliegen muß, jetzt Arbeit als abhängig Beschäftigter anzunehmen. Ebenfalls steht der Arbeitslosigkeit nicht entgegen, wenn bisher Tätigkeit als Selbständiger vorlag.

<u>Kurzzeitig</u> sind Tätigkeiten, die weniger als 2o Std. in der Woche umfassen. Wer also unter 2o Std. wöchentlich arbeit, fällt, falls er die anderen Voraussetzungen erfüllt, noch unter den Begriff der Arbeitslosigkeit.

Der Arbeitsvermittlung steht zur Verfügung, wer bereit ist, jede zumutbare Tätigkeit anzunehmen, die er ausüben kann "unter den üblichen Bedingungen des allgemeinen Arbeitsmarkts". Die recht komplizierten Einzelheiten des Verfügbarkeits- und Zumutbarkeitsbegriffs brauchen hier nicht erläutert zu werden[36]. In unserem Zusammenhang wichtig ist jedoch: Dem Arbeitsmarkt stehen insbesondere folgende Personen nicht zur Verfügung:

- wer nur kurzzeitige (<2o Std.) Beschäftigungen ausüben kann oder darf, z.B.
- wer im Sinne der Rentenversicherung berufsunfähig ist,
- wer die üblichen Verhaltensvoraussetzungen eines Arbeitnehmers nicht erfüllt (Trunkenheit, Gewalttätigkeit etc.),
- wer nur zu bestimmten Tageszeiten arbeiten kann oder will (Ausnahme, wenn dies wegen der Betreuung von Familienmitglieder geschieht).

Wer nur Heimarbeit annehmen kann, kann dem Arbeitsmarkt dennoch zur Verfügung stehen.

Durch Konkretion dieser Begriffsbestimmungen auf durch die Arbeitsvermittler überprüfbare Merkmale, hat sich mit der Zeit eine der Registrierung und statistischen Erfassung zugrunde liegende Definition von Arbeitslosigkeit herausgebildet, die in den schon erwähnten "Erläuterungen" festgelegt ist.

Da Arbeitslose definitionsgemäß nur solche Nichterwerbstätige sein können, die eine neue Arbeit anstreben, werden zuerst die "Arbeitsuchenden" definiert, die Arbeitslosen ergeben sich dann als Teilmenge der Arbeitsuchenden. Technisch bedeutet das, daß als Arbeitsloser nur gezählt werden kann, wer ein Arbeitsgesuch gestellt hat.

Arbeitsuchend ist nach den "Erläuterungen":[37)]
- wer in der Bundesrepublik wohnt;
- wer sich beim Arbeitsamt gemeldet hat;
- wer eine abhängige Beschäftigung von mehr als sieben Kalendertagen Dauer sucht (oder Heimarbeit);
- wer für eine Arbeitsaufnahme innerhalb der drei folgenden Monate zur Verfügung steht.

Arbeitslos sind nun diejenigen Arbeitsuchenden, die nicht mehr als 2o Stunden wöchentlich arbeiten und die sich nicht in schulischer Ausbildung befinden. Für eine ganze Reihe von besonderen Fällen wird weiter explizit geregelt, ob die Betreffenden als Arbeitslose zu zählen sind oder nicht. Folgende Gruppen werden u.a. nicht zu den Arbeitslosen gezählt:
- Arbeitsunfähig Erkrankte;
- Empfänger von Altersruhegeld;
- Arbeitsuchende, die ihr Arbeitsgesuch auf einen bestimmten Betrieb, auf Heimarbeit, auf eine Beschäftigung bis zu drei Monaten oder auf eine kurzzeitige Beschäftigung (weniger als 2o Stunden wöchentlich) beschränken;
- Arbeitsuchende, die für eine Arbeitsaufnahme nicht sofort zur Verfügung stehen;
- Personen in Arbeitsbeschaffungsmaßnahmen, Probebeschäftigung und Grundausbildungslehrgängen für arbeitslose Jugendliche, die für eine Berufsausbildung nicht in Betracht kommen;
- Schulentlassene, die nur eine Ausbildungsstelle suchen.

Seit 1977 werden gesondert die sogenannten Teilzeitarbeitslosen nachgewiesen. Sie sind definiert als Arbeitslose, die nur Teilzeitbeschäftigung, d.h. Beschäftigung unterhalb der üblichen Vollzeitarbeit, jedoch von mindestens 2o Stunden wöchentlich suchen.

Solche definitorischen Abgrenzungen der Arbeitslosen kann man nicht als falsch oder richtig einstufen. Eine restriktive Tendenz des Arbeitslosigkeitsbegriffs ist jedoch sehr deutlich, indem in Zweifelsfällen nach der allgemeinen Definition praktisch immer auf "Nicht-Arbeitslos" erkannt wird. So etwa bei älteren Arbeitnehmern, die vorgezogenes Altersruhegeld beziehen, jedoch weiterhin Arbeit suchen; oder bei Frauen, die für beispielsweise zwei Monate eine Beschäftigung anstreben; und am störendsten bei Jugendlichen, die zu einer Ausbildung befähigt sind, keine Lehrstelle finden, sich jedoch, um eine solche antreten zu können, nicht um einen anderen Arbeitsplatz bewerben. Daß für diese Gruppen Arbeitslosigkeit nicht mit denselben gravierenden Folgen verbunden ist, wie für die Kerngruppen des Arbeitsmarkts, ist als Kriterium, sie nicht zu den Arbeitslosen zu zählen, etwas fragwürdig. Man kann diese und andere von der Definition ausgeschlossene Gruppen tatsächlich als in einem Grenzgebiet liegend sehen, und aus praktischen Gründen müssen bestimmte "harte" Kriterien, die kein allzu großes Ermessen zulassen, vorgegeben werden. Es wäre allerdings auch denkbar, sie als Arbeitslose mit besonderen Merkmalen, wie etwa bei den Teilzeitarbeitslosen schon geschehen, auszuweisen. Mit Hilfe von anderen Statistiken ist die Größenordnung der Effekte, die durch solche Ausgrenzungen erzeugt werden, weitgehend kontrollierbar, im Gegensatz zu den Problemen der Registrierung, die im vorangegangenen Abschnitt dargestellt wurden.

5.4.4 Zur Erfassung von Zugang zur Arbeitslosigkeit und Dauer der Arbeitslosigkeit

Neben der Frage der adäquaten Erfassung bestimmter Gruppen als Arbeitslose ergeben sich noch einige Besonderheiten und Schwierigkeiten bei der Erfassung der Zugänge und der Dauer der Arbeitslosigkeit[38].

Die Zugänge zu den Arbeitslosen wurden bisher statistisch als "Darunterzahlen" der Zugänge zu den Arbeitsuchenden erfaßt. Ein Zugang wurde nicht angeschrieben, wenn für den Arbeitslosen im Zeitpunkt der Arbeitslosmeldung bereits ein Arbeitsgesuch geführt wurde. Das bedeutet, daß ein Zugang zur Arbeitslosigkeit immer nur dann vermerkt wird, wenn zugleich ein Zugang zu den Arbeitsuchenden zu registrieren ist. In Fällen, wo ein Arbeitsgesuch gestellt wurde, als noch keine Arbeitslosigkeit vorlag, wird also bei Eintreten von Arbeitslosigkeit kein Zugang zu den Arbeitslosen registriert, was zu einer Untererfassung dieser Zahl führt. Solche Fälle sind beispielsweise gegeben:

- Wenn ein Arbeitnehmer ein Arbeitsgesuch einige Zeit vor seiner Kündigung gestellt hat und dann arbeitslos wird;

- Wenn vor der Entlassung aus Schulen, Haft, Bundeswehr etc. ein Arbeitsgesuch gestellt wurde und dann Arbeitslosigkeit eintritt;

- Wenn ein arbeitsunfähig Erkrankter sein Arbeitsgesuch weiterlaufen läßt und nach der Genesung arbeitslos ist;

- Wenn Arbeitsuchende kurzfristig (bis 7 Kalendertage) beschäftigt oder in Arbeitsbeschaffungsmaßnahmen untergebracht waren und danach wieder arbeitslos sind.

In der überwiegenden Anzahl der Fälle von Arbeitslosigkeit wird jedoch das Arbeitsgesuch bei Eintreten der Arbeitslosigkeit gestellt, so daß diese technisch bedingte Ungenauigkeit nicht eintritt[39].

Eine weitere Besonderheit ist bei der Bestimmung der bisherigen Dauer der Arbeitslosigkeit zu den Stichtagen gegeben, an denen Sondererhebungen durchgeführt werden.
"Bei der statistischen Berechnung der Dauer der Arbeitslosigkeit wird auf die erstmalige Arbeitslosenmeldung zurückgegangen, die auf eine Beschäftigung als Arbeitnehmer, Selbständiger oder mithelfender Familienangehöriger oder eine gleichzusetzende sonstige Zeit (z.B. Schulbesuch, Teilnahme an Lehrgängen, Wehrdienst, Krankheit, Tätigkeit als Hausfrau, Zeiten "ohne Nachweis") von mindestens dreizehn zusammen-

hängenden Wochen folgt. Mehrere lückenlos aufeinanderfolgende kürzere Zeiten der genannten Arten werden zusammengefaßt. Von dieser ersten Arbeitslosenmeldung an werden nur die Tage zusammengezählt, an denen der Betroffene beim Arbeitsamt arbeitslos gemeldet war"[40].

Aus dieser Regelung erwachsen zwei Schwierigkeiten. Die erste ist die, daß aus der nachgewiesenen Dauer nicht auf den Zeitpunkt der ersten Arbeitslosmeldung nach einer der beschriebenen 13 Wochen-Perioden geschlossen werden kann, wenn während dieser Arbeitslosigkeit Unterbrechungen der Arbeitslosigkeit, die kürzer als 13 Wochen dauerten, stattgefunden haben. Beispiel: ein bisher Erwerbstätiger meldet sich Anfang April arbeitslos. Während des ganzen Monats Juni ist er krank. Ende September wird als Dauer der Arbeitslosigkeit fünf Monate festgehalten, nämlich April bis September abzüglich ein Monat. Die zweite besteht darin, daß bei einem langfristig Arbeitslosen, dessen Arbeitslosigkeit, beispielsweise durch Krankheit oder eine AB-Maßnahme[41], länger als 13 Wochen unterbrochen wurde, u.U. zwei Fälle von Arbeitslosigkeit (vor und nach der Unterbrechung) mit jeweils kürzerer Dauer festgestellt werden. Da die AB-Maßnahmen, die inzwischen einen bemerkenswerten Umfang angenommen haben[42], in erster Linie für längerfristig Arbeitslose eingesetzt werden, deren Anspruch auf Arbeitslosengeld ausgelaufen ist, führt dies zu Verkürzungen der Dauer der Arbeitslosigkeit, ohne daß die Arbeitslosen eine Dauerbeschäftigung gefunden haben.

Die Regelungen über die Erfassung der Zugänge und der Dauer führen weiter zu einigen Inkompatibilitäten zwischen diesen Zahlen. Auf der einen Seite ist es möglich, daß Zugänge zur Arbeitslosigkeit registriert werden, ohne daß gleichzeitig eine "Arbeitslosigkeitsdauer" zu laufen beginnt, oder anders gesagt, während einer "Arbeitslosigkeitsdauer" können mehrere Zugänge desselben Arbeitslosen registriert werden. Dies ist dann der Fall, wenn nach einer Unterbrechung der Arbeitslosigkeit von weniger als 13 Wochen ein neuer Zugang zur Arbeitslosigkeit registriert wird[43]. Vom obengenannten Beispiel ausgehend wäre dies dann der Fall, wenn der Arbeitslose während seiner einmonatigen Krankheit das Arbeitsgesuch nicht hätte weiterlaufen lassen, es nach der Genesung, zusammen mit der Arbeitslosigkeitsmeldung neu gestellt hätte. Es würden dann ein Fall von Arbeitslosigkeit von fünf Monaten Dauer, jedoch zwei Neuzugänge zur Arbeitslosigkeit registriert. Es gibt aber auch den umgekehrten Fall, wo zweimal eine Dauer, jedoch nur ein Zugang zur Arbeitslosigkeit registriert wird, nämlich dann, wenn ein Arbeitsloser vorübergehend, jedoch länger als 13 Wochen, in einer AB-Maßnahme beschäftigt war. Diese Fälle wirken also in entgegengesetzter Richtung; berücksichtigt man zudem ihre relative Seltenheit im Verhältnis zu den über drei Millionen jährlich neu arbeitslos Werdenden, kann angenommen werden, daß sie die Ergebnisse von Untersuchungen des Arbeitslosigkeitsprozesses, wie sie im weiteren Verlauf dieser Arbeit angestellt werden, nicht wesentlich beeinträchtigen.

Ein letztes Problem hängt mit der Frage zusammen, wann ein nicht mehr Arbeitsloser von der Vermittlungskartei in die Ablage wandert. Treten hier Verzögerungen ein, dann beeinflußt das nicht nur die festgestellte bisherige Dauer, sondern auch den Bestand (Frage der Aufblähung der Arbeitslosenzahlen durch Karteileichen). Der Arbeitslose ist verpflichtet, dem Arbeitsamt jede Veränderung mitzuteilen, die Einfluß auf die Leistungsgewährung haben kann, also insbesondere die Wiederaufnahme einer Arbeit. Da hinter dieser Auflage Sanktionen stehen, kann angenommen werden, daß, solange Leistungsansprüche bestehen, eine Arbeitsaufnahme ohne größere Verzögerung dem Arbeitsamt mitgeteilt wird[44]. Diese Meldung gelangt zuerst an die Leistungsabteilung und von dort an den die Primärstatistiken erstellenden Arbeitsvermittler. Von der Arbeitsaufnahme bis zur Registrierung des Abgangs aus der Arbeitslosigkeit können also einige Tage verstreichen.

Fraglicher ist die zeitgerechte Erfassung des Abgangs, wenn der Arbeitslose sich vom Arbeitsmarkt zurückzieht. Er wird versuchen, den vollen Arbeitslosengeldanspruch auszuschöpfen, und dies wird ihm auch gelingen, solange er nicht durch Ablehnung einer zumutbaren Tätigkeit sein geringes Interesse an einer Arbeitsaufnahme offenlegen muß. Dies führt zurück zur Frage der "unechten" Arbeitslosen, auf die schon in den letzten Abschnitten eingegangen wurde. Noch anders ist die Lage bei dem Fünftel der Arbeitslosen, die keine Leistungen beziehen. Sie sind nicht verpflichtet, eine Arbeitsaufnahme oder einen Rückzug vom Erwerbsleben dem Arbeitsamt mitzuteilen. Hier muß der Vermittler durch Vorladung oder Anruf die Sachlage klären. Die Arbeitslosenkarteien sollen monatlich einmal in dem Sinne "bereinigt" werden[45]. Bedenkt man, daß ein Vermittler heute 5oo bis 12oo Arbeitsuchende in seiner Kartei hat, von denen der größte Teil arbeitslos ist, dann ist es fraglich, ob genügend Zeit für eine sorgfältige Bereinigung bleibt. Durch diese Schwierigkeit entsteht eine Tendenz zur Überschätzung der Dauer und damit auch des Bestandes an Arbeitslosigkeit.

Alle die genannten Faktoren erzeugen für eine Untersuchung der Arbeitslosigkeitsdynamik nicht genau bestimmbare Fehler oder Unsicherheiten. Sie wären einzig durch eine arbeitsintensive verwaltungsinterne Beobachtung der Ausmaße der einzelnen Abweichungen kontrollierbar. Da es sich jedoch in Bezug auf die Gesamtmasse der registrierten Vorgänge um Ausnahmen handelt, die nicht sehr stark ins Gewicht fallen dürften, ist ein solcher Aufwand kaum lohnend.

6. Kapitel

Der äußere Umschlagsprozeß der Arbeitslosigkeit

Es wurde schon darauf aufmerksam gemacht, daß sich der Arbeitslosenbestand offensichtlich sehr schnell erneuert oder umschlägt, d.h. daß zwischen der Arbeitslosigkeit und der Erwerbstätigkeit, in geringerem Maße auch zwischen der Arbeitslosigkeit und anderen "Alternativen" (stille Reserve, Arbeitsbeschaffungs- und Fortbildungsmaßnahmen, Ausland) ständig starke Fuktuationen stattfinden. Dies bedagt nicht, daß es nicht auch langfristig Arbeitslose gibt, die Stärke des Umschlags ist jedoch nur von der durchschnittlichen Verbleibdauer in der Arbeitslosigkeit abhängig, und diese wird von sehr vielen kurzen Arbeitslosigkeitsfällen auch während der Rezession relativ niedrig gehalten.

Die spärlichen Informationen darüber, zwischen welchen Positionen im Arbeitsmarkt wie starke Fluktuationen stattfinden, erlauben es nicht, den Umschlagsprozeß der Arbeitslosigkeit differenziert nach Situation vor und nach der Arbeitslosigkeit darzustellen. Grobe Schätzungen ergaben jedoch, daß der überwiegende Teil dieses Umschlags - sowohl bei den Zugängen zur wie auch bei den Abgängen aus der Arbeitslosigkeit - durch Austausch mit den Erwerbstätigen zustande kommt[46]. Auch die Informationen über die monatlichen Zugänge sind, wie im 5. Kapitel gezeigt wurde, alles andere als reichlich: sie sind nur nach dem Geschlecht, nach Regionen und, seit 1974, nach Wirtschaftszweigen gegliedert vorhanden.

Trotz dieser doppelten Informationsschranken ergeben sich einige interessante Aspekte aus der Untersuchung, wie sich der Arbeitslosenbestand durch Zu- und Abgänge konstituiert und verändert. Im folgenden Abschnitt werden die saisonale und die konjunkturelle Entwicklung untersucht. Im zweiten Abschnitt erfolgt eine Schätzung der (in den Statistiken nicht ausgewiesenen) Alterszusammensetzung der Neuzugänge zu den Arbeitslosen und eine Beurteilung des Einflusses des Alters auf den Umschlagsprozeß.

6.1 Saisonale und konjunkturelle Bewegungen

Sind zum Monatsende die Arbeitslosenbestände (BE_t), sowie die Neuzugänge im Laufe des Monats (ZU_t) bekannt, dann lassen sich die Abgänge während des Monats (AB_t) berechnen als:

$$AB_t = BE_{t-1} + ZU_t - BE_t$$

Sind damit die Abgänge bekannt, dann läßt sich die Bestandsentwicklung als Fortschreibung von einem Anfangsbestand durch Addition des Zu- und Subtraktion des Abgangs beschreiben, oder anders gesagt, der Bestand wächst, solange der Saldo aus Zu- und Abgängen positiv, er sinkt, sobald der Saldo negativ ist. In der Bestandsentwicklung werden also nur diese Salden oder Nettobewegungen sichtbar. Es ist jedoch'ein wesentlicher Unterschied, ob der Arbeitslosenbestand um 1oo ooo wächst, weil 1oo ooo neue Arbeitslose dazugekommen sind und keine der bisherigen wieder eingestellt wurden oder anderweitig ausgeschieden sind,oder ob dieser Saldo durch 5oo ooo Zu- und 4oo ooo Abgänge zustande kommt. Bleibt der Bestand, auf welchem Niveau auch immer, konstant, dann deswegen, weil Zu- und Abgänge sich die Waage halten; damit ist aber noch nichts über die absolute Höhe der Zu- und Abgänge und damit über die Stärke des Umschlags gesagt.

Setzt man den monatlichen Umschlag in Beziehung zum monatlichen Bestand, erhält man eine "Umschlagszahl", die ein Maß für den "Durchfluß" durch die Arbeitslosigkeit darstellt. Ist die Umschlagszahl hoch, dann findet eine starke Umwälzung im Arbeitslosenheer statt, die durchschnittliche Dauer der Arbeitslosigkeit ist kurz, und umgekehrt. Es gibt verschiedene Möglichkeiten, eine solche Umschlagszahl zu berechnen. Für die nachfolgende Analyse wurde sie als Quotient von Mittelwert aus monatlichen Zu- und Abgängen und durchschnittlichem Monatsbestand bestimmt:

$$UZ_t = \frac{ZU_t + AB_t}{BE_{t-1}+BE_t}$$

Diese Umschlagszahl nimmt dann den Wert 1 an, wenn die monatliche Bewegung gleich hoch ist wie der Bestand. Die durchschnittliche Dauer verhält sich angenähert wie der Reziprokwert der Umschlagszahl. Exakt gilt dies allerdings, wie im folgenden Kapitel noch gezeigt wird, nur bei einer stationären Situation.

Die Bestände zu den Monatsenden, die monatlichen Zu- und Abgänge, die monatliche Umschlagszahl sowie die Jahresdurchschnittswerte dieser vier Größen sind für Männer und Frauen für die Jahre 1964 bis 1977 in der Anhangtabelle I aufgeführt[47].

Zu-, Abgangsdaten und Umschlagszahl ermöglichen nun eine differenziertere Beschreibung von Veränderungen in der Arbeitslosigkeit, als die Bestandsentwicklung allein. Die folgende Graphik 6 I veranschaulicht die <u>saisonale Bewegung</u> für Männer und Frauen in einer Periode konstant niedriger Arbeitslosigkeit (1969/7o). Die Bestandskurve zeigt die große Bedeutung der saisonalen Winterarbeitslosigkeit bei den Männern; bei den Frauen spielt sie kaum eine Rolle. Im Durchschnitt dieser beiden Jahre hatten die Männer einen doppelt so hohen Arbeitslosenbestand wie die Frauen. Die Graphik macht deutlich, daß daran die Winterarbeitslosigkeit einen großen Anteil hatte. Die saisonale Bewegung bei den Männern läßt sich wie folgt aus Zu- und Abgängen interpretieren: in den Monaten Juni bis November sind Zu- und Abgänge sehr ausgeglichen und im Vergleich zum Bestand hoch. Die Umschlagszahl erreicht im Herbst 1969 beinahe den Wert eins, im Sommer 197o übersteigt sie ihn, d.h. jeden Monat werden ca. soviele neu arbeitslos und scheiden soviele aus der Arbeitslosigkeit aus, wie der gesamte Bestand ausmacht. Der Aufbau der Winterarbeitslosigkeit beginnt im November, und zwar vor allem durch hohen

Graphik 6 I

Saisonale Schwankungen im Arbeitslosenbestand als Resultat von Zu- und Abgängen; Entwicklung der Umschlagszahl im Jahresverlauf (1969/70)

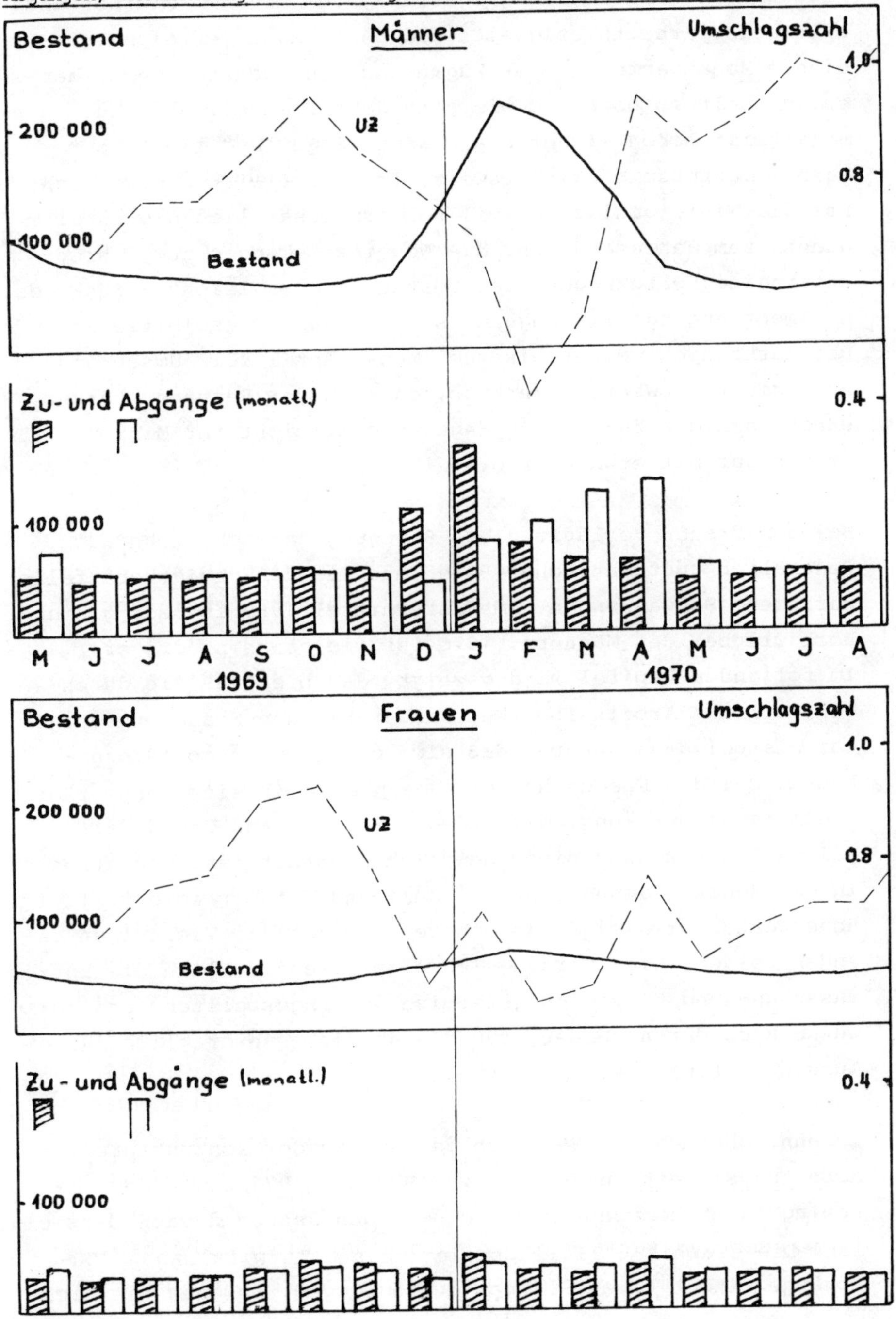

Neuzugang bei nur leicht abgeschwächtem Abgang. Die Bestandsspitze der Arbeitslosigkeit wird Ende Januar erreicht. In diesem Monat erreicht der Zugang seinen höchsten Wert, der ca. doppelt so hoch ist wie sein Jahresmittel. Aber auch der Abgang ist schon wieder stark angestiegen und liegt über seinem Jahresdurchschnittswert. Im Januar wirken sich nicht nur die Wintereinflüsse aus, sondern zusätzlich die Kündigungen zum Jahresende und die Neueinstellungen zum Jahresbeginn. Im Februar geht der Bestand wieder leicht zurück, da nun mehr Abgänge als Zugänge stattfinden. Diese Differenz verstärkt sich weiter bis zum Monat April. Die Umschlagszahl sinkt im Winter stark ab, da sich der Bestand stärker erhöht als die Zu- und Abgänge. Sie erreicht ihr Minimum im Februar mit etwa über o.4.

Bei den Frauen verläuft diese Bewegung ähnlich, wenn auch wesentlich undramatischer. Die Umschlagszahl zeigt ebenfalls geringere Schwankungen. Im Jahresmittel 1969 ist sie gleich hoch wie bei den Männern, 197o ist sie etwas niedriger.
Im folgenden Kapitel wird gezeigt, daß bis 1969 die durchschnittliche Arbeitslosigkeitsdauer bei den Frauen niedriger war als bei den Männern, daß sich dies jedoch ab 197o umkehrt. Bei den Frauen hat die Umschlagszahl eine ausgeprägte Dreimonatsschwankung, die bei den Männern auf Grund der saisonalen Bewegung nicht deutlich sichtbar ist. Sie erreicht in den Monaten Januar, April, Juli und Oktober immer relativ hohe Werte. Dies sind die Monate, die auf die Vierteljahresenden folgen. Hier wirken sich also offensichtlich die Entlassungs- und Einstellungstermine der Angestellten (und teilweise auch der Arbeiter, für die ähnliche vertragliche Regelungen gelten) aus.

In ähnlicher Weise läßt sich der Aufbau der <u>konjunkturellen Arbeitslosigkeit</u> in den Jahren 1973 und 1974 sowie der Umschlag auf hohem Bestandsniveau in den Jahren danach darstellen. Die Graphik 6 II illustriert diese Entwicklungen. Zu- und Abgänge sind hier als Linien durchgezogen. Bewegen sie sich

Graphik 6 II

Aufbau der konjunkturellen Arbeitslosigkeit in den Jahren 1973 bis 1976

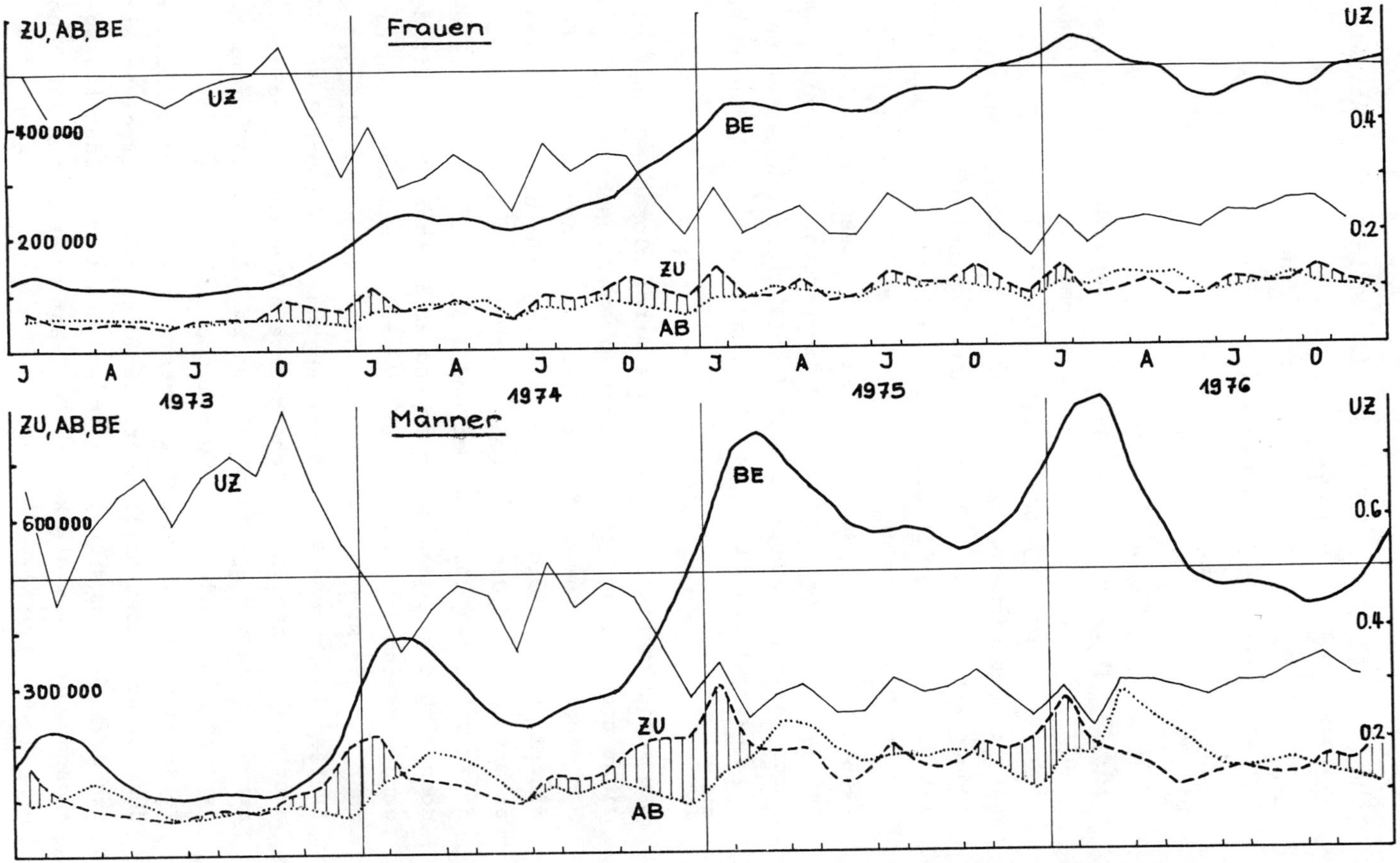

auf gleicher Höhe, dann bleibt der Bestand konstant. Liegt die Zugangs- über der Abgangskurve, dann steigt der Bestand entsprechend der von den beiden Kurven eingeschlossenen (schraffierten) Fläche und umgekehrt (weiße Flächen).

Die oben gemachten Aussagen über die saisonalen Schwankungen lassen sich fast vollständig auf diese vier Jahre übertragen, d.h. an der großen Bedeutung der saisonalen Schwankungen bei den Männern und an der relativ kleinen Bedeutung für die Frauen hat sich durch den konjunkturellen Einbruch nichts geändert. Absolut hat bei den Männern die Winterarbeitslosigkeit sogar zugenommen, jedoch weniger stark als der Durchschnittsbestand, d.h. relativ ist die Bedeutung der saisonalen Arbeitslosigkeit kleiner geworden. Neu läßt sich - bei den Männern deutlicher als bei den Frauen - eine "Sommerarbeitslosigkeit" feststellen. Sie wird erzeugt, wie aus den Kurven über die Stromgrößen sichtbar wird, durch geringe Abgänge im Juni (wenig Einstellungen zu Beginn der Urlaubszeit) und durch hohe Zugänge im Juli (Halbjahres-Kündigungstermin).

Das konjunkturelle Anwachsen des Arbeitslosenbestandes vollzieht sich bei den Männern in zwei Anstiegsphasen, die jeweils von einem nur schwachen Abbau gefolgt werden. Der Anstieg im Winter 1973/74 folgt dabei noch weitgehend dem saisonalen Muster: ab Oktober sind die Zugänge größer als die Abgänge, groß ist diese Differenz für Dezember und Januar, im Januar steigt jedoch auch der Abgang schon an und ab Februar übertrifft der Abgang wiederum den Zugang, der Bestand sinkt, wenn auch nicht mehr auf das Niveau des Sommers 1973. Schon im Juli 1974 übertreffen jedoch die Zugänge die Abgänge wieder und leiten eine achtmonatige kontinuierliche starke Aufwärtsbewegung des Bestandes ein; die Spitze wird erst im Februar 1975 erreicht. Der darauffolgende Rückgang ist jedoch nicht stärker als im vorangegangenen Jahr, so daß erstmalig ein Sommerbestand von über einer halben Million arbeitsloser Männer erreicht wird. Von da an halten sich positive und negative Salden aus Zu- und Abgängen wiederum die Waage, der Bestand hat sich auf hohem Niveau stabilisiert.

Interessant sind nun die sehr unterschiedlichen Niveauverschiebungen von Bestand einerseits und Stromgrößen andererseits: der konjunkturelle Einbruch hat den jahresdurchschnittlichen Bestand von 1973 auf 1975 bei den Männern etwa vervierfacht, das Niveau der Zu- und Abgänge jedoch nur knapp verdoppelt. Dies wird an der Entwicklung der Umschlagszahl sehr deutlich: Während sie sich 1973 im Jahresmittel noch bei ca. o.6 bewegte, sank sie 1975 auf o.3. D.h., daß jetzt nur noch ca. ein Drittel des Arbeitslosenbestandes monatlich ausgetauscht wird. Außerdem ist die saisonale Schwankung der Umschlagszahl verschwunden. Dies hängt damit zusammen, daß der Umschlag der Winterarbeitslosigkeit etwa gleich geblieben ist, während sich der Umschlag der übrigen Arbeitslosigkeit, der in der Hochkonjunktur viel kürzer war, auf etwa das Niveau des Umschlags der Winterarbeitslosigkeit verlangsamt hat. Da der Reziprokwert der Umschlagszahl angenähert ein Maß für die durchschnittliche Dauer der Arbeitslosigkeit darstellt, wird deutlich, daß sich diese durch den konjunkturellen Einbruch stark erhöht hat. Anders wäre dann auch eine Vervierfachung des Bestandes bei einer Verdoppelung des Neuzugangs nicht zu erklären. Auf diese Zusammenhänge wird jedoch im folgenden Kapitel näher einzugehen sein.

Für die Frauen gelten ähnliche Aussagen wie für die Männer, wiederum mit der Einschränkung, daß die Aufbaubewegung der konjunkturellen Arbeitslosigkeit stetiger verläuft, da die saisonalen Schwankungen keine große Rolle spielen. Während bei den Männern 1976 im Mittel der Bestand jedoch schon wieder leicht sinkt, steigt er bei den Frauen weiterhin an und wird ab Mai 1977 den der Männer übertreffen. Dabei ist das Niveau der Zu- und Abgänge bei den Frauen niedriger als bei den Männern, was sich in der kleineren Umschlagszahl bei den Frauen wiederspiegelt. Sie beträgt im Jahresmittel 1976 bei den Männern o.3, bei den Frauen jedoch nur o.22. Schon hier wird deutlich, daß offensichtlich die Frauen länger arbeitslos bleiben als die Männer.

Im ganzen dargestellten Zeitraum liegt die Umschlagszahl bei den Frauen niedriger als bei den Männern. Erstaunlich ist jedoch, zumindest ab der zweiten Hälfte 1974, die Ähnlichkeit der beiden Kurven: Es gibt kaum eine Veränderung der einen Kurve in positiver oder negativer Richtung, der die andere nicht folgt. Dies hängt damit zusammen, daß erstens bei zäher werdendem Umschlagprozeß zufällige Schwankungen des Zu- oder Abgangs sich nicht mehr so stark auswirken wie bei einer hohen Umschlagszahl, und daß zweitens in der Rezession für beide Geschlechter der Dreimonatsrhythmus der Entlassungs- und Einstellungstermine zu den Quartalsenden sehr ausgeprägt geworden ist (am deutlichsten etwa bei der Zugangskurve für die Frauen 1975 zu erkennen).

6.2 Einfluß des Alters der Arbeitslosen auf den Umschlagsprozeß

6.2.1 Bedeutung des Merkmals Alter

Das Lebensalter ist neben der Qualifikation und (immer noch) dem Geschlecht für die Stellung im Erwerbsleben einer der wesentlichsten persönlichen Bestimmungsfaktoren. Durch in verschiedener Weise gesetzlich fixierte Altersgrenzen wird der übliche Beginn und das Ende der Erwerbstätigkeit festgelegt. Die positive Korrelation von Alter und Berufserfahrung einerseits und die negative Korrelation von Alter und geistigen und körperlichen Kräften andererseits bestimmen eine Funktion zu- und abnehmender Verwertbarkeit der Arbeitskraft im Lebensverlauf. Dabei ist jedoch die Möglichkeit, verwertbare Erfahrung zu gewinnen und später auch tatsächlich einsetzen zu können, durch die Arbeitsplatzanforderungen, die eingesetzte Technik, die Arbeitsorganisation und die Veränderungsgeschwindigkeit der Produktionstechnologie bestimmt und begrenzt. Auf der anderen Seite ist auch die Abnahme geistiger und körperlicher Kräfte in hohem Maße durch die Art des Arbeitseinsatzes im Produktionsprozeß, durch sinnvolle Betätigung der Arbeitskraft oder durch ihren Verschleiß bestimmt. Die maximale Leistungsfähigkeit, der eine maximale Integriertheit in den Arbeitsprozeß folgt, variiert aus dem Grunde zwischen den Berufen, ist aber dennoch in erster Linie durch das Lebensalter bestimmt.

Es ist aus diesen Gründen kaum erstaunlich, daß auch die Arbeitslosigkeit stark vom Alter abhängig ist, vermittelt über die Faktoren a) Wahrscheinlichkeit arbeitslos zu werden, b) Dauer der Arbeitslosigkeit und c) Wahrscheinlichkeit, wieder eingestellt zu werden, respektive aus dem Erwerbsleben auszuscheiden. Die Untersuchung und Erklärung der Altersstruktur der Arbeitslosen hat deshalb schon immer einen bedeutenden Platz in der Arbeitslosigkeitsforschung eingenommen. In jüngster Zeit sind in der Bundesrepublik zwei Studien über die Alterszusammensetzung der Arbeitslosenbestände und ihre Veränderung durchgeführt worden[48]. Ihre wesentlichsten Resultate lassen sich wie folgt zusammenfassen:

(1) Während in den sechziger Jahren - stärker in der Hochkonjunktur, etwas abgeschwächt in der Rezession - die älteren Arbeitnehmer stark überdurchschnittlich arbeitslos waren und die Altersarbeitslosigkeit als das drängendste Problem angesehen wurde, steht heute die im Vergleich zu früher hohe Arbeitslosigkeit der jüngeren Arbeitnehmer im Vordergrund der Diskussion. Der "Aussiebungseffekt" der älteren Arbeitnehmer im Verlaufe der Rezession, verbunden mit überdurchschnittlich langer Arbeitslosigkeit, hat inzwischen allerdings dazu geführt, daß die Gruppe der 6o bis 65-jährigen wieder die höchste Arbeitslosenquote erreicht hat[49].

(2) Diese Veränderung ist z.T. auf statistische Einflüsse zurückzuführen[5o]. Die vor 1968 bestehende Möglichkeit, unter Umständen neben der Rente Arbeitslosengeld zu beziehen und damit auch registriert zu bleiben, trug damals zu einer Überhöhung der Anzahl älterer Arbeitsloser bei.

(3) Der Anstieg der Arbeitslosenquote bei den Jüngeren wird teilweise auf eine bessere "Durchdringung" dieser Altersklasse durch die Registrierung zurückgeführt, die ihren Grund wiederum im stark ausgeweiteten Leistungsangebot der Arbeitsämter hat. Es handelt sich hier jedoch nur um eine Vermutung, da es keine in der Zeit vergleichbaren Untersuchungen über die Durchdringung gibt.

(4) Die Hauptgründe für die Reduzierung der Altersarbeitslosigkeit sind allerdings die Verbesserung des Kündigungsschutzes, sowie die Möglichkeit des vorgezogenen Altersruhegeldes, das, nach einem Jahr Arbeitslosigkeit, schon ab 59 beantragt werden kann. Die damit einhergehende stärkere Abschottung interner Arbeitsmärkte verringert, bei allgemein geringer Nachfrage nach Arbeitskraft, die Erwerbschancen der jüngeren Arbeitnehmer. Die stärker werdenden Jahrgänge der ins Erwerbsleben eintretenden Jugendlichen haben sich dabei bisher noch nicht einmal sehr stark ausgewirkt, da dies bisher erst die Altersgruppen betrifft, die hauptsächlich in beruflicher Ausbildung stehen. Am stärksten betroffen sind deswegen gegenwärtig die 2o bis 25-jährigen[51].

In dieser Arbeit interessieren in erster Linie die sich hinter den Beständen verbergenden Umschlagsprozesse. Da nun der Umschlag sich umgekehrt proportional zur durchschnittlichen Dauer verhält, und da anzunehmen ist, daß sich das Lebensalter auf die Dauer der Arbeitslosigkeit sehr stark auswirkt, ist gerade bei der Untergliederung nach dem Alter eine Untersuchung der Unterschiede in der Dynamik von besonderem Interesse. Die Zugangsdaten zur Arbeitslosigkeit und die monatlichen Arbeitslosenbestände sind jedoch nicht nach dem Alter untergliedert; einzig die Bestände in den Sonderuntersuchungen werden nach dem Merkmal Alter ausgewiesen. Da dies zur Bestimmung des Umschlags, der durchschnittlichen Dauer und der Dauerverteilung nicht ausreicht, wird hier ein Verfahren vorgestellt, mit welchem die Altersschichtung des Arbeitslosen-Neuzugangs geschätzt werden kann.

6.2.2 Schätzung der Altersschichtung bei den Zugängen zu den Arbeitslosen

Die Informationen für die Schätzung der Anteile der verschiedenen Altersgruppen stammen aus den Verteilungen der bisherigen Dauer der Arbeitslosigkeit, wie sie sich aus den Sonderuntersuchungen ergeben. Zwei Überlegungen liegen dem Verfahren zugrunde (hier ausgeführt für den September-Zeitpunkt, analoges gilt für den Mai-Zeitpunkt):

(1) Die Alterszusammensetzung der Gruppe "weniger als einen Monat arbeitslos" könnte als eine erste Annäherung an die Alterszusammensetzung der September-Kohorte (=diejenigen, die im September arbeitslos geworden sind) betrachtet werden. Wäre der Verbleibwert[52] für diese "jüngste" Kohorte noch sehr hoch, wären also fast alle, die im September arbeitslos geworden sind, zu Ende des Monats noch immer arbeitslos, dann wäre dies auch schon eine gute Annäherung. Dies ist jedoch nicht der Fall. Selbst bei hoher Arbeitslosigkeit sind am Ende des Monats nur 6o - 7o % noch arbeitslos, während der Hochkonjunktur gar nur 3o - 4o % (für alle Altersgruppen zusammen)[53]. Da nun anzunehmen ist, daß dieser Verbleibwert in Bezug auf die Altersgruppen auch noch stark variiert, liefert die Zusammensetzung der weniger als einen Monat arbeitslosen sicher keinen verläßlichen Schätzwert.

(2) Die Alterszusammensetzung der verschiedenen Dauer-Gruppen zeigt ein stetiges Veränderungsmuster. So nimmt der Anteil der jüngeren Arbeitslosen stetig mit größerer bisheriger Verweildauer ab, der Anteil der mittleren Altersgruppen verändert sich nicht stark und der Anteil der älteren nimmt zu. Dies ist je nach konjunktureller Situation verschieden stark der Fall, in der Tendenz jedoch immer gleich. Die nachstehende Tabelle 6 I zeigt die Deutlichkeit und Regelmäßigkeit dieser Verschiebungen.

Tabelle: 6 I

Verschiebungen der Anteile der Altersgruppen mit der Länge der Dauer der bisherigen Arbeitslosigkeit
(Männer, Sept. 1975)

Altersgruppe	bisherige Arbeitslosigkeit unter 3 Mt.	3 Mt. bis unter 1/2 Jahr	1/2 Jahr bis unter 1 Jahr
unter 25	35.1 %	25.9 %	19.1 %
25 - 35	28.6	28.1	25.9
35 - 45	18.8	2o.9	22.6
45 - 55	1o.3	13.4	16.o
55 - 65	7.2	11.5	16.2
	1oo %	1oo %	1oo %

Diese beiden Beobachtungen führen zur Schätzidee: die Alterszusammensetzung des Neuzugangs läßt sich durch eine (nicht lineare) Rückwärtsextrapolation dieser Anteilsverschiebung bis zum Eintrittzeitpunkt gewinnen. Denn die Stetigkeit der Anteilsverschiebung läßt ja kaum einen anderen Schluß zu, als daß die Verschiedenheit der Austrittschancen aus der Arbeitslosigkeit für die verschiedenen Altersgruppen in der Zeit relativ stabil bleibt, und es gibt keinen Grund anzunehmen, daß dies in dem kurzen Zeitraum vom Eintritt bis zur ersten Erfassung grundsätzlich anders sein sollte.

Dieses stabile Muster der Veränderung der Anteile verschiedener Altersgruppen bei weiter zurückliegenden Zugangsintervallen bedeutet, daß die älteren Arbeitslosen im Vergleich zu den jüngeren konstant kleinere Chancen haben, wieder Arbeit zu finden. Es geht nun darum, aus der Art der Anteilsverschiebungen das Verhältnis der Abgangswahrscheinlichkeiten zu ermitteln und diesen Prozeß dann rückwärts bis zum (fiktiven) Eintrittszeitpunkt zu verfolgen.

Dieser Gedanke bedeutet nun, in seine Bestandteile aufgelöst, folgendes: Geht man von einer ungefähr konstant bleibenden Zusammensetzung des Neuzugangs in den Monaten vor der Erhebung aus (im Mittel der verwendeten Intervalle, welche nur drei Monate auseinander liegen), dann sind die verschiedenen hohen Anteile der Altersgruppen an den Dauergruppen das Resultat unterschiedlicher Abgangsprozesse, also unterschiedlicher Abgangswahrscheinlichkeiten. Für alle Gruppen gilt andererseits, daß die Abgangswahrscheinlichkeiten mit der Dauer der Arbeitslosigkeit deutlich abnehmen (jedenfalls bis zur Dauer von sechs Monaten)[54]. Es kann also nicht von unterschiedlichen, jedoch über die Zeit konstanten Abgangsraten ausgegangen werden, sondern nur davon, daß das Verhältnis der Abgangsraten zwischen zwei Gruppen für eine gewisse Zeit relativ konstant bleibt. Es stellt sich nun die Frage, welche Dauerintervalle für diese Schätzung am sinnvollsten herangezogen werden, wobei mindestens zwei notwendig sind. Für die beiden kürzesten Intervalle ("unter einem Monat", "ein bis unter drei Monate") spricht, daß die Wahrscheinlichkeit der Verschiebung der Alterszusammensetzung in den entsprechenden Zeiträumen, von zufälligen Schwankungen abgesehen, am kleinsten ist. Auf der anderen Seite führt die Kürze der Intervalle dazu, daß zufällige Schwankungen nicht ausgeglichen werden, und, was noch wichtiger ist, daß in das eine

Intervall ein Quartalsende fällt und in das andere nicht[55]. Aus diesem Grunde wurden hier die beiden ersten Intervalle zusammengelegt und dem dritten ("drei bis unter sechs Monaten") gegenübergestellt.

Die Schätzung wurde für vier Altersgruppen durchgeführt (unter 25 J.; 25 - unter 45 J.; 45 - unter 55 J.; über 55 J.). Folgende Überlegungen führten zur Wahl dieser Einteilung: Erstens konnte die Einteilung nur eine Aggregation der überhaupt erhobenen Altersgruppen sein, und zwar auf der Basis der über den ganzen Zeitraum mindestens verwendeten Feinheit. Zweitens sollten die Gruppen wesentliche Differenzen im Arbeitslosigkeitsprozeß wiederspiegeln. Drittens waren zu kleine Anteile wegen der Fehlermöglichkeiten zu vermeiden.

Der Gang der Berechnung wird nachfolgend an einem Beispiel mit zwei Altersgruppen erläutert.

Bezeichnungen

${}_1A_o$, ${}_2A_o$	:	Bestände an neu Arbeitslosen der Altersgruppen 1 und 2 zum Zugangszeitpunkt (= Zugang im Zugangsintervall)
${}_1a = \frac{{}_1A_o}{{}_1A_o + {}_2A_o}$	:	Der gesuchte Anteil der Altersgruppe 1 am Neuzugang
${}_1A_1$, ${}_2A_1$	:	Anzahl der noch arbeitslosen zum Zeitpunkt t_1 (nach 1,5 Mt.), resp.
${}_1A_2$, ${}_2A_2$	:	zum Zeitpunkt t_2 (nach 4,5 Mt.)
$a_o = \frac{{}_1A_o}{{}_2A_o}$	:	Das Verhältnis der beiden Gruppen zueinander im Zeitpunkt t_o, resp.
a_1 , a_2	:	zu den anderen beiden Zeitpunkten

$_1q_1$, $_2q_1$: Die monatlichen Verbelibraten der beiden Altersgruppen im Mittel bis zum Zeitpunkt t_1. Verbleibraten (= 1 - Abgangsraten) sind der Anteil derjenigen, die zu Anfang eines Monats arbeitslos waren, die es am Ende immer noch sind.

$_1q_2$, $_2q_2$: Monatliche Verbleibraten im Mittel zwischen den Zeitpunkten t_0 und t_2

$q_1 = \frac{_1q_1}{_2q_1}$: Das Verhältnis der beiden Verbleibraten im ersten Zeitintervall (0 - 1,5 Mt.)

$q_2 = \frac{_1q_2}{_2q_2}$: im zweiten Zeitintervall (0 - 4,5 Mt.)

Es gelten die folgenden Beziehungen

$q_1 = q_2$

Dies folgt aus der Annahme, daß das Verhältnis der Abgangsraten mindestens für eine gewisse Zeit etwa konstant ist.

Der Abgangsprozeß für die beiden Altersgruppen läßt sich mit folgenden Gleichungen beschreiben:

$$_1A_o * {_1q_1}^{1.5} = {_1A_1} \quad (2a)$$

$$_2A_o * {_2q_1}^{1.5} = {_2A_1} \quad (2b)$$

$$_1A_o * {_1q_2}^{4.5} = {_1A_2} \quad (3a)$$

$$_2A_o * {_2q_2}^{4.5} = {_2A_2} \quad (3b)$$

Durch Division lassen sich aus diesen vier Gleichungen die beiden folgenden gewinnen:

$$a_o * q_1^{1.5} = a_1 \qquad (4a)$$

$$a_o * q_2^{4.5} = a_2 \qquad (4b)$$

Unter Beachtung der Gleichheit von q_1 und q_2 lassen sich diese Gleichungen nach a_o auflösen:

$$a_o^2 = \frac{a_1^3}{a_2} \qquad (5)$$

Daraus folgt für die gesuchten Anteile der Altersgruppen am Neuzugang:

$${}_1a = \frac{a_o}{1 + a_o} \quad ; \text{ und}$$

$${}_2a = \frac{1}{1 + a_o}$$

Diese Werte wurden nun als Alterszusammensetzung etwa in der Mitte der zugrundegelegten Intervalle interpretiert, also für die September-Untersuchung als Werte für den Juli, für die Mai-Untersuchung als Werte für den März. Nach dieser Methode wurde für die erwähnten vier Altersgruppen die Anteile am Zugang zu den Arbeitslosen zu jeder Sonderuntersuchung von 1964 bis 1977 berechnet. Die Ergebnisse sind in der folgenden Tabelle 6 II aufgeführt.

Tabelle 6 II

Altersschichtung der Neuzugänge zu den Arbeitslosen 1964 - 1977

Legende: Zeitpunkte

Jahr/Monat
o3: März (entsprechend der Mai-Untersuchung)
o7: Juli (entsprechend der Sept. Untersuchung)

Geschlecht

S = 1: Männer
S = 2: Frauen

Altersgruppen

A = 1: unter 25 Jahren
A = 2: 25 bis unter 45 Jahre
A = 3: 45 bis unter 55 Jahre
A = 4: über 55 Jahre

6407		
A	S= 1	S= 2
1	0.253	0.338
2	0.312	0.376
3	0.100	0.139
4	0.334	0.147

Tabelle 6 II Fortsetzung

6607		
A	S= 1	S= 2
1	0.306	0.346
2	0.339	0.397
3	0.083	0.138
4	0.273	0.118

6707		
A	S= 1	S= 2
1	0.254	0.353
2	0.363	0.373
3	0.096	0.143
4	0.287	0.132

6807		
A	S= 1	S= 2
1	0.314	0.364
2	0.384	0.390
3	0.116	0.142
4	0.186	0.104

6907		
A	S= 1	S= 2
1	0.314	0.367
2	0.397	0.395
3	0.120	0.148
4	0.169	0.091

7007		
A	S= 1	S= 2
1	0.338	0.408
2	0.408	0.378
3	0.111	0.135
4	0.143	0.079

7107		
A	S= 1	S= 2
1	0.398	0.412
2	0.406	0.400
3	0.091	0.125
4	0.105	0.064

7207		
A	S= 1	S= 2
1	0.385	0.426
2	0.426	0.391
3	0.088	0.123
4	0.101	0.059

7307		
A	S= 1	S= 2
1	0.395	0.451
2	0.442	0.380
3	0.091	0.120
4	0.072	0.048

Tabelle 6 II Fortsetzung

7403		
A	S= 1	S= 2
1	0.298	0.352
2	0.513	0.434
3	0.115	0.149
4	0.073	0.066

7603		
A	S= 1	S= 2
1	0.349	0.391
2	0.486	0.432
3	0.104	0.124
4	0.061	0.054

7407		
A	S= 1	S= 2
1	0.407	0.477
2	0.465	0.383
3	0.085	0.102
4	0.043	0.037

7607		
A	S= 1	S= 2
1	0.461	0.513
2	0.413	0.361
3	0.081	0.087
4	0.046	0.039

7503		
A	S= 1	S= 2
1	0.306	0.356
2	0.524	0.448
3	0.108	0.135
4	0.061	0.061

7703		
A	S= 1	S= 2
1	0.342	0.395
2	0.500	0.434
3	0.100	0.116
4	0.058	0.055

7507		
A	S= 1	S= 2
1	0.400	0.468
2	0.456	0.383
3	0.089	0.104
4	0.055	0.044

7707		
A	S= 1	S= 2
1	0.446	0.511
2	0.423	0.371
3	0.081	0.078
4	0.050	0.040

6.2.3 Entwicklung der Altersschichtung beim Zugang zur Arbeitslosigkeit und Bedeutung für den Umschlagsprozeß

In der nachstehenden Graphik 6 III ist die Entwicklung der Alterszusammensetzung beim Zugang zu den Arbeitslosen nach drei Altersgruppen dargestellt. Seit jährlich zwei Sonderuntersuchungen zur Verfügung stehen, zeigt sich eine mit dem Schulentlassungstermin zusammenhängende starke saisonale Schwankung beim Anteil der jüngeren Arbeitslosen. Dieser Effekt war mit Sicherheit auch früher, wahrscheinlich jedoch nicht so ausgeprägt, vorhanden, was bei der Interpretation zu berücksichtigen ist.

Graphik 6 III

Alterszusammensetzung des Neuzugangs an Arbeitslosen 1964-1977
Schätzungen jeweils für Juli, ab 1973 auch für März

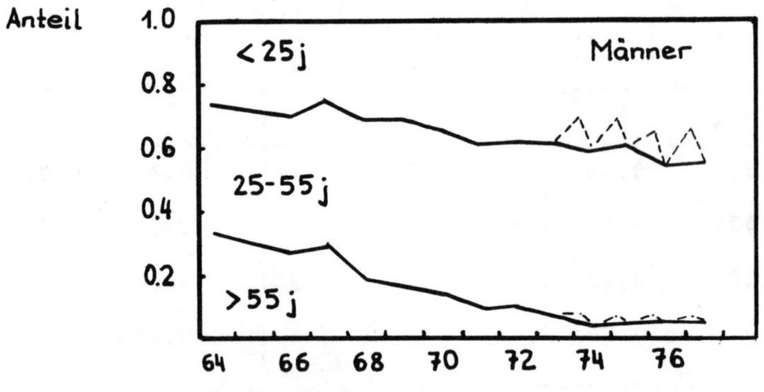

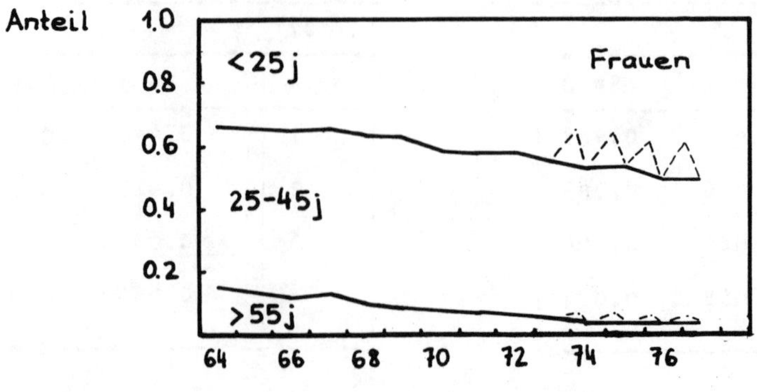

Die Entwicklung der Alterszusammensetzung bei den Neuzugängen zu den Arbeitslosen zeigt folgende wichtige Tendenzen:

(1) Über den ganzen Zeitraum hinweg (mit Ausnahme der Rezession 66/67) verringert sich der Anteil der älteren Arbeitnehmer zu Lasten der jüngeren. Dabei ist der Rückgang bei den älteren Männern noch wesentlich ausgepägter als bei den Frauen, was allerdings stark mit der unterdurchschnittlichen Erwerbsquote bei den älteren Frauen zusammenhängt. Zudem hat sich bei den über 65-jährigen Männern die schon erwähnte gesetzliche Neuregelung des AFG bezüglich des Arbeitslosengeldes ausgewirkt. Bei der Entwicklung der Bestände macht sich diese Änderung sehr stark bemerkbar, auf die Neuzugänge dürfte jedoch der Einfluß wesentlich kleiner sein, handelte es sich doch meist um Arbeitslose, die schon vor Erreichen des Rentenalters arbeitslos geworden waren und dann noch über dieses Alter hinaus gemeldet blieben. Sehr stark zugunsten der Älteren wirkte sich natürlich die Einführung und zunehmende Verbreitung der flexiblen Altersgrenze aus.

(2) Die tendenzielle Zunahme der Arbeitslosigkeit bei Jugendlichen zeigt sich hier nicht als ein Problem erst der letzten Jahre, sondern die Rezession hat die Jugendarbeitslosigkeit nur an den Tag gebracht. Der Nachfrageüberschuß am Arbeitsmarkt wirkte sich bis 1973 so stark verkürzend auf die Arbeitslosigkeit jüngerer Arbeitnehmer aus, so daß das tendenzielle Ansteigen ihres Neuzugangs in den Beständen nicht deutlich sichtbar wurde. Erst die Einstellungsstopps in der Rezession ließen dann diese Entwicklung deutlich werden. Dabei ist der Anteil der neu arbeitslos werdenden Jugendlichen eher noch unterschätzt, da bei dieser Gruppe, die teilweise noch keine Ansprüche auf Arbeitslosenunterstützung hat, die nichtregistrierte Arbeitslosigkeit größer sein dürfte als bei den anderen Gruppen[56).]

(3) Die Rezession 66/67 brachte für die Älteren eine zusätzliche Belastung, für die Jüngeren eine Entlastung. Diese konjunkturelle Bewegung scheint in der letzten Rezession nicht stattgefunden zu haben. Der Anteil der jüngeren Arbeitslosen am Neuzugang hat im Gegenteil 1975/76 nochmals stark zugenommen und sich seither auf hohem Niveau stabilisiert. 1977 beträgt der jahresdurchschnittliche Anteil der unter 25 jährigen bei den Männern ca. 4o %, bei den Frauen sogar über 45 %.

Vergleicht man nun diese Altersschichtung bei den Zugängen mit der Altersschichtung bei den Beständen, dann zeigt sich, wie stark verschieden der hinter den Beständen stehende Umschlagsprozeß für verschiedene Altersgruppen sein muß. Da weder bei den Bestand- noch bei den Zugangsdaten monatliche Werte nach dem Alter geschichtet zur Verfügung stehen, ist es nur möglich, die Umschlagszahl direkt auf Jahresbasis zu schätzen. Dabei wurde für 1976 wie folgt vorgegangen:

- Als jahresdurchschnittliche Altersschichtung des Zugangs wurde der Durchschnittswert der beiden geschätzten Altersschichtungen vom März und vom Juli angenommen. Diese Anteile für Männer und Frauen auf den gesamten Jahresneuzugang angewedet, ergibt die geschätzten Jahreszugänge geschichtet nach Altersgruppen.

- Ähnlich wurde mit der Altersschichtung des Bestands verfahren. Diese ist für die beiden Sondererhebungen bekannt. Auch hier wurde der Durchschnittswert der Altersschichtung für Männer und Frauen berechnet und auf den jahresdurchschnittlichen Bestand angewendet.

- Die jahresdurchschnittlichen Umschlagszahlen ergeben sich als Quotient aus jahresdurchschnitlichem Zugang und Bestand. Da die Abgänge (zumindest für alle Altersgruppen zusammen) 1976 ähnlich hoch sind wie die Zugänge, wurden sie hier nicht berücksichtigt.

Diese Daten sind in Tabelle 6 III aufgeführt. Der Vergleich von Bestands- und Zugangsschichtung nach dem Alter zeigt nochmals deutlich, wie verschieden die Betroffenheit durch Arbeitslosigkeit nach Altersgruppen zu beurteilen ist, nachdem man sich auf die Verteilung im Bestand oder auf die Verteilung beim Zugang bezieht. Bei letzterem sind die jüngeren Altersgruppen wesentlich stärker betroffen, was jedoch, wegen der offensichtlich kürzeren Dauer der Arbeitslosigkeit bei den jüngeren Arbeitnehmern, beim Bestand nicht "durchschlägt". Dies wird durch die Umschlagszahlen deutlich: der Umschlag ist bei der jüngsten Altersgruppe der Männer fast 4 1/2 mal so groß wie bei der ältesten, bei den Frauen beträgt dieser Faktor ca. 3. Der Vergleich der Bestände oder der Arbeitslosenquoten zwischen verschiedenen Altersgruppen ist also nicht in der Lage, die wesentlich anderen Prozesse bei jüngeren und älteren Arbeitslosen zu erfassen. Die Interpretation soll jedoch hier nicht weitergeführt werden, da im vierten Teil dieser Arbeit bedeutend mehr Informationen über diese Dynamik verfügbar sein werden[57].

Tabelle 6 III

Vergleich der Bestands- und der Zugangsschichtung sowie der Umschlagszahl nach Altersgruppen (Männer und Frauen 1976)

	Bestands-schichtung (%)	Zugangs-schichtung (%)	Umschlags-zahl
Männer			
unter 25 J	23.7	4o.5	o.49
25 - 45 J	46.5	45.o	o.28
45 - 55 J	15.6	9.2	o.17
über 55 J	14.1	5.3	o.11
Frauen			
unter 25 J	3o.5	45.2	o.4o
25 - 45 J	44.3	39.6	o.24
45 - 55 J	15.9	1o.5	o.18
über 55 J	9.3	4.6	o.13

7. Kapitel

Durchschnittliche Dauer der Arbeitslosigkeit - Berechnung und Interpretation

7.1 Bedeutung der Dauer für die Beschreibung des Arbeitslosigkeitsprozesses

Im folgenden sollen die verschiedenen Bedeutungen dargelegt werden, die der Bestimmung der Dauer der Arbeitslosigkeit (im Durchschnitt und als Verteilung, für verschiedene Gruppen von Arbeitnehmern und im Zeitverlauf) zukommen. Zuvor ist anzumerken, daß diese Bestimmung mit Hilfe des vorhandenen Datenmaterials keine triviale Aufgabe darstellt. Im folgenden werden die Probleme, die dabei auftreten, im einzelnen erläutert. Hier nur soviel: Informationen über die Dauer der Arbeitslosigkeit stammen, wie im 5. Kapitel erläutert, aus Querschnittsuntersuchungen der zu einem bestimmten Zeitpunkt Arbeitslosen. Dabei wird die bisherige Dauer der Arbeitslosigkeit festgehalten. Damit treten zwei Probleme auf: Einmal werden diese Arbeitslosen irgendwann zwischen dem Beginn und dem Ende ihrer Arbeitslosigkeit erfaßt, es ist aber nicht klar, wie lange im einzelnen die Arbeitslosigkeit, deren bisherige Dauer festgestellt wird, noch andauern wird. Zweitens stellen die Arbeitslosen, die in einer Querschnittsuntersuchung zu einem bestimmten Stichtag erfaßt werden, eine "dauerverzerrte" Auswahl aus allen Fällen von Arbeitslosigkeit dar: solche mit langer Dauer sind über-, solche mit kurzer Dauer unterrepräsentiert. Die damit zusammenhängenden Probleme theoretisch zu lösen, diese Lösungen in Methoden umzusetzen, die die empirische Behandlung des Problems ermöglichen und die gefundenen Ergebnisse in ihrer Bedeutung für die Analyse des Arbeitslosigkeitsprozesses zu interpretieren, ist Aufgabe der folgenden Kapitel dieser Arbeit.

Zuvor aber einige Anmerkungen zur allgemeinen Bedeutung der Dauerverteilung. Es sind zwei Hauptaspekte zu unterscheiden:
1) Zum ersten kommt der Bestimmung der Verteilung der Dauer des Aufenthalts von Elementen in einem Aggregat innerhalb eines dynamischen Stromsystems grundsätzliche Bedeutung für die Analyse dieses Prozesses zu, falls diese Dauer überhaupt relevant ist. Ist diese Dauer irrelevant (wie beispielsweise bei einem Lagerhaltungsprozeß von Waren, deren Veralterung in keiner Beziehung eine Rolle spielt), oder hat nur die durchschnittliche Dauer Bedeutung (beispielsweise als kostenverursachender Faktor), dann reichen zur vollständigen Beschreibung Informationen über die Anfangsbestände in den verschiedenen Aggregaten sowie über die zeitliche Entwicklung der Ströme zwischen den Aggregaten aus. In allen anderen Fällen benötigt man zusätzliche Informationen über die "Abgangsregel", also darüber, nach welchem Gesetz Elemente, die zum gleichen Zeitpunkt in das Aggregat eingetreten sind, dieses verlassen. Diese Abgangsregel läßt sich in verschiedener Weise beschreiben. In einfachen Fällen etwa durch Vorschriften wie "first in, first out", "last in, first out", u.a.m. Oder aber es werden bei stochastischer Beschreibung des Prozesses Abgangswahrscheinlichkeiten und ihre Verteilungen angegeben. Die dritte Möglichkeit ist die Angabe der Verteilung der Verbleibdauer der Elemente im Aggregat. Im ganzen dynamischen System des Arbeitsmarkts spielt jeweils die Dauer des Verbleibs eine zentrale Rolle, sei dies die Dauer der Arbeitslosigkeit, die Dauer der Arbeitsverhältnisse, die Dauer des Verbleibs in der "stillen Reserve", die Dauer von den Arbeitsmarkt entlastenden speziellen Maßnahmen (ABM) u.a.m. In den meisten dieser Fälle stellt sich aber das Problem, daß Informationen, wenn überhaupt, nur aus Querschnittsuntersuchungen vorhanden sind, und damit die Frage der Umrechnung. Die in dieser Arbeit am Beispiel der Dauer der Arbeitslosigkeit entwickelten Überlegungen haben also methodisch für die ganze dynamische Arbeitsmarktanalyse Bedeutung.

2) Der zweite Aspekt ist die Bedeutung, die die Verteilung der Dauer und ihre Entwicklung für das Problem der Arbeitslosigkeit selbst hat, und zwar sowohl für die Analyse, wie auch für die Anleitung von Maßnahmen zur Bekämpfung der Arbeitslosigkeit. Es braucht kaum erwähnt zu werden, welche Bedeutung die Dauer für den einzelnen Betroffenen hat. Wenn auch nicht zu bestreiten ist, daß für die meisten Arbeitnehmer, jedenfalls bisher, schon die Tatsache allein, arbeitslos zu werden, eine schwere Belastung darstellt, so hängen doch fast alle längerfristigen individuellen Wirkungen der Arbeitslosigkeit von deren Dauer ab, seien dies die finanziellen, die sozialpsychologischen oder die Wirkungen auf Qualifikation und Bezug zum Erwerbsleben[58].

Aber auch auf höherer Aggregationsebene ist die Dauer für die Analyse des Arbeitsmarktprozesses von großer Bedeutung. Der Bestand an Arbeitslosen und seine Zusammensetzung aus bestimmten Gruppen unterschlägt eine wichtige Dimension: hinter demselben Bestand kann sich eine sehr unterschiedliche Dynamik verbergen. Derselbe Bestand von beispielsweise einer Million Arbeitsloser kann völlig unterschiedliche Phänomene darstellen, je nachdem wie er sich aus der Komponente "Neuzugänge von Arbeitslosen" und "durchschnittliche Dauer der Arbeitslosigkeit" zusammensetzt. Dieser Bestand kann das Resultat von einer Million Fällen von Arbeitslosigkeit sein, deren durchschnittliche Dauer ein Jahr beträgt, oder aber von 12 Mio. Fällen mit einer Durchschnittsdauer von einem Monat. 1976 beispielsweise wurden bei einem Bestand von ca. 1 Mio. Arbeitsloser 3.25 Mio. Neuzugänge gezählt, was einer durchschnittlichen Dauer von ca. 3.7 Monaten entsprach.

Aber selbst wenn Neuzugang und durchschnittliche Dauer bekannt sind, kann je nach der Verteilung der Dauer sich das Arbeitslosigkeitsproblem sehr verschieden stellen. Wenn diese Dauer stark um ihren Mittelwert konzentriert ist, dann ist, von anderen Aspekten abgesehen, das Problem relativ homogen, d.h. für die meisten Arbeitslosen stellen sich in der Beziehung ähnliche Schwierigkeiten. Ganz anders liegt die Sache, wenn die Verteilung beispielsweise zweigipflig ist, d.h. wenn zwei unterschiedliche Gruppen von einerseits kurz-, andererseits langfristig Arbeitslosen beobachtet werden. Analyse und Maßnahmenüberlegungen müßten zu völlig anderen Schlüssen kommen als im ersten Fall. Es wird sich zeigen, daß die Verteilungen für die meisten Gruppen im Arbeitsmarkt sehr schief sind, und zwar in der Weise, daß der größte Teil der Arbeitslosigkeitsfälle eine verhältnismäßig kurze Dauer aufweist, relativ wenige Arbeitslose jedoch so stark überdurchschnittliche Längen haben, daß sie zur gesamten in der Arbeitslosigkeit verbrachten Zeit einen überdurchschnittlichen Beitrag leisten. Diese Zusammenhänge werden bei der Darstellung der empirischen Resultate weiter illustriert[59].

Aber selbst die Verteilung der Dauer bezogen auf die Fälle von Arbeitslosigkeit läßt eine wichtige Komponente der tatsächlichen Verteilung der Dauer unberücksichtigt. Dies ist die Häufigkeit, mit welcher Arbeitnehmer arbeitslos werden. Selbst wenn die Analyse der Verteilung zu dem Schluß führen würde, daß der größte Teil der Arbeitslosigkeitsfälle relativ kurz ist und damit als solche nicht von gravierender Bedeutung, können sich solche Fälle bei wenigen Individuen so häufen, daß die daraus gezogenen Schlüsse unzutreffend wären. Eine Analyse der einzelnen Fälle von Arbeitslosigkeit kann ohne zusätzliche Information dieses Problem nicht lösen. Diese Frage weist über den Rahmen der vorliegenden Arbeit hinaus; R. Frank[60] hat einen stochastischen Ansatz entwickelt, der im Prinzip geeignet ist, die Verteilung der Dauer der Arbeitslosigkeit und die Verteilung der Dauer der Beschäftigung simultan zu bestimmen und damit auch die Frage der Mehrfacharbeitslosigkeit behandelbar zu machen. Die empirische Umsetzung scheitert allerdings bisher an Datenrestriktionen.

Um einen ersten Einblick in Bestimmung und Bedeutung des Faktors Dauer der Arbeitslosigkeit zu erhalten, soll im folgenden Abschnitt ein einfaches Verfahren zur Berechnung der durchschnittlichen Dauer auf der Basis von Zugangs- und Bestandszahlen erläutert werden.

7.2 Berechnung der durchschnittlichen Dauer der Arbeitslosigkeit

Die Berechnung der durchschnittlichen Verbleibdauer von Personen oder Objekten in zeitlich sich verändernden Bestandsmassen (Erneuerungsmassen) stellt sich als Problem bei vielen Prozessen, die im weitesten Sinne als Lagerhaltungsprozesse zu bezeichnen sind. Je nach den besonderen Eigenschaften dieser Prozesse und nach den vorhandenen Informationen sind exakte oder näherungsweise Aussagen über die durchschnittliche Verbleibdauer und die Verteilung der Verbleibdauer möglich. Kaum jemals wird die vollständige Information über den Prozeß, nämlich Zu- und Abgangszeitpunkt eines jeden Individuums, vorliegen.

Folgende Eigenschaften von Erneuerungsprozessen vereinfachen die modellmäßige Behandlung ihrer Dynamik: Sind die Zugänge und die Abgangsprozesse, und damit auch Abgänge und Bestand, in die Zeit konstant, liegt ein stationärer Erneuerungsprozeß vor. Für stationäre Prozesse gilt, daß der Bestand das Produkt aus Neuzugängen pro Zeiteinheit und durchschnittlicher Verbleibdauer ist. Dies ergibt beispielsweise die folgende Überlegung: die "Dauermasse", die insgesamt in einem bestimmten Zeitraum (z.B. ein Jahr) in der Arbeitslosigkeit verbrachte Zeit, kann doppelt bestimmt werden: einmal als das Zeitintegral über den Bestand, zum anderen als das Produkt aller Zugänge und der durchschnittlichen Dauer. In einer stationären Situation gilt diese Beziehung exakt, da die "Dauermasse" der noch in den Betrachtungszeitraum hineinragenden Arbeitslosigkeitsfälle von solchen, die schon vor dem Zeitraum arbeitslos geworden sind, gleich der Dauermasse der über den Betrachtungszeitraum hinausragenden "Enden" der gegen den Schluß des Zeitraums arbeitslos geworden ist. Damit ergibt sich die Beziehung: Durchschn. Bestand * 12 Monate = Monatl. Zugang * 12 * durchschn. Dauer.

Natürlich ist der Arbeitslosigkeitsprozeß nicht stationär: Bestand, Zu- und Abgänge, sowie durchschnittliche Verbleibdauer sind Schwankungen periodischer und säkularer Art unterworfen. In diesen Fällen läßt sich die mittlere Dauer nicht mehr in so einfacher Weise berechnen, dennoch bleibt für die Interpretation die Beziehung wichtig, daß der Bestand sich aus den Faktoren Zugänge (resp. Abgänge) einerseits und durchschnittliche Verbleibdauer andererseits zusammensetzt.

Weitere, die Handhabung von Erneuerungsprozessen vereinfachende Eigenschaften, wie etwa die Geschlossenheit (es gibt Zeitpunkte, zu denen der Bestand Null ist) oder eine einfache Zuordnung von Zu- und Abgängen (wie etwa 'first in - first out' Regel) sind beim Arbeitslosigkeitsprozeß ebenfalls nicht erfüllt. Die exakte Berechnung der mittleren Verbleibdauer erfordert in diesem Falle neben den Informationen über Zu-, Abgänge und Bestände "Altersinventuren" zu bestimmten Zeitpunkten (Verteilung der <u>bisherigen</u> Verbleibdauer eines bestimmten Bestandes) und "Sterbekurven" für die Bestände zu bestimmten Zeitpunkten (Verteilung der noch bevorstehenden Verbleibdauer)[61].Altersinventuren sind durch Querschnittsuntersuchungen bei vielen Prozessen leicht zu erhalten, für die Arbeitslosigkeit liefern die Sonderuntersuchungen der BA solche Informationen. Die Erstellung von Sterbekurven erfordert die individuelle Verfolgung aller Angehöriger eines Bestandes bis zu ihrem Ausscheiden. Diese Art von Informationen gibt es normalerweise über die Arbeitslosen nicht. Die fehlende Information wird bei solchen Untersuchungen jeweils durch Annahmen über den Restverbleib eines Endbestandes ersetzt. Eine Untersuchung dieser Art über die mittlere Dauer der Arbeitslosigkeit haben Cramer und Egle[62] für die Bundesrepublik durchgeführt.

Um einen ersten Überblick über die Entwicklung der Dauer der Arbeitslosigkeit zu ermöglichen und um die relative Bedeutung der Elemente Zugang zur Arbeitslosigkeit und durchschnittliche liche Dauer der Arbeitslosigkeit zu demonstrieren, wird im

Nachfolgenden eine vereinfachte Berechnungsmethode vorgestellt, die auf Altersinventuren verzichtet und damit ermöglicht, die Zeitreihe vor den Beginn der regelmäßigen Sondererhebungen im Jahre 1966 zurück verfolgen zu können. Wie Kellerer[63] zeigt, ergibt sich die durchschnittliche Verbleibdauer angenähert als

$$\bar{d} = \frac{2\,V(t_o,\,t_i)}{e + a}$$

wobei: $V(t_o,\,t_i)$ = Verbleibfläche

e = Summe der Zugänge im Zeitraum $(t_o,\,t_i)$

a = Summe der Abgänge im selben Zeitraum

Wie die nachstehende Abbildung zeigt, wird die Verbleibfläche begrenzt von den Vertikalen durch die Anfangs- und Endzeitpunkte des betrachteten Intervalls (Anfangs- und Endbestand) und durch die kumulierten Zu- und Abgangskurven.

Abbildung 7 I

Darstellung eines Erneuerungsprozesses mit Hilfe von kumulierten Zu- und Abgangskurven

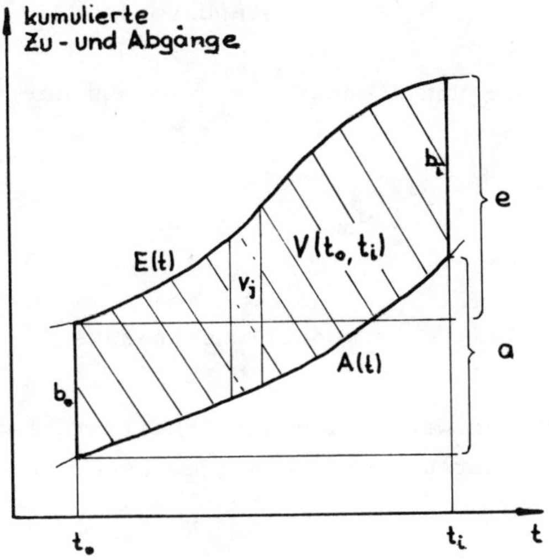

Diese vereinfachte Berechnung zeitigt, wie Kellerer nachweist, dann gute Resultate, wenn der Beobachtungszeitraum mindestens viermal so groß ist wie die mittlere Dauer, oder wenn der Prozeß angenähert stationär ist. Dies ist bei einem Beobachtungszeitraum von einem Jahr, mit Ausnahme der Jahre 1975 bis 77, wo die Durchschnittliche Dauer über drei Monate ansteigt, erfüllt. In diesen Jahren ist jedoch die Arbeitslosigkeit ziemlich stationär.

Nimmt man an, daß der monatliche Zu-, resp. Abgang innerhalb des Monats gleichmäßig verläuft, dann läßt sich die Verbleibfläche für ein Jahr als die Summe von zwölf monatlichen Trapezflächen (v_j) berechnen, mit den parallelen Seiten Endbestand des Vormonats und Endbestand des laufenden Monats und dem Abstand von einem Monat. Daraus ergibt sich folgende Verbleibfläche:

$$V\,(t_o\,,\,t_{12}) = \frac{b_o + b_1}{2} + \frac{b_1 + b_2}{2} + \ldots\ldots + \frac{b_{11} + b_{12}}{2}$$

$$= \frac{1}{2}\,(b_o - b_{12}) + \sum_{m=1}^{12} b_m$$

wobei: b_m = Bestände zum Monatsende
b_o = Endbestand Vorjahr

Die Summe der Zu- und Abgänge ist, wie aus der Abbildung 7 I ersichtlich:

$$e + a = b_o - b_{12} + 2\sum_{m=1}^{12} e_m$$

wobei: e_m = monatliche Zugänge

Monatliche Zugänge werden von der Arbeitsstatistik seit 1961 getrennt für Männer und Frauen ausgewiesen. Für diese beiden

Gruppen und für den entsprechenden Zeitraum kann also die durchschnittliche Arbeitslosigkeitsdauer berechnet werden. Die Entwicklung dieser Dauer ist in Graphik 7 I dargestellt, die Resultate, zusammen mit Bestands- und Zugangszahlen, sind in der nachfolgenden Tabelle 7 I aufgeführt[64].

Graphik 7 I

Entwicklung der durchschnittlichen Dauer der Arbeitslosigkeit und des Bestands an Arbeitslosen (Jahresmittel) 1961 - 76

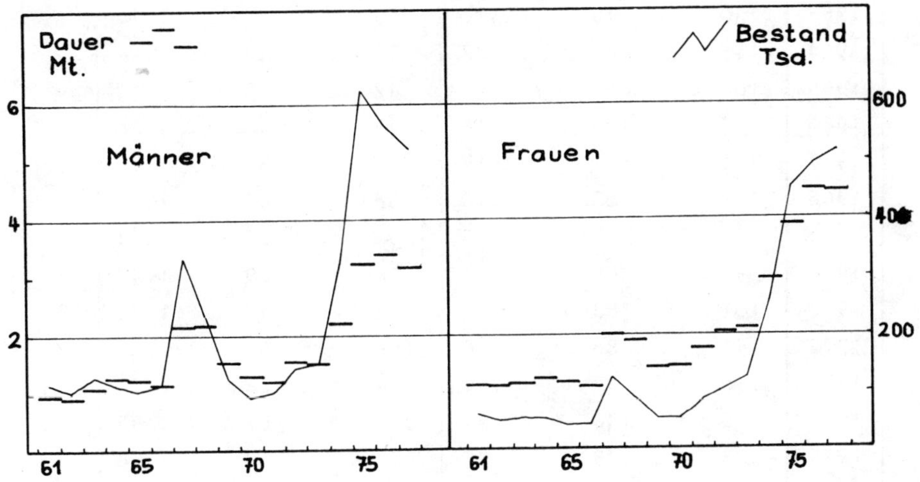

Folgende Aspekte sind bei der Entwicklung der durchschnittlichen Dauer der Arbeitslosigkeit festzuhalten:

(1) Die Dauer der Arbeitslosigkeit im Verhältnis zum Bestand ist bei den Frauen über den ganzen Zeitraum deutlich höher. Dieser Tatsache wird unten bei der Berechnung des Dauer-Zugang Quotienten weiter erläutert.

(2) Die Dauer der Arbeitslosigkeit reagiert mit nur geringerer Verzögerung auf den Konjunkturverlauf[65].

Tabelle 7 I

Entwicklung der Arbeitslosigkeit von 1961 bis 1977
Bestand (Jahresmittel), monatlicher Zugang (Jahresmittel), durchschnittliche Dauer (in Monaten).

	Männer			Frauen		
	Bestand (Tsd.)	Zugang (Tsd.)	Dauer (Mt.)	Bestand (Tsd.)	Zugang (Tsd.)	Dauer (Mt.)
1961	118	122	o.96	63	57	1.11
1962	1o2	111	o.93	52	47	1.11
1963	13o	118	1.1o	55	49	1.12
1964	115	89	1.27	54	43	1.24
1965	1o6	83	1.25	42	35	1.17
1966	117	1o1	1.16	45	4o	1.1o
1967	335	151	2.17	124	61	2.oo
1968	235	1o3	2.18	88	46	1.88
1969	125	77	1.55	54	37	1.41
197o	93	69	1.31	56	39	1.43
1971	1o1	83	1.21	84	47	1.76
1972	141	88	1.56	1o6	5o	2.o1
1973	15o	99	1.51	124	58	2.11
1974	325	146	2.21	258	87	2.97
1975	623	179	3.25	452	1o8	3.9o
1976	561	161	3.4o	493	11o	4.48
1977*	518	164	3.16	512	115	4.45

Quelle: ANBA, Dauer eigene Berechnung
*) Dezemberwerte geschätzt

(3) Vor der Rezession 66/67 lag die Dauer der Arbeitslosigkeit für Männer und Frauen auf etwa gleichem Niveau, für beide Geschlechter stieg sie 67 stark an (fast Verdoppelung), blieb im folgenden Jahr auf etwa derselben Höhe und ging 69 in ähnlichem Maße zurück.

(4) Der Vergleich des Vorrezessionszeitraums 61/66 mit dem Zwischenrezessionszeitraum 69/73 zeigt folgende Entwicklungen: Die durchschnittliche Dauer der Arbeitslosigkeit war in der ersten Periode für beide Geschlechter im Mittel gleich hoch (ca. 1.1 Monate), bei den Frauen entstand diese Dauer allerdings schon bei einem nur halb so großen Bestand wie bei den Männern. In der zweiten Periode sind bei beiden Geschlechtern Bestand und Dauer höher als in der ersten, diese Anstiege sind allerdings sehr verschieden stark. Bei den Frauen sind die beiden Größen etwa proportional auf das 1.6-fache angestiegen, bei den Männern ist der Bestand ungefähr gleich, die Dauer ist ca. 1.3 mal höher als vorher.

Diese Zusammenhänge sind recht schwierig zu interpretieren, da zwischen Bestand an Arbeitslosen und Dauer der Arbeitslosigkeit keine kausale Abhängigkeit, sondern eine Wechselwirkung besteht: längere Dauer der Arbeitslosigkeit (etwa durch längere Suchprozesse aufgrund höherer Ansprüche) führt ceteris paribus natürlich zu einem höheren Bestand, andererseits wird bei gleichem Suchverhalten die Dauer länger, wenn die Arbeitslosigkeit aufgrund stärkerer Ungleichgewichte auf dem Arbeitsmarkt ansteigt. Die Verlängerung der Dauer der Arbeitslosigkeit bei den Frauen kann jedenfalls, da gleichzeitig das Niveau der Arbeitslosigkeit ansteigt, nicht schon als Veränderung im Suchverhalten interpretiert werden, eine solche Veränderung kann allerdings auch nicht ausgeschlossen werden. Es wird bei der Berechnung des Dauer-Zugangs-Quotienten nochmals auf diese Frage eingegangen.

(5) Mit Einsetzen der Rezession im Jahre 1974 beginnt die

Dauer stark, wenn auch unterdurchschnittlich zum Bestand, anzusteigen.

Die durchschnittliche Dauer, wie sie hier berechnet wurde, ist bedeutend geringer (weniger als halb so groß) als die durchschnittliche bisherige Dauer der Arbeitslosigkeit von denjenigen, die jeweils von den Querschnittsuntersuchungen erfaßt wurden. Dies hat mit der doppelten Verzerrung in der Verteilung der Dauer zu tun, die im letzten Abschnitt kurz angesprochen wurde. Ohne dies jetzt im Einzelnen zu interpretieren wird damit deutlich, welche Größenordnung dieser Effekt hat und welche Bedeutung also auch der Berücksichtigung dieser Tatsache bei der Interpretation von Dauerverteilungen zukommt. Die nachstehende Tabelle 7 II vergleicht für einige Jahre die durchschnittliche Dauer der Arbeitslosigkeit, wie sie mit dem hier beschriebenen Verfahren berechnet wurde, mit der durchschnittlichen bisherigen Dauer in den jeweiligen September-Sonderuntersuchungen. Für diese Berechnungen wurden jeweils die Klassenmitten der Dauerklassen als Klassenschwerpunkte interpretiert.

Tabelle 7 II

Vergleich der durchschnittlichen Dauer aller Fälle von Arbeitslosigkeit ($\bar{d}$) mit der durchschnittlichen bisherigen Dauer der Arbeitslosigkeit im Querschnittsbestand der Sonderuntersuchungen ($\bar{a}$) (in Monaten)

Jahr	Männer		Frauen	
	$\bar{d}$	$\bar{a}$	$\bar{d}$	$\bar{a}$
1966	1.2	4.4	1.1	2.5
1972	1.6	5.2	2.o	3.7
1976	3.4	7.8	4.5	6.6

Dieser Vergleich macht deutlich, in welch hohem Maße die Berechnung der Durchschnittsdauer aus den Bestandsinformationen die tatsächliche Durchschnittsdauer aller Arbeitsloser überschätzt. Es besteht auch kein einfacher Zusammenhang zwischen den beiden Maßen: Sie sind nicht etwa proportional und die Reihenfolge wird nicht beibehalten. So scheinen etwa die Männer 1972 länger arbeitslos gewesen zu sein als die Frauen (5.2 resp. 3.7 Monate), tatsächlich verhielt es sich jedoch umgekehrt (1.6 resp. 2.o Monate). Die mathematische Analyse dieses Zusammenhangs wird in Kapitel 9 dargestellt.

7.3 Das Verhältnis der zeitlichen Entwicklung von Bestand, Zugang und durchschnittlicher Dauer der Arbeitslosigkeit

Wie oben erläutert wurde, kann in angenäherter Weise der Bestand an Arbeitslosen als das Produkt der mittleren Verbleibdauer und einer "Durchflußgröße" (z.B. monatlicher Zugang) interpretiert werden. Gleiche Bestände an Arbeitslosen können also in verschiedener Weise aus diesen beiden Komponenten zusammengesetzt sein. Die Auflösung der Bestandsentwicklung in die Entwicklung des Neuzugangs einerseits und der Dauer andererseits ist nicht nur für die Analyse und das Verständnis des Arbeitslosigkeitsprozesses an sich wichtig, sondern je nach der relativen Bedeutung dieser Aspekte sind auch Maßnahmen zur Beeinflussung der Arbeitslosigkeit verschieden zu beurteilen[66].

Aus der Tabelle 7 I ist, betrachtet man die Geschlechter getrennt, eine hohe Korrelation dieser drei Größen ersichtlich. Diese kommt allerdings im wesentlichen durch die sehr starke Varianz, bedingt durch zwei Hochbeschäftigungs- (1961/66 und 1969/73) und zwei Unterbeschäftigungsphasen (1967/68 und 1974/76), zustande. Untersucht man die Entwicklung innerhalb dieser Phasen und je zwischen den Hoch- und Unterbeschäftigungsphasen, zeigen sich jeweils andere Muster der Zusammensetzung des Bestands aus Zugang und Dauer. Um die Bedeutung dieser beiden Komponenten für wechselnde Bestände beurteilen zu können, kann man die Entwicklung ihres Verhältnisses untersuchen. In der nachfolgenden Darstellung sind für die vier oben erwähnten Perioden die durchschnittlichen Bestände (Rechtecke) als Produkt von durchschnittlichen Zugängen (Breite) und durchschnittlichen Dauern (Länge) dargestellt. Die Steilheit der Diagonale ist ein Maß für das Verhältnis der beiden Faktoren: steigt sie steil an, kommt der Stromgröße die größere Bedeutung zu, ist sie flacher, ist der Einfluß auf die Dauer stärker.

Bemerkenswert an dieser Auflösung des Bestands in die Faktoren Zugang und durchschnittliche Dauer sind folgende Punkte:

- Für den ganzen Untersuchungszeitraum fällt die viel stärkere Bedeutung der Komponente Dauer bei den Frauen im Vergleich zu den Männern auf. Berechnet man die Quotienten der beiden Größen auf Grund der Durchschnittswerte über den ganzen Zeitraum, dann ergibt sich eine mehr als doppelt so große Bedeutung der Dauer (Faktor: 2.24) bei den Frauen als bei den Männern. Während bei den Männern die relative Bedeutung der Dauer von Periode zu Periode monoton zunimmt, ist dies bei den Frauen nur bis zur dritten Periode der Fall, danach nimmt sie wieder ab. Dies führt zu einer Annäherung zwischen den beiden Geschlechtern, allerdings ist auch in der vierten Periode bei den Frauen der Quotient aus Dauer und Zugang noch fast doppelt so hoch (Faktor 1.87) wie bei den Männern.

- Wie eben erwähnt, ergibt sich bei beiden Geschlechtern mit einer Ausnahme eine ständige Zunahme der Bedeutung der Dauer im Verhältnis zum Zugang. Sehr deutlich ist diese Veränderung allerdings bei beiden Geschlechtern nur von der Überbeschäftigungsperiode bis Mitte der sechziger Jahre zur Rezession 1967/68. Dieser Übergang scheint eine sprunghafte Vergrößerung in der Bedeutung der Dauer verursacht

Abbildung 7 II

Bedeutung von Zugang und durchschnittlicher Dauer der Arbeitslosigkeit für den Arbeitslosenbestand

Männer

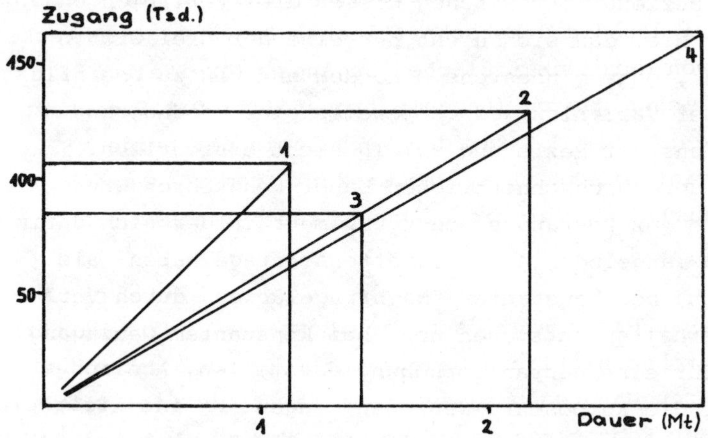

Frauen

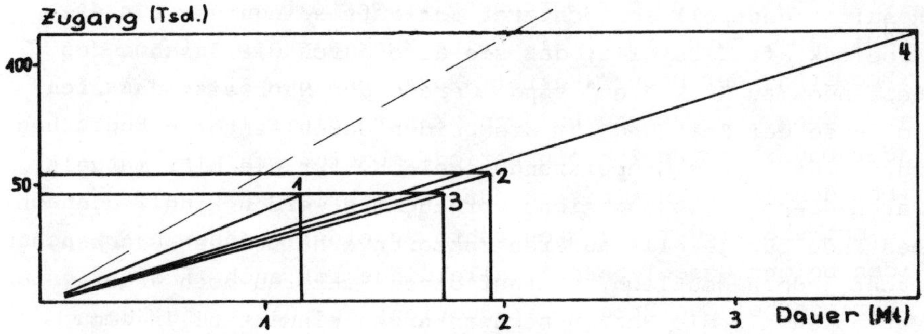

Legende

Die Flächen stellen die durchschnittlichen Arbeitslosenbestände in den Perioden 1: 1961 bis 1966 2: 1967 bis 1968 3: 1969 bis 1973 und 4: 1974 bis 1976 dar. Sie sind das Produkt aus durchschnittlichen monatlichen Zugängen (vertikal) und durchschnittlichen Dauern in Monaten (horizontal). Die Diagonalen veranschaulichen das Verhältnis der beiden Faktoren.

Zum Vergleich: Steigungswinkel Männer Periode 4

zu haben, die seither, relativ unabhängig von der konjunkturellen Lage, nicht mehr rückgängig gemacht wurde.

Die Tatsache, daß mathematisch der Bestand das Produkt aus Neuzugängen und durchschnittlicher Dauer ist, sagt noch nichts über kausale Beziehungen zwischen diesen drei Variablen aus. Zwar bedeutet sie, daß sich nicht nur eine der drei Größen verändern kann, ohne mindestens eine der anderen zu beeinflussen; von welcher der Variablen jedoch jeweils eine Veränderung ausgeht, ist aus der Beziehung allein nicht ersichtlich. Eine Zunahme der durchschnittlichen Dauer kann ihren Grund in der Zunahme des Bestandes, oder vielmehr in der sich darin ausdrückenden mangelnden Arbeitskräftenachfrage haben, sie kann aber auch, bei konstanter "Nachfragelücke", durch verändertes (Such-)Verhalten entstehen und, bei konstantem Neuzugang, die Ursache für eine Bestandserhöhung darstellen. Ähnliches läßt sich für die Komponente Neuzugang sagen. Es ist nicht zu bezweifeln, daß die starke konjunkturelle Zunahme in Zugang und Dauer der letzten Jahre in erster Linie das Resultat generell schlechterer Verkaufsbedingungen für die Arbeitskraft darstellt, daß sie also durch die Zunahme des Bestandes zu "erklären" sind. Gerade der Nachweis, daß sich im Laufe der Zeit und für die beiden Geschlechter - Ähnliches würde für andere Gruppierungen gelten, für die hier mangels Daten diese Auflösung nicht vorgenommen werden kann - die Bestände aus jeweils anderen Faktorenverhältnissen ergeben, macht jedoch deutlich, daß auf diese Faktoren noch andere Variablen als die Bestandsschwankungen einwirken. In dem Maße, wie dies der Fall ist, kann also nicht nur der Bestand selbst erklärt werden, sondern erklärungsbedürftig ist auch die sich verändernde Relation der beiden Faktoren. Auf diesem Hintergrund ließen sich die beiden auffälligsten Feststellungen, die sich aus der Graphik 7 II ergaben, wie folgt interpretieren:

- Bei den Männern spielt der Umschlag in der Arbeitslosigkeit eine wesentlich größere Rolle als bei den Frauen (was schon der Vergleich der Umschlagszahl im letzten Kapitel ergab). Bei gleichem Arbeitslosenbestand gibt es bei den Männern im Vergleich zu den Frauen mehr, aber kurzfristigere Arbeitslosigkeitsfälle. Dies hängt wahrscheinlich vor allem mit der größeren Mobilität der Männer zusammen.

- Die relative Zunahme der Bedeutung der Dauer unabhängig vom Bestand seit der ersten Hälfte der sechziger Jahre kann auf Grund dieser Analyse nicht eindeutig erklärt werden. Es ist denkbar, daß sie mit der Verbesserung der sozialen Sicherung zusammenhängt. Sowohl die Sicherung des Arbeitsplatzes gegen Entlassungen, wie auch die Verbesserung der finanziellen Situation des Arbeitslosen wirken tendenziell in gleicher Richtung auf den Quotienten aus Dauer und Zugang: sie vergrößern ihn.

Soweit also einige Einsichten in den Arbeitslosigkeitsprozeß, die sich allein durch die Berechnung der durchschnittlichen Dauer ergeben. In den folgenden Kapiteln wird für verschiedene Gruppen diese Durchschnittsdauer in eine Dauerverteilung aufgelöst. Damit lassen sich Verbleib und Abgang für Kohorten differenziert beschreiben.

III. Teil

METHODEN ZUR BERECHNUNG DER VERTEILUNG DER VOLLSTÄNDIGEN DAUER DER ARBEITSLOSIGKEIT

8. Kapitel

Problemstellung

8.1 Beschreibungsmodell

Den folgenden Überlegungen zur Verteilung der Dauer der Arbeitslosigkeit liegt das denkbar einfachste Beschreibungsmodell des Arbeitslosigkeitsprozesses zugrunde: die Arbeitslosen werden von ihrem Zugang bis zu ihrem Abgang aus der Arbeitslosigkeit verfolgt, wobei außer Betracht bleibt, was sie gemacht haben, bevor sie arbeitslos geworden sind und was nach ihrem Abgang aus der Arbeitslosigkeit (was hier nichts anderes heißen kann als Beendigung der Registrierung) aus ihnen wird. Man interessiert sich also hier nur für die innere Bewegung im Arbeitslosenbestand. Vergleicht man ihn mit einem See, der Zu- und Abflüsse hat, dann geht es hier um die Frage, welche der Wassertropfen auf der schnell fließenden Oberfläche bleiben und nach kurzer Zeit wieder abfließen und welche auf den Grund sinken und erst nach langer Zeit eine Chance haben, wieder auszuscheiden.

Es fällt sofort die formale Verwandschaft mit dem demographischen Problem der Verteilung der Lebensdauer auf. Während den Demographen und Lebensversicherungsstatistiker das Vor- und Nachher jedoch definitiv nicht interessiert, kann die Ausklammerung dieser Frage in unserem Fall allenfalls vorübergehend statthaft sein. Diese formale Verwandschaft spiegelt sich in den Methoden und Begriffen wieder, die auf das Problem der Dauer der Arbeitslosigkeit angewandt werden. Beide Probleme sind spezielle Anwendungsgebiete der Erneuerungstheorie.

Im folgenden werden öfter die Begriffe der Arbeitslosenkohorte und -gruppe Verwendung finden. Eine Kohorte bilden diejenigen Arbeitslosen, die zu einem bestimmten Zeitpunkt (praktisch: in einem kleinen Zeitintervall) arbeitslos geworden sind. Kohorten werden bestimmten Verbleibkurven[1] zugeordnet. Sie sind das Analogon zu den Überlebenskurven bei anderen Erneuerungsprozessen und werden nur deswegen anders genannt, weil es störend ist, langandauernde Arbeitslosigkeit als langes Überleben zu kennzeichnen! Die Verbleibkurven sind Funktionen der relativen Zeit, also der Zeit zwischen dem Zugangszeitpunkt einer Kohorte und dem Beobachtungszeitpunkt; sie geben an, welcher Anteil der Kohorte nach einer bestimmten Zeit immer noch arbeitslos ist. Die Differenz der Verbleibfunktion zu eins bildet die kumulierte Abgangskurve, die angibt, welcher Anteil der Kohorte bis zu einem bestimmten Zeitpunkt die Arbeitslosigkeit wieder verlassen hat.

Abbildung 8 I

Verbleib- und Abgangskurve von Kohorten

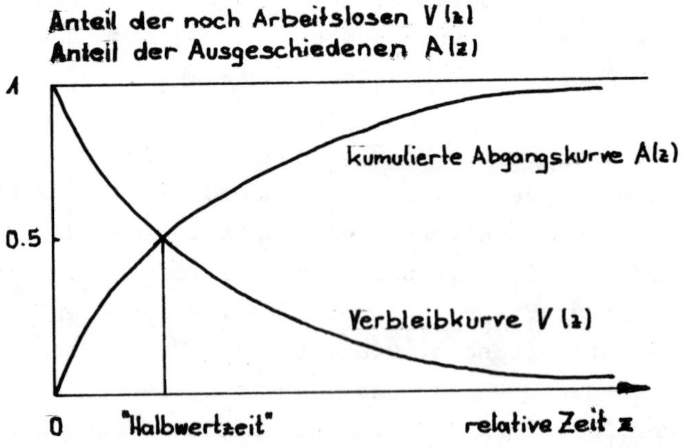

Arbeitslosengruppen sind Teilmengen der Arbeitslosen, deren Mitglieder jeweils in einem oder mehreren arbeitsmarktrelevanten Charakteristika übereinstimmen (Geschlecht, Alter, Region, zuletzt ausgeübter Beruf etc.). Von modelltheoretischer Bedeutung sind homogene Gruppen. Ihre Mitglieder stimmen in sämtlichen arbeitsmarktrelevanten Merkmalen überein, mit anderen Worten, bei gleicher Wirtschaftssituation haben sämtliche Mitglieder der homogenen Gruppe dieselbe Chance, wieder Beschäftigung zu finden. Unterschiede in der Dauer ihrer Arbeitslosigkeit sind nur stochastischer Natur. Jede praktisch identifizierbare Gruppe ist natürlich schon ein Aggregat aus solchen homogenen Gruppen.

Stationär ist der Arbeitslosigkeitsprozeß, wenn auf Grund der gleichbleibenden ökonomischen Situation sich Zu- und Abgangswahrscheinlichkeiten zur Arbeitslosigkeit nicht ändern. Das bedeutet:

- Die Kohorten sind, bis auf stochastische Schwankungen, immer gleich groß und weisen immer dieselbe Zusammensetzung aus Gruppen auf.

- Die Abgangswahrscheinlichkeiten für Mitglieder einer homogenen Gruppe sind allenfalls eine für alle Kohorten gleiche Funktion der relativen Zeit. Die Chance, wieder Beschäftigung zu finden, ist also nur von persönlichen Merkmalen und allenfalls von der bisherigen Dauer der (individuellen) Arbeitslosigkeit abhängig, nicht jedoch vom Zugangszeitpunkt der Kohorte.

- Daraus folgt, daß, bis auf stochastische Schwankungen, auch die Anzahl der Abgänge pro Zeiteinheit und der Bestand konstant sind.

Verschärft man diese Bedingungen noch weiter in dem Sinne, daß die Abgangswahrscheinlichkeit für Mitglieder homogener Gruppen auch von der relativen Zeit unabhängig wird, also konstant bleibt, und gilt dieses auch für die Zugangswahrscheinlichkeit, dann werden die Übergangsprozesse zwischen Arbeitslosigkeit und Nicht-Arbeitslosigkeit zu Markov-Prozessen.

In Wirklichkeit ist keines dieser Postulate vollständig erfüllt, wenn es auch, beispielsweise nach Eliminierung der saisonalen Komponente, relativ stabile Perioden gibt. Die analytische Bedeutung dieser Annahmen liegt jedoch darin, daß der reale Prozeß besser beschrieben werden kann, wenn man sich ihm, ausgehend von einfachen Modellen, durch Aufheben der einschränkenden Bedingungen nähert. Außerdem ermöglichen sie die Anwendung stochastischer Modelle.

8.2 Arbeitslosenbestand als "dauerverzerrte Stichprobe"

Wie in Kapitel 5 erwähnt wurde, stammen in den meisten Fällen die Informationen über die Dauer der Arbeitslosigkeit aus Querschnittsuntersuchungen. Dabei kann es sich immer nur um die Verteilung der bisherigen Dauer der Arbeitslosigkeit von denjenigen handeln, die in der Querschnittsuntersuchung erfaßt werden. Die bisherige Dauer, die in der Bevölkerungsstatistik dem Alter der erfaßten Personen entspricht, wird dabei in klassifizierter Form wiedergegeben; in den Sonderuntersuchungen der Bundesanstalt für Arbeit etwa in den Klassen "bis unter ein Monat", 1 bis unter 3 Monate","3 bis unter 6 Monate", "6 bis unter 12 Monate", "12 bis unter 24 Monate", "24 Monate und darüber". Aus diesen Angaben läßt sich beispielsweise, nimmt man die Klassenmitte als Klassenschwerpunkt an, die mittlere Dauer der Arbeitslosigkeit (mittleres "Alter" der Arbeitslosen) und deren Entwicklung bestimmen[2]. Diese Verteilung der bisherigen Arbeitslosigkeit liegt sehr oft den Betrachtungen über die Bedeutung der Dauer und ihrer Entwicklung zugrunde. Dies muß nicht falsch sein, es ist jedoch fraglich, ob man sich jeweils des speziellen Charakters dieses Dauerkonzepts bewußt ist. Fragt man sich beispielsweise, welche Bedeutung kurz- und langfristige Arbeitslosigkeit für das Gesamtniveau der Arbeitslosigkeit haben, interessiert man sich für die Verteilung der Arbeitslosigkeitsdauer unter all denjenigen, die überhaupt arbeitslos wurden oder möchte man wissen, welche Gruppen der Erwerbsbevölkerung eher von häufigeren kürzeren Arbeitslosigkeiten oder von selteneren längeren Dauern betroffen werden, dann ist das Konzept der bisherigen Dauer der Arbeitslosigkeit irreführend. Wie Salant zeigt, kann der Mittelwert der bisherigen Dauer der Gruppe A größer sein als derjenige der Gruppe B, obwohl der Erwartungswert für die vollständige Dauer der Arbeitslosigkeit bei der Gruppe A kleiner ist als bei der Gruppe B[3].

Diese Überlegungen verweisen auf das Konzept der Verteilung der <u>vollständigen Dauer der Arbeitslosikgeit aller Betroffener</u>, das bei der demographischen Analyse der Lebenserwartung entspricht. Der Zusammenhang der beiden Konzepte ist aus der nachfolgenden Darstellung, die dem erwähnten Beitrag von Salant entstammt, ersichtlich.

<u>Abbildung 8 II</u>

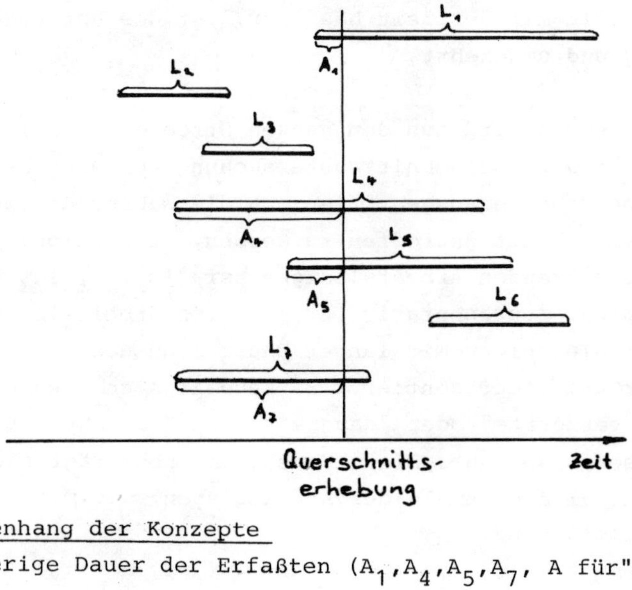

<u>Zusammenhang der Konzepte</u>

- bisherige Dauer der Erfaßten (A_1, A_4, A_5, A_7, A für "Alter")
- vollständige Dauer der Betroffenen (L_1-L_7, L für "Lebenserwartung")

Neben den zufälligen Stichtagseffekten [4] bestimmen zwei Faktoren Unterschied und Zusammenhang der beiden Konzepte "bisherige Dauer der Erfaßten" und "vollständige Dauer der von Arbeitslosigkeit Betroffenen".

Einmal besteht ein Unterschied zwischen der bisherigen Dauer der in der Untersuchung Erfaßten und ihrer vollständigen Dauer. Zwei Arbeitslose können beispielsweise in derselben Klasse der bisherigen Dauer liegen, obwohl die noch vor ihnen liegende Restdauer sehr unterschiedlich sein kann. (Fälle 4 und 7 in der obigen Abbildung). Dieser Umstand führt offensichtlich zu einer Unterschätzung der vollständigen Dauer. Wenn auch im Einzelfall nichts über die noch bevorstehende Restdauer gesagt werden kann, sind doch Annahmen über ihre Verteilung möglich. Hat man es etwa mit einer stationären Situation zu tun, dann beträgt die bisherige Dauer im Mittel die Hälfte der vollständigen Dauer (für einen zufälligen Schnitt gibt es keinen Grund, die in der Zeit gleichverteilten Fälle von Arbeitslosigkeit nicht im Mittel in der Hälfte zu treffen). Werden, etwa zu Beginn einer Rezession, die langen Fälle mit der Zeit häufiger, ist die Unterschätzung noch stärker und umgekehrt.

Zum anderen jedoch wird aus dem ganzen Strom der Arbeitslosigkeitsfälle mit der Querschnittsuntersuchung nur eine bestimmte Stichprobe herausgegriffen. Da die Wahrscheinlichkeit, von dem Schnitt getroffen zu werden, proportional zur Länge des betreffenden Arbeitslosigkeitsfalls ist, ist diese Stichprobe nicht repräsentativ für alle von Arbeitslosigkeit Betroffenen: diejenigen mit langer Dauer sind über-, die mit kurzer Dauer unterrepräsentiert. Es handelt sich also um eine "längerverzerrte" oder "dauerverzerrte" Stichprobe (length biased sampling). Diese Verzerrung überträgt sich natürlich auf alle Merkmale der Arbeitslosen, die mit der Dauer korreliert sind.

Setzt man die oben definierte stationäre Situation voraus, dann liefert die Erneuerungstheorie den Zusammenhang zwischen den beiden Verteilungen. Er wird durch den Verlauf der Abgangswahrscheinlichkeit als Funktion der bisherigen Dauer der Arbeitslosigkeit bestimmt[5]. Folgende Fälle sind zu unterscheiden:[6]

a) Die Abgangswahrscheinlichkeit bleibt in der Zeit konstant
Dann sind beide Verteilungen exponentieller Art und haben denselben Mittelwert. Die Verteilung der bisherigen Dauer wäre dann also eine adäquate Darstellung der Verteilung der vollständigen Dauer aller Betroffener. D.h., daß sich in diesem (und nur in diesem Falle) die beiden oben erwähnten entgegenwirkenden Effekte ausgleichen.

b) Die Abgangswahrscheinlichkeit nimmt mit der Zeit zu.
Dann ist der Mittelwert der Verteilung der bisherigen Dauer kleiner als der Mittelwert der Verteilung der vollständigen Dauer. Dies ist beispielsweise bei der Bevölkerungsdynamik der Fall: die Sterberaten steigen mit dem Alter, das durchschnittliche Alter ist kleiner als die durchschnittliche Lebenserwartung.

c) Nimmt jedoch die Abgangswahrscheinlichkeit mit der bisherigen Dauer ab, dann wird die vollständige Dauer durch die bisherige Dauer überschätzt. Wie später gezeigt wird, ist dies beim Arbeitslosigkeitsprozeß (mit einigen Einschränkungen) sehr stark der Fall: bei allen betrachteten Gruppen nimmt die Abgangswahrscheinlichkeit mit der Dauer der Arbeitslosigkeit ab, wobei es allerdings Unstetigkeiten gibt. Die in den Sonderuntersuchungen ermittelte Verteilung der Dauer der Arbeitslosigkeit überschätzt also die Anzahl der langen Fälle von Arbeitslosigkeit und unterschätzt die Anzahl der kurzen[7].

Diese Überlegungen gelten, streng genommen, nur für stationäre Situationen. Verändern sich die ökonomischen Bedingungen, dann kommen weitere Effekte der Verzerrung hinzu, wie sie oben schon erwähnt wurden[8]. Einfache Zusammenhänge aufgrund stochastischer Theorien sind dann nicht mehr angebbar.

8.3 Übersicht über die darzustellenden Methoden

Der Gesamtstrom der Arbeitslosigkeitsfälle in der Zeit setzt sich aus den Mitgliedern aller aufeinanderfolgenden Kohorten zusammen. Sind neben den Kohortengrößen die Abgangsprozesse für die einzelnen Kohorten bekannt, kann dieser Strom und insbesondere die Dauerverteilung beschrieben werden. Es geht also darum, aus den statistischen Angaben über die bisherige (unvollständige) Dauer der Arbeitslosigkeit, wie sie aus Querschnittsuntersuchungen bekannt sind, die Abgangsprozesse für Kohorten zu bestimmen.

Der Abgangsprozeß für eine Kohorte kann in verschiedenartiger Weise beschrieben werden. Bei einer nichtstochastischen Betrachtung etwa durch die schon erwähnte Verbleib- (oder Abgangskurve) oder durch die Häufigkeitsverteilung der vollständigen Dauer, bei stochastischer Beschreibung durch die Verteilung der Abgangs- (oder Verbleibe-)wahrscheinlichkeiten oder durch die Verteilung der Verbleibdauer.

Die Modelle und empirischen Methoden, die für diese Umrechnung in Frage kommen, sind abhängig von der Art und Gliederung der vorliegenden Daten, von der real vorhandenen oder angenommenen Stationarität der Situation und von weiteren Modellannahmen über den Arbeitslosigkeitsprozeß. Es liegt in der Natur der Sache, daß nicht gleichzeitig mit einem Minimum an vorhandenen Daten und unter Verwendung möglichst wenig restriktiver Modellannahmen ein Maximum an Quantität und Qualität von Beschreibungsparametern für den Abgangsprozeß gefunden werden kann.

Die notwendigen und sinnvollen Modellannahmen, die getroffen werden müssen, sind zunächst von der Datenlage abhängig. Vorausgesetzt sind in jedem Falle Querschnittsdaten über die bisherige Dauer der Arbeitslosigkeit ("Altersregister"). Diese können natürlich von sehr verschieden guter Qualität sein, je nach der Häufigkeit, mit welcher solche Querschnitts-untersuchungen stattfinden, nach der Feinheit der Einteilung der bisherigen Dauer und nach der Vielzahl der Gruppen, für welche solche Daten vorhanden sind. Entscheidend für die Wahl des Modells ist nun die Frage, ob auch Zugangs- resp. Abgangsdaten verfügbar sind. Ist dies nicht der Fall (insgesamt oder für bestimmte interessierende Gruppen), dann können nur noch Modelle Verwendung finden, die den Arbeitslosigkeitsprozeß als stationär beschreiben.[9] Im folgenden Kapitel werden zwei Modelle vorgestellt, die ohne Zugangsdaten auskommen. Die erste Methode macht keine Modellannahmen über die Eigenschaften des Abgangsprozesses. Da sie sich auf Verfahren stützt, die in der Mortalitätsstatistik gebräuchlich sind, wird sie als Bevölkerungsstatistische Methode bezeichnet.

Das zweite Modell, welches den Prozeß als stationär beschreibt, macht eine wesentliche zusätzliche Modellannahme: der Abgangsprozeß aus der Arbeitslosigkeit wird durch ein sogenanntes Sortiermodell beschrieben. Dazu ist erforderlich, daß der Abgangsprozeß die Markov-Eigenschaft hat, daß also die Abgangswahrscheinlichkeiten für die einzelnen Individuen nicht von der Dauer der zurückgelegten Arbeitslosigkeit abhängig sind.

Soweit Zugangsdaten zur Arbeitslosigkeit verfügbar sind, kann die Stationaritätsbedingung grundsätzlich fallengelassen werden, d.h. auch die Veränderungen im Abgangsprozeß aufeinanderfolgender Kohorten sind ermittelbar. Sobald man sich also für konjunkturelle oder säkulare Veränderungen im Arbeitslosigkeitsprozeß interessiert, ist man auf diese Methoden verwiesen, es sei denn, man vergleicht nur jeweils stationäre Prozesse, die zu zwei Zeitpunkten auf verschieden hohem Niveau der Arbeitslosigkeit stattfanden. Ebenfalls auf diese Methoden ist man verwiesen, wenn die reale Entwicklung der Arbeitslosigkeit die Stationaritätsbedingung nicht hinreichend erfüllt.

Sind Zugangsdaten und "Altersregister" von Querschnittsbeständen verfügbar, dann hängt die zu verwendende Methode nur noch von der Form dieser Information ab, von den Periodisierungen der Erhebungen und den Klasseneinteilungen im Altersregister. Eine einfache Methode kann dann verwendet werden, wenn die Querschnittserhebungen in denselben Abständen stattfinden, wie die bisherige Dauer in Klassen eingeteilt ist. Also etwa, wenn alle drei Monate eine Querschnittsuntersuchung stattfindet und dabei die bisherige Dauer in Klassen von drei Monaten registriert wird. Dieses einfache Verfahren, das aus naheliegenden Gründen <u>Bilanzmethode</u> genannt werden soll, wird im Kapitel 1o erläutert. Die datenmäßigen Voraussetzungen für dieses Verfahren sind jedoch in der Bundesrepublik nicht gegeben. Es wird deswegen ein Verfahren entwickelt, das in der Lage ist, unter gegebenen Datenbedingungen die Informationen aus den Zugangsstatistiken mit den Dauerinformationen aus den Querschnittsuntersuchungen zusammenzuführen und daraus Verbleibkurven für Kohorten zu berechnen (<u>Verbleibwert-Methode</u>).

Die Darstellung dieser Methoden, von denen sich für die empirische Bearbeitung des Dauerproblems in der Bundesrepublik letztlich nur die vierte als geeignet erweist, verfolgt zwei Zwecke. Zum einen die theoretische Durchdringung dieses Transformationsproblems, die Gewinnung allgemeiner Aussagen über den Zusammenhang der beiden Dauerverteilungen. Zum anderen geht es um einen Überblick über die auch in anderen Ländern schon verwendeten Verfahren, die sich alle auf die eine oder andere der hier erläuterten Methoden zurückführen lassen[1o].

9. Kapitel

Analyse der Dauerverteilung und des Abgangsprozesses in einer stationären Situation

9.1 Die bevölkerungsstatistische Methode

9.1.1 Allgemeine Zusammenhänge

Eine stationäre Situation liegt, wie in Abschnitt 8.1 erläutert wurde, dann vor, wenn:

- die Kohortengröße (Anzahl derjenigen, die in einem bestimmten Zeitintervall arbeitslos werden) und die Kohortenzusammensetzung bis auf stochastische Schwankungen konstant bleibt und

- jede Kohorte denselben Abgangsprozeß aufweist, wenn also von jeder Kohorte nach einer bestimmten Zeit z noch derselbe Anteil v(z) arbeitslos ist.

Unabhängig davon, wie dieser Abgangsprozess zustande kommt[11)] und wie er verläuft, lassen sich einige Zusammenhänge zwischen der Verteilung der bisherigen Dauer der zu einem bestimmten Zeitpunkt Arbeitslosen, der Verbleibfunktion einer Kohorte und der mittleren Dauer der Arbeitslosigkeit beschreiben, die aus der demographischen Statistik bekannt sind[12)].

Wenn die Anzahl derjenigen, die in einem bestimmten Zeitintervall dz arbeitslos geworden sind, $K \cdot dz$ beträgt("Kohortengröße"), dann sind von diesen nach einer bestimmten Zeit z noch $K \cdot v(z) \cdot dz$ arbeitslos, wenn v(z) die <u>Kohortenverbleibfunktion</u> darstellt. Da ein konstanter Neuzugang vorausgesetzt wurde, ist offensichtlich der Bestand an Arbeitslosen B zu jedem Zeitpunkt gleich der Summe aller dieser Restbestände:

$$B = \int_0^\infty K \cdot v(z) \cdot dz = K \cdot \int_0^\infty v(z) \cdot dz \qquad (1)$$

Die Anzahl derjenigen, die länger als z_1 arbeitslos sind (in Bestand B), ergibt sich als:

$$B(z_1) = \int_{z_1}^\infty K \cdot v(z) \cdot dz \qquad (2)$$

Dividiert man diese beiden Gleichungen, dann ergibt sich der Anteil derjenigen, die länger als eine bestimmte Zeit arbeitslos sind, am Gesamtbestand (= 1 - kumulierte Häufigkeitsverteilung der bisherigen Dauer):

$$b(z) = B(z)/B = \int_z^\infty v(z) \cdot dz \Big/ \int_0^\infty v(z) \cdot dz \qquad (3)$$

Aus der Ableitung dieser Gleichung ergibt sich:

$$b'(z) = - v(z) \Big/ \int_0^\infty v(z) dz \qquad (4)$$

und, da $v(0) = 1$

$$b'(0) = -1 \Big/ \int_0^\infty v(z) dz \qquad (5)$$

Aus (4) und (5) erhält man:

$$v(z) = b'(z) \Big/ b'(0) \qquad (6)$$

Die Werte der Verbleibfunktion lassen sich also bestimmen, wenn die erste Ableitung der kumulierten Häufigkeitsverteilung der bisherigen Dauer bekannt ist. Aus den Registern der bisherigen Dauer der Arbeitslosigkeit läßt sich im Prinzip diese Funktion und ihre Ableitung, und damit die Verteilung der vollständigen Dauer bestimmen. Praktisch wirft dies allerdings erhebliche Probleme auf. Bevor diese dargestellt werden, sind noch einige weitere allgemeine Bezüge herzuleiten.

Abbildung 9 I

Zusammenhang zwischen der Verteilung der bisherigen Dauer im Bestand und der Verteilung der vollständigen Dauer in der Kohorte in einer stationären Situation

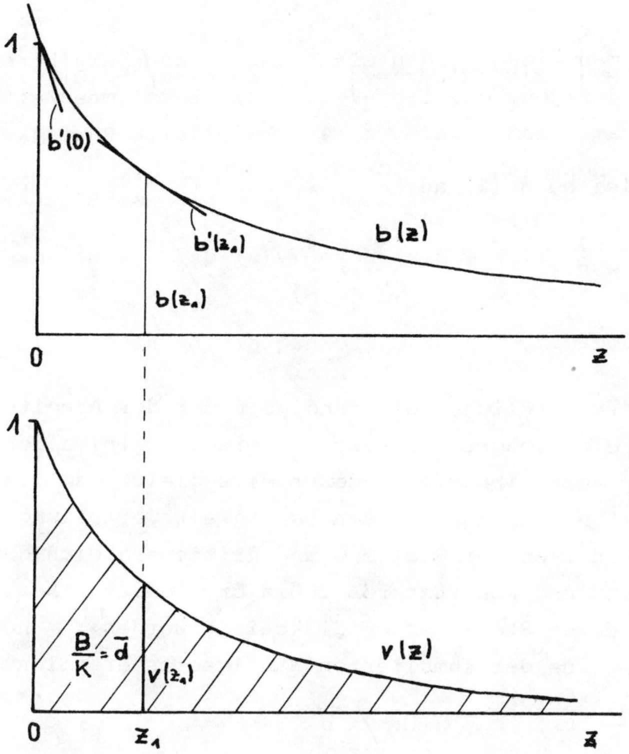

Legende: b(z): 1- kumulierte Häufigkeitsverteilung der bisherigen Dauer im Bestand. $b(z_1)$ ist also der Anteil der länger als z_1 Arbeitslosen am Bestand.

$b'(0)$, $b'(z_1)$: zeitliche Ableitung dieser Funktion

v(z) : Kohortenverbleibfunktion. $v(z_1)$ ist also der Anteil der Kohorte, der nach z_1 immer noch arbeitslos ist. Das Zeitintegral über diese Funktion ist gleich dem Bestand dividiert durch die Kohortengröße. Die zeitliche Ableitung dieser Funktion ergibt die Negativwerte der Häufigkeitsverteilung der vollständigen Dauer der Kohortenmitglieder.

Aus der Definition der Verbleibfunktion v(z) folgt, daß die Negativwerte ihrer Ableitung nach z die Dichtefunktion der Verbleibdauer der Kohortenmitglieder in der Arbeitslosigkeit darstellen. Der Durchschnittswert der Dauer der Arbeitslosigkeit bezogen auf eine Kohorte, aber auch bezogen auf alle Arbeitslosigkeitsfälle, beträgt aus dem Grunde (mit (5)):

$$\bar{d} = \int_0^\infty -z \cdot v'(z)\, dz = \int_0^\infty v(z)\, dz = -1 / b'(0) \qquad (7)$$

[13)]

Und mit Gleichung (1) auch:

$$\bar{d} = B/K \qquad (8)$$

Die durchschnittliche vollständige Dauer der Arbeitslosigkeit für eine Kohorte ist also einerseits gleich der Fläche unter der Verbleibkurve, andererseits gleich dem Reziprokwert der Ableitung der kumulierten Häufigkeitsverteilung der bisherigen Dauer an der Stelle 0 und drittens gleich dem Quotienten aus Bestand und Kohortengröße. Die dritte dieser Beziehungen ist an anderer Stelle schon diskutiert worden[14)], neu ist die Bestimmung aus der kumulierten Häufigkeitsverteilung und aus der Verbleibkurve.

Die durchschnittliche vollständige Dauer der Arbeitslosigkeit ist also schon durch die 0-Punkt-Ableitung der kumulierten Häufigkeitsverteilung der bisherigen Dauer bestimmt. Dieses an sich sehr praktische Resultat wird sich jedoch als empirisch wenig nützlich erweisen. Daß diese Ableitung auch in die Berechnung der Verbleibfunktion eingeht (vgl. Gleichung (6)), wird deshalb zur Schwäche dieses Verfahrens in der empirischen Anwendung.

Weiter oben wurden Aussagen über das Verhältnis der durchschnittlichen bisherigen Dauer des Bestandes ("mittleres Alter") und der durchschnittlichen vollständigen Dauer der Kohorte ("mittlere Lebenserwartung") gemacht[15]. Es wurde behauptet, daß dieses Verhältnis vom Verlauf der Abgangswahrscheinlichkeiten aus der Arbeitslosigkeit abhängt. Diese Aussagen sind nun zu beweisen[16].

Die durchschnittliche bisherige Dauer ergibt sich analog zu Gleichung (7):

$$\bar{a} = \int_0^\infty z \cdot b'(z)dz = \int_0^\infty b(z)dz, \qquad (9)$$

also als Fläche unter der kumulierten Häufigkeitsverteilung der bisherigen Dauer im Bestand. Die <u>Konstanz der Abgangswahrscheinlichkeit</u> bedeutet, daß

$$\frac{v'(z)}{v(z)} = -\lambda \quad \text{(const)} \qquad (1o)$$

d.h., daß die Verbleibfunktion eine Exponentialfunktion mit der Abgangswahrscheinlichkeit als Parameter sein muß:

$$v(z) = e^{-\lambda z} \qquad (11)$$

Aus Gleichung (3) folgt:

$$b(z) = \int_z^\infty v(z)\,dz \Big/ \int_0^\infty v(z)dz = e^{-\lambda z} \qquad (12)$$

Die beiden Verteilungen v(z) und b(z) sind also <u>identisch</u>, also auch ihre Mittelwerte:

$$\bar{a} = \bar{d} = \frac{1}{\lambda} \qquad (13)$$

Es sei v(z) nun eine Verbleibfunktion, welcher eine <u>monoton</u> abnehmende <u>Abgangswahrscheinlichkeit</u> zugrunde liege. Die durchschnittliche bisherige Dauer ergibt sich also als Fläche unter der entsprechenden kumulierten Häufigkeitsverteilung b(z), die durchschnittliche vollständige Dauer für die Kohorte nach Gleichung (7) als negativer Reziprokwert der ersten Ableitung von b(z) an der Stelle 0. Es läßt sich eine Verbleibfunktion $v^+(z)$ mit konstanter Abgangswahrscheinlichkeit (Exponentialfunktion) so bestimmen, daß die durchschnittliche vollständige Dauer für diese Kohorte gleich ist wie für die Kohorte mit abnehmender Abgangswahrscheinlichkeit:

$$v^+(z) = e^{-\lambda t} \; ; \quad \text{mit} \quad \lambda = -\, 1/b'(0) \qquad (14)$$

Da v(z) und $v^+(z)$ dieselbe Fläche einschließen, und da die Abgangswahrscheinlichkeit von v(z) abnimmt, muß v(z) zuerst unterhalb und später oberhalb von $v^+(z)$ verlaufen:

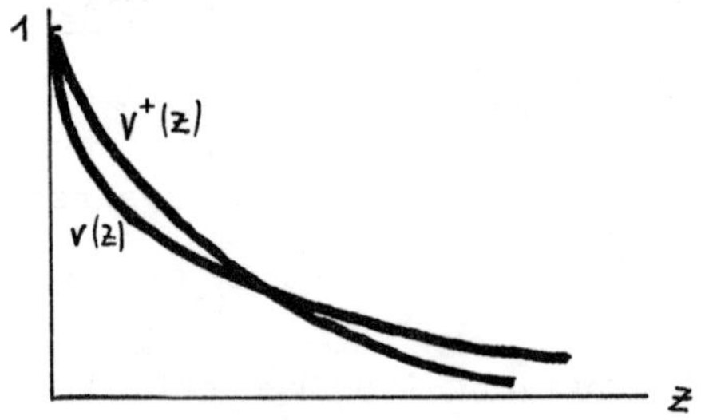

Da sich die entsprechenden kumulierten Häufigkeitsverteilungen durch Integration aus den Verbleibfunktionen ergeben, folgt daraus, daß an jeder Stelle die Werte von b(z) größer sind als diejenigen von $b^+(z)$, mit Ausnahme des Ursprungs, wo beide den Wert 1 und dieselbe Ableitung haben (da die durchschnittliche vollständige Dauer nach Definition gleich ist).

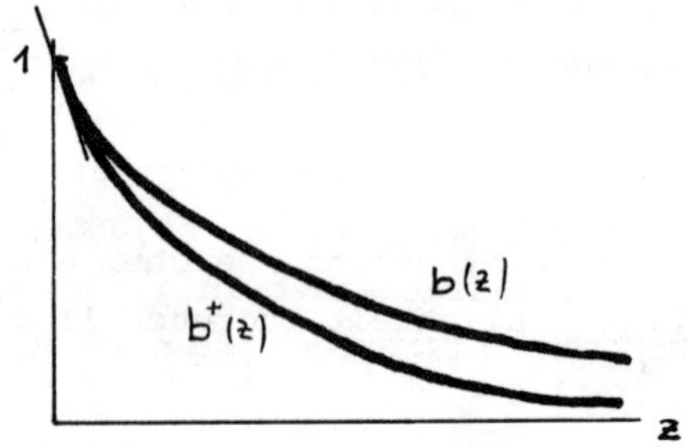

Für die Kohorte mit der konstanten Abgangswahrscheinlichkeit gilt nun nach (13):

$$\bar{a}^{+} = \bar{d}^{+}$$

und nach Konstruktion auch

$$\bar{d}^{+} = \bar{d} \qquad (15)$$

Da nun die Fläche unter b(z) größer ist als dies unter $b^{+}(z)$ gilt:

$$\bar{a} > \bar{a}^{+} \qquad (16)$$

und damit

$$\bar{a} > \bar{d} \qquad (17)$$

Analog für Kohorten mit zunehmender Abgangswahrscheinlichkeit:

$$\bar{d} > \bar{a}$$

q.e.d.

Damit sind folgende drei Aussagen bewiesen:

- Bleibt die Abgangswahrscheinlichkeit in der Zeit konstant, dann sind die beiden Verteilungen, also auch ihre Mittelwerte identisch.

- Steigt die Abgangswahrscheinlichkeit mit der Zeit an, dann ist die durchschnittliche vollständige Dauer in der Kohorte größer als die durchschnittliche bisherige Dauer im Bestand.

- Nimmt die Abgangswahrscheinlichkeit jedoch ab, was bei der Arbeitslosigkeit in der Regel gegeben ist, dann ist die durchschnittliche vollständige Dauer in der Kohorte kleiner als die durchschnittliche bisherige Dauer im Bestand.

9.1.2 Empirische Anwendung der bevölkerungsstatistischen Methode

Unter der Voraussetzung, daß der Arbeitslosigkeitsprozeß als stationär angesehen werden kann, ist die im letzten Abschnitt erläuterte Methode im Prinzip geeignet, aus der Verteilung der bisherigen Dauer der Arbeitslosigkeit in einem Bestand, die, in mehr oder weniger großen Klassen, in den meisten Ländern aus Querschnittsuntersuchungen der Arbeitslosen bekannt ist, den Abgangsprozeß von Kohorten zu berechnen. Damit wird es möglich, Fragen der folgenden Art zu beantworten: wie lange dauert im Mittel die Arbeitslosigkeit bezogen auf alle, die in einer bestimmten Periode arbeitslos geworden sind? Wie groß ist beim Eintritt in die Arbeitslosigkeit die Wahrscheinlichkeit, mindestens (höchstens) x Wochen arbeitslos zu bleiben. Wie groß ist nach x Wochen Arbeitslosigkeit die Chance, in der kommenden Woche die Arbeitslosigkeit zu verlassen? Mit anderen Worten, der Abgangsprozeß aus der Arbeitslosigkeit ist damit als dynamisches Geschehen beschreibbar.

Die praktische Anwendung dieser Methode stößt jedoch auf einige Schwierigkeiten. Einmal erreicht der Arbeitslosigkeitsprozeß nie auch nur annähernd die Stationarität, mit der Demographen rechnen können: saisonale und zyklische Schwankungen sowie längerfristige Trends wirken sich sowohl auf den Neuzugang, wie auch auf die Dauer der Arbeitslosigkeit sehr stark aus. Bei der demographischen Analyse wird der Verlauf der Sterbewahrscheinlichkeit zudem kaum von Niveauschwankungen in der Gesamtbevölkerung beeinflußt; die beiden Abgangsprozesse bei der Arbeitslosigkeit (Finden einer neuen Beschäftigung und Ausscheiden aus dem Erwerbsleben) hängen jedoch sehr stark mit dem Niveau der Arbeitslosigkeit zusmmmen. Eine weitere Schwierigkeit besteht darin, die kumulierte Häufigkeitsverteilung der bisherigen Dauer möglichst gut durch eine Funktion anzunähern, deren Ableitungen zur Berechnung der Kohorten-Verbleibkurven benötigt werden. Die empirische Validität hängt dabei sehr stark von den Klassengrößen ab, in welchen die bisherige Dauer registriert wird. R. F. Fowler[17] hat in den sechziger Jahren diese Methode in England angewandt. Zur Illustration von Bedingungen und Problemen ihres Einsatzes werden unten einige Aspekte seiner Arbeit wiedergegeben. Einige allgemeine Ergebnisse werden sich als vergleichbar mit der Bundesrepublik erweisen. Anschließend werden die Schwierigkeiten beschrieben, die sich bei der deutschen Datenlage ergeben. Sie führen dazu, daß diese Methode nur sehr eingeschränkt verwendbar ist. Ihre Anwendung auf das Jahr 1976 führt zwar zu durchaus vergleichbaren Resultaten wie die später zu erläuternde Technik der direkten Berechnung von Verbleibwerten, eine Anwendung auf Arbeitslosengruppen, die mit letzterer Methode nicht erfaßt werden können, erweist sich jedoch nicht als sinnvoll.

a) Anwendung auf Arbeitslose in Großbritannien 1961/65 durch R. F. Fowler

In dem Zeitraum, in welchem in Großbritannien Daten über die bisherige Dauer der Arbeitslosigkeit vorhanden sind, fand sich keine Periode, die hinreichend stabil zur Anwendung der bevölkerungsstatistischen Methode war. Fowler sieht deswegen davon ab, diese Technik auf die Daten eines Zeitpunktes anzuwenden, er konstruiert vielmehr zuerst ein "stationäres Register" aus den zweimal jährlich erhobenen Daten über die bisherige Dauer der Arbeitslosigkeit für den Zeitraum von 1961 bis 1965 durch arithmetische Mittelwertbildung.

Dieser Zeitraum schließt einen Konjunkturzyklus mit annähernd einer Verdoppelung des Arbeitslosenbestandes ein. Es ist sehr problematisch, die aus diesem Zeitraum gemittelten Werte als Grundlage zu nehmen, denn dieses "synthetische" stationäre Register braucht ja für keine der möglichst konjunkturellen Situationen mehr typisch zu sein. Zwei Fakten schränken diese Kritik allerdings ein. Einmal scheint - abgesehen von der konjunkturellen Bewegung - die Situation einigermaßen stationär, d.h. es ist kein längerfristiger Anstieg oder Rückgang der Arbeitslosigkeit zu beobachten. Zum anderen ist die Verteilung der bisherigen Dauer erstaunlich konstant über diesen Zeitraum, d.h. relativ unabhängig von den Schwankungen des Bestandes. Dies gilt allerdings nur für die kürzeren Dauern. Bei denjenigen, die beispielsweise mehr als 26 Wochen arbeitslos sind, sind immerhin Anteilsschwankungen zwischen 2o und 35 % zu beobachten.

Dieses stationäre Register der kumulierten bisherigen Dauer der Arbeitslosigkeit (1-b(z)) ist nun möglichst gut durch eine Funktion anzunähern. Die Daten stehen in Klassen von einer Woche Dauer zur Verfügung bis zu 9 Wochen und ab 13 Wochen in Vierteljahresintervallen. Ab 9 Wochen gelingt eine recht gute Annäherung durch eine logartihmisch-normale Verteilung, für die Anfangsperiode wurden quadratische Parabeln eingepaßt. Die Ableitungen dieser Funktionen, dividiert durch die Ableitung an der Stelle O, ergeben, wie oben gezeigt wurde, die Werte der Kohorten-Verbleibfunktion, also die Anteile derjenigen an einer Kohorte, die nach einer bestimmten Zeit immer noch arbeitslos sind. Von kritischer Bedeutung ist dabei offensichtlich die Ableitung an der Stelle O, da sie die Kohortengröße bestimmt und damit alle Werte der Verbleibfunktion beeinflußt. Da gerade in der Nähe des Ursprungs sich diese Ableitungen sehr stark verändern ist es zweifelhaft, ob durch Fowlers Methode eine zuverlässige Schätzung dieser Ableitung zustande kommt[18].

Sobald diese Werte der Verbleibfunktion vorhanden sind, lassen sich alle in der Lebenserwartungsstatistik gebräuchlichen Größen zur Beschreibung der Prozesse berechnen (etwa: zu erwartende Dauer beim Eintritt und nach beliebigen Zeiten in der Arbeitslosigkeit, Abgangs- und Verbleibewahrscheinlichkeit etc.). Dies wird von Fowler für alle Arbeitslosen, für Männer und Frauen, für 1o Regionen und teilweise für Altersgruppen durchgeführt. Die wichtigsten Resultate stimmen in der Tendenz mit den Ergebnissen überein, die, mit einem anderen Verfahren, für die Bundesrepublik berechnet werden. Die Kohorten-Verbleibkurven, die Fowler für diesen Zeitpunkt findet, stimmen dabei weitgehend mit den Resultaten überein, die sich in der Bundesrepublik für das Jahr 1971 ergeben. Bemerkenswert ist immerhin, daß die mittlere Arbeitslosenquote in Großbritannien im untersuchten Zeitraum 1.7 %, diejenige in der Bundesrepublik im Jahre 1971 jedoch nur o.9 % betrug. Bei vergleichbarem Niveau der Arbeitslosigkeit in der Bundesrepublik scheint sich ein wesentlich langsamerer Abgangsprozeß (und damit eine höhere mittlere Dauer der Arbeitslosigkeit) zu ergeben als in Großbritannien.

Im weiteren Verlauf versucht Fowler, einige Zusammenhänge zwischen der Höhe der Arbeitslosigkeit und dem Abgangsprozeß herzustellen. Er bedient sich dazu der Varianz im Niveau der Arbeitslosigkeit zwischen den zehn Regionen im untersuchten Zeitraum (die Arbeitslosenquote schwankt zwischen 1.1 und 3.4 %). Dieses Verfahren ist sehr problematisch, da die Verschiedenheiten im Abgangsprozeß, die sich aus regioanl verschieden hoher Arbeitslosigkeit zur selben Zeit ergeben, grundsätzlich wesentlich andere sein können als diejenigen, die sich aus einer zeitlichen Varianz im Niveau der Arbeitslosigkeit ergeben.

Zusammenfassend sind folgende Ergebnisse aus der Studie von Fowler interessant:

(1) Der Anteil der kurzfristig Arbeitslosen an einer Kohorte ist bemerkenswert hoch. 68 % einer Kohorte haben eine Arbeitslosigkeitsdauer unter vier Wochen. Die mittlere Dauer für eine Kohorte beträgt ca. 7 Wochen.

(2) Die Wahrscheinlichkeit, die Arbeitslosigkeit zu verlassen, sinkt in den ersten vier bis fünf Wochen sehr stark, später schwächer, aber konstant ab. Dies hat zur Folge, daß relativ wenige längerfristig Arbeitslose einen sehr

großen Anteil an der insgesamt verbrachten Zeit in der Arbeitslosigkeit haben (6.4 % der Kohortenmitglieder erleiden 5o % der Gesamtdauer der Arbeitslosigkeit)[19].

(3) Frauen haben eine etwas niedrigere durchschnittliche Verbleibdauer in der Arbeitslosigkeit als Männer. Dieser Zusammenhang galt in der Bundesrepublik bis zum Ende der sechziger Jahre ebenfalls, inzwischen ist die Dauer bei den Frauen deutlich höher.

(4) Das Alter ist maßgebend für eine sehr starke Varianz im Abgangsprozeß. Für Männer wie für Frauen ist bei den über Fünfzigjährigen die durchschnittliche Dauer der Arbeitslosigkeit vier- bis fünfmal höher als bei den unter 25jährigen. Auch diese Feststellung stimmt in Richtung und Größenordnung mit den Erfahrungen in der Bundesrepublik der 6oer Jahre überein.

(5) Die regionale Analyse zeigt, daß diese Aussagen in der Tendenz für alle Räume gelten, die durchschnittliche Dauer der Arbeitslosigkeit korreliert allerdings hoch mit dem Niveau der Arbeitslosigkeit. Eine bedeutsame Ausnahme hiervon ist, daß in zwei Regionen (South East und East Midland) zwar dieselbe Gesamtarbeitslosigkeit herrscht, diese jedoch in der zweiten (älteres industrialisiertes Gebiet, hoher Anteil des sekundären Sektors) durch eine bedeutend geringere Anzahl von Neu-Arbeitslosen und eine deutlich längere durchschnittliche Dauer der Arbeitslosigkeit zustande kommt als in der ersten Region (welche London einschließt, hoher Anteil tertiärer Berufe). Dies ist ein Hinweis darauf, daß sich hinter derselben Arbeitslosenquote sehr verschiedene dynamische Prozesse verbergen können.

b) Anwendung für die Bundesrepublik 1976 - Dauerverteilung nach Geschlecht und Landesarbeitsamtsbezirken

Im letzten Abschnitt wurden Bedenken dagegen angebracht, ein "stationäres Register" durch Mittelwertbildung der Häufigkeiten über einen längeren Zeitraum hinweg zu erzeugen. Diese Bedenken verstärken sich für die Bundesrepublik noch dadurch, daß in den letzten fünfzehn Jahren auch die den kurzfristigen Bewegungen der Arbeitslosenzahlen zugrundeliegenden Trends nicht stabil zu sein scheinen. Die zyklischen Schwankungen spielen sich vielmehr auf dem Hintergrund einer längerfristig steigenden Arbeitslosigkeit ab und auch die durchsch. Dauer der Arbeitslosigkeit steigt säkular an. Erst die Arbeitslosigkeit der letzten Jahre scheint sich bedauerlicherweise auf einem stabil hohen Niveau einzupendeln. Ein Maß für die Stationarität bildet beispielsweise der Variationskoeffizient der saisonbereinigten monatlichen Bestandszahlen der Arbeitslosen für je ein Jahr. Dieser nahm in den letzten zehn Jahren die folgenden Werte an:[2o)]

1967	68	69	7o	71	72	73	74	75	76
o.158	o.174	o.134	o.o33	o.115	o.o5o	o.176	o.215	o.o98	o.o29

Nicht nur erreicht der Variationskoeffizient 1976 den niedrigsten Wert, auch im vorangehenden Jahr, aus welchem in den Sondererhebungen 1976 ja auch noch Arbeitslose vorhanden sind, ist die Situation relativ stabil. Abgesehen von saisonalen Schwankungen, die, wie später[21)] ausgeführt wird, für die September-Untersuchungen ohne großen Einfluß sind, kann also mit guten Gründen angenommen werden, daß das Register im Herbst 1976 das Resultat einer relativ stabilen Situation darstellt. Stützt man die Untersuchung auf diese Daten, handelt man sich jedoch ein anderes Problem ein: Ein einzelnes Register kann erheblichen zufälligen Schwankungen unterworfen sein.

Eine zweite Schwierigkeit entsteht dadurch, daß die Daten über die bisherige Dauer der Arbeitslosigkeit in den Sondererhebungen nur in sechs Klassen über einen Zweijahreszeitraum aufgeführt sind [22]. Das bedeutet, daß inclusive Ursprung nur sechs Stützpunkte für die Einpassung einer kumulierten Häufigkeitsfunktion vorhanden sind. Zudem ergeben die von Fowler verwendeten logarithmisch-normalen Verteilungen keine gute Annäherung. Auch eine andere, die gesamte Kurve gut annähernde Funktion, konnte nicht gefunden werden. Zur Schätzung der Ableitungen an den betreffenden Stützpunkten wurden Exponentialfunktionen mit sich linear verändernden Abgangsraten berechnet, deren Parameter sich jeweils aus drei Werten der kumulierten Häufigkeitsverteilung bestimmen lassen[23].

Eine dritte Schwierigkeit tauchte bei der Bestimmung der Ableitung an der Stelle O auf. Wie bei der mathematischen Herleitung dieses Verfahrens erläutert wurde, sind zur Bestimmung der Werte der Verbleibfunktion die Ableitungen der kumulierten Häufigkeitsverteilung der bisherigen Dauer durch die Ableitung an der Stelle Null zu dividieren, mit anderen Worten, die Verbleibfunktion ist proportional zu dieser Ableitungsfunktion mit einem Proportionalitätsfaktor, der der Ableitung an der Stelle O entspricht. Zugleich stellt aber diese Ableitung den negativen Reziprokwert der durchschnittlichen Dauer der Kohorte dar.

Diese Ableitung an der Stelle O ist also von großer Wichtigkeit zur Bestimmung der Verbleibfunktion. Da der nächstliegende Wert der kumulierten Häufigkeitsfunktion erst bei einem Monat liegt [24] (Fowler verfügte über wöchentliche Werte), und da gerade in diesem Zeitraum schon starke Veränderungen in der Abgangsrate zu erwarten sind, wird die Bestimmung dieses Werts sehr unsicher. Auf der anderen Seite sind für eine stationäre Situation die Durchschnittswerte der Dauer relativ gut als Quotient aus durchschnittlichem Bestand und durchschnittlichem Neuzugang bestimmbar.

Es zeigt sich nun in der Tat, daß die Ableitungswerte an der Stelle 0, die mit dem oben erläuterten Verfahren bestimmt wurden, wesentlich zu klein, die aus ihnen berechneten durchschnittlichen Dauern also zu groß sind (Abweichungen von 3o-4o %).

Soweit die durchschnittlichen Verbleibdauern aus der Zugangs- und Bestandsstatistik bestimmbar sind, ist also das Problem einigermaßen lösbar: diese ersetzen den Wert, der sonst durch die Ableitung beim Ursprung zu bestimmen wäre. Dies ist, wie im 5. Kapitel ausgeführt wurde, nur bei Männern und Frauen, bei Landesarbeitsamtsbezirken und, eingeschränkt, bei Wirtschaftszweigen der Fall. Auch unter der Annahme der Stationarität läßt sich also mit dieser Methode kein großer Gewinn gegenüber der Methode der direkten Bestimmung von Verbleibwerten, die im IV. Teil dieser Arbeit durchgeführt wird, erzielen. Immerhin erweist sie sich für zwei Zwecke nützlich: Einmal kann für 1976 ein Vergleich der Ergebnisse der beiden Verfahren angestellt werden. Da sie außerdem mit erheblich weniger Aufwand verbunden ist als die Verbleibwertmethode, ist sie dieser für stationäre Situationen und bei Vorliegen von Zugangsdaten (also etwa für die regionale Gliederung nach Landesarbeitsämtern) vorzuziehen.

Der Vergleich der Resultate der beiden Verfahren ist recht ermutigend. Die Proportionalität der Ableitungswerte der kumulierten Häufigkeitsverteilung (b'(z)) mit den Werten der Verbleibfunktion nach dem Verfahren der direkten Bestimmung der Verbleibwerte bestätigt sich in Korrelationskoeffizienten von über o.99 bei allen Arbeitslosen, sowie bei Männern und Frauen. Die Verteilungen der bisherigen Dauer stimmen ungefähr überein. In der nachstehenden Tabelle sind für die drei Gruppen die Verteilungen der Dauer nach drei Klassen, wie sie sich aus der direkten Berechnung von Verbleibwerten ergeben (Methode 1), den Werten gegenübergestellt, die sich mit dem eben beschriebenen bevölkerungsstatistischen Verfahren (Methode 2) berechnen lassen. Dabei wurde als durchschnittliche Dauer das arithmetische Mittel aus den beiden Werten für 1975 und 1976 zugrunde gelegt, da ja Arbeitslose aus beiden Jahren zum Bestand im September 1976 beitrugen.

Tabelle 9 I

Vergleich der Verteilung der vollständigen Dauer der Arbeitslosigkeit nach zwei verschiedenen Verfahren
September 1976 (in %)

	unter 1.5 Mt.	1.5 bis unter 9 Mt.	über 9 Mt.	Durchsch. Dauer 1975/76
Männer				
Methode 1	57	35	8	3.3 Mt.
Methode 2	55	34	11	
Frauen				
Methode 1	45	38	17	4.2 Mt.
Methode 2	43	41	16	
Alle				
Methode 1	52	37	11	3.7 Mt.
Methode 2	49	37	14	

Dasselbe Verfahren zur Bestimmung der Verteilung der vollständigen Dauer der Arbeitslosigkeit für Kohorten, und damit in einer stationären Situation auch für alle, die während dieser ganzen Periode arbeitslos geworden sind, läßt sich 1976 auch für die Landesarbeitsamtsbezirke anwenden. Die durchschnittliche Arbeitslosigkeitsdauer in Monaten, die dafür benötigt wird, ergibt sich als Quotient von durchschnittlichem Bestand und durchschnittlichem Zugang in den Jahren 1975/76. Die einzelnen Verbleibwerte sind das Produkt dieser Durchschnittsdauer und den ersten Ableitungen der kumulierten Häufigkeitsverteilung der bisherigen Dauer an den betreffenden Punkten nach der Zeit. Die Klassenhäufigkeiten ergeben sich als Differenzen zwischen je zwei Verbleibwerten.

In der nachfolgenden Tabelle 9 II sind Durchschnittsdauer und Häufigkeitsverteilung der Dauer in drei Klassen aufgeführt. Zwei Resultate fallen sofort auf: einmal die in allen Bezirken deutlich längere Arbeitslosigkeitsdauer der Frauen, verursacht durch einen höheren Anteil an mittel- und langfristiger Arbeitslosigkeit, und zum anderen die stark unterdurchschnittliche Dauer in Berlin. Hier ist, für Männer und für Frauen, die durchschnittliche Dauer der Arbeitslosigkeit erheblich niedriger, der Anteil der kurzfristig Arbeitslosen erheblich höher als in den anderen Bezirken. Der Grund dafür ist offensichtlich, daß Berlin einen einzigen großen städtischen Arbeitsmarkt bildet, der eine wesentlich andere Dynamik hat als die "Arbeitsmärkte" von Flächenstaaten. Den von Arbeitslosigkeit Betroffenen steht ein viel größeres Spektrum von möglichen anderen Arbeitsplätzen zur Verfügung, die ohne Wohnortwechsel erreicht werden können, was dazu führt, daß Turnover- und Sucharbeitslosigkeit einen bedeutend größeren Anteil hat als Arbeitslosigkeit wegen prinzipieller Nichtverfügbarkeit von Arbeitsplätzen. Nimmt man einmal an, daß alle, die in der Bundesrepublik im Jahre 1976 arbeitslos geworden sind, dieselbe Verteilung der Dauer gehabt hätten, wie sie in Berlin herrscht, dann hätte der Gesamtbestand an Arbeitslosen im Jahresdurchschnitt nicht eine Million überschritten, sondern nur ca. 67o Tausend erreicht. Es wäre allerdings falsch, daraus den Schluß zu ziehen, daß höhere Mobilität der Arbeitskräfte auf dem Lande zu dieser theoretischen Zahl geführt hätte, da die Dauer und ihre Verteilung nicht nur von der Funktionsweise des Arbeitsmarkts, sondern vor allem von der Höhe des Arbeitsplatzdefizits abhängen.

Sieht man von Berlin ab, sind die Unterschiede relativ klein. Bei den Männern schwankt die durchschnittliche Dauer zwischen 3.1 und 3.8 Monaten, bei den Frauen zwischen 3.8 und 4.9 Monaten. Bei den Männern sind zwischen 48 und 55 %, bei den Frauen zwischen 37 und 52 % nur kurzfristig arbeitslos (unter 1.5 Monate), die langfristig Arbeitslosen (über 9 Monate) machen bei den Männern 1o bis 14 %, bei den Frauen 14 bis 2o % aus.

Tabelle 9 II

Verteilung der vollständigen Dauer der Arbeitslosigkeit berechnet nach dem bevölkerungsstatistischen Verfahren für die Landesarbeitsamtsbezirke Sept. 1976 (in %)

	unter 1.5 Mt.	1.5 bis unter 9 Mt.	über 9 Mt.	durchsch. Dauer in Mt.	ALO Quote
Schleswig-Holstein Hamburg					
- Männer	54	36	10	3.1	4.1
- Frauen	43	43	14	3.8	5.5
Niedersachsen-Bremen					
- Männer	54	32	14	3.7	4.6
- Frauen	52	33	15	4.6	6.9
Nordrhein-Westfalen					
- Männer	51	36	13	3.7	4.0
- Frauen	39	43	18	4.5	6.5
Hessen					
- Männer	48	39	13	3.0	3.5
- Frauen	37	45	18	4.5	5.9
Rheinland-Pfalz					
- Männer	48	39	13	3.8	4.6
- Frauen	38	46	16	4.2	6.4
Baden-Württ.					
- Männer	55	35	10	3.1	2.8
- Frauen	45	40	15	3.9	4.3
Nordbayern					
- Männer	52	35	13	3.7	4.9
- Frauen	38	42	20	4.9	6.8
Südbayern					
- Männer	54	34	12	3.4	3.9
- Frauen	40	42	18	4.5	5.3
Berlin					
- Männer	66	27	7	2.2	3.8
- Frauen	56	34	10	2.9	3.9

Das hängt damit zusammen, daß alle dieser relativ großen Regionen Mischstrukturen haben. Die günstigen Werte für Schleswig-Holstein-Hamburg sind wohl vor allem durch den großstädtischen Arbeitsmarkt Hamburg bedingt. Dasselbe gilt für den Einfluß Münchens in Südbayern, das damit die günstigeren Werte als Nordbayern erzielt. Erstaunlich hoch sind die Werte für Hessen. Ausschlaggebend ist dabei nicht die langfristige Arbeitslosigkeit sondern die extrem niedrigen Werte der kurz- und die hohen Werte der mittelfristigen Arbeitslosigkeit. Die Besonderheit des großstädtischen Arbeitsmarkts Berlin kommt, vor allem bei den Männern, noch einmal im Vergleich zu Baden-Württemberg zu Tage: Obwohl BW eine deutlich niedrigere Arbeitslosenquote hat als Berlin (2.8 gegen 3.8 %), ist in BW die durchschnittliche Dauer länger als in Berlin (3.1 gegen 2.2 Monate).

Für eine weitergehende regionale Analyse müßten feinere Untergliederungen vorgenommen werden. Das dazu notwendige Zahlenmaterial auf der Ebene der Arbeitsamtsbezirke ist grundsätzlich vorhanden, in den statistischen Veröffentlichungen jedoch nicht ausgewiesen.

9.2 Analyse der Dauerverteilung mit Hilfe eines Sortiermodells

9.2.1 Arbeitslosigkeitsprozeß als Sortierprozeß

Hält man die Annahme der Stationarität, wie sie in Abschnitt 8.1 formuliert wurde, aufrecht und führt zusätzlich die Bedingung ein, daß der Abgangsprozeß die Markov-Eigenschaft habe, dann läßt sich der Abgang aus der Arbeitslosigkeit als Sortierprozeß beschreiben. Markov-Eigenschaft heißt hier, daß die Abgangswahrscheinlichkeit der Individuen aus der Arbeitslosigkeit nicht von ihrer "Vorgeschichte" in der Arbeitslosigkeit abhängt, also insbesondere nicht von der Dauer der Arbeitslosigkeit. Die einzelnen Individuen, die die Kohorte bilden, haben also jeweils eine von ihrer Konkurrenzfähigkeit auf dem Arbeitsmarkt abhängige (wöchentliche) Abgangswahrscheinlichkeit, die sich mit der Dauer des Aufenthalts in der Arbeitslosigkeit nicht verändert. Diese ursprüngliche Verteilung der Abgangswahrscheinlichkeiten in der Kohorte kann durch eine Wahrscheinlichkeitsverteilung beschrieben werden.

Nach dem Eintritt in die Arbeitslosigkeit setzt nun in der Kohorte im Sortierprozeß ein: diejenigen mit hoher Abgangswahrscheinlichkeit werden relativ schnell die Arbeitslosigkeit wieder verlassen, im jeweiligen Restbestand der Kohorte werden zunehmend mehr Individuen mit kleinen Abgangswahrscheinlichkeiten sein [25]. Das bedeutet ferner, daß die Abgangsrate für die Gesamtkohorte in der Zeit nicht etwa konstant bleibt, sondern sich vermindert, also im Prinzip das Verhalten einer Kohorte, wie es empirisch beobachtet werden kann, adäquat wiedergibt.

Geht man von einer Verteilung der Abgangs- (oder Verbleibe-) Wahrscheinlichkeiten beim Eintritt der Kohorte in die Arbeitslosigkeit aus, dann lassen sich daraus einerseits die Verteilung der vollständigen Dauer für die Kohortenmitglieder und andererseits die Verteilung der Abggangswahrscheinlichkeiten in einem Querschnittsbestand, der ja eine bestimmte Mischung von Kohortenresten darstellt, herleiten. Aus letzterer Verteilung ist weiter die Verteilung der bisherigen (unvollständigen) Dauer im Querschnittsbestand bestimmbar. Alle diese Ableitungsschritte können auch umgekehrt durchlaufen werden, so daß sich aus der Verteilung der bisherigen Dauer im Querschnittsbestand die Verteilung dervollständigen Dauer in der Kohorte berechnen läßt.

9.2.2 Zusammenhang zwischen den Verteilungen der vollständigen Dauer in der Kohorte und der bisherigen Dauer im Querschnittsbestand bei Sortierprozessen

Unter den im vorhergehenden Abschnitt genannten Voraussetzungen (Arbeitslosigkeitsprozeß als reiner Sortierprozeß mit Markov-Eigenschaft) lassen sich die Zusammenhänge zwischen den verschiedenen Verteilungen analytisch herleiten. Ohne bestimmte Verteilungsannahmen wird dies im Nachfolgenden dargestellt. Im nächsten Abschnitt wird dieses Modell unter Zugrundelegung von Beta-Verteilungen konkretisiert und die Frage der Parameterschätzung diskutiert[26].

Ausgangspunkt für die Analyse ist die (in der Zeit konstante) Dichtefunktion der Verbleibwahrscheinlichkeit $k_o(q)$ für eine Kohorte bei ihrem Zugang zur Arbeitslosigkeit. Es ist analytisch sinnvoll, in einem solchen Modell mit einer diskreten Zeit zu arbeiten, also etwa eine Woche als Zeiteinheit anzunehmen. Durch Verkleinerung dieser Zeiteinheit geht im Grenzwert dieses Modell in eines mit kontinuierlicher Zeitachse über. q ist also die Wahrscheinlichkeit dafür, daß ein Individuum, welches zu Beginn einer Woche arbeitslos war, dies am Ende der Woche immer noch ist. $p = (1-q)$ ist damit die (wöchentliche) Abgangswahrscheinlichkeit aus der Arbeitslosigkeit. Die Abgangswahrscheinlichkeit ist demnach für die Kohorte zum Eintrittszeitpunkt wie folgt verteilt:

$$k_o^+(p) = k_o(1-p) \qquad (1)$$

Für Individuen mit einer bestimmten Verbleibewahrscheinlichkeit q beträgt die Wahrscheinlichkeit, daß die Arbeitslosigkeit T Wochen dauert

$$Pr(T \mid q) = (1 - q)\, q^{T-1} \qquad (2)$$

Der bedingte Erwartungswert für die Dauer beträgt für diese Individuen demnach

$$E(T \mid q) = \sum_{T=1}^{\infty} T(1-q)\, q^{T-1} = \frac{1}{(1-q)} = \frac{1}{p} \qquad (3)$$

Die Verteilung der Verbleibdauer T für eine Kohorte beträgt zum Eintrittszeitpunkt

$$K_0(T) = \int_q K(T,q) = \int_q (1-q)\, q^{T-1}\, k_0(q)\, dq \qquad (4)$$

Der Erwartungswert für die Verbleibdauer einer Kohorte

$$E(T) = \int_q \sum_T T\,(1-q)\, q^{T-1}\, k_0(q)\, dq \qquad (5)$$

$$= \int_q \frac{1}{(1-q)}\, k_0(q)\, dq \qquad (5)$$

Es stellt sich nun die Frage, wie die vollständige Dauer, die bisherige Dauer und die Abgangs- und Verbleibwahrscheinlichkeiten bei denjenigen verteilt sind, die den Querschnittsbestand zu einem bestimmten Zeitpunkt bilden. Zur Herleitung dieser Verteilungen aus der Verteilung der Verbleibewahrscheinlichkeit $k_0(q)$ für Kohorten beim Eintrittszeitpunkt ist davon auszugehen, daß die Verteilung der vollständigen Dauer bei allen in der Zeit vorkommenden Fällen von Arbeitslosigkeit dieselbe ist wie bei einer Kohorte, denn die Anzahl der Fälle einer bestimmten Länge im Gesamtfluß der Arbeitslosigkeitsfälle ist ja das Produkt der Anzahl der Fälle dieser Länge in einer Kohorte mit der Anzahl der betrachteten Kohorten.

Wenn im Folgenden T das Ereignis darstellt, im Gesamtstrom der Arbeitslosigkeitsfälle einen Fall der Länge T herauszugreifen, dann gilt, mit Hilfe der Formel von Bayes

$$Pr\,(T \mid q) = \frac{b'(q \mid T)\; Pr(T)}{k_o(q)} \tag{6}$$

also auch:

$$b'\,(q \mid T) = \frac{Pr(T \mid q)\; ko(q)}{Pr\;(T)}$$

$$= \frac{(1-q)\; q^{T-1}\; ko(q)}{K_o\;(T)} \tag{7}$$

Dies ist also die Dichte der q unter den Fällen von Arbeitslosigkeit der Dauer T. Die Frage ist nun, wie die T's in einem Querschnittsbestand verteilt sind, wenn sie im gesamten Fluß der Arbeitslosigkeit gemäß $K_o(T)$ verteilt sind. Offensichtlich greift der Schnitt einen Fall umso eher heraus, je länger seine Dauer ist, und diese Wahrscheinlichkeit ist auch proportional zur Dauer. Daraus ergibt sich, daß die vollständige Dauer im Querschnittsbestand wie folgt verteilt ist.

$$B(T) = \frac{K_o\;(T)\quad T}{\sum_T T\; K_o(T)} = \frac{K_o\;(T)\; T}{E(T)} \tag{8}$$

Die Dichte der q im Querschnittsbestand ist also:

$$b\;(q) = \sum_T b'(q \mid T)\quad B(T)$$

Mit Hilfe der Gleichungen (5), (7) und (8) ergibt sich:

$$b(q) = \sum_T \frac{T(1-q)\,q^{T-1}\quad k_o(q)}{\int_q \frac{1}{(1-q)}\quad k_o(q)\;dq}$$

$$= \frac{\frac{1}{1-q}\;k_o(q)}{\int_q \frac{1}{(1-q)}\,k_o(q)\;\;dq} \tag{9}$$

In einem letzten Schritt ist nun noch zu bestimmen, wie die bisherige (unvollständige) Dauer im Querschnittsbestand verteilt ist. Dazu führt folgende Überlegung:[27] Damit durch einen Querschnitt ein Arbeitslosigkeitsfall von bisher genau T Wochen Länge herausgegriffen wird, müssen zwei Bedingungen erfüllt sein: Erstens muß dieser Fall eine vollständige Dauer von mindestens T Wochen haben und zweitens muß der Querschnitt genau in der T'ten Woche nach dem Eintritt in die Arbeitslosigkeit stattfinden. Für ein gegebenes q ergibt sich die Wahrscheinlichkeit für das erste Ereignis als q^{T-1}. In Bezug auf den (stationären) Gesamtstrom der Arbeitslosigkeitsfälle ereignet sich der Querschnitt zu einem zufälligen Zeitpunkt, also mit gleicher Wahrscheinlichkeit in jeder Woche. Da der Erwartungswert der Dauer der Fälle mit q als Verbleibewahrscheinlichkeit $E(T|q) = \frac{1}{(1-q)}$ beträgt, ist die Wahrscheinlichkeit, einen solchen Fall in einer bestimmten Woche zu treffen $\frac{1}{E(T|q)} = (1-q)$. Daraus folgt die bedingte Wahrscheinlichkeit, einen Fall in der T'ten Woche "einzufangen":

$$Pr(T \mid q) = (1-q)\, q^{T-1} \tag{10}$$

Ein Vergleich mit der Gleichung (2) zeigt das erst einmal erstaunliche Resultat, daß, unter der Bedingung eines gleichen q, die beiden Verteilungen (vollständige Dauer für die Kohorte zum Eintrittszeitpunkt und bisherige Dauer im Querschnittsbestand) identisch sind. Falls also eine Population mit einer einheitlichen Verbleibewahrscheinlichkeit (1-Punkt Verteilung der Verbleibewahrscheinlichkeit) untersucht wird, erübrigt sich jedes Umrechnungsproblem. Zu diesem Resultat führte auch die Überlegung bei der bevölkerungsstatistischen Methode[28], die die Identität der beiden Verteilungen im Falle exponentiell abklingender Verbleibkurven feststellte. In der Tat sind nun exponentielle Verbleibkurven nichts anderes als die kontinuierliche

Form eines Abgangsprozesses mit konstanter Abgangswahrscheinlichkeit. Dieses Resultat kann noch anders plausibel gemacht werden: Die bisherige Dauer im Querschnittsbestand unterliegt gegenüber der vollständigen Dauer bei der Kohorte zwei Verzerrungen. Die erste ist Abschneiden der "Enden" der Arbeitslosigkeitsfälle, welches zu einer Verkürzung beim Querschnitt führt. Die zweite ist die nach der Dauer verzerrte Auswahl durch den Querschnitt, die zu einer Verlängerung führt. Offensichtlich heben sich im Falle einer einzigen Übergangswahrscheinlichkeit nun diese beiden Verzerrungen gegenseitig auf.

Jede real beobachtbare Kohorte, selbst wenn ihre Mitglieder sehr homogene Merkmale haben, hat jedoch keine 1-Punkt Verteilung der Verbleibewahrscheinlichkeiten und damit, wie oben gezeigt wurde, unterschiedliche Verteilungen dieser Wahrscheinlichkeiten in der Kohorte ($k_o(q)$) und in einem Querschnittsbestand ($b(q)$). Die unbedingte Verteilung der bisherigen (unvollständigen) Dauer ergibt sich deshalb als

$$B^*(T) = \int_q (1-q)q^{T-1} \; b(q) \; dq \qquad (11)$$

Der Erwartungswert der bisherigen Dauer im Querschnittsbestand ist:[29)]

$$E(T) = \int_q \frac{1}{(1-q)} \; b(q) \; dq \qquad (12)$$

Offensichtlich ist dieser Erwartungswert größer als derjenige für die Kohorte (Gl. 5), weil, wie Gl. 9 zeigt, in $b(q)$ die großen Verbleibewahrscheinlichkeiten gegenüber $k_o(q)$ verstärkt werden und umgekehrt.

Die Resultate sind in folgendem Schema zusammengefaßt:

	Kohorte zum Zugangszeitpunkt	Querschnittsbestand
Verteilung der Verbleibewahrscheinlichkeit	$k_{\cdot o}(q)$	$b(q) = \dfrac{\frac{1}{1-q}\, k_o\;(q)}{\int_q \frac{1}{1-q}\, k_o(q)\; dq}$
Verteilung der Dauer vollständige	$K_o(T) = \int_q (1-q)\; q^{T-1}\; k_o(q)\, dq$	$B(T) = \int_q T(1-q)^2\; q^{T-1}\; b(q)\, dq$
bisherige	————	$B^*(T) = \int_q (1-q)\; q^{T-1}\; b(q)\, dq$

Zur Verdeutlichung der Struktur des Sortierprozesses seien abschließend noch folgende Beziehungen hergeleitet: Stellt τ das Ereignis dar, länger als τ Wochen arbeitslos zu sein, dann beträgt die Wahrscheinlichkeit dafür unter denjenigen, die eine Verbleibewahrscheinlichkeit von q haben:

$$Pr(\tau \mid q) = q^{\tau} \tag{13}$$

Unter allen Kohortenmitgliedern beträgt demnach die Wahrscheinlichkeit, länger als T Wochen arbeitslos zu bleiben:

$$Pr(\tau) = \int_q q^{\tau} \; k_0(q)\,dq \qquad (14)$$

Dies ist aber nichts anderes als die Differenz der Verteilungsfunktion der Verbleibdauer zu 1, also gleich der Verbleibfunktion, die die Frage beantwortet, welcher Anteil der Kohorte erwartungsgemäß nach T Wochen immer noch arbeitslos ist. Eigenartigerweise wird diese Verbleibfunktion durch die Folge der Momente der Verteilung der Verbleibewahrscheinlichkeiten dargestellt, also ihr Wert an der Stelle T=1 ist gleich dem Erwartungswert der Verbleibewahrscheinlichkeit etc.

Mit Hilfe der Gleichung (13) läßt sich nun auch die Dichte der Verbleibewahrscheinlichkeiten bei denjenigen herleiten, die T Wochen nach dem Zugang immer noch arbeitslos sind:

$$k'(q \mid \tau) = \frac{q^{\tau} \; k_0(q)}{\int_q q^{\tau} \; k_0(q)\,dq} = k_{\tau}(q) \qquad (15)$$

Aus dieser letzten Gleichung ist nun der Sortierprozeß deutlich ersichtlich: nach T Wochen verteilen sich die Verbleibewahrscheinlichkeiten nicht mehr wie beim Start der Kohorte, sondern die relativ großen Verbleibewahrscheinlichkeiten haben ein größeres Gewicht erhalten als die kleineren, denn q^{τ} nimmt umso schneller ab, je kleiner q ist. Also vergrößert sich auch der Erwartungswert der Verbleibewahrscheinlichkeiten mit der Zeit, was bedeutet, daß der Erwartungswert der Abgangswahrscheinlichkeit (Abgangsrate) mit der Zeit immer kleiner wird[3o).

9.2.3 Darstellung der Zusammenhänge mit Hilfe von Beta-Verteilungsfunktionen

Zur empirischen Anwendung der im letzten Abschnitt hergeleiteten Zusammenhänge zwischen Verbleibewahrscheinlichkeiten, Verteilung der Dauer in der Kohorte und im Querschnittsbestand, ist eine Verteilungsannahme über die Verbleibewahrscheinlichkeit $k_o(q)$ in der Kohorte zu treffen. Damit lassen sich dann die anderen Verteilungen konkret beschreiben und mit Hilfe der empirisch gegebenen Verteilung der bisherigen Dauer im Querschnittsbestand die Parameter der Verteilungen schätzen.

Aus pragmatischen Gründen wird von einer Beta-Wahrscheinlichkeitsverteilung für die Verteilung der Verbleibewahrscheinlichkeiten ausgegangen. Die Beta-Verteilung ist im Intervall (o,1) definiert, kann sehr verschiedenartige Formen annehmen, insbesondere beliebig starke Schiefen erzeugen, Eigenschaften, die für ihre Eignung im vorliegenden Problem sprechen. Außerdem, und dies ist nicht das unwichtigste Argument, erleichtert ihre formale Struktur die Durchführung der hier notwendigen Umformungen.

Die Beta-Dichtefunktion Be(m,n) [31)] ist zweiparametrig und wird wie folgt definiert:

$$f(x;m,n) = \frac{1}{\beta(m,n)} x^{m-1}(1-x)^{n-1} \quad \text{für } 0 \leq x \leq 1 \qquad (16)$$
$$f(x) = 0 \quad \text{sonst}$$

wobei $\beta(m,n)$ die Beta Funktion darstellt, die ihrerseits definiert ist als

$$\beta(m,n) = \int_0^1 t^{m-1} (1-t)^{n-1}\, dt \qquad (17)$$

Die Parameter m und n müssen größer als 0 sein. Der Erwartungswert beträgt $E(x) = \frac{m}{m+n}$, die Varianz $Var(x) = \frac{mn}{(m+n)^2 \, (m+n+1)}$

Die Beziehungen, die im letzten Abschnitt hergeleitet wurden, lassen sich nun wie folgt darstellen:

	Kohorte zum Zugangszeitpunkt	Querschnitts-bestand
Verteilung der Verbleibewahr-scheinlichkeit	$k_0(q) = Be(m,n) = \frac{1}{\beta(m,n)} q^{m-1} (1-q)^{n-1}$ (18)	$b(q) = Be(m,n-1) = \frac{1}{\beta(m,n-1)} q^{m-1} (1-q)^{n-2}$ (19)
Verteilung der Dauer vollständige	$K_0(T) = \frac{\beta(m+T-1,n+1)}{\beta(m,n)}$ (2o)	$B(T) = \frac{T\beta(m+T-1,n+1)}{\beta(m,n-1)}$ (21)
bisherige	———	$B^*(T) = \frac{\beta(m+T-1,n)}{\beta(m,n-1)}$ (22)

Ergänzt sei noch, daß nach Gleichung(15) sich die Verteilung der Verbleibewahrscheinlichkeit in einer Restkohorte nach der Zeit T ergibt als:

$$k_T(q) = Be(m+T,n) \quad (23)$$

Die Erwartungswerte der verschiedenen q-Verteilungen lassen sich nun leicht in den Parametern m und n darstellen. So beträgt der Erwartungswert der Verbleibewahrscheinlichkeit bei der Kohorte zu ihrem Eintrittszeitpunkt $\frac{m}{m+n}$, beim Querschnittsbestand $\frac{m}{m+n-1}$. Letztere ist größer als erstere, d.h. im Querschnittsbestand sind große Verbleibewahrscheinlichkeiten (und damit kleine Abgangswahrscheinlichkeiten) häufiger als bei der Kohorte zum Zugangszeitpunkt.

Noch deutlicher wird der Sortierprozeß, wenn der Erwartungswert der q in der Restkohorte (Gl. 23) mit dem zum Eintrittszeitpunkt verglichen wird. In der Restkohorte beträgt der Erwartungswert $\frac{m+T}{m+n+T}$. Der Erwartungswert der Verbleibewahrscheinlichkeiten steigt also mit der Dauer an, diejenigen Individuen mit großen Verbleibewahrscheinlichkeiten machen einen immer größer werdenden Teil der Restkohorte aus. Wird T im Verhältnis zu den Parametern sehr groß, strebt dieser Wert gegen 1, der Erwartungswert der Abgangswahrscheinlichkeit gegen 0. Sind andererseits die Parameter sehr groß im Verhältnis zu T, dann verändert sich der Erwartungswert kaum in der Zeit. Große Parameter bedeuten aber bei der Beta-Verteilung c.p. eine kleine Varianz. Damit wird der Sinn dieser Aussage klar: je weniger die q in der Ausgangsverteilung streuen, desto schwächer ist der Sortierprozeß. Im Grenzfall einer Einpunkt-Verteilung würde gar kein Sortierprozeß stattfinden, die Abgangswahrscheinlichkeit wäre immer gleich groß.

Zum Zweck der Parameterschätzung sind nun noch Erwartungswert und Varianz der beiden relevanten T-Verteilungen ($K_0(T)$ und $B^*(T)$) zu bestimmen. Mit Hilfe der rekrusiven Beziehung $\beta(m,n-1) = \frac{m+n-1}{n-1} \; \beta(m,n)$ ergeben sich folgende Werte für die Kohorte:

$$E_k(T) = \frac{m+n-1}{n-1} \tag{24}$$

$$Var_k(T) = E_k(T) \left[2 \; \frac{m+n-2}{n-2} - E_k(T) - 1 \right] \tag{25}$$

und für den Querschnittsbestand (bisherige Dauer):

$$E_b^*(T) = \frac{m+n-2}{n-2} \tag{26}$$

$$Var_b^*(T) = E_b(T) \left[2 \; \frac{m+n-3}{n-3} - E_b(T) - 1 \right] \tag{27}$$

9.2.4 Empirische Anwendung des Sortiermodells

In den vorangehenden Abschnitten wurde der theoretische Zusammenhang zwischen der (empirisch gegebenen) Verteilung der bisherigen Dauer im Querschnittsbestand und der (gesuchten) Verteilung der vollständigen Dauer in der Kohorte bei Annahme eines Sortierprozesses mit Markov-Eigenschaft hergeleitet. Sind die Annahmen, die dem Modell zugrunde liegen, erfüllt, dann ist es möglich, mit Hilfe der gegebenen Verteilung die Parameter m und n zu schätzen und damit die anderen interessierenden Verteilungen zu bestimmen. Beim Versuch, dies zu tun, treten nun allerdings beträchtliche Schwierigkeiten verschiedener Art auf. Die erste tauchte schon bei der Anwendung der bevölkerungsstatistischen Methode auf: dort war ebenfalls vorausgesetzt, daß der Arbeitslosigkeitsprozeß in einer stationären ökonomischen Situation stattfindet, sich also für einen längeren Zeitraum die Chancen der Arbeitslosen, wieder Arbeit zu finden, nicht verändern. Im Abschnitt 9.1.2 wurde gezeigt, daß dies im ganzen untersuchten Zeitraum nie exakt der Fall ist, daß aber für die Jahre 1972 und 1976 eine recht gute Annäherung an eine stationäre Situation angenommen werden kann.

Das zweite Problem tauchte ebenfalls bei der Anwendung der bevölkerungsstatistischen Methode auf: die Verteilungen der bisherigen Dauer in den Beständen sollten von systematischen Schwankungen, verursacht durch solche beim Zugang zu den Arbeitslosen, frei sein. Daß dies keineswegs der Fall ist, zeigt die Varianz des Zugangs. Zufällige Schwankungen könnten ausgeglichen werden, wenn für die Zeit, für die Stationarität angenommen werden kann, mehrere Dauerverteilungen vorliegen würden. Für 1976 ist es immerhin möglich, von Mittelwerten der Mai- und September-Untersuchungen auszugehen, wobei man sich allerdings die Einflüsse der Winterarbeitslosigkeit auf die Mai-Untersuchung einhandelt. Die Quartalsschwankungen beim Neuzugang können durch Zusammenfassen der ersten beiden Dauerklassen einigermaßen aufgefangen werden, die anderen Dauerklassen umfassen ohnehin schon mindestens ein Quartal. Für die Schätzungen liegen dann nur vier Intervalle vor, und es ist nicht auszuschließen, daß Schwankungen im Neuzugang sich so auf die Besetzungszahlen auswirken, daß dadurch Fehler bei der Parameterschätzung entstehen. Bei Gruppen, für welche monatliche Zugangsdaten vorhanden sind, könnten diese Effekte unter Umständen ausgeglichen werden. Da in diesen Fällen jedoch das im folgenden Kapitel zu besprechende nichtstochastische Verfahren in viel einfacherer Weise verläßliche Resultate liefert, wurde darauf verzichtet.

Das dritte Problem hängt mit der Annahme des Sortierprozesses zusammen: Dieser geht ja davon aus, daß die Abgangschancen für die einzelnen Arbeitslosen zu Beginn der Arbeitslosigkeit feststehen und während der Arbeitslosigkeit nicht verändert werden. Nun gibt es aber mindestens zwei Argumente, die dies auch in einer stationären Situation zweifelhaft erscheinen lassen. Das eine stützt sich auf die Tatsache, daß die Alternative, wieder Arbeit zu finden, ja nicht die einzige ist, sondern daß, bei verschiedenen Gruppen unterschiedlich stark, auch die Alternative des Ausscheidens aus dem Erwerbsleben in Betracht gezogen werden muß. Diese Wahrscheinlichkeit steigt nun aber mit der Dauer der Arbeitslosigkeit an und führt damit bei längerfristig Arbeitslosen zu Abgangsraten, die höher sind, als die nach dem Sortiermodell zu erwartenden. Da dieser Effekt bei Frauen und älteren Männern besonders stark ist, läßt sich kaum erwarten, daß für diese Gruppen sich das Sortiermodell anwenden läßt. Immerhin kann das Versagen des Sortiermodells als Bestätigung dieser Annahme betrachtet werden. Das zweite Argument, daß die Annahme individuell konstanter Abgangswahrscheinlichkeiten in Frage stellt, ist die Vermutung, daß längerfristig Arbeitslose ihr Akzeptanzniveau in Bezug auf Arbeitsplätze zu senken bereit sind und damit ihre Wiederbeschäftigungschancen vergrößern[3] Dieser Faktor ist wiederum abhängig von der Dauer der Arbeitsuche. Die beiden Tendenzen führen dazu, daß der Trend mit der Zeit für die Restkohorte kleiner werdender Abgangsraten aufgehoben und, wie später gezeigt wird, ins Gegenteil umschlagen kann. In diesen Fällen ist natürlich eine sinnvolle Parameterschätzung für ein Sortiermodell nicht mehr möglich.

Einen ersten Anhaltspunkt, wann noch sinnvoll von einem Sortierprozeß ausgegangen werden kann, liefert die Parameterschätzung auf der Basis von Mittelwert und Varianz der Verteilung der bisherigen Dauer im Querschnittsbestand. Aus den Gleichungen (26) und (27) des letzten Unterabschnitts lassen sich m und n bestimmen. Aus diesem Gleichungssystem und aus der Forderung, daß die Parameter für die Beta-Verteilungen größer als null sein müssen, folgen Bedingungen über das Verhältnis von Erwartungswert und Varianz in der Verteilung der bisherigen Dauer. Aus den beiden Gleichungen folgt für n:

$$n = \frac{3V - E^2 + E}{V - E^2 + E} \qquad (28)$$

wo V die Varianz und E den Erwartungswert der Verteilung der bisherigen Dauer darstellen. Wählt man die Zeiteinheit sehr klein (Übergang zu kontinuierlichem Prozeß), dann wird der Einfluß der linearen E's in Zähler und Nenner klein. Die Varianz muß dann größer sein als das Quadrat des Erwartungswertes, damit n positiv wird (der andere Fall, wo die Varianz so klein ist, daß auch der Zähler negativ würde, ist bei Sortierprozessen nicht möglich).

Je größer die Varianz im Verhältnis zum Erwartungswert ist, desto kleiner wird n. Kleine Parameter in der Beta-Verteilung bedeuten aber, wie im letzten Abschnitt ausgeführt wurde, bei gleichem Parameterverhältnis große Varianz und umgekehrt. Große Varianz bei den Abgangswahrscheinlichkeiten bedeutet starken Einfluß des Sortierprozesses, also starke zeitliche Abnahme der Abgangsrate für die Restkohorte, also relativ viele kurz und relativ viele langfristig Arbeitslose, also große Varianz in der Verteilung der Dauer. Umgekehrt gilt:

verändert sich die Abgangsrate in die Zeit überhaupt nicht, liegt also ein rein exponentieller Abgangsprozeß vor, dann ist die Varianz gleich dem Quadrat des Erwartungswerts, die Parameter gehen gegen unendlich, d.h. die Varianz der Abgangswahrscheinlichkeiten gegen null, es findet kein Sortierprozeß statt, die Abgangskurve ist exponentiell, die Verteilung der bisherigen Dauer ist, wie früher gezeigt wurde, gleich der Verteilung der vollständigen Dauer.

Diese Zusammenhänge sind jedoch umgekehrt nicht gültig: aus der Tatsache, daß empirisch die Varianz gleich dem Quadrat des Erwartungswertes ist, läßt sich nicht schließen, daß kein Sortierprozeß vorliegt. Das Abgangsverhalten kann durchaus zuerst dem Sortiermodell entsprechen, später sich jedoch unter dem Einfluß der oben erwähnten Faktoren so verändern, daß die Abnahme der Abgangsraten gebremst oder sogar in eine Zunahme verkehrt wird, was dazu führt, daß die Varianz kleiner wird als sie bei Fortsetzung des Sortierprozesses zu erwarten gewesen wäre, daß also der Nenner in Gleichung (28) kleiner wird, als ohne diesen Effekt. Dadurch ergeben sich große Parameter und damit entsteht der falsche Schluß, daß kein deutlicher Sortierprozeß vorliegt, obwohl dies in Wirklichkeit anfänglich der Fall ist. Bleibt der Nenner positiv, kann jedoch nicht festgestellt werden, ob diese Verfälschung vorliegt; es lassen sich nur die Fälle mit negativem Nenner ausscheiden.

In der Tabelle 9 III sind die Resultate dieses Tests für die beiden Jahre 1972 und 1976, für Männer und Frauen und für je vier Altersgruppen ausgewiesen. Die oben angestellten Überlegungen bestätigen sich in folgender Weise:

- 1972 kann wegen des niedrigen Niveaus der Arbeitslosigkeit, und damit ihrer durchschnittlich kürzeren Dauer, in mehr Fällen vom Vorherrschen eines Sortierprozesses ausgegangen werden als 1976 (1972 werden die Parameter bei vier der acht Untergruppen positiv, 1976 nur noch bei zweien).

- 1972 bestätigt sich, daß bei Männern eher Sortierprozesse im Vordergrund stehen als bei Frauen (bei Männern bei drei von vier Gruppen positive Parameter, bei Frauen nur bei einer von vier).

- Durchgehend zeigt sich, daß reine Sortierprozesse eher bei den jüngeren im Vordergrund stehen, während bei älteren immer stärker die anderen Abgangsprozesse an Bedeutung gewinnen.

Tabelle 9 III

Ergebnisse einer ersten Parameterschätzung

	Parameter	
	1972	1976
Männer		
<25 j.	pos.	pos.
25 - 45 j.	pos.	neg.
45 - 55 j.	pos.	neg.
>55 j.	neg.	neg.
Insgesamt	pos.	neg.
Frauen		
<25 j.	pos.	pos.
25 - 45 j.	neg.	neg.
45 - 55 j.	neg.	neg.
>55 j.	neg.	neg.
Insgesamt	pos.	neg.
zusammen	pos.	neg.

Um in den Fällen, wo nach diesem ersten Test noch von einem Sortiermodell ausgegangen werden kann, zu einer Parameterschätzung zu kommen, die nicht nur Erwartungswert und Varianz der Gesamtverteilung berücksichtigt, sondern die einzelnen Klassenfrequenzen ausnützt, wurde eine Maximum-Likelihood-Schätzung durchgeführt. Dabei wird die Summe der Produkte aus empirischer Klassenfrequenz und den Logartihmen der theoretischen Klassenhäufigkeiten maximiert. Die Optimierung läßt sich in diesem Falle nicht analytisch lösen, sondern wurde mit einem Suchverfahren auf dem Computer durchgeführt. Da die Tendenz, daß die Parameter fälschlicherweise sehr groß werden, wenn das Sortiermodell die empirischen Daten nur ungenügend erklärt, sich auch auf diese Verfahren überträgt, wurde eine obere Schranke ($n \leq 2o$) eingeführt. Bei noch größeren Parametern ist entweder der Sortierprozeß minimal und damit erübrigt sich die Umrechnung, oder das Sortiermodell ist nicht mehr geeignet zur Erklärung.

Sind nun die Parameter für eine Verteilung geschätzt, dann läßt sich daraus die Verteilung der bisherigen Dauer im Querschnittsbestand unter der Annahme errechnen, daß das Sortiermodell zutrifft. Die möglichst gute Übereinstimmung mit den empirischen gegebenen Daten ist eine notwendige, aber keine hinreichende Bedingung für die Annahme der Hypothese, daß ein Sortierprozeß zugrunde liegt. Es ist immerhin denkbar, daß sich ein Abgangsprozeß, der sich aus einem Sortierprozeß und einem Prozeß mit steigender Abgangswahrscheinlichkeit zusammensetzt, durch ein reines Sortiermodell mit kleinerer Varianz bei den Abgangswahrscheinlichkeiten gut annähern läßt, zumindest wenn nur eine grobe Klasseneinteilung für den Vergleich zur Verfügung steht. M. a. W. ist es nicht möglich, die Adäquatheit der Annahme des Sortiermodells aufgrund dieser Gegebenheiten zu entscheiden. Damit wird es aber auch sehr fraglich, ob die Verteilung der vollständigen Dauer für die Kohorten, um deren Berechnung es ja letztlich hier geht, mit dieser Methode tatsächlich sinnvoll ermittelt werden können.

Diese Frage kann nur durch den Vergleich mit den Verteilungsdaten, die sich mit Hilfe anderer Methoden ergeben, beantwortet werden. Die im folgenden Kapitel darzustellende Methode der direkten Berechnung von Verbleibwerten mit Hilfe von

Zugangsdaten liefert für die hier untersuchten Gruppen und Zeitpunkte Vergleichzahlen. Es zeigte sich, daß nur für die jüngsten Altersgruppen im Jahre 1972 eine gewisse Übereinstimmung der Verteilungen, wie sie mit beiden Methoden gewonnen werden, vorliegt. Schon für die 25 - 45 jährigen und für alle Altersgruppen im Jahre 1976 ergeben sich sehr große Abweichungen, die bestätigen, daß bei diesen Gruppen der Abgangsprozeß nicht hinreichend mit einem Sortiermodell erklärt werden kann.

Das hier erläuterte Sortiermodell des Arbeitslosigkeitsprozesses erweist sich also für die empirische Berechnung der Verteilung der Dauer als ungeeignet, da es nicht nur die Stationarität voraussetzt - die zumindest für einige Zeitpunkte als hinreichend erfüllt angenommen werden könnte - sondern nur bestimmte Abgangsprozesse zu modellieren vermag, die offensichtlich in der Realität nicht vorliegen. Neben der theoretischen Durchdringung des Problems bleibt dies also das einzige Resultat: die längerfristige Arbeitslosigkeit verhält sich nicht entsprechend der durch das Sortiermodell geforderten Bedingung der ständigen Abnahme bei der Restkohorte, es wirken sich Faktoren auf den Abgangsprozeß bei längerfristig Arbeitslosen aus, die von der bisherigen Dauer selbst abhängig sind. Und zwar überwiegen dabei Einflüsse, die die Abgangsrate mit der Zeit vergrößern.

1o. Kapitel

Analyse der Dauerverteilung und des Abgangsprozesses in einer nichtstationären Situation

Die bisher erläuterten Methoden zur Bestimmung der Verteilung der vollständigen Dauer der Arbeitslosigkeit für Kohorten aus der bisherigen Dauer in Querschnittsbeständen ließen zwar einige interessante Einblicke in den Verlauf der Abgangsprozesse zu, führten jedoch insgesamt nicht zu empirischen befriedigenden Ergebnissen.

Die bevölkerungsstatistische Methode ist prinzipiell auf stationäre Situationen eingeschränkt, kann also die dynamischen Veränderungen im Arbeitslosigkeitsverlauf nicht ermitteln. Solche stationären Situationen liegen aber in der Bundesrepublik in den letzten 15 Jahren kaum vor. Außerdem ergab sich eine Schwierigkeit bei der Bestimmung der Kohortengröße aus der Ableitung der kumulierten Häufigkeitsverteilung der bisherigen Dauer. Diese konnte da behoben werden, wo sich gleichzeitig die wirkliche mittlere Kohortengröße durch Zugangsdaten zur Arbeitslosigkeit bestimmen ließ . Soweit dies aber der Fall ist, können die in diesem Kapitel zu entwickelnden Methoden, die ohne Stationarität auskommen, angewandt werden.

Für die Anwendung von Sortiermodellen gilt wiederum die prinzipielle Einschränkung, daß eine stationäre Situation angenommen werden muß. Zudem führte der nur teilweise geglückte Versuch der empirischen Anwendung zur Erkenntnis, daß für die meisten Gruppen von Arbeitslosen, insbesondere bei länger dauernder Arbeitslosigkeit, der Abgangsprozeß durch ein Sortiermodell schlecht beschrieben wird, da die Komponente einer Zunahme der Abgangswahrscheinlichkeit mit der Zeit durch Ausscheiden aus dem Arbeitsmarkt nicht berücksichtigt wird.

Sind nun neben regelmäßigen Registern über die bisherige Dauer der Arbeitslosigkeit auch Informationen über die Neuzugänge zur Arbeitslosigkeit vorhanden, dann läßt sich im Prinzip der Abgangsprozeß unabhängig von Stationarität bestimmen. Der Grundgedanke ist einfach: Die Dauerregister enthalten diejenigen, die in bestimmten, vor der Querschnittuntersuchung liegenden Zeitabschnitten arbeitslos geworden sind und zum Zeitpunkt der Querschnittuntersuchung immer noch arbeitslos sind. Da sich mit Hilfe der Zugangsdaten ermitteln läßt, wie viele in jenen Zeitabschnitten überhaupt arbeitslos geworden sind, ergeben sich daraus Informationen über die Wahrscheinlichkeit, nach einer bestimmten Zeit immer noch arbeitslos zu sein.

Die praktische Umsetzung dieser Idee stößt jedoch auf vielerlei Schwierigkeiten. Diese sind sehr stark von der konkreten Datenlage, insbesondere von der Periodizität der Daten abhängig. Im günstigsten Fall kann die im folgenden Abschnitt dargestellte "Bilanzmethode" angewandt werden.

1o.1 Die Bilanzmethode

Die Bilanzmethode verknüpft schematisch Zugangsdaten zur Arbeitslosigkeit mit Bestandsdaten, die nach der bisherigen Dauer klassifiziert sind. Als Ergebnis können Abgangs- und Verbleiberaten in Abhängigkeit von der Dauer der Arbeitslosigkeit bestimmt und damit der Abgangsprozeß und die Verteilung der vollständigen Dauer für Kohorten beschrieben werden. Voraussetzung für die Anwendung dieses einfachen Verfahrens ist allerdings, daß die Registrierung der bisherigen Dauer durch Querschnittsuntersuchungen in derselben Periodisierung erfolgt, nach welcher die bisherige Dauer ermittelt wird, daß also beispielsweise alle drei Monate eine Querschnittsuntersuchung stattfindet und die Registrierung der bisherigen Dauer in Dreimonatsklassen erfolgt (also: "unter 3 Monaten"; "drei bis unter sechs Monaten"; etc.).

Da, wie später gezeigt wird, in den ersten drei Monaten schon ein sehr großer Teil der arbeitslos Gewordenen wieder aus der Arbeitslosigkeit ausscheidet, sind dreimonatliche Erhebungen schon ein sehr grobes Raster. Für die Bundesrepublik, wo jährlich nur zwei Erhebungen gemacht werden (vor 1973 nur eine jährlich), und wo zudem die Klasseneinteilung nicht einmal mit dem Erhebungsrhythmus übereinstimmt[33] könnte die Bilanzmethode also nur für den Jahresrhythmus angewandt werden, was jedoch wegen der zu großen Abstände keinen Sinn macht.

Verfügbar sind solche Daten im Dreimonats-Rhythmus beispielsweise in Großbritannien[34]. Colin Leicester hat auf diese Daten die Bilanzmethode angewandt[35]. Die folgende Darstellung gibt die in unserem Zusammenhang wichtigsten Schritte aus seiner Arbeit wieder. Das "Bilanzschema" (vgl. Tabelle 1o I) ist wie folgt zu interpretieren: In der untersten Zeile steht jeweils der Bestand an Arbeitslosen einer bestimmten Dauerklasse zu Beginn des Quartals (U_i), darüber, was aus diesen Arbeitslosen im Laufe des Quartals wird. Dabei gibt es nur zwei Möglichkeiten: entweder sie verlassen im Laufe des Quartals die Arbeitslosigkeit (W_i) oder sie bleiben arbeitslos und gehen im folgenden Quartal in die nächsthöhere Dauerklasse über ($S_{ij} = U_j$, $j = i+1$). Beispielsweise seien zu Beginn des Quartals U_2 Personen in der Dauerklasse zwei (zwischen 13 und 26 Wochen arbeitslos). Im Laufe des Quartals werden davon W_2 die Arbeitslosigkeit verlassen, S_{23} bleiben arbeitslos und bilden im neuen Quartal den Anfangsbestand U_3 der Dauerklasse drei, (die nun schon zwischen 26 und 39 Wochen arbeitslos sind). r Personen sind während des laufenden Quartals neu arbeitslos geworden (Neuzugänge), l Personen ausgeschieden, nämlich die Summe aller W_i. Die U_j in der letzten Spalte bilden die Anfangsbestände für das nächste Quartal, ihre Summe den Gesamtbestand zu Beginn des nächsten Quartals. Die Summe der U_i (letzte Zeile) ist gleich dem Gesamtbestand am Anfang des laufenden Quartals.

Tabelle 1o I

Bilanzschema für Bestände und Flüsse von Arbeitslosen

	Dauerklassen der Arbeitslosigkeit						Endbestand (Zeitpunkt t)
	o	1	2	3	4	5	(Index j)
Abgänge	W_o	W_1	W_2	W_3	W_4	W_5	1
Bestände nach Dauer							
o - 13 Wochen	S_{o1}						U_1
13 - 26 Wochen		S_{12}					U_2
26 - 39 Wochen			S_{23}				U_3
39 - 52 Wochen				S_{34}			U_4
über 56 Wochen					S_{45}	S_{55}	U_5
Anfangsbestände (Zeitpunkt t-1) (Index i)	r	U_1	U_2	U_3	U_4	U_5	

Von denjenigen, die schon zu Beginn des Quartals länger als ein Jahr arbeitslos waren, wird im nächsten Quartal ein Teil die Arbeitslosigkeit verlassen, der Rest wird im neuen Quartal wiederum in derselben Kategorie sein. Reichen die Dauerklassen nur jeweils bis ein Jahr zurück, dann kann diese letzte Aufteilung allerdings nicht bestimmt werden. Leicester nimmt deswegen eine gleiche Verteilung auf Abgänger und Verbleibende vor, wie bei der vorangegangenen Klasse.

Solche Bilanzen können nun für jedes Quartal aufgestellt werden. Zur Illustration nachfolgend das Schema für das zweite Quartal 1968 bezogen auf die Männer in Großbritannien. Die Zahlen sind saisonbereinigt.

Tabelle 1o II

Arbeitslosigkeitsbilanz für Männer in Großbritannien im zweiten Quartal 1968 (in Tausend)

	Dauerklassen der Arbeitslosigkeit						Endbestand
	0	1	2	3	4	5	(Zeitpunkt t)
Abgänge	5o5	144	3o	13	5	15	712
Bestände nach Dauer							
0 - 13 Wochen	221						221
13 - 26 Wochen		8o					8o
26 - 39 Wochen			41				41
39 - 52 Wochen				25			25
über 52 Wochen					2o	59	79
Anfangsbestände (Zeitpunkt t-1)	726	224	71	38	25	74	

Der Anfangsbestand beträgt 432 Tausend, der Endbestand 446 Tausend Arbeitslose. Bemerkenswert ist, daß der Neuzugang in einem Quartal (726 Tausend) den Bestand um einen Faktor von 1.7 übertrifft, und daß sogar die Anzahl der Abgänge während des ersten Quartals der Arbeitslosigkeit (5o5 Tausend) größer ist als der Quartalsbestand. Dies deutet auf den starken Umschlagprozeß in der Arbeitslosigkeit hin.

Dividiert man nun für jede Dauerklasse die Abgänge aus der Arbeitslosigkeit (W_i), resp. die in der Arbeitslosigkeit Verbleibenden (S_{ij}) durch die Summe dieser beiden Größen (r resp. U_i) so erhält man die auf Dreimonatsintervalle bezogenen Abgangs- resp. Verbleiberaten. Für das Datenbeispiel ergeben sich folgende Werte:

Tabelle 1o III

Abgangs- und Verbleiberaten für arbeitslose Männer in Großbritannien im zweiten Quartal 1968

Dauerklasse	Abgangsrate	Verbleiberate
1 0 - 13 Wochen	0.695	0.3o5
2 13 - 26 Wochen	0.642	0.358
3 26 - 39 Wochen	0.427	0.573
4 39 - 52 Wochen	0.354	0.646
5 über 52 Wochen	0.2o3	0.797

Diese Raten sind wie folgt zu interpretieren: für diejenigen, die beispielsweise überhaupt in die zweite Dauerklasse gelangt sind, also mehr als 13 Wochen arbeitslos sind, beträgt die Wahrscheinlichkeit, innerhalb der folgenden drei Monate aus der Arbeitslosigkeit auszuscheiden 0.642, also die Wahrscheinlichkeit, am Ende dieses Intervalls immer noch arbeitslos zu sein 0.358. Das wichtigste Resultat, welches, wie später zu zeigen sein wird, auch für die Bundesrepublik, und da für die verschiedensten Gruppen von Arbeitslosen und für verschiedene konjunkturelle Phasen gilt, ist, daß die Abgangsraten mit der Zeit kleiner werden, also die Chance, die Arbeitslosigkeit zu verlassen - und die bedeutet beim größten Teil der Männer, wieder Arbeit zu finden - mit der Dauer der Arbeitslosigkeit sinkt.

Dieses Resultat ist allerdings mit Vorsicht zu interpretieren: daß die Abgangswahrscheinlichkeit für eine hochaggregierte Gruppe mit der Dauer sinkt muß noch nicht heißen, daß dies für die einzelnen Individuen, resp. für homogene Untergruppen der Fall ist. Auf diese Fragen wurde bei der Analyse von Sortierprozesses schon eingegangen.

Die in Tabelle 10 III aufgeführte Entwicklung der Abgangsraten mit der Dauer bedarf noch zweier Hinweise. Es scheint, als ob die Abgangsraten anfänglich nur leicht zurückgehen würden. Dies täuscht, weil die erste Abgangsrate sich auf eine kürzere Zeitspanne bezieht, da ja nicht alle, die während des Quartals neu arbeitslos wurden (r) dies schon zu Beginn des Quartals waren, sondern der Schwerpunkt des Zugangs etwa in der Mitte lag. Die auf ein ganzes Dreimonatsintervall umgerechnete Abgangsrate beträgt ca.o.834. Der zweite Hinweis bezieht sich darauf, daß, wie oben gesagt wurde, Leicester bei den über ein Jahr Arbeitslosen dieselbe Abgangsrate angenommen hat wie beim vorangehenden Intervall. Dies ist wohl kaum sehr befriedigend, denn es ist anzunehmen, daß sich die Verkleinerung der Abgangsrate auch über ein Jahr hinaus fortsetzt, es sei denn, daß sich nach einem Jahr Arbeitslosigkeit die Bedingungen des Ausscheidens durch "äussere" Umstände verändern, wie etwa in der Bundesrepublik durch Auslaufen des Arbeitslosengeldes. Dann können die Abgangsraten, wie später gezeigt wird, sogar wieder zunehmen[36].

Abgangs- und Verbleiberaten lassen sich für jede Dauerklasse und aufeinanderfolgende Quartale berechnen. Da nun die Angehörigen der i-ten Dauerklasse im folgenden Quartal, falls sie noch arbeitslos sind, zur i+1 ten Dauerklasse gehören werden, lassen sich damit Kohorten (also diejenigen, die im selben Dreimonatsintervall arbeitslos geworden sind) über die Zeit verfolgen. Das Verhältnis der jeweils immer noch Arbeitslosen zu der ursprünglichen Kohortengröße ergibt direkte Werte der Verbleibkurve und durch geeignete Interpolationen zwischen diesen Werten lassen sich die Verteilung der Dauer, Abgangsraten und Verbleiberaten zu beliebigen Zeitpunkten, sowie durchschnittliche Dauer der Arbeitslosigkeit für die Kohorte schätzen. Diese Probleme werden sich in ähnlicher Weise bei dem Verfahren der direkten Bestimmung von Verbleibwerten stellen, welches im folgenden Abschnitt erläutert wird.

1o.2 Die Verbleibwertmethode

Die Anwendung der Bilanzmethode ist für die Bundesrepublik nicht möglich, weil erstens eine und ab 1974 zwei Querschnittuntersuchungen jährlich ein zeitlich viel zu grobes Raster darstellen, um den Verbleib von Kohorten über die Zeit zu verfolgen - wie schon erwähnt wurde, scheidet der größte Teil der Arbeitslosen schon in den ersten Wochen und Monaten wieder aus der Arbeitslosigkeit aus - und weil zweitens die Klasseneinteilung der bisherigen Dauer in den Sonderuntersuchungen nicht mit den Erhebungsintervallen übereinstimmt.

Der Grundgedanke zur direkten Konstruktion von Verbleibkurven für Kohorten und Gruppen mit Hilfe der Daten, die in der Bundesrepublik zur Verfügung stehen, beruht jedoch, wie bei der Bilanzmethode, auf einer Zusammenführung der Information, die aus den monatlichen Neuzugängen stammt, mit den Daten über die Verteilung der bisherigen Dauer der in den Strukturuntersuchungen erfaßten Arbeitslosen.
Die Zuordnung dieser Daten und deren Interpretation für Kohorten folgt aber einem anderen Konzept. Es läßt sich am besten an einem Beispiel illustrieren. Ergibt sich aus einer Sonderuntersuchung Ende September, daß 1 ooo Arbeitslose "3 bis unter 6 Monate" arbeitslos sind, dann müssen diese den Restbestand von jenen darstellen, die während der Monate April, Mai und Juni arbeitslos geworden sind. Da man nun auch die Anzahl der Neuzugänge in diesen Monaten kennt (angenommen es seien dreimal 1 ooo gewesen), kann man damit einen Verbleibwert für die "April-Mai-Juni-Kohorte" bilden. Er beträgt offensichtlich 1/3 für ein z von ca. 4.5 Monaten. Für jede der sechs Dauerklassen jeder Sonderuntersuchung läßt sich auf diese Weise ein Verbleibwert für sechs verschiedene Verbleibzeiten berechnen. Diese gehören allerdings zu je verschiedenen, immer weiter zurückliegenden Kohorten. Wäre die Situation stationär, könnte also für nacheinanderfolgende Kohorten immer dieselbe Verbleibkurve angenommen

werden, könnten diese Werte als Einzelpunkte einer Verbleibkurve interpretiert werden. Dies ist jedoch für den größten Teil des Untersuchungszeitraums nicht der Fall. Wie schon die Analyse der Entwicklung der durchschnittlichen Dauer gezeigt hat, verändern sich die Abgangsprozesse, bedingt durch konjunkturelle Schwankungen und trendmäßige Entwicklungen, in der Zeit sehr stark. Und gerade diese Veränderungen sind hier hauptsächlicher Interessengegenstand. Das bedeutet, daß damit nur jeweils ein Verbleibwert für je eine Kohorte bekannt ist. Die genauere Untersuchung dieser Werte zeigt jedoch, daß die zeitlichen Veränderungen im Abgangsprozeß zwar ziemlich stark sind, sich jedoch relativ stetig vollziehen. Dies ermöglicht, wie im Abschnitt 12.1 gezeigt werden wird, eine Interpolation zwischen diesen Einzelwerten und eine Uminterpretation dieser Resultate für Kohorten.

Daneben treten jedoch noch weitere Schwierigkeiten der empirischen Durchführung auf. Einmal sind ja die beschriebenen Einzelwerte nicht Verbleibwerte einer Kohorte, deren Angehörige in einem kurzen Intervall arbeitslos wurden, sondern diese Zugangsintervalle sind relativ lang und zudem umso länger, je weiter sie zurückliegen. Es wird also zu untersuchen sein, inwieweit die Werte überhaupt sinnvoll als Kohorten-Verbleibwerte interpretierbar sind. Das zweite Problem ist die geringe Anzahl von Stützwerten für die Konstruktion von Verbleibkurven. Es wird also zu prüfen sein, ob sinnvolle Annahmen über den Verlauf dieser Funktion möglich sind. Ein weiteres Problem besteht darin, daß Zugangsdaten nur für sehr wenige Merkmale verfügbar sind, die in der Dauerverteilung in den Sonderuntersuchungen ausgewiesen werden.
Im Kapitel 6 wurde eine Methode entwickelt, für ein Merkmal wie das Alter, das einen homogenen Einfluß auf die Dauerverteilung ausübt, die Zusammensetzung des Neuzugangs mit den Dauerdaten der Sondererhebungen zu schätzen. Es wird zu prüfen sein, ob diese Schätzung geeignet ist, die Verteilung der vollständigen Dauer für Kohorten nach dem Verbleibwertverfahren zu berechnen.

Diese Probleme werden im folgenden Teil IV dargestellt. Vorerst sind jedoch noch einige Anmerkungen zu formalen Eigenschaften der Verbleibkurven zu machen, die später für deren Interpretation erforderlich sind. Unter Verbleibkurven sind im folgenden immer auf eins normierte Kohorten-Verbleibkurven zu verstehen, also Funktionen der (relativen) Zeit, die angeben, welcher Anteil einer Kohorte nach einer bestimmten Zeit z immer noch arbeitslos ist. Verbleibkurven müssen monoton fallend sein, d.h., die Abgangsraten (= pro Zeiteinheit die Arbeitslosigkeit Verlassende im Verhältnis zum jeweiligen Bestand) können nicht negativ werden. Ferner ist es problemlos, die Verbleibkurve als zeitlich beschränkt anzunehmen, falls dies hilfreich ist, also einen Zeitpunkt anzugeben, da alle Kohortenmitglieder die Arbeitslosigkeit verlassen haben werden.

Abbildung 1o I

Interpretation von Verbleibkurven

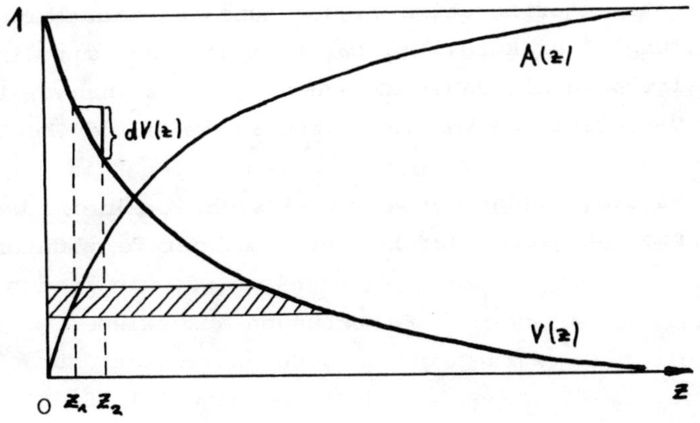

Bezeichnungen:

z: relative Zeit (O = Zugangszeitpunkt der Kohorte)

V(z): Verbleibkurve

A(z): kumulierte Abgangskurve

Zur Illustration nachfolgender Zusammenhänge dient Abbildung 1o I

- Die Verbleibfunktion und die <u>kumulierte Abgangsfunktion</u> (Anteil der ursprünglichen Kohorte, der zum Zeitpunkt z die Arbeitslosigkeit schon verlassen) ergänzen sich zu eins.

$$A(z) = 1 - V(z)$$

- Die <u>Abgangsratenfunktion</u> (pro Zeitintervall die Arbeitslosigkeit Verlassende im Verhältnis zum noch verbleibenden Bestand) ergibt sich als:

$$R(z) = \frac{dA(z)}{V(z)} = \frac{-\,dV(z)}{V(z)}$$

- Da die kumulierte Abgangsfunktion zugleich die kumulierte Häufigkeitsfunktion der Dauer der Arbeitslosigkeit ist, ergibt sich die <u>Häufigkeitsverteilung der Dauer</u> als zeitliche Ableitung der kumulierten Abgangsfunktion:

$$d(z) = \frac{dA(z)}{dz} = -\frac{dV(z)}{dz}$$

  Diskrete Interpretation dieser Aussage (vgl. obige Darstellung): der Anteil (dV(z)) derjenigen, die eine Arbeitslosigkeitsdauer zwischen z_1 und z_2 haben, ist gleich der Differenz der Verbleibwerte an den beiden Punkten z_1 und z_2.

- Die mittlere Dauer der Arbeitslosigkeit für die betrachtete Kohorte ist gleich der Fläche unter der Verbleibkurve:

$$\bar{z} = \int_0^\infty V(z)\, dz$$

Der Beweis dafür wurde schon im Zusammenhang mit der bevölkerungsstatistischen Methode erbracht[37]. Die Aussage ist aber auch wie folgt anschaulich begründbar: Die Fläche unter der Verbleibkurve kann man sich aus Streifen, wie dem in der Abbildung 1o I schraffierten, zusammengesetzt denken. Die Länge des Streifens stellt die Dauer derjenigen dar, die in einem bestimmten Intervall die Arbeitslosigkeit verlassen, die Breite ist die relative Häufigkeit, mit der diese Dauer vorkommt. Alle Streifen zusammen bilden also das gewogene Mittel aller vorkommender Dauern, damit also ihren arithmetischen Mittelwert.

Sind für ausreichend viele verschiedene Arbeitsmarktgruppen und für ausreichend viele nacheinanderfolgende Kohorten die Verbleibkurven und die Neuzugänge zur Arbeitslosigkeit bekannt, dann kann damit der Arbeitslosigkeitsprozeß als Erneuerungsprozeß vollständig beschrieben werden. Neben der direkten Information darüber, wie der Anteil der noch arbeitslosen einer bestimmten Kohorte im Zeitverlauf abnimmt, lassen sich aus den Verbleibkurven u.a. folgende weiteren Informationen gewinnen:

- Die durchschnittliche Dauer der Arbeitslosigkeit; dies nicht nur für die Gruppen und Kohorten, für die Verbleibkurven vorliegen, sondern auch für andere Mengen von Arbeitslosen, etwa für all diejenigen, die während eines Jahres arbeitslos geworden sind, oder für diejenigen, die zu einem bestimmten Stichtag arbeitslos sind.

- Die Verteilung der vollständigen Dauer der Arbeitslosigkeit; auch sie kann nicht nur für die Gruppen und Kohorten berechnet werden, sondern beispielsweise auch für einen Querschnittsbestand.

- Der Abgangsprozeß für einen Querschnittsbestand[38].

IV. Teil

ENTWICKLUNG DER VERTEILUNG DER VOLLSTÄNDIGEN DAUER DER ARBEITSLOSIGKEIT IN DER BUNDESREPUBLIK 1966 - 1977
Berechnung und Interpretation

11. Kapitel

Empirische und technische Probleme bei der Berechnung von Verbleibwerten für Kohorten

Die Berechnung der Verteilung der vollständigen Dauer der Arbeitslosigkeit für Kohorten ist allein aus der Verteilung der bisherigen Dauer in Querschnittsuntersuchungen nicht möglich. Sie würde erstens Stationarität des gesamten Prozesses voraussetzen - eine Bedingung, die höchstens für einige kurze Perioden annähernd erfüllt ist - und zweitens ergeben sich auch dann bei der Anwendung verschiedener Umrechnungsmethoden wegen der wenigen zur Verfügung stehenden Daten Schätzprobleme, die verläßliche Resultate unmöglich machen. Dies war das Resultat des neunten Kapitels. Im zehnten Kapitel wurde gezeigt, daß es eine Möglichkeit gibt, "Verbleibwerte" für Kohorten durch Zusammenführung der Register der bisherigen Dauer mit monatlichen Zugangsdaten auch unter den nicht sehr günstigen Datenbedingungen in der Bundesrepublik zu berechnen. Auf die einzelnen technischen Schwierigkeiten der Durchführung dieser "Verbleibwertmethode" wird nun in diesem Kapitel eingegangen.

11.1 Bedeutung verschiedener Merkmale der Arbeitslosen für die Dauer der Arbeitslosigkeit

Die Untersuchung der Dauer und des Abgangsverhaltens aus der Arbeitslosigkeit, die ein besseres Verständnis der Dynamik der Arbeitslosigkeit ermöglichen soll, müßte sinn-

vollerweise für die verschiedensten Gruppen von Arbeitslosen durchgeführt werden. Die gegebenen Daten setzen dem enge Grenzen. Informationen zur bisherigen Dauer gibt es in den Sondererhebungen, wie im Kapitel fünf erläutert wurde, in den letzten Jahren für eine ganze Reihe von relevanten Merkmalen und Merkmalskombinationen[1]. Deren Verwendung für die Untersuchung der Abgangsprozesse mit Hilfe des Verbleibwertverfahrens vereitelt jedoch die geringe Untergliederung der Zugangsdaten zur Arbeitslosigkeit.
Im 6. Kapitel wurde eine Methode erläutert, die die Schätzung der Zugangsschichtung nach dem wichtigen Merkmal Alter ermöglichte. Sie wird es nun auch erlauben, die Verbleibwertmethode auf Altersgruppen anzuwenden, wobei auf einige technische Probleme unten noch eingegangen wird. Es stellt sich die Frage, welche der anderen in den Sondererhebungen ausgewiesenen Merkmale für die Dauerverteilung Relevanz haben, und ob die entsprechenden Zugangsschichtungen in ähnlicher Weise wie die Alterszusammensetzung geschätzt werden können.

Die Einbeziehung eines Merkmals in die Berechnung der Dauer der Arbeitslosigkeit ist von umso größerer Bedeutung, je größer die Varianz im Arbeitslosigkeitsprozeß für die verschiedenen Ausprägungen des Merkmals ist. Beispielsweise wäre es dann nicht wichtig, die Frauen nach verheirateten und ledigen getrennt zu untersuchen, wenn die Verteilung der Verbleibdauer für die beiden Untergruppen sehr ähnlich wäre. Diese Ähnlichkeit läßt sich jedoch nur für die gegebenen Verteilungen der bisherigen Dauer untersuchen, die Frage ist, ob sich die Ergebnisse auf die hier interessierenden Verteilungen der vollständigen Dauer übertragen lassen. Dies ist nicht der Fall. Es können zwei Gruppen identische Abgangsprozesse haben und dennoch, wegen unterschiedlichen Zugängen in verschiedenen Intervallen, ungleiche Verteilungen der bisherigen Dauer aufweisen und umgekehrt[2]. Ohne die tatsächliche Berechnung der Verteilung der vollständigen Dauer läßt sich also die Relevanz nicht entscheiden. Dies ist jedoch ohne Zugangsdaten nicht möglich. Die Schätzmethode der Zugangsschichtung, die beim Alter angewandt wurde, läßt sich auch nicht ohne weiteres auf die anderen Merkmale übertragen, denn sie setzte ja eine Konstanz des Verhältnisses der Abgangsraten zwischen den verschiedenen Untergruppen für eine gewisse Zeit voraus. Diese Annahme erschien sinnvoll, weil sich in den Verteilungen der bisherigen Dauer eine sehr konstante Anteilsverschiebung zeigte, die in dieser Deutlichkeit bei anderen Merkmalen nicht beobachtet werden kann. Es wurde deshalb darauf verzichtet, das Verfahren auf andere möglichen Merkmale anzuwenden.

Bei der Verwendung der Altersschichtung der Zugänge sind nun noch einige technische Probleme zu erwähnen. Die Schätzung der Altersschichtung wurde im Kapitel sechs für einzelne Zeitpunkte vorgenommen. Die Verbleibwertmethode erfordert durchgehende Zeitreihen des altersgeschichteten Neuzugangs in Monatsschritten. Es stellt sich also die Frage, ob eine Interpolation der Alterszusammensetzung zwischen den Sondererhebung-Zeitpunkten sinnvoll ist. Die relativ stetige Veränderung in den Altersanteilen von Jahr zu Jahr scheint eine lineare Interpolation nahezulegen. Dabei sind allerdings zwei Probleme zu berücksichtigen:

(1) Einmal könnte angenommen werden, daß die saisonale Winter-Arbeitslosigkeit eine starke Verschiebung in der Alterszusammensetzung hervorruft, indem etwa die Außenberufe überdurchschnittlich viele jüngere Arbeitskräfte freisetzen. Dieser Effekt könnte allerdings durch den Jahresschluß-Kündigungstermin teilweise wieder ausgeglichen werden. Der Vergleich der Gruppen der drei bis sechs Monate Arbeitslosen aus den Mai und Septemberuntersuchungen (die also einerseits in den Monaten Dezember bis Februar und andererseits die in den Monaten April bis Juni arbeitslos gewordenen), ergibt sehr kleine Abweichungen in der Alterszusammensetzung, so daß mit einiger Berechtigung angenommen werden kann, daß die saisonalen Schwankungen relativ klein sind.

(2) Nicht vernachlässigt werden kann allerdings die jahreszeitliche Schwankung beim Neuzugang an jüngeren Arbeitslosen: wie die Resultate aus der Schätzung der Zusammensetzung vor den Sonderuntersuchungs-Zeitpunkten zeigt[3], liegen die Anteilswerte der Gruppe "unter 25 Jahre" im Juli jeweils wesentlich höher als im März. Dies hängt mit den Schulentlassungsterminen zusammen. Seit zwei Sonderuntersuchungen jährlich vorliegen, kann dieser Effekt bestimmt werden. Er zeigt große Regelmäßigkeit, und es ist anzunehmen, daß in den früheren Jahren ein ähnlicher Effekt vorlag. Die Schwankungen beim Anteil der älteren Arbeitnehmer können als Reflex der Anteilsschwankungen bei den jüngeren betrachtet werden.

Diese Überlegungen lassen sich wie folgt zusammenfassen: Die Alterszusammensetzung des Neuzugangs zu den Arbeitslosen verändert sich, mit der Ausnahme einer saisonalen Schwankung bei den jüngeren Arbeitslosen, relativ stetig. Sie kann für die Zeit unmittelbar vor den Sondererhebungen geschätzt werden. Für die anderen Monate wird sie aus diesen Stützwerten linear interpoliert, wobei vor 1973 (Fehlen der Mai-Erhebung) der Saisonaleffekt bei den Jugendlichen "künstlich" eingebaut wird.

Die Fehler, die bei dieser Schätzung gemacht werden, sind nicht kalkulierbar und die Resultate auch nur mit dieser Einschränkung zu interpretieren. Da jedoch die ganze Interpretation der Dauer-Verteilung vielmehr auf längerfristige Veränderungen in der Arbeitsmarktdynamik angelegt ist als auf die Bedeutung des einzelnen Resultatwerts, wiegt dieser Einwand nicht allzu schwer. Außerdem wird weiter unten[4] noch ein Test über die Verläßlichkeit des ganzen Verfahrens gemacht, der gute Resultate ergibt.

11.2 Berechnung einzelner Verbleibwerte

Soweit nun monatliche Zugangsdaten und Dauerregister aus den Sondererhebungen bekannt sind (dies ist für Männer und Frauen, für Landesarbeitsamtsbezirke[5], in den letzten Jahren für Wirtschaftszweige und - nach Anwendung der Schätz- und Interpolationsmethode, die im 6. Kapitel und im vorangehenden Abschnitt erläutert wurde - für vier Altersgruppen der Fall), können einzelne Verbleibwerte, die allerdings verschiedenen Kohorten zukommen, als Quotienten der noch Arbeitslosen in den verschiedenen Dauerklassen der Sondererhebungen einerseits und der Summe der Neuzugänge über entsprechende, zugehörige Intervalle andererseits berechnet werden.[6] Bevor nun die Probleme der verschieden langen Zugangsintervalle und der Uminterpretation dieser einzelnen Verbleibwerte als Kohortenverbleibwerte erörtert werden, sind einige Überlegungen zur Verwendbarkeit der einzelnen Verbleibwerte zu machen.

Bis 1973 gab es jährlich eine Sondererhebung, ab 1974 jährlich zwei. Schon von daher ist also die zeitliche Dichte der Informationen über die Dauer zu gering, um kurzfristige Schwankungen im Abgangsprozeß und in der Dauerverteilung - wie etwa saisonale Einflüsse - im einzelnen analysieren zu können. Technische Probleme, die weiter unten diskutiert werden, führen außerdem dazu, daß die Genauigkeit des einzelnen Werts nicht sehr hoch ist, die Interpretation sich also allgemein auf Niveaus und ihre Verschiebungen in der Zeit beschränken muß. Das bedeutet, daß sinnvollerweise nur konjunkturelle und säkulare Veränderungen des Arbeitslosigkeitsprozesses mit dieser Methode abbildbar sind.

Daraus folgt nun umgekehrt, daß die einzelnen verwendeten Verbleibwerte möglichst wenig von kurzfristigen zufälligen oder systematischen Veränderungen beim Neuzugang oder beim Abgangsverhalten beeinflußt sein sollten, sondern daß sie gewissermaßen die für die herrschende konjunkturelle Situation "typischen" Gegebenheiten wiederspiegeln müßten. Dies führt zu einigen Einschränkungen der Brauchbarkeit verschiedener Werte. Die erste hängt mit den im 6. Kapitel illustrierten vierteljährlichen Schwankungen beim Neuzugang zusammen, die vor allem bei den Angestellten durch die Kündigungen und Neueinstellungen zu den Quartalsenden verursacht werden. Es ist aus demselben Grunde anzunehmen, daß das kurzfristige Abgangsverhalten dieser beiden Gruppen verschieden verläuft, was sich jedoch nicht verfolgen läßt, da die Zugangsdaten nicht nach Stellung im Betrieb gegliedert sind. Durch die unterschiedlichen Stärken der beiden Gruppen - je nachdem ob der Zugangsmonat einem Quartalsende folgt oder nicht - ergeben sich also von Monat zu Monat unterschiedliche Verbleibkurven für Arbeiter und Angestellte zusammen, die nichts mit längerfristigen konjunkturellen Veränderungen zu tun haben. Das konjunkturell "typische" Verbleibverhalten ist also eine Mischung dieser verschiedenen Abgangskurven. Das bedeutet, daß es nicht sinnvoll ist, die beiden Dauerklassen "unter 1 Monat" und "1 bis unter 3 Monate" getrennt zur Berechnung von Verbleibwerten zu verwenden. Sie werden deswegen zu einem Dreimonatsintervall "unter 3 Monate" mit einer mittleren Verbleibdauer von 1.5 Monaten zusammengefaßt. Bei den weiter zurückliegenden Intervallen stellt sich dieses Problem nicht, da sie schon immer mindestens ein Vierteljahr umfassen und sich damit diese Schwankungen glätten.

Schwieriger zu definieren ist jedoch der Einfluß der saisonalen Winterarbeitslosigkeit. Der Vergleich der Verteilung der bisherigen Dauer zwischen den Mai- und den September-Untersuchungen zeigt, daß bei den Männern systematische Schwankungen der Besetzungszahlen der verschiedenen Dauerintervalle vorhanden sind, am ausgeprägtesten im Intervall "3 bis unter 6 Monate". Dies kann nur auf den verschieden starken Einfluß der saisonalen Komponente zurückgeführt werden. Der Septemberwert für dieses Intervall ist dabei jeweils niedriger als der Maiwert, obwohl ja der Neuzugang in dem entsprechenden Intervall (Oktober bis März) wesentlich höher ist als in dem der Mai-Untersuchung zugeordneten

(Juni bis November). Dies bedeutet, daß zumindest ein Teil der Winterkohorten schneller aus der Arbeitslosigkeit abgeht, als es dem jahresdurchschnittlichen Verhalten entsprechen würde. Dies ist offensichtlich dadurch bedingt, daß die typisch saisonalen Arbeitslosen, vor allem die aus den "Außenberufen", relativ unabhängig von der konjunkturellen Situation, im Frühjahr sehr schnell abgebaut werden. Auf der anderen Seite sind jedoch die Maiwerte der Intervalle über drei Monate eher überhöht, da die im Winter insgesamt schlechteren Möglichkeiten der Wiedereinstellung - nicht nur für die typischen Winterarbeitslosigkeits-Berufe - die vor und während des Winters arbeitslos Gewordenen länger in der Arbeitslosigkeit hält, als es der konjunkturellen Lage entsprechen würde.

Diese Einflüsse führen zu zwei Problemen: einmal sind insgesamt die Maiwerte relativ stärker von der saisonalen Arbeitslosigkeit beeinflußt als die Septemberwerte. Es gibt jedoch keine Möglichkeit, diese Einflüsse zu korrigieren. Da zudem in den Jahren vor 1974 keine Mai-Untersuchungen vorliegen, wurde die Berechnung durchgehend nur auf die September-Untersuchungen gestützt. Bei diesen wird jedoch, wie oben erläutert, der Neunmonatswert (Intervall "6 bis unter 12 Monate" bei den Männern von der Winterarbeitslosigkeit beeinflußt, und zwar fällt der Verbleibwert für dieses Intervall kleiner aus, als es ohne die relativ schnell wiederabgebaute Winterarbeitslosigkeit zu erwarten wäre. Auch dieser Effekt kann nicht verläßlich korrigiert werden, da beim Neuzugang während des Winters die beiden Gruppen, für welche unterschiedliches Abgangsverhalten angenommen werden muß, sich nicht genau trennen lassen. Um eine Korrektur in der richtigen Richtung zu erreichen, wurden bei den Männern die Zugangswerte im Winter reduziert[7].

Diese Einschränkungen führen dazu, daß für die weitere Untersuchung aus jeder Septembererhebung vier Verbleibwerte zur Verfügung stehen, die den Verbleibzeiten 1.5, 4.5, 9 und 18 Monate entsprechen.

11.3 Intervallbildung und damit verbundene Ungenauigkeiten

Im vorangehenden Abschnitt wurde dargestellt, wie einzelne Verbleibwerte gewonnen werden: als Anteile von denjenigen, die - in einer bestimmten Dauerklasse - zum Zeitpunkt der Sondererhebung noch arbeitslos sind an denjenigen, die in dem entsprechenden, zurückliegenden Zeitintervall arbeitslos geworden waren. Wären diese Zugangsintervalle relativ klein im Verhältnis zur inzwischen vergangenen Zeit, dann wäre es unproblematisch, alle Zugänge während dieser kurzen Zeitspanne als eine Kohorte zu betrachten, deren Angehörige in der Intervallmitte arbeitslos geworden sind. Diese Intervalle sind aber relativ groß und es stellt sich die Frage, welche Fehler gemacht werden, wenn trotzdem die Mitte des Intervalls als Zugangszeitpunkt für alle angenommen wird.

Grundsätzlich treten drei Fehlerquellen auf: Einmal ist der Neuzugang nicht während des ganzen Intervalls konstant, sondern es treten im Verlauf der einzelnen Monate und von Monat zu Monat Schwankungen auf. Zweitens ist nicht anzunehmen, daß alle Monatskohorten eines Intervalls dieselben Verbleibkurven haben. Drittens ergibt sich aus der Form der Verbleibkurven ein systematischer Fehler, wenn der berechnete Verbleibwert als Verbleibwert für den Zeitraum von der Mitte des Zugangsintervalls bis zum Sondererhebungs-Zeitpunkt interpretiert wird.

Soweit die ersten beiden Fehlerquellen das Resultat von stochastischen Schwankungen sind, fallen sie nicht weiter ins Gewicht, da man sich gerade nicht für das Verbleibverhalten einer einzelnen, ganz kleinen Kohorte interessiert, sondern für das mittlere Verhalten in einem Zeitraum und die Tendenzen dieser Entwicklung über längere Zeiträume.

Bei den Zugangsdaten gibt es allerdings auch systematische

Schwankungen: die Kündigungstermine bewirken, daß einmal innerhalb eines Monats zu dessen Beginn ein verstärkter Zustrom stattfindet und das zweitens jeweils zu Beginn eines Quartals ein deutlicher Anstieg zu verzeichnen ist. Beide Verschiebungen wirken sich nun (jedenfalls bei den Septemberuntersuchungen, auf die sich die Berechnung der Verbleibwerte stützt) in der Weise aus, daß der Schwerpunkt des Neuzugangs vor der Intervallmitte liegt. Die Verschiebung innerhalb der Monate könnte im Extremfall (alle werden am 1. arbeitslos) einen halben Monat betragen, in Wirklichkeit ist dieser Effekt bedeutend schwächer, wenn auch mit den vorhandenen Daten nicht quantitativ bestimmbar. Der zweite Effekt erzeugt eine Verschiebung in der Größenordnung bis zu vier Tagen[8]. Die saisonale Spitze in den Wintermonaten erzeugt keinen starken Effekt, da Dezember und Januar in der Mitte des relevanten Halbjahresintervalls Oktober bis März liegen.

Ein zweiter systematischer Fehler entsteht dann, wenn der berechnete Verbleibwert als Verbleibwert in der Mitte des entsprechenden Intervalls interpretiert wird. Dies hängt mit der konkaven Form der Verbleibkurve zusammen. Folgendes Beispiel mag dies verdeutlichen.

In den Monaten April, Mai und Juni seien je 33 neu Arbeitslose verzeichnet worden. Bei der Septemberuntersuchung sind 2o Arbeiter als "drei bis unter sechs Monate arbeitslos" registriert. Der daraus berechnete Wert von o.2 stellt einen Verbleibwert dar, es ist jedoch nicht exakt der Wert bei der Marke 4.5 Monate (= Mitte des Zugangsintervalls bis Ende September). Nimmt man an, es wäre der Verbleibwert nach 4.5 Monaten, dann wären von der Mai-Kohorte tatsächlich noch 2o % übrig, von der April-Kohorte etwas weniger und von der Juni-Kohorte etwas mehr. Diese "mehr" und "weniger" würden sich nur dann ausgleichen, wenn die Verbleibkurve in diesem Bereich linear wäre. Das ist sie aber nicht. Aus dem Grunde würde der Verbleibwert für das ganze Intervall etwas über o.2 liegen, selbst wenn die Verbleibkurve für die Einzelkohorten bei t= 4.5 den Wert o.2 hätte. Der in Wirklichkeit berechnete Wert von o.2 ist aber ein solcher Mittelwert. Daraus läßt sich schließen, daß der tatsächliche Verbleibwert bei t= 4.5 Monaten etwas kleiner sein muß als o.2.

Bei plausiblen Annahmen über die Form der Verbleibkurve wäre in diesem Falle der tatsächliche Verbleibwert an dieser Stelle ca. o.196. Diese Abweichung ist umso größer, je größer das Intervall und je größer die Veränderung der Neigung der Verbleibkurve innerhalb dieses Intervalls ist.

Diese beiden systematischen Fehler haben nun entgegengesetzte Auswirkungen. Anknüpfend an das Beispiel läßt sich das wie folgt illustrieren. Der erste Schluß oben war, daß, wäre der wirkliche Verbleibwert bei t = 4.5 o.2, dann käme für das ganze Intervall ein etwas größerer Verbleibwert zustande. Verlegt man nun aber die Schwerpunkte des Eintritts für jeden Monat etwas nach vorn, dann wird offensichtlich der Wert etwas kleiner. Das heißt aber, daß dann sehr wohl ein tatsächlicher Verbleibwert von o.2 nach viereinhalb Monaten verträglich wird mit einem berechneten Intervallverbleibwert von o.2. Mit anderen Worten, es wäre dann nicht falsch, den berechneten Verbleibwert als den Wert in der Intervallmitte zu betrachten.

Im Anhang E werden einige Überlegungen zur Abschätzung dieser Fehlergrößen gemacht. Größenordnung und tendenzielle Ausgleichung stellen sicher, daß die berechneten Verbleibwerte als gute Annäherung für die Intervallmitte betrachtet werden können.

11.4 Erzeugung von Kohorten-Verbleibwerten aus den einzelnen berechneten Verbleibwerten

Bisher wurden Verbleibwerte für die Intervallmitten der Sonderuntersuchungen berechnet, entsprechend der Fragestellung: Wieviele von denen, die im Mittel vor z Monaten arbeitslos geworden sind, sind jetzt immer noch arbeitslos? Diese einzelnen Verbleibwerte (für z = 1.5, 4.5, 9, 18 Mt.) sind also Informationen über je verschiedene Kohorten. Für die September-Untersuchung stellt der erste Wert den 1.5 Mt.-Wert für die August-Kohorte (bei Zugrundelegung der Intervallmitte), der zweite den 4.5 Mt.-Wert für die Mai-Kohorte, der dritte Wert den 9 Mt.-Wert für die Dez./Jan.-Kohorte und der vierte Wert den 18 Mt.-Wert für die März/April-Kohorte des Vorjahres dar. Wäre dieser Prozeß stationär, d.h. würde für jede Zugangs-Kohorte dieselbe Verbleibkurve gelten, dann bildeten diese Werte Stützpunkte dieser konstanten Verbleibkurve. Dies ist natürlich i.A. nicht der Fall. So wird etwa zu Beginn einer Rezession der 18 Mt.-Wert noch sehr klein sein, da er den Restbestand einer "Hochkonjunktur-Kohorte" darstellt, während für die zu dieser Zeit neu arbeitslos werdenden dereinst (nach weiteren 18 Mt.) dieser Wert bedeutend höher sein wird. Zur Bestimmung dieses Werts wird man also 18 Mt. später (falls es da eine Sonderuntersuchung gäbe!) den Verbleibwert für die Gruppe der ein bis unter zwei Jahre Arbeitslosen zu berechnen haben. Mit anderen Worten: zur Bestimmung der Kohorten-Verbleibwerte müssen die berechneten Verbleibwerte der Sonderuntersuchungen neu geordnet werden. Dieses Procedere soll an der nachstehenden Abbildung erläutert werden.

Die Zugangslinie ist eine Zeitachse, auf welcher die jeweiligen monatlichen Neuzugänge (normiert auf 1oo %) stattfinden. Sie wird unterbrochen durch die Sonderuntersuchungs-

Abbildung 11 I

Zur Berechnung der Kohorten-Verbleibwerte aus den Verbleibwerten der Sonderuntersuchungen
(die eingetragenen Verbleibwerte beziehen sich auf alle Arbeitslosen)

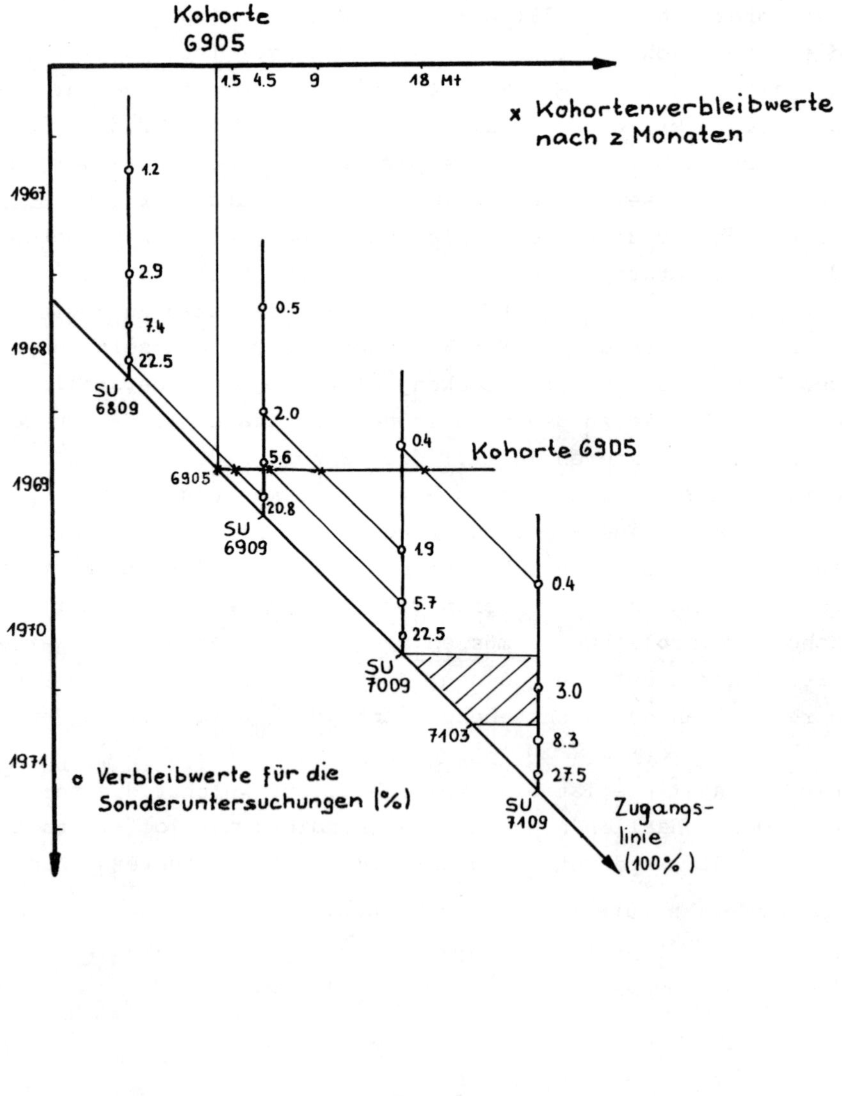

Zeitpunkte (SU; Jahr und Monat). Auf den senkrechten Linien sind als kleine Kreise die Intervallmitten der Dauer-Intervalle eingezeichnet, daneben stehen Verbleibwerte (in %) für alle Arbeitslosen. Beispielsweise bedeutet der Wert o.3 auf der Senkrechten der SU 71o9, daß von denjenigen, die zwischen Oktober 7o und März 71 neu arbeitslos geworden sind, im September 1971 3 % immer noch arbeitslos sind. Offensichtlich hat mal also zur Bestimmung der Kohorten-Verbleibwerte (Beispiel Kohorte 69o5) eine horizontale Linie durch den entsprechenden Zugangszeitpunkt zu legen und die Werte an den Schnittstellen mit den Senkrechten zu bestimmen. Würden sich die Sonderuntersuchungen in sehr kurzen Abständen folgen, dann hätte man genügend solcher Schnittstellen. Bei einer verwendbaren Sonderuntersuchung jährlich ist dies aber nicht der Fall. Kohorten-Verbleibwerte können also nur dann bestimmt werden, wenn "künstliche" Schnittstellen durch Interpolation zwischen den gegebenen Werten erzeugt werden. Dies ist nur dann sinnvoll, wenn die Veränderungen zwischen den Stützwerten als relativ stetig angenommen werden können. Durch die im Abschnitt 11.2 vorgenommenen Korrekturen wurde erreicht, daß die Stützwerte möglichst "typisch" für die insgesamt herrschende konjunkturelle Situation sind. Da man sich hier nun ohnehin nur für die konjunkturellen und säkularen Veränderungen interessiert, erscheint eine Interpolation zulässig.

Dies kann an den in der Abbildung enthaltenen Werten verfolgt werden. Im Sept. 68 sind noch die Auswirkungen der Rezession sichtbar. Insbesondere der 18 Mt.-Wert ist noch, im Vergleich mit den nachfolgenden Jahren, deutlich überhöht. Im September 69 und 7o werden dann die günstigsten Werte erzielt, wobei die beiden kürzeren Werte von 69 auf 7o schon wieder leicht ansteigen, die beiden längeren jedoch noch leicht fallen. Im September 1971 ist dann, mit Ausnahme der am weitesten zurückliegenden Gruppe, eine deutliche Verschlechterung zu beobachten. (Bis September 1975 steigen die Verbleibwerte in allen Intervallen monoton an und erreichen dann die Maxima von 5o.1 %, 29.4 %, 14.7 % und 3.3 % in den entsprechenden Intervallen. Beim letzten Intervall ist 1976 noch ein Anstieg zu verzeichnen, die anderen Werte gehen deutlich zurück).

Im Prinzip kommen hier viele verschiedene Interpolationsmöglichkeiten in Frage. Stellt man sich die Verbleibwerte als Kote vor (entsprechend Höhepunkten auf der Landkarte), dann bilden sie Stützpunkte einer "Verbleibfläche", die, beginnend über der Zugangslinie mit einem Kamm der Höhe 1oo (%) nach "Norden" und nach "Osten" abfällt. Die Kohorten-Verbleibkurve entsteht dann als Schnitt durch diesen "Abhang". Diese Anlage würde eine zweidimensionale, nichtlineare Interpolation nahelegen, die jedoch sehr aufwendig würde, ohne mit größerer Genauigkeit die einzelnen Kohorten-Verbleibwerte zu bestimmen als etwa die hier angewandt lineare Interpolation parallel zur Zugangslinie durch die einzelnen Verbleibwerte (in der Abbildung durch die feinen Schräglinien angedeutet). Mit diesem Verfahren können nun vier Stützpunkte, außer dem 1oo %-Punkt, einer Kohorten-Verbleibkurve bestimmt werden, und dies im Prinzip für jeden Zugangszeitpunkt. Zu interpretieren ist sie jedoch nicht als tatsächlich der ent-Monatskohorte genau zukommende Verbleibkurve, sondern sie stellt das zu dieser Zeit konjunkturell "typische" Abgangsverhalten dar.

12. Kapitel

Darstellung der Resultate und Verläßlichkeitstest

12.1 Konstruktion und Auswertung von Kohorten-Verbleibkurven

Mit den im letzten Kapitel dargestellten Methoden lassen sich für beliebige (konjunkturell "typische") Kohorten in der Gliederung nach Männern und Frauen, sowie nach vier Altersgruppen je vier Verbleibwerte (1.5, 4.5, 9, 18 Monate nach dem Zugang) berechnen. Für verschiedene weitere Auswertungen, so etwa zur Berechnung der durchschnittlichen vollständigen Dauer oder zur Ermittlung der Verteilung der Dauer, ist es erforderlich, eine durch die fünf Stützpunkte (die vier genannten sowie den Wert 1 beim zeitlichen Ursprung) laufende Verbleibkurve zu konstruieren. Die einfachste Annahme, die zu einer solchen Verbleibkurve führt, ist, daß die Abgangsrate (pro Zeiteinheit die Arbeitslosigkeit Verlassende im Verhältnis zum momentanen Bestand) für ein durch je zwei Stützwerte begrenztes Intervall konstant sei:

$$\frac{\frac{dA(z)}{dz}}{V(z)} = - \frac{\frac{dV(z)}{dz}}{V(z)} = \lambda_i = \text{const.} \qquad (1)$$

(im Intervall (z_i, z_{i+1}))

D.h., daß die Verbleibkurve durch stückweise Exponentialfunktionen von der Form

$$V(z_i + t) = V(z_i)\, e^{-\lambda_i t}; \quad 0 \leq t < z_{i+1} - z_i \qquad (2)$$

(im Intervall (z_i , z_{i+1}))

dargestellt werden kann.

Die Abgangsrate λ_i läßt sich aus den beiden Stützwerten berechnen:

$$\lambda_i = \frac{\ln V(z_i) - \ln V(z_{i+1})}{z_{i+1} - z_i} \qquad (3)$$

Nun gibt es zwar keinen Grund anzunehmen, daß die Abgangsraten in Wirklichkeit stückweise konstant sind, um sich dann an willkürlich festgelegten Punkten auf der Zeitachse sprunghaft zu verändern. Dies könnte dadurch geglättet werden, daß nicht stückweise konstante, sondern beispielsweise linear sich verändernde Abgangsraten angenommen würden[9]. Die Bestimmung einer solchen linearen Funktion der Abgangsraten kann durch jeweils drei Stützwerte erfolgen. Dies wurde auch versucht, führte jedoch zu problematischen Ergebnissen. Der Grund dafür ist der folgende: wendet man dieses Verfahren an, dann beeinflussen auch die vor- und nachgelagerten Intervalle den Verlauf der Abgangsrate im Innern eines Intervalls. Dies ist ja im Prinzip auch intendiert, praktisch jedoch nicht sinnvoll, weil offenbar in den einzelnen Intervallen spezifische Faktoren den Abgangsprozeß bestimmen. Beispielsweise ist die erneute Zunahme der Abgangsrate im Intervall zwischen neun und achtzehn Monaten auf das verstärkte Ausscheiden aus der Arbeitslosigkeit nach Auslaufen des Arbeitslosengeldes zurückzuführen. Es wäre nun nicht sinnvoll, diese Tendenz sich auch schon auf das vorangehende Intervall auswirken zu lassen. Deswegen wurde auf dieses kompliziertere Verfahren verzichtet und Intervallweise konstante Abgangsraten angenommen.

Zur Konzentration der in den Verbleibkurven enthaltenen Information und zur Interpretation der Resultate wurden folgende Werte und Verteilungen berechnet:

(1) Die durchschnittliche Verbleibdauer für jede Kohorte. Wie oben [10] gezeigt wurde, ergibt sie sich als Fläche unter der Verbleibkurve, die mit Hilfe numerischer Integration bestimmt werden kann.

(2) Die Häufigkeitsverteilung der Dauer der Arbeitslosigkeit (F), bezogen auf alle Fälle von Arbeitslosigkeit (die gleich der Anzahl der Kohortenmitglieder ist). Dazu werden mit Hilfe der Formel (2) die Verbleibwerte an den entsprechenden Intervallgrenzen berechnet; die relativen Häufigkeiten ergeben sich als Differenzen der Verbleibwerte an den Intervallgrenzen. Um den Vergleich mit der Verteilung der bisherigen Dauer in den Sondererhebungen zu ermöglichen, wurden dieselben Intervallgrenzen (1, 3, 6, 12 Monate) gewählt.

(3) In einer weiteren Auswertung der Verbleibkurven wurde die Verteilung der Gesamtdauer der Arbeitslosigkeit (G), die von einer Kohorte "erlitten" wird, bezogen auf dieselben Intervalle ermittelt [11]. Diese Gesamtdauer ergibt sich als Produkt der durchschnittlichen Dauer (= Fläche unter der Verbleibkurve) und der Kohortengröße. Die Verteilung dieser Gesamtdauer auf die Intervalle ist gleich der Häufigkeit der Fälle in diesen Intervallen (F), gewichtet mit der jeweiligen Dauer. Die einzelnen Anteile ergeben sich (vgl. Abbildung 12 I) als Verhältnis der Fläche von horizontalen Streifen durch die Verbleibwerte bei den Intervallgrenzen zur Gesamtfläche, denn diese horizontalen Streifen sind - nimmt man die senkrechte Achse als Abszisse - das Integral über die Verbleibdauer entlang der "Häufigkeitsachse", also die mit der Dauer gewichteten relativen Häufigkeiten in den entsprechenden Intervallen.

Abbildung 12 I

Zur Auswertung der Verbleibkurven

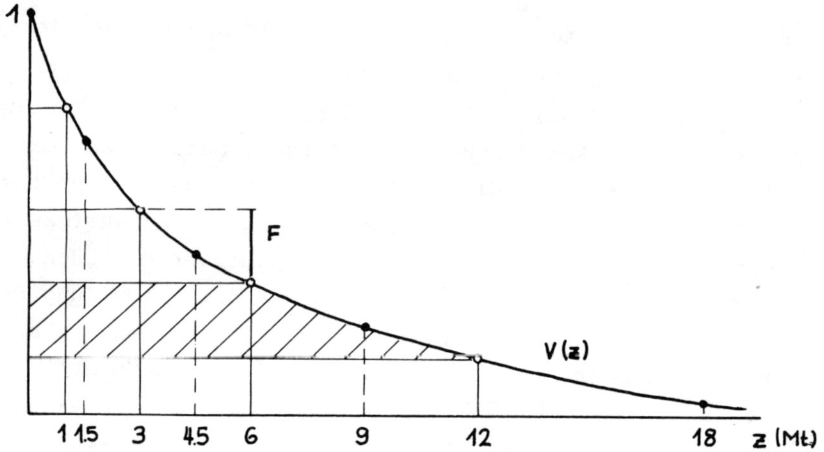

• ursprünglich berechnete Verbleibwerte (o, 1.5, 4.5, 9, 18 Mt

o interpolierte Verbleibwerte (1, 3, 6, 12 Mt.)

F: relative Häufigkeit der Fälle im Intervall (3.6) Mt.

//// Beitrag des Intervalls (6, 12) Mt. zur Gesamtdauer

(4) Zur Beschreibung des Abgangsprozesses wurden weiter die Abgangsraten (A) in den durch die ursprünglich berechneten Verbleibwerte begrenzten Intervallen berechnet, jedoch nicht als Abgangsraten bezogen auf eine kontinuierliche Zeitachse (dies wären die oben bestimmten λ_i), sondern bezogen auf eine diskrete Zeitachse mit Schritten von Viertelmonaten, also ungefähr Wochen[12]. Sie ergeben sich als:

$$A_i = 1 - \left(\frac{V(z_{i+1})}{V(z_i)} \right)^{\frac{1}{t}} \qquad (4)$$

wobei t gleich der Intervallänge in Viertelmonaten.

12.2 Test über die Verläßlichkeit der ermittelten Verbleibkurven

Das hier vorgestellte Verbleibkurvenverfahren zur Ermittlung der Verteilung der vollständigen Dauer der Arbeitslosigkeit mußte sich auf einige Hilfskonstruktionen stützen. In der Hauptsache waren es die folgenden drei:

- Bestimmung der Verbleibfunktionen auf der Basis von fünf Stützwerten;

- Zusammenfassung des Zugangsprozesses zu relativ großen Intervallen;

- Bestimmung der Alterszusammensetzung des Zugangs zu den Arbeitslosen.

Diese letzte mögliche Fehlerquelle ist nur bei der altersfeinen Untergliederung von Bedeutung, die anderen beiden sind bei allen Verbleibkurven relevant. Es wurde in den vorangegangenen Abschnitten versucht, Einschätzungen der möglichen Fehler vorzunehmen. Es konnte sich aus prinzipiellen Gründen um keine mathematische Fehlerschätzung, sondern nur um empirische Tests und Plausibilitätsüberlegungen handeln. Über die unter Umständen additionalen Effekte konnte bisher keine Aussage gemacht werden.

Die Verläßlichkeit dieses Verfahrens soll aus dem Grunde jetzt noch in einem "synthetischen" Test untersucht werden, der direkt auf den konstruierten Verbleibkurven aufbaut. Der Grundgedanke ist einfach: hat man die Schichtung nach bisheriger Dauer der Arbeitslosigkeit zu zwei nicht zu weit auseinanderliegenden Zeitpunkten (z.B. Mai und September eines Jahres), dann müßte es möglich sein, mit Hilfe der

Verbleibkurven die Mai-Verteilung in den Rest der über vier Monate Arbeitslosen der September-Verteilung überzuführen. Oder anders gesagt, diejenigen, die im September mehr als vier Monate arbeitslos sind, bilden den Restbestand von denjenigen, die schon im Mai arbeitslos waren. Eine Verbleibkurve für einen solchen Querschnittsbestand gibt es bis jetzt nicht, denn dieser ist ja zusammengesetzt aus Restbeständen verschiedener früherer Kohorten. Die nachstehende Abbildung soll dies verdeutlichen.

Abbildung 12 II

Zum Abgangsprozeß eines Querschnittbestandes von Arbeitslosen (Mai bis September)

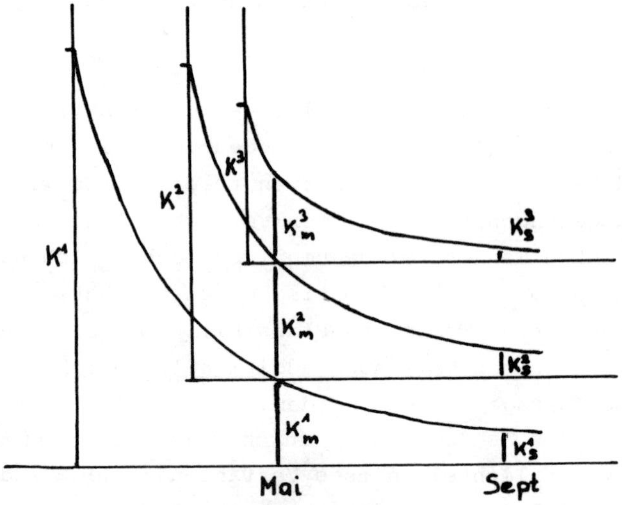

Angenommen, der Mai-Bestand setze sich nur aus drei Klassen der bisherigen Dauer zusammen. Diese sind jeweils die Restbestände der drei Kohorten mit den Anfangsbeständen K^1, K^2, K^3. Aus der Maierhebung sind diese Restbestände K_m^1, K_m^2, K_m^3 bekannt. Die Verbleibkurven für die verschiedenen Kohorten sind bekannt. Damit ist es möglich, die Restbestände im September (K_s^1, K_s^2, K_s^3) zu berechnen. Sie ergeben

Tabelle 12 I

Test über die Verläßlichkeit des Verbleibkurvenverfahrens

September 1975	Berechnete Werte mit Verbleibkurven-methode	Tatsächliche Werte der Sonderuntersuchung Sept. 75
Männer		
Absolute Größe der Restkohorte "über 6 Monate"	214 000	205 000
Altersschichtung		
unter 25 J.	16,9 %	16,6 %
25 - 45 J.	48,6 %	47,1 %
45 - 55 J.	18,3 %	18,7 %
über 55 J.	16,2 %	17,2 %
Frauen		
Absolute Größe der Restkohorte "über 6 Monate"	175 000	166 000
Altersschichtung		
unter 25 J.	21,2 %	21,1 %
25 - 45 J.	48,2 %	47,2 %
45 - 55 J.	19,3 %	19,9 %
über 55 J.	11,4 %	11,7 %

sich aus den Mai-Beständen durch Multiplikation mit dem Verhältnis der Verbleibwerte V_s^i / V_m^i . Die Summe dieser September-Restwerte bildet den Schätzwert für die im September über vier Monate lang arbeitslosen, der mit dem tatsächlichen Wert aus der Septembererhebung verglichen werden kann. Dieses Verfahren wurde nun für das Jahr 1975 angewendet. Da die Intervallgrenzen der Dauerklassen nicht mit der Monatsdifferenz Mai bis September übereinstimmen, wurde für den September die Anzahl derjenigen geschätzt, die über ein halbes Jahr arbeitslos sind. Das bedeutete die Berechnung der Restbestände von denjenigen, die im Mai schon über zwei Monate arbeitslos waren. Die Resultate sind zufriedenstellend, sowohl was die absolute Größe der Restkohorten für Männer und Frauen, als auch, was die Alterszusammensetzung betrifft (Vgl. Tabelle 12 I).

12.3 Das Programm ALODUR

In den vorangegangenen Abschnitten wurden die einzelnen Schritte erläutert, die notwendig sind, um durch Zusammenführung der Zugangsdaten zu den Arbeitslosen mit den Verteilungen der bisherigen Dauer der Arbeitslosigkeit nach den Sonderuntersuchungen Verbleibkurven für verschiedene Kohorten und verschiedene Arbeitsmarktgruppen zu gewinnen. Es ging dabei um folgende Berechnungen[14):

- Schätzung der Altersgliederung der Neuzugänge auf der Basis der Sonderuntersuchungen durch "exponentielle Extrapolation" (6.2.2);

- Berechnung des altersgeschichteten Neuzugangs für die ganze Untersuchungsperiode durch Interpolation unter Berücksichtigung des Schulabgangseffekts (11.1);

- Zusammenfassung der gruppenspezifischen Neuzugänge zu den Intervallen, die den Dauerklassen in den Sonderuntersuchungen entsprechen (11.2);

- Berechnung einzelner Verbleibwerte (11.3);

- Uminterpretation der einzelnen Verbleibwerte zu Kohortenverbleibwerten (11.4);

- Bestimmung von Verbleibkurven durch stückweise exponentielle Funktionen mit konstanten Parametern (12.1);

Bereits zur Auswertung und Interpretation der Verbleibkurven gehören die vier folgenden Schritte:

- Berechnung der Dauerverteilung in den Klassen, die bei den Sonderuntersuchungen verwendet werden, durch Differenzbildung der Verbleibwerte an den Intervallgrenzen (12.1);

- Berechnung der durchschnittlichen Kohorten-Verbleibdauer (durchschnittliche vollständige Arbeitslosigkeits-Dauer) durch numerische Integration der Verbleibfunktionen (12.1);

- Verteilung der Gesamtdauer der Arbeitslosigkeit nach Dauerintervallen (12.1);

- Berechnung der viertelmonatlichen Abgangsraten (12.1);

Außerdem waren die monatlichen Abgänge und die Umschlagszahlen für Männer und Frauen zu berechnen, die im 6. Kapitel interpretiert wurden.

Alle diese einzelnen Berechnungen wurden in ein Computerprogramm ALODUR zusammengefaßt, welches auf der TR 44o des Großrechenzentrums Berlin implementiert ist. Der Dateninput besteht aus den monatlichen Zugangs- und Bestandszahlen für Männer und Frauen 1964 bis 1977 und aus den Verteilungen der bisherigen Dauer nach den Sondererhebungen 1964 bis 1977, geschichtet nach Geschlecht und Altersgruppen. Der Output besteht aus den Anhang-Tabellen I und II, sowie aus den Altersschichtungen bei den Neuzugängen[15]. Ohne größeren Aufwand läßt sich diese Berechnung künftig nach Erscheinen der neuen Sondererhebungsdaten fortschreiben.

Es wurde weiter oben erläutert, daß saisonale Effekte bei dieser Untersuchung nicht berücksichtigt werden konnten[16]. Dies ist bei der Interpretation zu beachten. Da die Kohorten-

Verbleibwerte durch lineare Interpolation zwischen den jeweiligen Verbleibwerten der September-Sonderuntersuchungen bestimmt wurden, lassen sich Verbleibkurven für Kohorten jedes Zugangszeitpunkts gewinnen. Welche davon zur Interpretation herangezogen werden, ist dabei weitgehend willkürlich, die Auswertung erfolgt ja vor allem in Bezug auf die konjunkturellen und längerfristigen Veränderungen. Es wäre jedoch sicher wenig sinnvoll, die Verbleibkurve etwa für den Januar zu bestimmen, da der tatsächliche Verlauf für die Januar-Kohorte stark saisonal deformiert ist und damit Fehlinterpretationen nahegelegt würden. Für die weitere Auswertung wurden hier die Verbleibkurven für die September-Kohorten zugrunde gelegt.

Da eine Kohorte in die Zukunft hinein verfolgt werden muß, um ihre Verbleibkurve zu berechnen, können vollständige Aussagen nur mit zeitlicher Verzögerung gemacht werden. Die letzte Kohorte, die bis ca. 18 Mt. verfolgt werden konnte, war auf der Basis der Sonderuntersuchung September 1977 die die Frühjahrskohorte 1976. Von den späteren Kohorten sind nur noch Aussagen über das Anfangsverhalten möglich. In den Tabellen über die Kohorten-Verbleibwerte und deren Interpretation (Anhang-Tabelle II) wurden deshalb zusätzlich die Verbleibwerte der Sondererhebung September 1977 selbst aufgeführt und als Pseudo-Kohortenwerte interpretiert. Wäre die Situation zu der Zeit stationär (sie ist in der Tat 1977 auf hohem Niveau relativ stationär), dann wären dies auch, wie oben ausgeführt wurde, tatsächliche Kohorten-Verbleibwerte [17].

Auf der anderen Seite braucht man für die Bestimmung der Verbleibwerte die Zugangsdaten bis zwei Jahre vor der Sonderuntersuchung. Die Bestimmung der Altersschichtung des Zugangs erforderte nun ebenfalls die Informationen aus den Sonderuntersuchungen. Aus diesem Grunde war es nur möglich, Verbleibkurven ab 1966 zu berechnen, zwei Jahre nach der ersten Sonderuntersuchung von September 1964.

13. Kapitel

Entwicklung der durchschnittlichen Dauer der Arbeitslosigkeit

In diesem und im folgenden Kapitel werden die Ergebnisse der Berechnung der Dauer der Arbeitslosigkeit, die mit Hilfe der Verbleibwertmethode gewonnen wurden, dargestellt und interpretiert. Es muß nochmals betont werden, daß die zugrundeliegenden Verbleibwerte und die daraus gewonnenen Verbleibkurven nicht das tatsächliche Verbleibe- und Abgangsverhalten der einzelnen, konkreten Kohorten, sondern dasjenige einer für den betreffenden Zeitraum typischen Kohorte wiedergeben.

13.1 Entwicklung der durchschnittlichen Dauer nach Altersgruppen

Durch die Schätzung der Altersschichtung beim Neuzugang zu den Arbeitslosen wurde es möglich, mit Hilfe der Verbleibwertmethode die Verteilung der vollständigen Dauer der Arbeitslosigkeit und insbesondere auch ihren Durchschnittswert für vier Altersgruppen zu berechnen (vgl. Graphik 13 I). Folgende Aspekte sind bemerkenswert:

(1) Die Kurven haben keine Überschneidungen, d.h. die älteren Arbeitnehmer hatten über den ganzen Zeitraum hinweg längerdauernde Arbeitslosigkeit als die jüngeren. Der vor allem konjunkturell bedingte Verlauf zeichnet sich bei allen Gruppen in ähnlicher Weise ab.

(2) Die Unterschiede in der durchschnittlichen Dauer zwischen den Altersgruppen sind sehr ausgeprägt. Bei den Männern ist dies noch stärker der Fall als bei den Frauen, diese Differenz zwischen den Geschlechtern wird allerdings mit der Zeit kleiner. 1966 war die Dauer der Arbeitslosigkeit

Graphik 13 I

Entwicklung der durchschnittlichen Dauer der Arbeitslosigkeit 1966 - 1977 nach Geschlecht und Altersgruppen

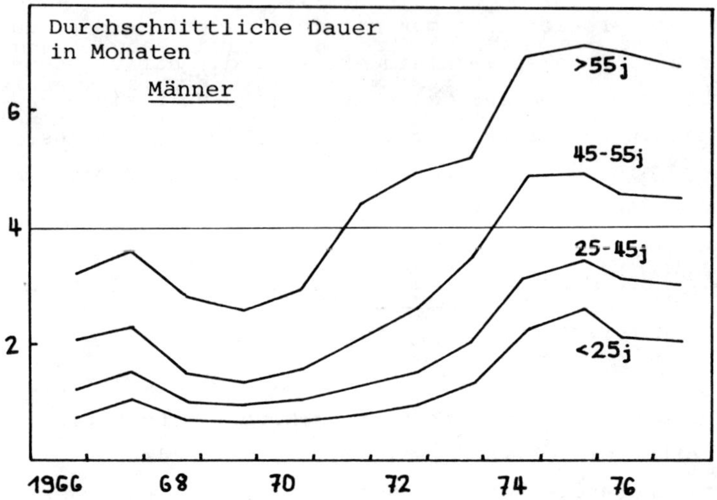

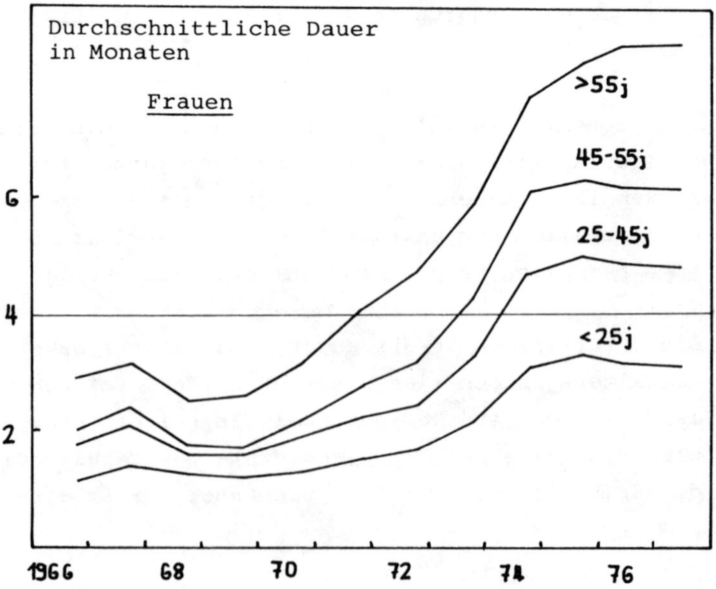

bei den Männern in der höchsten Altersgruppe 4.5 mal länger als bei der jüngsten, dieser Faktor betrug bei den Frauen nur 2.5. Dieser Unterschied hing vor allem mit der stark überdurchschnittlichen Dauer der über 55-jährigen Männer zusammen[18], 1977 betragen die entsprechenden Faktoren bei den Männern 3.3 und bei den Frauen 2.7.

(3) Sowohl die absolute Streuung (Standardabweichung), wie auch die relative Streuung (Variationskoeffizient) haben, wie aus der nachstehenden Tabelle 13 I ersichtlich ist, mit der Zeit zugenommen.

Tabelle 13 I

Streuung der durchschnittlichen Dauer der Arbeitslosigkeit für Altersgruppen

Standardabweichung (s) und Variationskoeffizient (v) zwischen den Altersgruppen (ungewichtet)

		1966	1977
Männer	s	1.o4 Mt.	1.78 Mt.
	v	o.55	o.59
Frauen	s	o.64 Mt.	2.o2 Mt.
	v	o.36	o.45

In Bezug auf die Dauer hat sich also die Lage für die älteren Arbeitslosen gegenüber früher nicht nur absolut, sondern sogar relativ zum Durchschnitt verschlechtert. Daß heute die Arbeitslosenquote bei den älteren nicht mehr so stark überdurchschnittlich ist wie früher, ist also ausschließlich auf die wesentlich kleinere Zahl der Neuzugänge zurückzuführen, die weitgehend ein Resultat eines verbesserten Arbeitsplatzschutzes der Älteren ist.

(4) Bis 1967 blieb die durchschnittliche Dauer der Arbeitslosigkeit bei den Frauen geringfügig unter der der Männer. Von da an stieg sie bei den Frauen wesentlich stärker an. 1977 beträgt der Unterschied schon beinahe 1.5 Monate zu Lasten der Frauen (Männer 3.o, Frauen 4.44 Monate). And dieser Entwicklung sind sämtliche Altersgruppen beteiligt.

(5) Bei sämtlichen Gruppen mit Ausnahme der älteren Frauen geht die durchschnittliche Dauer in den letzten beiden Jahren leicht zurück. Während dies bei den Männern als eine Begleiterscheinung des Rückgangs des Bestandsniveaus zu erwarten ist, geschieht dies bei den Frauen auf dem Hintergrund eines immer noch ansteigenden Bestandes. Dieser Effekt ist allerdings noch zu schwach, um auf eine Umkehr des längerfristigen Trends der Zunahme der Bedeutung der Dauer gegenüber dem Neuzugang[19] schließen zu können.

Wenn auch heute noch, wie oben gezeigt wurde, die älteren Arbeitnehmer beider Geschlechter die längste Dauer der Arbeitslosigkeit hinnehmen müssen, dann wird dies für die Altersgruppe als ganze dadurch stark gemildert, daß, wie in Abschnitt 6.2.3 gezeigt wurde, der Anteil der älteren an allen arbeitslos Werdenden sehr stark zurückgegangen ist. Um die Gesamtauswirkung der beiden Effekte zu verdeutlichen, kann berechnet werden, welchen Anteil an der Gesamtdauer von Arbeitslosigkeit (ausgedrückt in "Menschmonaten") zu einer bestimmten Zeit jeweils die einzelnen Gruppen haben. Diese Gesamterfahrung setzt sich aus Häufigkeit und Dauer multiplikativ zusammen. In Annäherung können diese Anteile also bestimmt werden durch die Anteile der Produkte aus Zugang und mittlerer Dauer für die einzelnen Gruppen[2o]. Die Resultate zeigt nachstehende Tabelle 13 II.

Tabelle 13 II

Anteil der Altersgruppen an der Gesamtdauer der Arbeitslosigkeit (in %)

Altersgruppe	Männer 1967	Männer 1976	Frauen 1967	Frauen 1976
< 25 Jahre	13 %	26 %	17 %	32 %
25 - 45 Jahre	26	47	42	44
45 - 55 Jahre	11	15	18	15
> 55 Jahre	5o	12	23	9
Insgesamt	1oo	1oo	1oo	1oo

Bei beiden Geschlechtern ergibt sich eine Entlastung der älteren Arbeitslosen und eine verstärkte Belastung der jüngeren. Dieser Effekt ist jedoch bei den Männern viel stärker: In der letzten Rezession fiel die Hälfte der erfahrenen Arbeitslosigkeit auf die über 55jährigen, jetzt sind es nur noch 12 %. Dagegen hat sich der Anteil der unter 25jährigen an der Gesamtdauer bei den Männern verdoppelt, bei den Frauen fast verdoppelt. Absolut betrachtet am stärksten ist die Zunahme bei der Altersgruppe der 25 bis 45jährigen Männer: auf sie entfällt heute fast die Hälfte der Arbeitslosigkeit bei den Männern. Im Gegensatz zu 1967 sind heute die Verteilungen bei den beiden Geschlechtern sehr ähnlich. Auch dies läßt auf eine Annäherung im Verhalten der beiden Gruppen schließen, wenn auch bei den Frauen diese Verteilung durch im Vergleich zu den Männern längere Dauer und kleinere Zugangszahlen zustande kommt.

Zur Berechnung dieser Anteile an der Gesamtdauer wurden die Anteile am Zugang mit der durchschnittlichen Dauer multipliziert. Auf der anderen Seite wurde weiter oben[21)] gezeigt, daß das Produkt aus Zugang und Dauer ungefähr gleich dem Bestand ist. Daraus folgt, daß die Anteile der Gruppen an der Gesamtdauer gleich sein müssen wie die Anteile der Gruppen im Bestand der Arbeitslosen. Diese Übereinstimmung zeigt sich beim Vergleich der Tabelle 13 II mit der ersten Spalte der Tabelle 6 III[22)] (die Differenzen erklären sich aus den verschiedenen Berechnungskonzepten und den unterschiedlichen Bezugszeiträumen). Wenn also im 6. Kapitel die Aussagekraft der Bestandsschichtung in Zweifel gezogen und statt dessen die getrennte Betrachtung von Zugangszusammensetzung und Dauer angestrebt wurde, läßt sich diese Kritik jetzt wie folgt abschwächen: die Schichtung des Bestandes nach einem bestimmten Merkmal ist zwar nicht repräsentativ für die Zusammensetzung aller Arbeitslosigkeitsfälle (aller, die in einem bestimmten Zeitraum arbeitslos geworden sind) nach diesem Merkmal, sie gibt jedoch den Anteil, den die einzelnen Gruppen an der Gesamtdauer der erlittenen Arbeitslosigkeit haben, richtig wieder.

13. 2 Dauer der Arbeitslosigkeit nach Wirtschaftsabteilungen

Wie im fünften Kapitel ausgeführt wurde, ist die Gliederung der Arbeitslosen nach Wirtschaftsgruppen neben der nach Geschlecht und Landesarbeitsamtsbezirken die einzige, für die sowohl monatliche Zugangsdaten zur Arbeitslosigkeit wie auch die Verteilungen der bisherigen Dauer in den Sondererhebungen vorliegen. Grundsätzlich kann also hier das Verbleibwertverfahren zur Bestimmung der Abgangsprozesse und damit der Verteilung der vollständigen Dauer für Kohorten angewandt werden. Allerdings gibt es die Zugangsdaten nur für die Jahre 1974 bis 1976 und wiederum ab September 1977. Diese Zeitspanne ist zu kurz, um eigentliche Kohorten-Verbleibkurven zu bestimmen. Die relativ stationäre Situation im Jahre 1976 erlaubt es jedoch, ähnlich wie bei der Altersgliederung für das Jahr 1977 [23], das Verhalten von "Pseudo-Kohorten" zu berechnen, indem die Verbleibwerte, die sich für die September-Sonderuntersuchung ergeben, direkt als Kohorten-Verbleibwerte interpretiert werden. Aus den so gewonnenen Verbleibkurven läßt sich die durchschnittliche Dauer der Arbeitslosigkeit für Arbeitnehmer aus verschiedenen Branchen berechnen. Die Ergebnisse für elf Wirtschaftsabteilungen und für Männer und Frauen enthält die nachstehende Tabelle 13 III.

Tabelle 13 III

Durchschnittliche Dauer der Arbeitslosigkeit (Mt.) nach freisetzenden Wirtschaftsabteilungen
für Männer und Frauen 1976

Abteilung	Männer	Frauen
Land- und Forstwirtschaft	2.8	3.7
Energie, Wasser, Bergbau	5.1	6.6
Verarbeitendes Gewerbe	3.6	5.6
Bau	2.4	5.9
Handel	4.o	5.3
Verkehr, Nachrichten	2.7	5.o
Kredit, Versicherung	6.o	7.4
Dienstleistung	3.8	4.4
Org. ohne Erw.charakter	4.1	4.5
Gebietskörperschaften	4.2	6.3
Sonstige	1.6	1.7

Zwischen den Wirtschaftsabteilungen herrschen bezüglich der Dauer der Arbeitslosigkeit beträchtliche Unterschiede. Sie reicht bei den Männern von 1.6 Monate bei den "Sonstigen" bis 6 Monate bei "Kredit und Versicherungen" (Standardabweichung ungewichtet: 1.19 Mt.), bei den Frauen von 1.7 bis zu 7.4 Monaten für dieselben Branchen (Standardabweichung 1.49 Mt.) Folgende weitere Aspekte sind festzuhalten:

(1) Die großen Unterschiede bei den Männern können ein Indiz für die mehr oder weniger große Bedeutung von internen Arbeitsmärkten in den einzelnen Wirtschaftsabteilungen sein. Nach dieser Interpretation weist kurze durchschnittliche Dauer der Arbeitslosigkeit auf einen großen Anteil kurzfristiger "Fluktuationsarbeitslosigkeit" hin. Es muß dann allerdings gleichzeitig angenommen werden, daß oft dieselben Arbeitskräfte von Arbeitslosigkeit betroffen sind. Lange durchschnittliche Arbeitslosigkeit bedeutet andererseits, daß es in den Branchen dieser Abteilungen für einmal arbeitslos Gewordene schwierig ist, wieder in die internen Arbeitsmärkte hineinzukommen. Typisch für viel Fluktuationsarbeitslosigkeit sind demnach die Abteilungen Land- und Forstwirtschaft, Bau, Verkehr und Nachrichten (unter welche auch die Transport- und teilweise die Lagerarbeiter fallen) sowie die Sonstigen (vgl. unten). Typisch für das Bestehen interner Arbeitsmärkte auf der anderen Seite: Energie/Wasser/Bergbau, Kredit/Versicherungen, Gebietskörperschaften und Organisationen ohne Erwerbscharakter. Bei den Abteilungen Verarbeitendes Gewerbe, Handel und Dienstleistungen besteht keine klare Tendenz. Hier spielt wahrscheinlich die Betriebsgröße eine entscheidende Rolle für das Bestehen oder Nichtbestehen interner Arbeitsmärkte.

(2) Die übermäßig lange Dauer bei Handel und Kredit, sowie bei den Frauen zusätzlich bei den Branchen, wo sie vor allem in der Verwaltung beschäftigt sind (Energie, Bau) betont die große Bedeutung der Schwierigkeiten von Verwaltungspersonal.

(3) Der niedrige Wert für die Männer beim Bau ist durch die günstige Saison einerseits und durch die große Bedeutung von "Turnover" andererseits zu erklären: über 6o % sind weniger als anderthalb Monate arbeitslos.

(4) Interessant ist ebenfalls, daß bei den Organisationen ohne Erwerbsacharakter kaum ein Unterschied in der Dauer von Männern und Frauen festzustellen ist, bei den tätigkeitsverwandten Gebietskörperschaften die Frauen jedoch erheblich längere Arbeitslosigkeit haben.

(5) Die niedrigen Werte bei den "Sonstigen" erklären sich aus der Zusammensetzung dieser Gruppe: es sind entweder Arbeitnehmer, die bisher ohne Berufstätigkeit waren oder diese unterbrochen hatten, oder aber solche, die keine Angabe der bisherigen Wirtschaftsklasse machen konnten. Bei den ersten beiden Gruppen hängt also die Kürze ihrer Registrierung wohl stark damit zusammen, daß sie teilweise keine Ansprüche auf Arbeitslosenunterstützung haben. (Die Gruppe der "Sonstigen" macht immerhin ca. 1o % der Arbeitslosen aus.)

Dieser letzte Punkt führt nochmals deutlich vor Augen, daß alle hier gemachten Aussagen, die sich auf die registrierte Arbeitslosigkeit beziehen, relativiert werden müssen, wenn man bedenkt, wie unterschiedlich für verschiedene Gruppen die Erfassungsquote der Arbeitslosigkeit durch die Registrierung bei den Arbeitsämtern ist [24).]

14. Kapitel

Abgangsprozeß aus der Arbeitslosigkeit und Verteilung der Dauer für verschiedene Gruppen

Das Hauptziel dieser Arbeit war es, eine Methode zu entwickeln und empirisch anzuwenden, die es erlaubt, aus den gegebenen Verteilungen der bisherigen (unvollständigen) Dauer der Arbeitslosigkeit, die in Querschnittsuntersuchungen in der Bundesrepublik in regelmäßigen Abständen vorhanden sind, die Verteilung der vollständigen Dauer unter allen Arbeitslosen zu berechnen. Diese Umrechnung sollte sich zudem nicht nur auf eine stationäre Situation beziehen, sondern es war wünschenswert, Informationen über die Entwicklung der Dauerverteilung in der Folge konjunktureller Veränderungen und im längerfristigen Trend zu gewinnen.

Unter Berücksichtigung verschiedener Datenrestriktionen erwies sich ein methodisch grundsätzlich einfaches, in seiner empirischen Ausführung jedoch recht dornenreiches Verfahren als zweckmäßig, welches die Dauerverteilung auf dem Umweg über die Beschreibung des Abgangsverhaltens der Arbeitslosen einer Kohorte (=Arbeitslose, die in einem relativ kleinen Zeitabschnitt arbeitslos geworden sind) berechnet. Es war möglich, dieses Verfahren auf Alters- und Geschlechtsgruppen für den Zeitraum 1966 bis 1977 anzuwenden. Die Berechnung verschiedener weiterer Informationen neben den Dauerverteilungen aus den ursprünglich berechneten Verbleibwerten für Kohorten wurde im Abschnitt 12.1 erläutert; die Ergebnisse aus dem dafür entwickelten Computerprogramm sind in den Anhangtabellen II ausgedruckt.

In diesem letzten Kapitel sollen nun einige weitere Ergebnisse dargestellt und interpretiert werden. Zuerst sind verschiedene typische Abgangsprozesse zu illustrieren und zu kommentieren. Im zweiten Abschnitt werden die gewonnenen Dauerverteilungen mit der Ausgangsbasis, den Verteilungen der bisherigen Dauer in Querschnittsbeständen, verglichen und deren Aussagekraft in Frage gestellt. Der dritte Abschnitt erläutert zwei verschiedene Konzepte der Dauerverteilung, deren Ergebnisse unter je anderen Aspekten relevant sind. Abschließend wird die zeitliche Entwicklung der kurz-, mittel- und langfristigen Arbeitslosigkeit für verschiedene Gruppen dargestellt.

14.1 Verbleib in und Abgangsprozeß aus der Arbeitslosigkeit

Auf Grund der berechneten Verbleibwerte und mit Hilfe von Interpolationsannahmen über den Verlauf der Verbleibkurven zwischen diesen Werten, die im Abschnitt 12.1 erläutert wurden, läßt sich der Abgangsprozeß aus der Arbeitslosigkeit für die Kohorten und untersuchten Gruppen darstellen. Zu seiner Illustration werden in der nachfolgenden Graphik 14 I die Verbleibkurven für einige ausgewählte Gruppen dargestellt. Ihre Werte geben den Anteil der Arbeitslosen einer Kohorte wieder, der nach x Monaten immer noch in der Arbeitslosigkeit verbleibt. Oder anders gesagt, die Differenz dieser Werte zu 1oo % stellt den Anteil dar, der bis zu einem bestimmten Zeitpunkt die Arbeitslosigkeit wieder verlassen hat. Das Verbleibverhalten dieser Gruppen läßt sich wie folgt charakterisieren:

(1) Bei aller Unterschiedlichkeit des Verlaufs im einzelnen, und vor allem im Vergleich der beiden konjunkturell gegensätzlichen Zeitpunkte, haben die Verbleibkurven eine charakteristische Gemeinsamkeit. Es ist ihr relativ schnelles Abfallen in den ersten ein bis anderthalb Monaten, das, wie im vierten Abschnitt dieses Kapitels weiter erläutert wird, zu einem für alle Gruppen und zu allen Zeitpunkten erstaunlich hohen Anteil kurzfristiger Arbeitslosigkeit führt. Dies weist darauf hin, daß in der Hochkonjunktur der größte Teil der arbeitslos Werdenden in kürzester Zeit wieder einen Arbeitsplatz

Graphik 14 I

Verbleibkurven und durchschnittliche Dauer für ausgewählte Kohorten

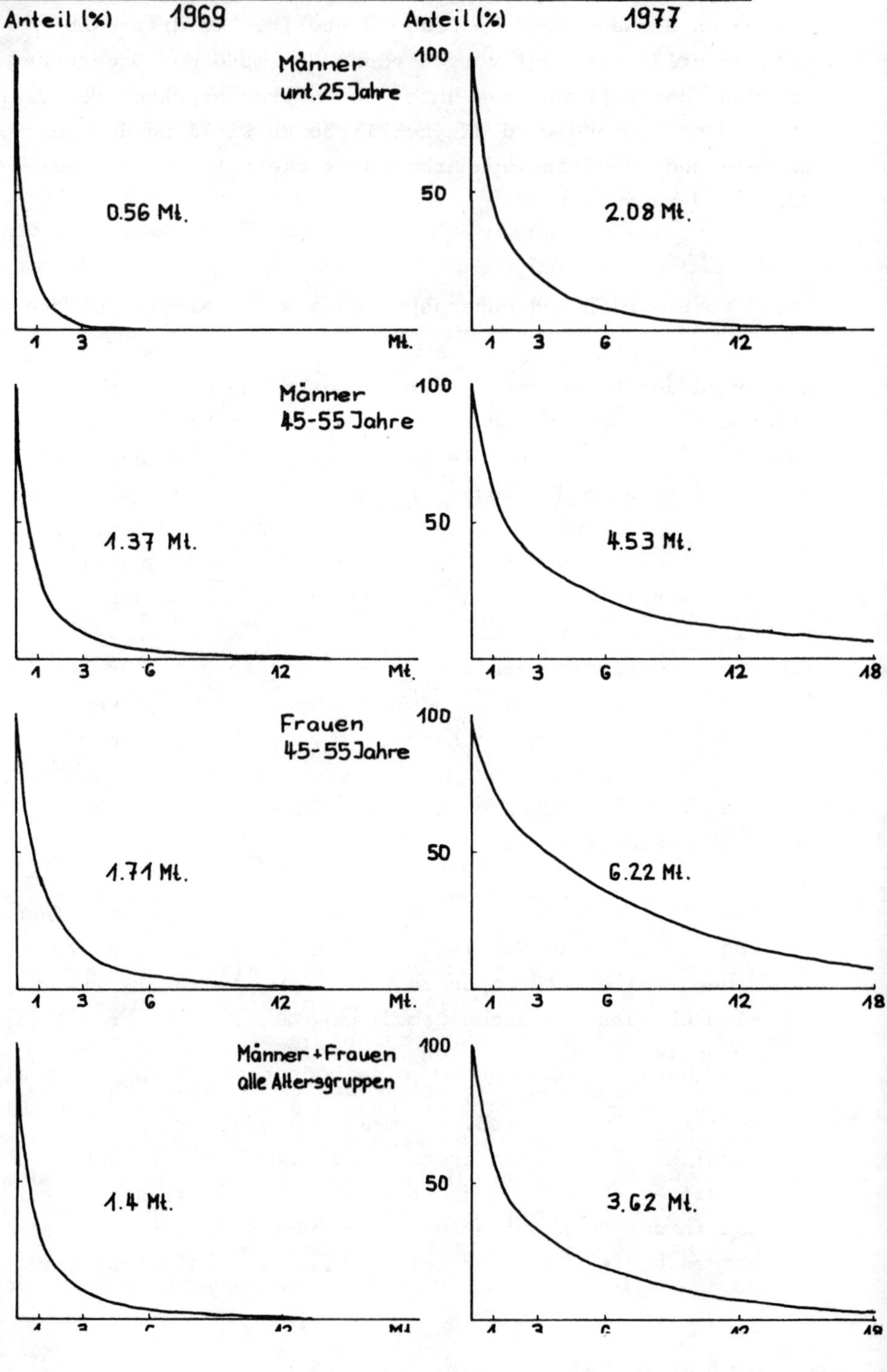

findet und daß auch in Zeiten hoher Arbeitslosigkeit die kurzfristigen Fälle, die einen vergleichsweise unproblematischen Arbeitsplatzwechsel begleiten, eine bedeutende Rolle spielen. Erwartungsgemäß weist das "Verhalten" der älteren Frauen von diesem Muster die größte Abweichung auf.

(2) In der Hochkonjunktur spielt bei den jüngeren männlichen Arbeitskräften Arbeitslosigkeit von über 3 Monate Dauer, bei den älteren solche von über 12 Monate Dauer keine signifikante Rolle. Interessant ist hier der Vergleich der Verbleibkurven zwischen den älteren Männern und Frauen: die beiden Gruppen haben zwar beide bei 12 Monaten einen etwa gleich geringen Wert, die Kurven weisen vorher jedoch einen recht unterschiedlichen Verlauf auf. Nach anderthalb Monaten haben schon über 8o % der Männer, dagegen nur 69 % der Frauen die Arbeitslosigkeit wieder verlassen. Dieser Abgangsprozeß setzt sich bei den Frauen dann bis zum Zeitpunkt von etwa fünf Monaten fort, während bei den Männern bei ca. zwei Monaten eine starke Verlangsamung des Abgangs einsetzt. D.h. bei den Männern ist eine deutlichere Unterscheidung von kurz- und mittelfristiger Arbeitslosigkeit gegeben als bei den Frauen.

(3) Im Jahr 1977 stellt sich die gleiche Reihenfolge zwischen diesen drei ausgewählten Gruppen ein wie in der Hochkonjunktur, allerdings ist jetzt der Abgangsprozeß selbst bei den jüngsten Männern ungünstiger als bei den älteren Frauen im Jahre 1969, bei einem im übrigen sehr ähnlichen Verlauf. Bei den Älteren beginnt jetzt auch sehr langfristige Arbeitslosigkeit eine bedeutende Rolle zu spielen: 7 % der Männer und 8 % der Frauen der Altersgruppe 45 bis 55 Jahre sind nach 18 Monaten immer noch arbeitslos. Auch hier zeigt sich ein sehr ausgeprägter Unterschied zwischen den beiden Geschlechtern: Ein viel größerer Anteil der Männer verläßt die Arbeitslosigkeit nach kurzer Zeit, während später eine starke Verlangsamung des

Abgangsprozesses einsetzt. Bei den Frauen, deren Situation insgesamt viel ungünstiger ist, bleiben die Abgangsraten jedoch auch nach sechs Monaten Dauer recht hoch, was auf einen verstärkten Rückzug von der Erwerbstätigkeit hindeutet.

Eine weitere Interpretationsmöglichkeit der Abgangsprozesse stellen also die Abgangsraten dar. Ihre intervallweise Berechnung wurde im Abschnitt 12.1 erläutert, die Werte sind ebenfalls in der Anhangtabelle II in den mit A gekennzeichneten Zeilen ausgedruckt. Diese viertelmonatlichen - also ungefähr wöchentlichen - Abgangsraten geben an, welcher Anteil (in %) der zu einem Zeitpunkt noch Arbeitslosen in der folgenden Woche die Arbeitslosigkeit verlassen wird. Folglich gibt die Ergänzung dieses Werts zu 1oo % an, welcher Anteil der zu einem Zeitpunkt noch Arbeitslosen auch am Ende der folgenden Woche immer noch arbeitslos sein wird. Die nachstehende Tabelle 14 I gibt die Abgangsraten nach Geschlecht und Altersgruppen für zwei konjunkturell gegensätzliche Zeitpunkte wieder. Die Entwicklung der Abgangsraten zeigt folgende Charakteristiken:

(1) Wie zu erwarten, sind die Abgangsraten in der Hochkonjunktur höher als in der Rezession, für jüngere Arbeitslose höher als für ältere, und für Männer höher als für Frauen. Im allgemeinen gilt außerdem, daß die Abgangsraten mit der Dauer der Arbeitslosigkeit abnehmen, was, wie im Abschnitt 9.2 dargestellt wurde, mit dem Sortierprozeß zusammenhängt, durch welchen der Anteil der Arbeitslosen mit niedrigen Abgangswahrscheinlichkeiten mit der Zeit immer höher wird. Interessant sind nun vor allem die Ausnahmen von dieser Regel:

(2) Bei den über 55 jährigen Männern im Jahre 1969 herrscht am Anfang noch eine relativ hohe Abgangsrate (sie ist höher als diejenige der jüngsten Arbeitslosen im Jahre 1976). Auch unter den älteren Männern findet während der

Tabelle 14 I

Durchschnittliche viertelmonatliche Abgangsraten (in %) in vier Dauerintervalle 1969 und 1976 nach Geschlecht und Altersgruppen

	<1.5 Mt.	1.5-4.5 Mt.	4.5-9 Mt.	9-18 Mt.	*)
1969 Männer					
<25j.	33.9	21.o	8.o	4.7	o.o
25 - 45j.	27.7	14.2	6.8	3.4	o.2
45 - 55j.	23.9	1o.o	5.5	3.2	o.6
>55j.	18.4	4.4	3.1	3.9	2.3
Frauen					
<25 j.	21.4	14.6	7.2	8.3	o.o
25 - 45j.	18.3	11.2	6.7	7.o	o.2
45 - 55j.	17.7	1o.7	6.4	5.5	o.3
>55j.	13.7	7.2	5.o	5.2	1.o
1977 Männer					
<25j.	16.4	8.6	5.6	4.6	o.7
25 - 45j.	13.2	6.8	4.4	3.1	2.6
45 - 55j.	11.o	4.8	3.3	2.3	6.6
>55j.	8.6	1.8	2.o	3.2	1o.o
Frauen					
<25j.	12.o	6.1	4.4	4.7	1.7
25 - 45j.	8.6	4.1	3.4	3.7	4.8
45 - 55j.	6.7	3.3	3.3	2.8	8.4
>55j.	5.6	1.7	2.2	2.5	15.7

*) Restbestand nach 18 Monaten im Verhältnis zum Anfangsbestand der Kohorten

Hochkonjunktur ein beträchtlicher Anteil relativ schnell wieder Arbeit. Dann sinkt allerdings die Abgangsrate stark ab: zwischen 6 und 18 Wochen gehen nur noch 4.4 %, zwischen 18 und 36 Wochen sogar nur noch 3.1 % wöchentlich aus der Arbeitslosigkeit ab. Würde ein Sortierprozeß diesen Abgang regieren, müßte im nächsten Intervall die Abgangsrate weiter absinken. Dies ist nicht der Fall, sie steigt sogar wieder leicht an. Dies ist auf den verstärkten Abgang aus dem Arbeitsmarkt zurückzuführen, der nach einigen Monaten der Arbeitslosigkeit durch Verrentung einsetzt. Die niedrigen Abgangsraten bei den jüngeren Männern, die schon lange arbeitslos sind, sind dagegen ein Indiz für deren schlechte Vermittelbarkeit.

(3) Bei den älteren Frauen zeigt sich im Jahre 1969 eine ähnliche Entwicklung, die Abgangsrate zwischen 9 und 18 Monaten ist allerdings noch wesentlich höher als bei den Männern, obwohl sie zu Beginn der Arbeitslosigkeit kleiner war als bei den Männern. Dies ist ein Indiz dafür, daß das Verlassen des Arbeitsmarkts nach einiger Zeit der Arbeitslosigkeit eine größere Rolle spielt. Bei den jüngeren Frauen nehmen zwar die Abgangsraten durchgehend ab, der Unterschied zu den Männern wird aber darin deutlich, daß die Abgangsraten im dritten Intervall bei den Frauen niedriger, im vierten dagegen höher sind als bei den Männern. Wenn man annimmt, daß bei den Männern, die noch nicht in das Rentenalter kommen, der Abgang vom Arbeitsmarkt keine wesentliche Rolle spielt, dann macht dieser relative Wiederanstieg bei den Frauen die Bedeutung ihres Rückzugs aus dem Erwerbsleben deutlich.

(4) Bei den über 55 jährigen Männern im Jahre 1976 ist das oben erwähnte Phänomen noch ausgeprägter: das Minimum der Abgangsraten wird schon im zweiten Intervall erreicht, dann steigen die Abgangsraten deutlich wieder an.

(5) Ähnlich ist der Verlauf bei den über 55 jährigen Frauen; auch bei den anderen Altersgruppen ist ein deutlicher Wiederanstieg zum letzten Intervall hin zu beobachten, dessen Bedeutung wiederum im Vergleich zum Verlauf bei den Männern sichtbar wird.

Diese unterschiedlichen Abgangsprozesse führen natürlich, wie aus der letzten Spalte der Tabelle 14 I sichtbar wird, zu sehr verschieden großen Restbeständen nach 18 Monaten. Über deren weiteren Verlauf können auf der Grundlage der gegebenen Daten keine sicheren Aussagen gemacht werden. Es ist jedoch anzunehmen, daß sich bei den Gruppen, die aus dem Arbeitsmarkt ausscheiden können, ein weiter Anstieg der Abgangsraten ergibt. Bei den ältesten Frauen im Jahre 1977 wäre beispielsweise eine Abgangsrate von 5.3 % erforderlich, um den Restbestand nach zweieinhalb Jahren auf 1 % zu senken. Auch bei den anderen Gruppen wird die Wahrscheinlichkeit, wesentlich länger als zwei Jahre als Arbeitsloser registriert zu sein, aus technischen Gründen klein, da Unterbrechungen der Arbeitslosigkeit durch kurzfristige Arbeitsaufnahme, Teilnahme an Lehrgängen, Krankheit, Wehrdienst etc. zu einer Neuregistrierung führen, falls solche Zeiten der Nichtregistrierung zusammen mindestens einen Umfang von 13 Wochen haben[25].

14.2 Zur Aussagekraft der Verteilung der bisherigen Dauer der Arbeitslosigkeit im Querschnittsbestand

Ausgangspunkt der in dieser Arbeit durchgeführten Berechnungen war die im 8. Kapitel erläuterte Problematik, daß jede Querschnittsuntersuchung eine "dauerverzerrte" Auswahl aller arbeitslos gewordenen darstellt und zudem nur die bisherige (unvollständige) Dauer der Arbeitslosigkeit der Erfaßten wiedergeben kann. Da der Effekt der Überrepresentation langfristig Arbeitsloser wesentlich stärker ist als der Effekt der nur teilweisen Erfassung der Gesamtdauer, stellt die durchschnittliche bisherige Dauer im Querschnittsbestand eine sehr starke Überschätzung der durchschnittlichen vollständigen Dauer aller Betroffenen dar.

Dieser Effekt muß sich nun natürlich auch in den Verteilungen der Dauer zeigen. Ein sinnvoller Vergleich ist wiederum nur bei einigermaßen stationären Situationen möglich, denn der Querschnittsbestand setzt sich ja aus Restbeständen verschiedener Kohorten zusammen, welche in einer nichtstationären Situation sehr verschiedene Verbleibkurven haben. Zur Illustration des Ausmaßes dieser "Dauerverzerrung" werden in der nachfolgenden Tabelle 14 II die beiden Verteilungen für die vier Altersgruppen der Männer im Jahre 1977 einander gegenübergestellt.

Tabelle 14 II

Vergleich der Verteilungen der bisherigen Dauer im Querschnittsbestand (Q) und der vollständigen Dauer für die Kohorte (F) für die Männer nach Altersgruppen im Jahr 1977 (in %)

Altersgruppen		unter 1 Mt.	1- unt. 3 Mt.	3- unt. 6 Mt.	6- unt. 12 Mt.	über 12 Mt.	Zusammen
< 25 j	Q	26	36	17	14	7	1oo
	F	51	29	12	6	2	1oo
25-45 j	Q	18	25	18	2o	2o	1oo
	F	43	29	14	9	5	1oo
45-55 j	Q	11	16	15	21	37	1oo
	F	37	26	14	11	11	1oo
> 55 j	Q	7	15	17	29	32	1oo
	F	3o	18	11	2o	22	1oo
Insges.	Q	17	25	17	2o	21	1oo
	F	45	28	13	8	6	1oo

Aus dieser Tabelle wird die "Verzerrung" der Dauerverteilung im Querschnittsbestand "zugunsten" der längerfristig Arbeitslosen sehr deutlich. Während im Bestand nur 17 % aller Männer kürzer als einen Monat arbeitslos waren, beträgt dieser Anteil unter allen Arbeitslosen 45 %. Dagegen haben schon 21 % des Bestandes zu diesem Zeitpunkt eine bisherige Dauer der Arbeitslosigkeit von über einem Jahr; von allen, die überhaupt arbeitslos wurden, jedoch nur 6 %. Natürlich ist die Verteilung der bisherigen Dauer im Querschnittsbestand nicht falsch, auf Grund dieser Statistiken werden jedoch oft Angaben gemacht, die zu einer falschen Interpretation verleiten[26).]

Damit wird ebenfalls deutlich, daß "Repräsentativuntersuchungen", die auf Arbeitslosenbeständen beruhen[27)], nur in diesem eingeschränkten Sinne repräsentativ sind: Die Übervertretung der langfristig Arbeitslosen im Vergleich zu ihrem Anteil an allen von Arbeitslosigkeit Betroffenen überträgt sich auf alle Merkmale der Arbeitslosen, die mit der Dauer korrelieren.

Im Abschnitt 13.1 wurde dieser Effekt bei den Altersgruppen sehr deutlich: Die Alterszusammensetzung beim Bestand geht viel stärker zu Lasten der älteren Arbeitslosen als diejenige beim Zugang. Es wurde jedoch ebenfalls gezeigt, daß die Bestandszusammensetzung in einem anderen Sinne repräsentativ ist: Sie gibt die Anteile der verschiedenen Gruppen an der Gesamtdauer der Arbeitslosigkeit richtig wieder. Dieselben Argumente, die zu dieser Aussage geführt haben, gelten nun auch für das Merkmal der Dauer selbst, denn die Arbeitslosen, die bestimmten Dauerklassen angehören, können ja im nachhinein als verschiedene, voneinander unabhängige Gruppen betrachtet werden. Dies würde folglich bedeuten, daß die Dauerverteilung im Querschnittsbestand repräsentativ wäre für die Anteile, die verschiedene Dauerklassen an der Gesamtdauer der Arbeitslosigkeit haben.

Tabelle 14 III

Vergleich der Verteilung der bisherigen Dauer im Querschnitts-bestand (Q) mit der Verteilung der Gesamtdauer auf Dauerklassen (G
Männer und Frauen 1977 (in %)

		unter 1 Mt.	1- unt. 3 Mt.	3- unt. 6 Mt.	6- unt. 12 Mt.	über 12 Mt.
Männer	Q	17.3	24.8	16.8	19.9	21.2
	G	6.8	15.6	17.9	23.2	36.4
Frauen	Q	14.9	26.2	19.2	23.5	16.2
	G	3.6	9.8	15.1	28.3	43.3

Der Grund für diese Nichtübereinstimmung liegt darin, daß die Verteilung G die Anteile an der Gesamtdauer der von einer Kohorte erlittenen Arbeitslosigkeit für Gruppen einer bestimmten vollständigen Dauer wiedergibt, während die Verteilung Q ja nur die bisherige Dauer erfaßt. Nur wenn für eine Querschnittsuntersuchung die Einordnung der Arbeitslosen in Dauerklassen nach ihrer vollständigen Dauer (die nur durch Verfolgung in die Zukunft zu ermitteln wäre) erfolgen würde, käme eine Übereinstimmung zustande. Zieht man in Betracht, daß in einer stationären Situation die durchschnittliche vollständige Dauer für die Angehörigen eines Bestandes doppelt so lang ist wie ihre durchschnittliche bisherige Dauer[28)], dann wird klar, daß die Verteilung Q die Anteile der Kurzfristigen an der Gesamtdauer überschätzt und die Anteile der Langfristigen unterschätzt.

Es zeigt sich also, daß die Verteilung der bisherigen Dauer im Bestand weder für die Dauerverteilung unter allen von Arbeitslosigkeit Betroffenen, noch für die Anteile, die die verschiedenen Dauergruppen an der Gesamtdauer der Arbeitslosigkeit haben, repräsentativ ist.

14.3 Die Verteilung der Gesamtdauer der Arbeitslosigkeit auf Dauerklassen

Das hervorstechendste Resultat der Berechnung der Dauerverteilung für Kohorten ist die selbst auf dem Höhepunkt der Rezession überraschend hohe Zahl kurzfristig Arbeitsloser und damit die Bedeutung, die solche Fluktuationsarbeitslosigkeit hat. Gewichtet man nun die Anteile, die die einzelnen Dauerklassen an allen arbeitslos gewordenen haben, mit der Dauer, dann erhält man, wie weiter oben schon ausgeführt wurde[29)], die Anteile, die die Angehörigen der einzelnen Dauerklassen an der gesamten Dauer der Arbeitslosigkeit haben. Diese Verteilung wurde ebenfalls für alle Kohorten und Gruppen berechnet und ist in der Anhangtabelle II, gekennzeichnet mit G, aufgeführt. Obwohl also beispielsweise 4o % aller 1977 arbeitslos gewordener kürzer als einen Monat arbeitslos blieben[3o)], entfallen auf diese kurzfristig Unbeschäftigten nur 5 % der Gesamtdauer, die in der Arbeitslosigkeit verbracht wurde. Dagegen beträgt der Anteil der nur 7.7 % über ein Jahr lang Arbeitsloser fast 4o % der Gesamtdauer.

Diese beiden Verteilungen, von denen, wie im vorangehenden Abschnitt gezeigt wurde, keine durch die Verteilung der bisherigen (unvollständigen) Dauer im Querschnittsbestand wiedergegeben wird, zeigen zwei je unter verschiedenen Gesichtspunkten relevante Aspekte der Dauerverteilung und ihrer Entwicklung. Betrachtet man etwa die Kosten, die durch und für die Arbeitslosen unabhängig von der Dauer der Arbeitslosigkeit entstehen ("fixe Kosten der Arbeitslosigkeit" für die Arbeitsverwaltung, für die entlassenden und wiedereinstellenden Betriebe, für den Arbeitslosen selbst), dann sind in erster Linie die sehr vielen Fälle kurzfristiger Arbeitslosigkeit ein Problem. Auf der anderen Seite entstehen dauerabhängige Kosten ("variable Kosten der Arbeitslosigkeit", Arbeitslosengeld- und Arbeitslosenhilfezahlungen zu Lasten der Versicherungsgemeinschaft und des Staates, entgangenes Einkommen der Arbeitslosen). Unter diesem Gesichtspunkt tritt die Verteilung der Gesamtdauer in den Vordergrund. Hier ist es relevant, daß diese gesamte kostenverursachende Dauer im obigen Beispiel zu 4o % auf Arbeitslose von über einem Jahr Beschäftigungslosigkeit entfällt.

Auch unabhängig von diesen Kostenaspekten haben diese beiden Verteilungen verschiedene Relevanz für die Beurteilung von politischen Maßnahmen zur Verminderung der Arbeitslosigkeit. Maßnahmen, die auf eine Reduktion der Fluktuationsarbeitslosigkeit zielen (wie etwa Erschwerung von Kündigungen und Entlassungen, schnellere Vermittlung der Arbeitslosen) werden, wenn sie erfolgreich sind, die Anzahl der Arbeitslosigkeitsfälle reduzieren, dies wird jedoch nur zu einer geringen Verminderung der Gesamtdauer der Arbeitslosigkeit führen. Soll dieses Ziel erreicht werden, dann muß vor allem bei den (relativ wenigen) Fällen langfristiger Arbeitslosigkeit angesetzt werden (etwa durch Regelungen einer privilegierten Vermittlung nach längerer Arbeitslosigkeitsdauer oder durch Lohnkostenzuschüsse für längerfristig Arbeitslose).

Zur Illustration des verschiedenen Gewichts, das der Dauer nach diesen beiden Verteilungskonzepten zukommt, sind in der nachstehenden Graphik 14 II die beiden Verteilungen für ausgewählte Gruppen zu zwei konjunkturell gegensätzlichen Zeitpunkten dargestellt.

Die Graphik macht deutlich, wie verschieden die beiden Verteilungen der Dauer sind. Für die Männer unter 25 Jahren spielt in der Hochkonjunktur die längerfristige Arbeitslosigkeit nach beiden Konzepten keine große Rolle. An allen haben die über ein halbes Jahr Arbeitslosen nur einen Anteil von o.3 %, und auch der Anteil an der Gesamtdauer bleibt unter 5 %. Die Verteilungen für die älteren Männer und alle Arbeitslosen im Jahre 1969 sind fast genau gleich. Alle Dauerklassen haben vergleichbare Anteile an der Gesamtdauer, obwohl

Graphik 14 II

Vergleich der Verteilung aller Arbeitslosigkeitsfälle (F) und der Gesamtdauer der Arbeitslosigkeit (G) auf Dauerklassen für ausgewählte Gruppen 1969 und 1977

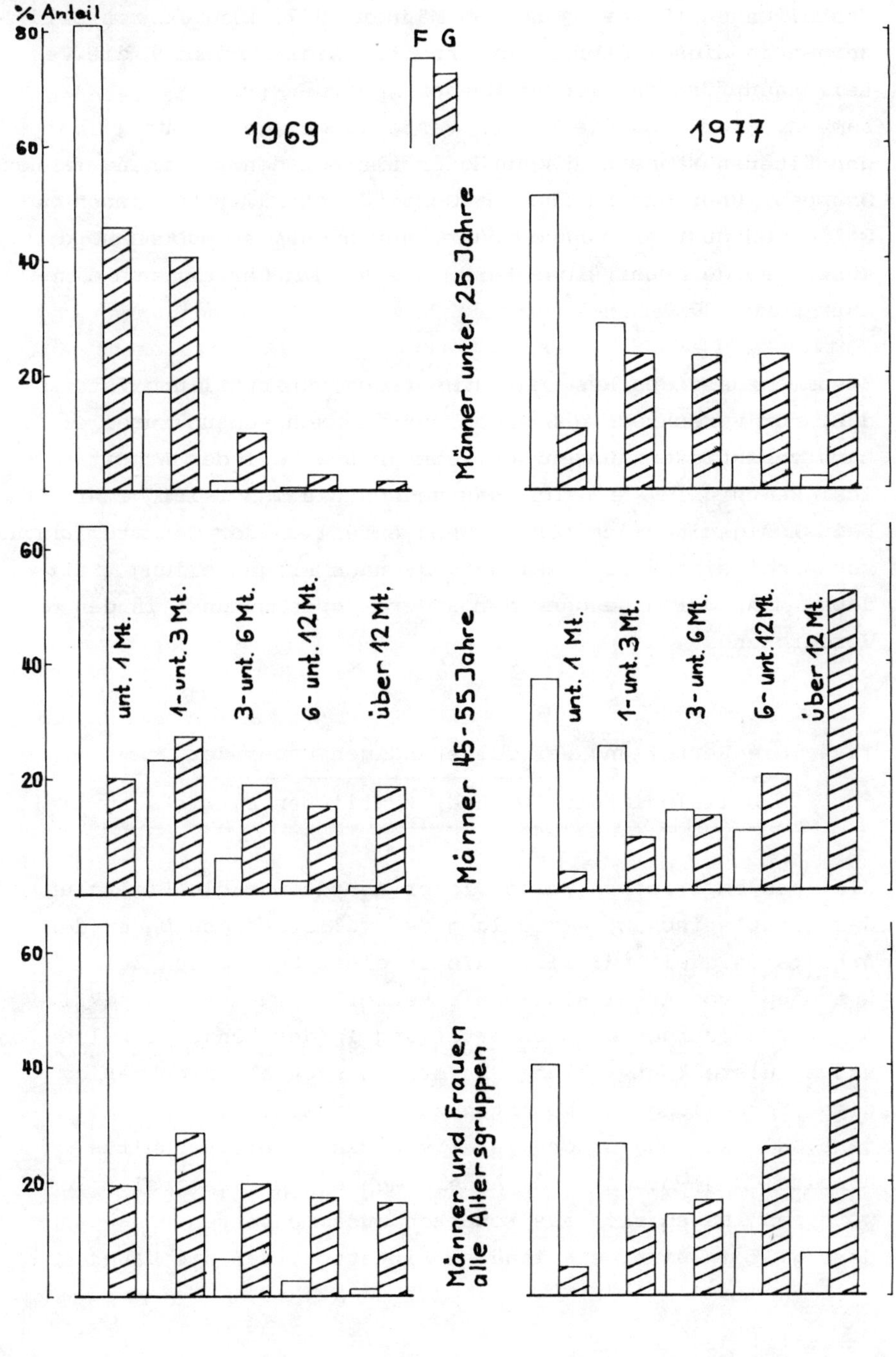

auch hier der überwiegende Anteil aller Fälle kurzfristiger Art ist; für ca. 65 % der Arbeitslosen dauert die Arbeitslosigkeit weniger als ein Monat. Nicht unähnlich sind die Verteilungen für die jüngeren Männer 1977. Ein anderes Bild zeigen in diesem Jahr hoher Arbeitslosigkeit jedoch die Verteilungen für die älteren Männer und für alle Arbeitslosen zusammen. Hier sind die beiden Verteilungen gegenläufig, bei den älteren Männern ausgeprägter als bei den zusammengefaßten Gruppen. Über die Hälfte der Gesamtdauer fällt bei jenen auf Fälle von über 12 Monate Dauer, nur noch 4 % jedoch auf die kurzfristige Arbeitslosigkeit, die an den Fällen noch einen Anteil von 37 % hat.

Zusammenfassendes Resultat dieser Gegenüberstellung ist, daß, für verschiedene Gruppen und je nach konjunktureller Lage verschieden ausgeprägt, ein großer Teil der Arbeitslosigkeitsfälle kurz ist, daß jedoch die langfristige Arbeitslosigkeit einen sehr großen Anteil an der Gesamterfahrung von Arbeitslosigkeit ausmacht. Je nach Fragestellung tritt dabei mehr der eine oder der andere Gesichtspunkt in den Vordergrund.

14.4 Die Verteilung der vollständigen Dauer der Arbeitslosigkeit in ihrer zeitlichen Entwicklung

Ziel des empirischen Teils dieser Arbeit war die Ermittlung der (statistischen) Verteilung der vollständigen Dauer der Arbeitslosigkeit für alle, die in einer bestimmten Zeit überhaupt von Arbeitslosigkeit betroffen wurden, respektive die Veränderungen dieser Verteilung in der konjunkturellen und säkularen Entwicklung. Es erwies sich als zweckmäßig, diese Verteilung für Kohorten zu bestimmen, also für all jene, die während eines (relativ kurzen) Zeitabschnitts arbeitslos geworden sind. Andere Mengen von arbeitslos Gewordenen lassen sich aus Kohorten zusammensetzen. Insbesondere gilt in einer stationären Situation, daß die Dauerverteilung für eine Kohorte und für die während eines längeren Zeitraums arbeitslos Gewordenen gleich sind.

In der Anhangtabelle II sind diese Verteilungen (mit F gekennzeichnet) auf fünf Dauerklassen nach Geschlecht und vier Altersgruppen jährlich von 1966 bis 1977 aufgeführt. Für die Interpretation werden diese Dauerklassen hier auf drei reduziert, und zwar:

- kurzfristig Arbeitslose (kürzer als ein Monat)

- mittelfristig Arbeitslose (ein bis unter 6 Monate)

- langfristig Arbeitslose (länger als 6 Monate)

Natürlich kann man sich darüber streiten, wo sinnvollerweise solche Grenzen liegen sollten. Für die hier gewählten sprechen folgende Überlegungen: Arbeitnehmer, die kürzer als ein Monat arbeitslos sind, gehören zu den beiden folgenden Gruppen: entweder handelt es sich um kurzfristige Arbeitslosigkeit im Zusammenhang mit einem Stellenwechsel, der aber ohne größere Mobilitätserfordernisse bewältigt werden kann. Dann ist auch die auf das Jahr berechnete Einkommenseinbuße unbedeutend. Oder aber, und dies läßt sich hier nicht entscheiden, es handelt sich um einen von mehreren Arbeitslosigkeitsfällen eines "unstetig Beschäftigten". In beiden Fällen tritt nicht Arbeitslosigkeit als das eigentliche Problem auf, sondern im ersten Fall stehen die Schwierigkeiten des Stellenwechsels, im zweiten die der Nicht- (oder nicht mehr) Integriertheit ins Erwerbsleben im Vordergrund. Bei einer Dauer zwischen ein und sechs Monaten ist anzunehmen, daß längere Suchbemühungen erforderlich waren, um einen neuen Job zu finden, allenfalls verbunden mit Konzessionen an Ort, Qualität des Arbeitsplatzes und Entlohnung. Bei dieser Dauer beginnen psychische und finanzielle Probleme eine Rolle zu spielen. Dauert die Arbeitslosigkeit länger als sechs Monate, dann entsteht i.A. nicht nur eine erhebliche finanzielle Belastung, es beginnt auch ein Prozeß der Ablösung vom normalen Erwerbsleben, verbunden mit zunehmendem Verlust von Qualifikationen. Diese Prozesse laufen natürlich nicht bei allen Arbeitslosen gleichartig oder gleich schnell ab. Im Mittel dürfte jedoch, wie empirische Untersuchungen zeigen, dieses Grundmuster etwa zutreffen[31)].

In der nachfolgenden Graphik 14 III sind diese Verteilungen auf drei Dauerklassen für Männer und Frauen und für je vier Altersgruppen in ihrer zeitlichen Entwicklung dargestellt. Die Höhe jedes Quadrats bedeutet 1oo % jeder Kohorte. Die Höhe der je obersten Fläche stellt den Anteil der kurzfristigen, die der mittleren Fläche den Anteil der mittelfristigen und diejenige der untersten Fläche den Anteil der langfristig Arbeitslosen dar.

Bei den zusammengefaßten Altersgruppen lassen sich folgende Entwicklungen feststellen:

(1) Die kurzfristige Arbeitslosigkeit spielt über den ganzen Untersuchungszeitraum hinweg eine viel größere Rolle, als die Daten aus den Querschnittsuntersuchungen vermuten lassen. Ihr Maximum erreichte die kurzfristige Arbeitslosigkeit 1969. Damals blieben von allen arbeitslos Gewordenen 65 % (Männer 71 %, Frauen 56 %) weniger als vier Wochen arbeitslos. Aber selbst 1975 ist ihr Anteil noch sehr beachtlich. Bei den Männern gehören 4o %, bei den Frauen immerhin noch ein Drittel zur Kategorie der kurzfristig Arbeitslosen. Seither bleibt dieser Anteil bei den Frauen etwa konstant, bei den Männern nimmt er wieder leicht zu.

(2) Die Rezession 1966/67 wirkte sich bei beiden Geschlechtern, mit unterschiedlich starker Ausprägung, in einer deutlichen Abnahme der kurz- und in einer entsprechenden Zunahme der mittelfristigen Arbeitslosigkeit aus. Der Anteil der langfristigen Arbeitslosigkeit war nicht sehr ausgeprägt,

was in der kurzen Dauer des Konjunktureinbruchs begründet ist. Die Wiederzunahme der kurzfristigen Arbeitslosigkeit mit dem Konjunkturaufschwung ist bei den Männern viel ausgeprägter als bei den Frauen. Sie spielt im übrigen bei den Männern über den ganzen Zeitraum hinweg eine größere Rolle als bei den Frauen, was vor allem mit der größeren Mobilität der männlichen Arbeitskräfte zusammenhängen dürfte.

(3) Ende der Sechzigerjahre werden die Minima der Langfristarbeitslosigkeit erreicht. 1969 sind bei den Männern nur 3.7, bei den Frauen 4.8 % der arbeitslos Gewordenen länger als ein halbes Jahr ohne Beschäftigung. Seit Beginn der Siebzigerjahre steigen diese Anteile kontinuierlich an und erreichen 1975 ein Maximum mit 17.3 % bei den Männern und 27.5 % bei den Frauen. Auf etwas niedrigerem Niveau bleiben diese Anteile seither konstant.

(4) Der schon im 7. Kapitel festgestellte ständige Anstieg der durchschnittlichen Dauer der Arbeitslosigkeit seit 1969 läßt sich auf Grund der Verteilung der Dauer jetzt noch differenzierter verfolgen. Er wird von 1969 bis 1973 bei beiden Geschlechtern durch eine kontinuierliche Abnahme der kurz- und eine kontinuierliche Zunahme der mittel- und langfristigen Arbeitslosigkeit verursacht. Mit Beginn der Rezession 1973 steigt die durchschnittliche Dauer nochmals stark an, bei den Männern ausgeprägter durch Abnahme der kurzfristigen und Zunahme der mittelfristigen-, bei den Frauen ausgeprägter durch Zunahme der langfristigen Arbeitslosigkeit.

Graphik 14 III

Verteilung der Arbeitslosen auf drei Dauerklassen im Zeitverlauf (nach Geschlecht und Altersgruppen in %)

Altersgruppen
unter
25 Jahre

25 bis unter
45 Jahre

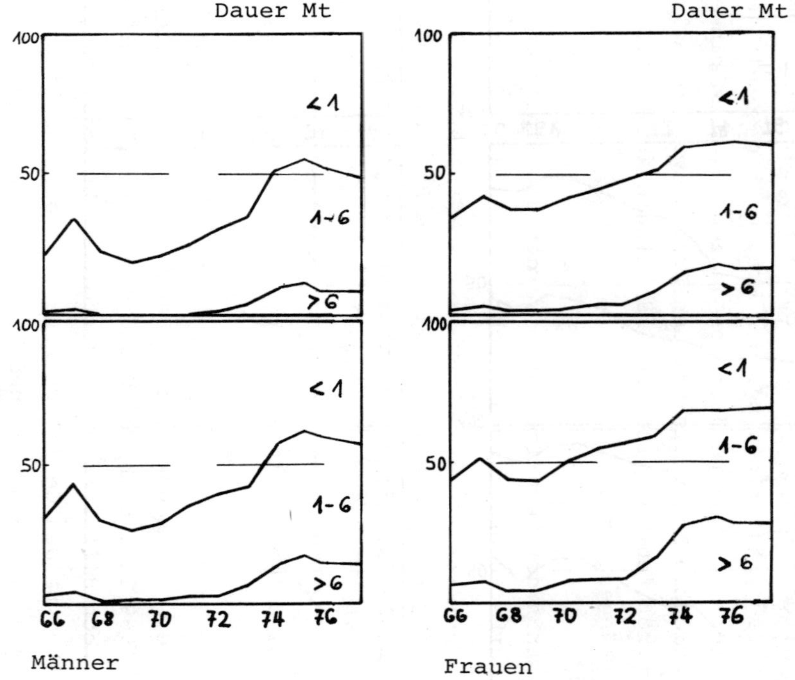

45 bis unter 55 Jahre

über 55 Jahre

zusammen

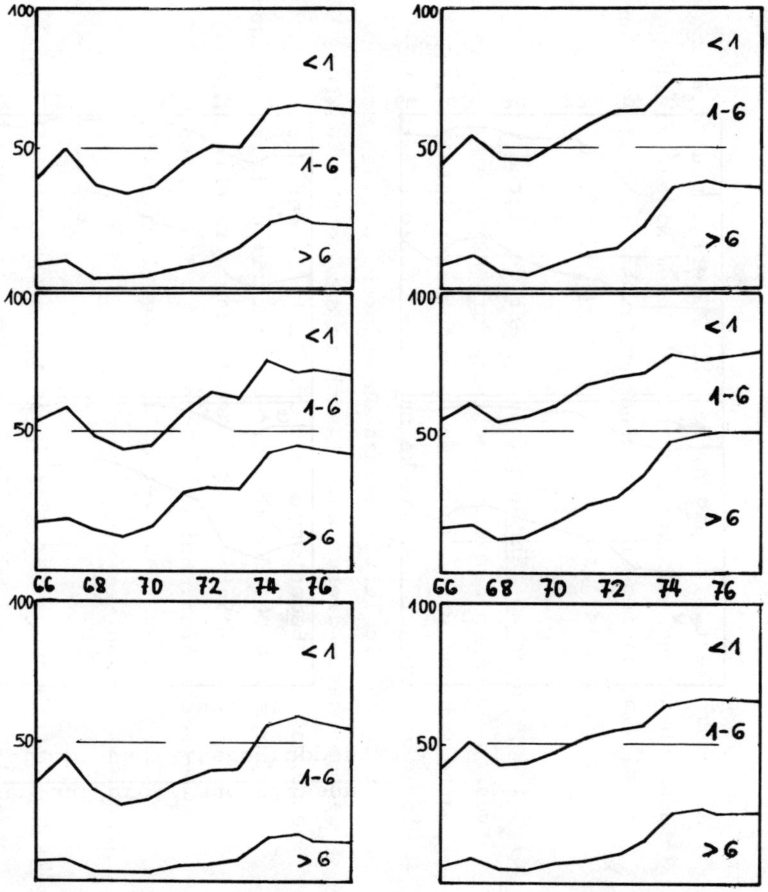

Männer Frauen

Diese Tendenzen lassen sich nun durch die Altersaufgliederung noch genauer analysieren.

(5) Allgemein läßt sich sagen, daß die Altersgruppen die Gesamtbewegung auf jeweils verschiedenem Niveau ziemlich genau wiederspiegeln, mit abnehmender Ähnlichkeit von den Jüngeren zu den Älteren.

(6) Bei den <u>unter 25 jährigen</u> fallen sehr deutliche Differenzen zwischen den Geschlechtern auf. Für die Männer hatte während einer längeren Periode Langfrist-Arbeitslosigkeit so gut wie gar keine Rolle gespielt, was sich erst durch die letzte Rezession änderte. Bei den Frauen dagegen hatte dieser Anteil auch in der Hochkonjunktur eine gewisse Bedeutung (1969 : 2,2 %). In der Hochkonjunktur stieg bei den Männern der Anteil der Kurzfristigen bis auf 81 % (1969) an, bei den Frauen erreichte er im selben Jahr 62 %. Bei den Männern ist die Konjunkturreagibilität der Dauerverteilung wesentlich größer als bei den Frauen.

(7) Die Altersgruppe der <u>25 - 45 jährigen</u> spiegelt die Entwicklung der zusammengefaßten Gruppen auf etwas höherem Niveau sehr genau wieder, was vor allem eine Folge ihres hohen Anteils an den Gesamtkohorten ist. Immerhin ist es interessant festzustellen, daß auch gegenwärtig (1977) bei dieser Hauptgruppe die "Turnover"-Arbeitslosigkeit (unter ein Monat Dauer) 4o % der Fälle ausmacht, daß weitere 41 % zu der mittleren Gruppe gehören und "nur" 19 % mit längerfristiger Arbeitslosigkeit konfrontiert sind. Bei einem jährlichen Neuzugang von über 3.3 Mio sind dies jedoch über eine halbe Million längerfristig Arbeitsloser.

(8) Bei etwa gleichem Verlauf verstärken sich diese Tendenzen bei den <u>45 - 55 jährigen</u> noch einmal. Bei den Frauen geht der Anteil der Kurzfristigen in der Rezession auf 25 %

zurück, der Anteil der Langfristigen steigt auf 39 % an (Werte für die Männer: 34 % Kurz-, 26 % Langfristige im Jahre 1975).

(9) Bei den älteren Arbeitnehmern über <u>55 Jahren</u> spielte auch in der Hochkonjunktur die langfristige Arbeitslosigkeit immer eine Rolle. Bei den Männern betrug der minimale Anteil 14 % im Jahre 1969, bei den Frauen 12 % im Jahre 1968. Im Rezessionsjahr 1975 kletterten diese Anteile auf 44 % bei den Männern und auf 49 % bei den Frauen. Nur noch ein Viertel der älteren Männer und ein Fünftel der älteren Frauen sind 1976 unter einem Monat arbeitslos.

Zur Gesamtentwicklung der Verteilung der Dauer der Arbeitslosigkeit ist noch folgendes anzumerken: Die Zunahme der mittelfristigen Arbeitslosigkeit zu Lasten der kurzfristigen, die in der Rezession 1966/67 stattfand, wurde bei den Männern im Wiederaufschwung voll korrigiert. In den Jahren 69 und 7o ist dann Vollbeschäftigung nicht nur im Sinne eines sehr kleinen Arbeitslosenbestandes erreicht, sondern auch in dem Sinne, daß dieser kleine Bestand noch zum größten Teil aus kurzfristig Arbeitslosen zusammengesetzt ist. Schon lange vor Einsetzen der Rezession begann sich allerdings die Dauerverteilung ungünstig zu entwickeln. Bei den Frauen ist sogar noch deutlicher eine säkulare Verschiebung hin zu längerer Arbeitslosigkeit zu beobachten.Folgende Ursachen mögen für diese Tendenz verantwortlich sein:

- Die stärkere Einbeziehung von vorher marginalen Gruppen ins Erwerbsleben, teils durch den Nachfragesog, teils durch entsprechende politische Maßnahmen. Werden Angehörige solcher Gruppen arbeitslos, und dies ist auch in der Hochkonjunktur immer wieder der Fall, ist es für sie schwieriger, eine neue Stelle zu finden, als für zentrale Arbeitnehmergruppen.

- Die zunehmenden Mobilitätsbarrieren und Verkrustungen im Arbeitsmarkt verschieben die Anpassungserfordernisse, die sich durch den ständigen wirtschaftlichen Strukturwandel ergeben, auf dazu wenig vorbereitete und geeignete Gruppen, was zu einer längeren Dauer von Such- und Anpassungsprozessen führt.

- Die bessere finanzielle Absicherung während der Arbeitslosigkeit und die höhere "Freizeitpräferenz" führen dazu, daß längere Suchprozesse nach einem geeigneten Arbeitsplatz einer Anpassung der Erwartungen nach unten vorgezogen werden.

Zusammenfassung wichtiger empirischer Ergebnisse

(Die Zahlen in Klammern geben die Abschnitte an, in denen die Ergebnisse hergeleitet wurden)

(1) Der Arbeitsmarkt ist, relativ unabhängig von der konjunkturellen Situation, durch ein hohes Maß ständiger Fluktuationen verschiedenster Art gekennzeichnet. So werden etwa jährlich fünf bis sechs Millionen Arbeitsplätze neu besetzt. Veränderlich ist dabei allerdings der Anteil der "Ströme im Arbeitsmarktumfeld", der durch die Arbeitslosigkeit führt. Während im Jahre 197o ca. 1.3 Mio. Zugänge zu den Arbeitslosen registriert wurden, sind es im Jahre 1977 ca. 3.3. Mio. Während im Jahre 197o nur 4o % der neu Arbeitsuchenden bei den Arbeitsämtern arbeitslos war, ist dieser Anteil 1976 auf 75 % gestiegen. Ca. drei Viertel der neu arbeitslos Werdenden waren vorher erwerbstätig und ein etwa gleich hoher Anteil der Abgänger aus der Arbeitslosigkeit tritt unmittelbar wieder ins Erwerbsleben ein. Über diese Stromgrößen, ihre Zusammensetzung, ihre Herkunfts- und Zielrichtung sind bisher nur sehr wenige statistische Daten verfügbar. (4.2 und Anhang A)

(2) Diese hohen Zu- und Abgangsströme bedeuten, setzt man sie in Relation zu den Beständen an Arbeitslosen, einen starken (äußeren) Umschlagsprozeß der Arbeitslosigkeit. In der Hochkonjunktur erreichten die Umschlagszahlen Werte von mehr als 1, d.h. der monatliche Durchfluß durch die Arbeitslosigkeit (= Mittelwert von Zu- und Abgang) war höher als der Bestand. Inzwischen sind diese Werte auf o.2 bis o.3 gesunken. Bis Ende der Sechzigerjahre war dieser Umschlag bei Männern und Frauen etwa gleich hoch, inzwischen hat er sich jedoch bei den Frauen stärker abgeschwächt als bei den Männern (6.1 und Anhangtabellen I).

(3) Die Alterszusammensetzung der Zugänge zur Arbeitslosigkeit wird, im Gegensatz zu der bei den Beständen, in den Statistiken nicht ausgewiesen. Es wurde ein Schätzverfahren zur Berechnung der Zugangsschichtung entwickelt. Es zeigt sich erstens, daß die Anteile der jüngeren am Zugang erheblich höher sind als am Bestand, und daß sich zweitens der Anteil der jüngeren Arbeitslosen am Zugang fast kontinuierlich seit 1964 erhöht hat. Die unter 25 jährigen männlichen Arbeitslosen haben 1976 am Bestand einen Anteil von 24 %, am Zugang jedoch einen solchen von 4o %, während die über 55 jährigen am Bestand einen Anteil von 14 %, am Zugang jedoch einen solchen von nur 5 % haben (Frauen unter 25: 3o % und 45 %, Frauen über 55: 9 % und 5 %). Das bedeutet unter anderem, daß bei den jüngeren der Umschlagsprozeß erheblich stärker ist als bei den älteren (Umschlagszahl 1976 jüngere Männer o.49, ältere Männer o.11, jüngere Frauen o.4o, ältere Frauen o.13.) Die Bestandszusammensetzung nach dem Alter gibt also die Alterszusammensetzung aller arbeitslos Gewordenen verzerrt wieder. (6.2)

(4) Die Umschlagszahl ist ein indirektes Maß für die durchschnittliche vollständige Dauer der Arbeitslosigkeit aller von Arbeitslosigkeit in einem bestimmten Zeitraum Betroffenen. Diese durchschnittliche Dauer ist stark konjunkturabhängig. Bis zur Rezession 1966/67 betrug sie für beide Geschlechter nur wenig über ein Monat. Sie stieg in jener Rezession auf etwas über zwei Monate, ging danach wieder zurück, allerdings nicht mehr auf die früheren niedrigen Werte, und steigt seit Anfang der siebziger Jahre, zuerst langsam, seit 1973 stark an. Die bisher maximalen Werte werden 1976 mit 3.4 Monaten bei den Männern und 4.5 Monaten bei den Frauen erreicht. Diese Dauer ist jedoch erheblich kürzer als die Werte, die sich aus einer Durchschnittsberechnung der bisherigen Dauer der Arbeitslosigkeit im Arbeitslosenbestand ergeben (diese Dauer beträgt 1976 bei den Männern 7.8,

bei den Frauen 6.6 Monate). Der Grund dafür liegt in der Dauer-Verzerrung des Arbeitslosenbestandes (7.2, 8.2)

(5) Der Arbeitslosenbestand setzt sich grundsätzlich multiplikativ aus Neuzugang und durchschnittlicher Dauer zusammen. Dies läßt eine Beurteilung der Bedeutung der Dauer unabhängig von der Höhe der Arbeitslosigkeit zu. Dabei wird ein deutlicher Unterschied zwischen den Geschlechtern sichtbar: bei den Männern ist der Neuzugang, bei den Frauen die Dauer die relativ dominierende Komponente. Für beide Geschlechter hat die Dauer im Vergleich zu den sechziger Jahren relativ zum Zugang an Bedeutung gewonnen. (7.3)

(6) Regionale Unterschiede in der durchschnittlichen Dauer der Arbeitslosigkeit sind 1976, bei einer Disaggregierung in Landesarbeitsamtsbezirke nicht sehr ausgeprägt, was nicht ausschließt, daß eine feinere Untergliederung hier zu weit stärkeren Unterschieden führen würde. Deutlich niedriger ist die Durchschnittsdauer im Agglomerationsraum Berlin im Verhältnis zum Bundesgebiet. Sie beträgt in Berlin bei den Männern 2.2, bei den Frauen 2.9 Monate, im gesamten Bundesgebiet bei den Männern 3.4 und bei den Frauen 4:5 Monate. Interessant ist der Vergleich Berlins mit Baden-Württemberg: Obwohl BW eine wesentlich geringere Arbeitslosenquote hatte als Berlin (2.8 gegen 3.8 %), war die Durchschnittsdauer in BW erheblich länger (3.1 gegen 2.2 Monate bei den Männern). Hier zeigt sich eine unterschiedliche Dynamik verschieden strukturierter Arbeitsmärkte. (9.1.2)

(7) Sehr ausgeprägt sind demgegenüber die Unterschiede in der durchschnittlichen Dauer nach Wirtschaftszweigen, selbst in der groben Untergliederung nach 1o Abteilungen. Die Dauer schwankt bei den Männern zwischen 1.6 und 6 Monaten, (kurz insb. Bau, "Sonstige", Verkehr/Nachrichten, lang insb. Kredit/Versicherungen, Energie/Wasser/Bergbau)

bei den Frauen zwischen 1.7 und 7.4 Monaten. Es wird hier ein Unterschied zwischen Teilarbeitsmärkten mit hoher Fluktuationsarbeitslosigkeit und geringer Arbeitsplatzsicherheit auf der einen Seite und solche mit starken internen Arbeitsmärkten und schwierigen Eintrittsbedingungen andererseits sichtbar. (13.2)

(8) Sehr ausgeprägt sind die Unterschiede in der durchschnittlichen Dauer der Arbeitslosigkeit auch nach Altersgruppen. Bei den Männern reicht diese Spanne 1977 von ca. 2 Monaten bei den unter 25 jährigen bis zu fast 7 Monaten bei den über 55 jährigen. Bei den Frauen betragen die entsprechenden Werte 3.2 und 8.7 Monate. Nicht nur die absolute Streuung (Standardabweichung), sondern sogar die relative Streuung (Variationskoeffizient) zwischen den Altersgruppen hat in der Zeit zugenommen. Die gegenüber früher relativ stärkere Betroffenheit der jüngeren Arbeitskräfte hängt also ausschließlich mit der starken Zunahme ihres Anteils am Neuzugang, nicht aber mit individueller Dauer ihrer Arbeitslosigkeit zusammen. Aber auch in der gesamten in der Arbeitslosigkeit verbrachten Zeit ist eine deutliche Verschiebung zwischen den Altersgruppen eingetreten: Während 1967 bei den Männern noch 5o % dieser Gesamtdauer auf die über 55 jährigen entfiel, sind es heute noch ca. 12 %. Bei den unter 25 jährigen steigt dagegen im selben Zeitraum dieser Anteil von 13 auf 26 %, bei den 25 bis 45 jährigen von 26 auf 47 %. (13.1)

(9) Die Verbleibkurven für Arbeitslosenkohorten (Anteil der noch immer Arbeitslosen als Funktion der Zeit seit dem Zugang zur Arbeitslosigkeit) weisen, unabhängig von der spezifischen Gruppe und der konjunkturellen Situation, eine Gemeinsamkeit auf: es ist ihre schnelle Abnahme kurz nach dem Zugangszeitpunkt. Mit anderen Worten: es gibt ständig einen hohen Anteil sehr kurzfristiger Arbeitslosigkeit. Der Anteil der unter ein Monat Arbeits-

losen schwankt dennoch beträchtlich: 8o % aller Männer unter 25 Jahren gehörten 197o zu dieser Gruppe, jedoch nur 2o % der Frauen über 55 Jahren 1977. Dagegen wird der Anteil der langfristig Arbeitslosen auf Grund der Bestandsdaten im allgemeinen überschätzt: nur 7.7 % aller arbeitslos gewordener blieb 1977 über ein Jahr arbeitslos. (14.1, 14.4)

(1o) Dieses Bild ändert sich jedoch, wenn man die Anteile betrachtet, die verschiedene Gruppen der Arbeitslosen an der Gesamtdauer der Arbeitslosigkeit haben, die in einem bestimmten Zeitraum vorkam. Bei dieser Betrachtung tritt die langfristige Arbeitslosigkeit in den Vordergrund. Die rund 4o % aller Arbeitslosigkeitsfälle, die im Jahre 1977 kürzer als ein Monat waren, trugen zur Gesamtdauer nur 5 % bei, dagegen die ca. 8 % der Fälle, die über ein Jahr dauerten fast 4o %. (14.3)

Die Untersuchung von Dauer und Umschlag der Arbeitslosigkeit gibt ein genaueres und zum Teil neuartiges Bild des Arbeitsmarkts, als die bisher im Vordergrund stehenden statischen und komparativ-statischen Bestandsanalysen. Die Disaggregierungen, die dabei mit den heute vorhandenen Daten erreicht werden können, reichen allerdings nicht aus, wesentliche von neueren Theorien (Sucharbeitslosigkeit, Segmentierung, Marginalisierung) aufgeworfene Fragen zu beantworten. Die Erhebung und vor allem die statische Auswertung bereits grundsätzlich erfaßter Informationen über die Prozesse im Arbeitsmarkt erscheint auf dem Hintergrund dieser Arbeit vordringliches Ziel des weiteren Ausbaus sowohl der konventionellen Arbeitsmarktstatistik wie auch der neuen Beschäftigtenstatistik. Nicht weniger dringlich sind für die Bundesrepublik langfristig angelegte, repräsentative Längsschnittstudien über individuelle Erwerbsverläufe.

Anhang A
(zu Abschnitt 4.3)

Größenordnungen der Ströme, die die Arbeitslosigkeit mit ihrem Umfeld verbinden

Die Statistiken der Bundesanstalt für Arbeit weisen die monatlichen Neuzugänge zur Arbeitslosigkeit für Männer und Frauen aus[1]. Diese und die Bestandszahlen ermöglichen die Berechnung der monatlichen Abgänge aus der Arbeitslosigkeit. Die drei Größen sind für das Jahr 1976 in der nachfolgenden Abbildung A I enthalten.

Abbildung A I

Jährliche Zu- und Abgänge, jahresdurchschnittlicher Bestand an Arbeitslosen, Männer und Frauen 1976 (in Tausend)

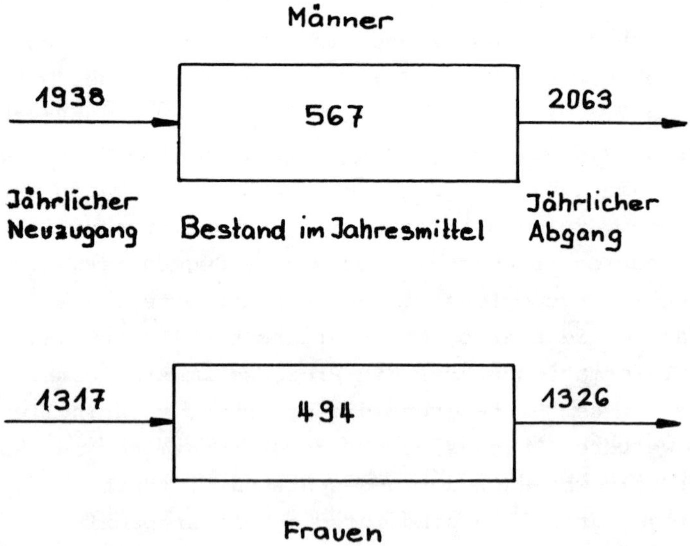

Folgende Überlegungen führen zu groben Schätzungen der Anteile der Ströme aus verschiedenen und in verschiedene Richtungen:

Die Zugangsstatistiken enthalten keine Gliederung nach den verschiedenen Herkunftsorten im Umfeld des Arbeitsmarkts. Seit einigen Jahren gibt es jedoch eine wirtschaftsfachliche Gliederung der Zugänge, die hier nicht weiter interessieren würde, wenn sie nicht die Kategorie "ohne Wirtschaftszweig-Zugehörigkeit" enthielte. 2o % der Neuzugänge bei den Männern und 24 % der Neuzugänge bei den Frauen gehören 1976 zu dieser Kategorie[2]. Die "Erläuterungen zur Statistik der Arbeitsvermittlung"[3] definieren, daß unter diese Kategorie diejenigen neu arbeitslos gemeldeten fallen, die bisher nicht erwerbstätig waren, die die Erwerbstätigkeit für mehr als sechs Monate unterbrochen hatten, die krank waren oder die aus dem Ausland kamen. Dagegen werden Arbeitslose, die aus Arbeitsbeschaffungsmaßnahmen kommen, unter dem Wirtschaftszweig geführt, zu dem der Träger der Maßnahme gehörte. Es gibt keine Abgangsstatistik aus den AB -Maßnahmen, die besagt, ob danach eine Tätigkeit aufgenommen wurde oder ob wieder ein Zugang zur Arbeitslosigkeit erfolgte. Geht man davon aus, daß in der Hälfte der Fälle eine Arbeitsaufnahme nicht gelang, käme man zu einer Zahl von ca. 3o Tausend, die wieder arbeitslos wurden. Dies macht ca. 1 % der Neuzugänge aus. Die 2o % resp. 24 % der Neuzugänge der Restkategorie verteilen sich auf Zugänge aus der "Stillen Reserve", aus Krankheit, aus der Schule, aus Weiterbildungsmaßnahmen, aus der Bundeswehr und aus dem Ausland. Eine genauere Untergliederung dieser Anteile ist sehr schwierig. Einzig für den Anteil der Schulabgänger gibt es noch einen Anhaltspunkt: die Bestandsuntersuchung der Arbeitslosen vom September 1976 weist nach, daß ca. 6 % der Arbeitslosen bisher ohne Berufstätigkeit waren[4]. Wäre die Dauer der Arbeitslosigkeit dieser Gruppe im Durchschnitt gleich wie beim Rest der Arbeitslosen, dann würde sich dieser Prozentsatz auch auf den Zugang übertragen. Wie die Untersuchung nach Altersgruppen zeigt, ist die Dauer bei den jüngeren im allgemeinen jedoch erheblich kürzer, was einer Vergrößerung des Anteils beim Zugang gleichkäme. Ob dies auch für die Schulentlassenen gilt, läßt sich jedoch nicht feststellen. Auf der anderen Seite gehören zu dieser Kategorie jedoch auch Frauen, die sich arbeitslos melden und die bisher noch nie berufstätig waren; deren Anzahl dürfte jedoch gering sein. Die Größenordnung von 6 % Schulabgängern (der Anteil schwankt natürlich im Jahresverlauf sehr stark) ist ebenfalls verträglich mit dem Anteil der unter 25 jährigen Neuzugängern an allen Arbeitslosen, der 1976 zwischen 4o % und 45 % liegt[5]. Die Zusammensetzung des Zugangs zu den Arbeitslosen, wie sie sich als grobe Schätzung aus diesen Überlegungen ergibt, ist in der Abbildung A II zusammenfassend dargestellt.

Abgangsstatistiken aus der Arbeitslosigkeit sind, wie erwähnt, überhaupt nicht verfügbar. Eine der wenigen Informationsquellen über den Verbleib der Abgänger stellt eine kleine Stichprobenuntersuchung von ca. 7ooo Arbeitnehmern dar, die im September 1976 erhoben wurde[6] [7]. Die Resultate enthält die Tabelle A I. Inwieweit diese Verteilung der Abgänger für das ganze Jahr repräsentativ ist, läßt sich nicht entscheiden.

Tabelle A I

Abgangsquoten nach verschiedenen Arten des Ausscheidens aus der Arbeitslosigkeit (Herbst 1976 in %)[8]

	Beendigung der Arb.los. durch	Arbeitsaufnahme	Krankheit	Weiterbildung etc.	Rente	Sonstige Gründe/ Unbekannt
Männer		71.3	5.6	4.8	1.7	16.6
Frauen		61.6	12.5	4.3	o.7	2o.9
Insgesamt		67.5	8.3	4.6	1.3	18.3

Die Kategorie "Arbeitsaufnahme" enthält ebenfalls die Teilnehmer an einer Arbeitsbeschaffungsmaßnahme. Sie machen im Jahresdruchschnitt ca. 2 % der Abgänger aus. Erstaunlich hoch, insbesondere bei den Frauen, sind die durch Krankheit begründeten Abgänge. Es ist anzunehmen, daß es sich hier in einem Teil der Fälle um einen "getarnten" Rückzug vom Erwerbsleben handelt, daß also Frauen, die kein starkes Interesse an der Aufnahme einer bestimmten, ihnen angebotenen Tätigkeit haben, die Ablehnung mit einer Erkrankung "plausibel" machen. Die Kategorie Weiterbildung umfaßt nicht nur die vom Arbeitsamt geförderten Maßnahmen (welche nur ca. 1 % der Abgänger im Jahresdurchschnitt aufnehmen[9]), sondern auch insbesondere Jugendliche, die arbeitslos gemeldet waren[1o], und die danach eine weiterführende schulische Ausbildung absolvieren. Dieser Anteil ist mit Sicherheit im September gegenüber dem Jahresdurchschnitt überhöht.

Die relativ große Gruppe der unter "Sonstige Gründe/Unbekannt" aufgeführten enthält im wesentlichen die Übergänge in die "Stille Reserve", ins Ausland, in die Wehrpflicht und vor allem diejenigen, die sich bei ihrem Ausscheiden aus der Arbeitslosigkeit nicht gemeldet haben.
Folgende Überlegungen lassen eine grobe Schätzung der Aufteilung dieser Restkategorie zu: Die Altersschichtung der Arbeitslosenabgänger ergibt, daß ca. 4 % der männlichen Arbeitslosen zu einem whrpflichtigen Jahrgang gehören. Die Ausländer machen am Abgang aus der Arbeitslosigkeit ca. 15 % aus, ungefähr 1o % von ihnen sind mehr als 9 Monate arbeitslos[11]. Nimmt man an, daß sie den Anspruch auf Arbeitslosengeld, den die meisten inzwischen erworben haben, ausschöpfen, bevor sie in die Heimat zurückkehren, dann erhält man eine Größenordnung von 1.5% der Abgänger, die ins Ausland gehen. Die Restkategorie schrumpft dann bei den Männern auf ca. 11 %, bei den Frauen auf ca. 2o %. Da es für die Männer kaum Möglichkeiten zu einem Übergang in die stille Reserve gibt, kann man annehmen, daß der größte Teil dieser 11 % tatsächlich wieder Arbeit gefunden, dies jedoch nicht gemeldet hat.

Es ist anzunehmen, daß auch ein Teil der Frauen sich nicht vom Erwerbsleben zurückgezogen hat, sondern wieder in Arbeit steht, dies jedoch nicht gemeldet hat, was dann unterbleiben kann, wenn keine finanziellen Unterstützungen mehr bezogen wurden. Das bedeutet, daß bei den Männern insgesamt zwischen 75 % und 8o %, bei den Frauen zwischen 65 % und 7o % durch Arbeitsaufnahme die Arbeitslosigkeit beendet haben dürften. Auch die Ergebnisse dieser Schätzungen sind in der Abbildung A II zusammengefaßt.

Es ist zu hoffen, daß solche groben Schätzungen der Anteile der einzelnen Ströme künftig durch ständige statistische Auswertung der Abgänge aus der Arbeitslosigkeit und durch feinere Erfassung der Zugänge bei den Arbeitsämtern überflüssig werden.

Abbildung A II

Zusammensetzung der Zugänge zur und der Abgänge aus der Arbeitslosigkeit nach Herkunfts- und Zielorten

(Größenordnungen der Anteile für 1976, besonders unsichere Anteile in Klammern)

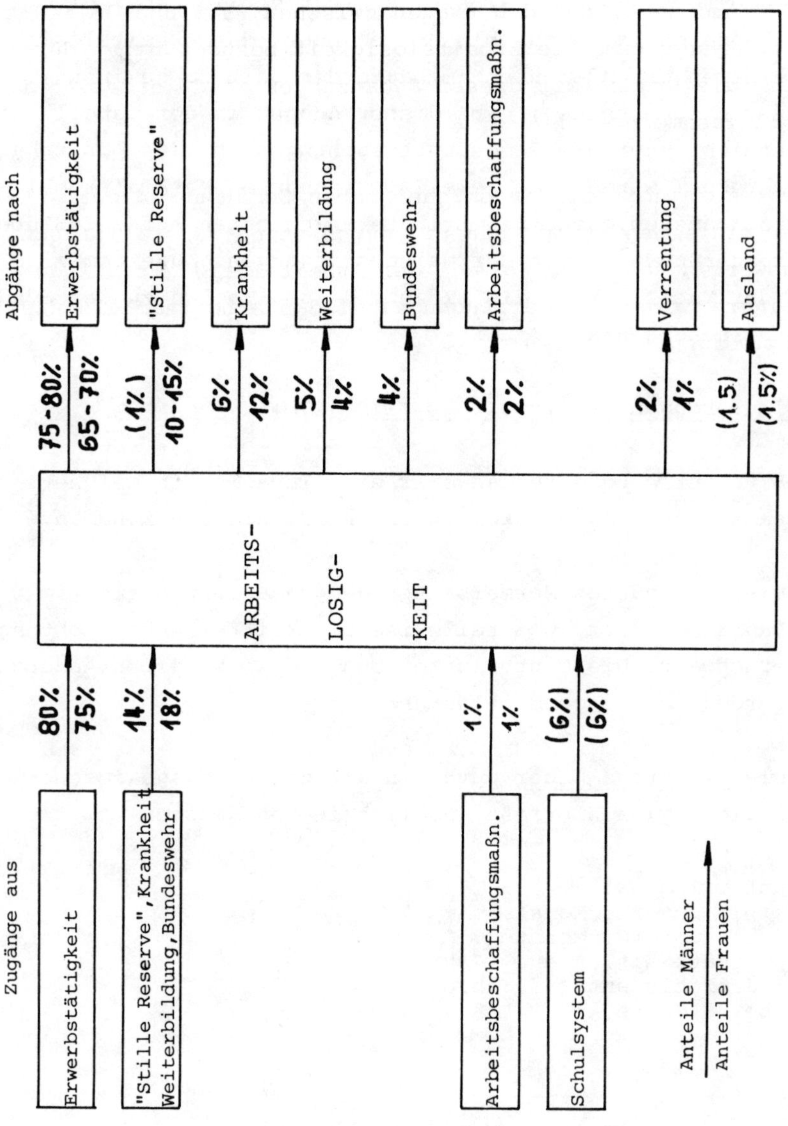

Anhang B
(zu Abschnitt 5.3)

Von der Bundesanstalt für Arbeit veröffentlichte Daten über die bisherige Dauer der Arbeitslosigkeit seit 1964

Um die recht mühsame Arbeit, einen Überblick über die vorhandenen Daten zur bisherigen Dauer der Arbeitslosigkeit und deren Veränderungen im Laufe der Zeit zu gewinnen, anderen zu ersparen, gibt dieser Anhang in der Tabelle eine Übersicht über die Sonderuntersuchungen ab 1964. In taballarischer Form werden die jeweils vorhandenen Merkmalskombinationen ausgewiesen. Die Erläuterungen geben Aufschluß über Veränderungen in den Merkmalsausprägungen. Außerdem sind in der Tabelle B I die einzelnen Fundstellen zu den Sonderuntersuchungen aufgeführt.

Erläuterungen zur Tabelle B II (S. 27o)

- Eine Zeile bedeutet jeweils eine Tabelle, in welcher sämtliche Merkmale kombiniert sind, die ein x haben.

- Die verwendeten Mermalsausprägungen änderten sich im Laufe der Zeit, was teilweise die Zeitreihenbetrachtung erschwert. Die Einteilungen und die wichtigsten Änderungen werden nachfolgend erläutert.

- Die bisherige Dauer wurde in der ganzen ausgewiesenen Periode gleich erfaßt, nämlich in den Klassen

  unter 1 Monat
  1 bis unter 3 Monate
  3 bis unter 6 Monate
  6 Monate bis unter 1 Jahr
  1 Jahr bis unter 2 Jahre
  über 2 Jahre

- 1964 wurden fünf Altersgruppen ausgewiesen: unter 25; 25 bis unter 45; 45 bis unter 55; 55 bis unter 65; über 65. 1966 kam die Grenze 6o Jahre hinzu. 1967 wurde die Einteilung auf acht Gruppen erweitert mit den Grenzen: 2o, 25, 35, 45, 55, 6o, 65. Ab 1971 gibt es für die wichtigsten Tabellen (die teilweise in den ANBA Jahreszahlen veröffentlicht werden) eine Einteilung in 11 Gruppen, von unter 2o bis über 65 in Fünfjahresschritten. Seit 1975 wurden die über 65-jährigen nicht mehr als Arbeitslose ausgewiesen[12].

- Die Stellung im Betrieb unterscheidet nicht Angestellte und Arbeiter nach der tatsächlichen Situation des einzelnen Arbeitslosen, sondern alle Arbeitslosen, die zu Berufsgruppen gehören, welche überwiegend Angestelltenberufe enthalten, werden unter "Angestelltenberufe", die restlichen Arbeitslosen unter "Übrige Berufsgruppen" nachgewiesen. Folgende Gruppen gelten als Angestelltenberufsgruppen (in Klammern die Gruppennummer nach der "Klassifizierung der Berufe")[13]. Verwalter, Berater in der Landwirtschaft und Tierzucht (o3), Ingenieure, Chemiker, Physiker, Mathematiker (6o-61), Techniker (62), Technische Sonderfachkräfte (63), Warenkaufleute (68), Dienstleistungskaufleute und zugeh. Berufe (69-7o), Organisations-, Verwaltungs- und Büroberufe (75-78), Rechtbewahrer, -berater (81), Publizisten, Dolmetscher, Bibliothekare (82), Künstler und zugeordnete Berufe (83), Gesundheitsdienstberufe (84-85). Sozial- und Erziehungsberufe, anderweitig nicht genannte geistes- und naturwissenschaftliche Berufe (86-89).

- Seit 1965 sind die neun Landesarbeitsamtsbezirke konstant geblieben. 1964 wurden Bremen und Hamburg noch gesondert nachgewiesen, ab 1965 gehörten sie zu Niedersachsen-Bremen einerseits, zu Schleswig-Holstein-Hamburg andererseits.

- Bei der Nationalität wird nur nach In- und Ausländern unterschieden.

- Der Wirtschaftszweig wird nach zehn Wirtschaftsabteilungen, untergliedert in 94 Wirtschaftsgruppen entsprechenden dem "Verzeichnis der Wirtschaftszweige für die Statistik der Bundesanstalt für Arbeit, Ausgabe 1973", nachgewiesen[14]. Es handelt sich jeweils um den Wirtschaftszweig des Betriebes, in welcher der Arbeitslose vor der Arbeitslosigkeit beschäftigt war. Arbeitslose ohne bisherige Berufstätigkeit, Arbeitslose, die ihre Berufstätigkeit länger als drei Jahre unterbrochen hatten, sowie Fälle ohne Angabe der Wirtschaftskalsse werden besonders ausgewiesen.

- Die Berufe sind klassifiziert nach Berufsbereichen, -abschnitten und -gruppen nach der "Klassifizierung der Berufe von 197o". Es gibt annähernd 1oo Berufsgruppen[15].

- Die Berufsausbildung wird wie folgt eingeteilt:
  Mit abgeschlossener Berufsausbildung
  davon Ausbildung (Lehre)
  Berufsfachschulbesuch
  Fachhochschulbesuch
  Hochschulbesuch

  ohne abgeschlossene Berufsausbildung
  darunter Studienabbrecher

- Ausgewiesene Fachrichtungen bei den Hochschulabsolventen: ca. 45, bei den Fachhochschulabsolventen ca. 33.

- Die gewünschte Arbeitszeit ist wie folgt eingeteilt:
  Vollzeitarbeit
  Teilzeiarbeit vormittags
  nachmittags
  abends
  sonst. Zeit

  Heimarbeit

- Die <u>Familienverhältnisse</u> sind wie folgt gegliedert:
  Verheiratet
  davon ohne Kinder unter 15 Jahre
  mit Kinder unter 15 Jahre
  davon bis unter 6 Jahre
  6 bis unter 15 Jahre
  in beiden Altersgruppen
  Nicht Verheiratet (mit Untergliederung wie bei den Verheirateten)

Tabelle B I

Fundstellen für die Sonderuntersuchungen

Die Resultate der Sonderuntersuchungen bestehen normalerweise aus einem kommentierenden Textteil und dem Tabellenteil. Die Fundstellen beziehen sich alle auf die "Amtlichen Nachrichten der Bundesanstalt für Arbeit" (bis 1969 Amtliche Nachrichten der Bundesanstalt für Arbeitsvermittlung und Arbeitslosenversicherung) ANBA. Die Zitation erfolgt nach: Jahrgang/Heft/Seite des Beitragsbeginns.

Sonderuntersuchung	Text	Tabellen
3o. 9. 1964	64/1o/493	64/1o/514
Ende Sept. 1966	66/12/512	66/12/523
Ende Sept. 1967	67/12/8o2	67/12/817
Sondererh. Mai 1968	68/ 8/539	
Ende Sept. 1968	69/ 1/ 36	68/12/838
Sondererh. Mai 1969	69/ 8/569	
Ende Sept. 1969	69/12/937	69/12/965
Ende Sept. 197o	71/ 1/ 35	71/ 1/ 59
Sondererh. März 1971	71/ 7/513	71/ 7/536
Ende Sept. 1971	72/ 2/1oo	71/12/1o23+72/ 2/1o5
Ende Sept. 1972	73/ 3/173	72/12/1o59+73/ 3/178
Ende Sept. 1973	74/ 2/111	73/12/968+74/ 2/141
Ende Mai 1974	74/ 8/791	74/ 8/822 +74/ 9/9o6
Ende Sept. 1974	75/ 1/ 16	75/ 1/ 6o +75/ 2/169
Ende Mai 1975	75/ 9/813	75/1o/936 +75/11/1o8o
Ende Sept. 1975	76/ 1/ 3o	76/ 1/ 74
Ende Mai 1976	76/ 9/895	76/ 9/941
Ende Sept. 1976	77/ 1/ 9	77/ 1/1o5
Ende Mai 1977	77/ 8/9oo	77/ 8/968

Tabelle B II: Sondererhebungen der Bundesanstalt für Arbeit ab 1964

Merkmalskombinationen der Tabellen, die auch das Merkmal "Dauer" enthalten.

Zeitpunkt	Dauer	Geschlecht	Altersgruppe	St. im Betrieb	LAA	Nationalität	Wirtschaftszweig	Berufsgruppe	Berufsausbildung	Bes. Gruppen	Kommentar zu bes. Gruppen
1964	x	x	x								
3o. 9.	x	x			x						
1966	x	x	x	x							
Ende Sept.	x	x		x	x						
bis											
1972											
Ende Sept.											
(jährlich)											
1973	x	x	x	x							
Ende Sept.	x	x						x			
	x	x							x		
1974	x	x	x							x	abgeschl.Hochsch.studium
Ende Mai	x	x								x	dto. Fachrichtung
	x	x	x							x	abgeschl.Fachhochschule
	x	x								x	dto. Fachrichtung
	x	x	x							x	mit Leist.aus Soz.plänen
	x										dto.nach Wirtsch.gruppen
	x										dto.nach Berufsgruppen
	x	x		x	x	x					
1974	x	x	x	x		x					
Ende Sept.	x	x						x			
1975	x	x					x				
Ende Mai	x	x							x		
	x	x								x	gewünschte Arbeitszeit
	x									x	mit Leist.aus Soz.plänen
											nach Wirtschaftsgruppen
	x	x	x							x	abgeschl.Hochschulstudium
	x	x								x	dto. Fachrichtung
	x	x	x								abgeschl.Hochschulstudium
	x	x								x	dto. nach Fachrichtung
	x	x		x	x	x					
1975	x	x	x	x							
Ende Sept.	x	x		x		x					
1976 *)	x	x	x			x					
Ende Mai	x	x					x				
Ende Sept.	x	x						x			
1977	x	x							x		
Ende Mai	x	x								x	Familienverhältnisse
Ende Sept.	x	x	x							x	abg. Hochschulstudium
	x	x								x	dto. Fachrichtung
	x	x	x							x	abg. Fachhochschulstudium
	x	x								x	dto. Fachrichtung
	x	x		x	x						
	x	x			x	x					

*) Ab Mai ohne Familienverhältnisse

Anhang C
(zu Abschnitt 9.1.2)

Bestimmung der Ableitungen der kumulierten Häufigkeitsverteilung der bisherigen Dauer

Die Abgangsgesetze aus der Arbeitslosigkeit legen es nahe, die betreffenden Kurven durch Exponentialfunktionen mit negativen, zeitabhängigen Exponenten zu beschreiben. Zwischen je zwei Stützpunkten kann der Parameter λ_i durch Logarithmieren der folgenden Gleichung bestimmt werden:

$$A(z_{i+1}) = A(z_i)e^{-\lambda_i \Delta z} \qquad (1)$$

wobei A(z) die Differenz der kumulierten Häufigkeitsverteilung zu 1 darstellt. Man wird feststellen, daß von Intervall zu Intervall sich die Lamdas ändern, die Ableitung an den Stützpunkten also zwei verschiedene Werte hat, je nachdem von wo man sich ihnen nähert. Eine kontinuierliche Veränderung des Parameters λ behebt dieses Problem. Es wurde hier eine lineare Zeitabhängigkeit von λ zugrunde gelegt:

$$\lambda = \alpha z + \beta \qquad (2)$$

Die Kurve wird dann beschrieben durch:

$$A(z) = A(z_0)e^{-(\alpha z + \beta)z} \qquad (3)$$

Logarithmierung ergibt

$$\alpha z^2 + \beta z = \ln A(z_0) - \ln A(z) \qquad (4)$$

Dies ist eine quadratische Parabel in z, deren Parameter α und β sich aus den Logarithmen von je drei Stützpunkten bestimmen lassen. Die Ableitung ist:

$$\frac{dA(z)}{dz} = -A(z_0)\ (2\alpha z + \beta)e^{-(\alpha z + \beta)z} \qquad (5)$$

Anhang D

(zu Abschnitt 9.2.2)

Erwartungswert der bisherigen und der vollständigen Dauer im Querschnittsbestand bei Sortierprozessen

Die beiden Verteilungen lauten

$$B(T) = \int_q T(1-q)^2 \; q^{T-1} \; b(q)\,dq \qquad (1)$$

(vollständige Dauer)

und

$$B^*(T) = \int_q (1-q)\,q^{T-1} \; b(q)\,dq \qquad (2)$$

(bisherige Dauer)

Der Erwartungswert für die bisherige Dauer beträgt

$$E_b(T) = \sum_T \int_q T \; (1-q) \; q^{T-1} \; b(q)\,dq$$

$$= \int_q \frac{1}{1-q} \; b(q)\,dq \qquad (3)$$

Für die vollständige Dauer ergibt sich:

$$E_V(T) = \sum_T \int_q T^2 (1-q)^2 \; q^{T-1} \; b(q)\,dq$$

$$= \int_q \left(\frac{2}{1-q} - 1\right) \; b(q)\,dq =$$

$$2E_b\;(T) - 1 \qquad (4)$$

Wird die Zeiteinheit klein genug gewählt und damit numerisch $E_b(T)$ groß, wird in der Tat der Erwartungswert der vollständigen Dauer doppelt so groß wie der Erwartungswert der bisherigen Dauer (insbesondere also bei kontinuierlichen Prozessen).

Anhang E

(zu Abschnitt 11.3)

Schätzung der Abweichungen, die bei der Berechnung der Verbleibwerte durch die Intervallbildung entstehen

Es wird angenommen, man kenne die Verbleibkurve V (t), respektive zwei Verbleibwerte a_- und a_+ an den Intervallgrenzen T-u und T+u

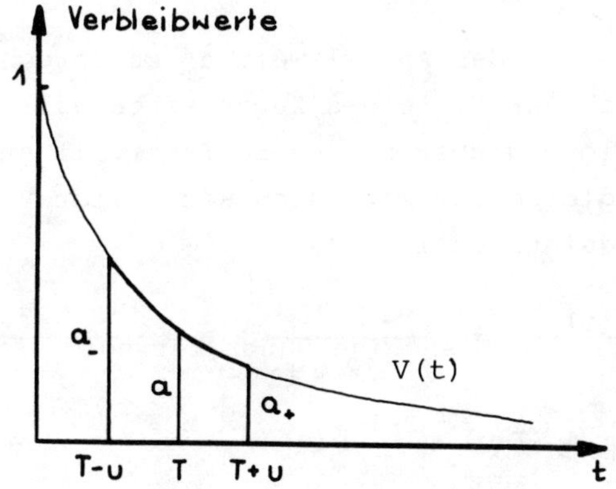

Für dieses Intervall kann die Verbleibkurve durch die Exponentialfunktion

$$V(t) = a_- \, e^{-\lambda(t-(T-u))} \quad (1)$$

angenähert werden. λ bestimmt sich aus den Verbleibwerten an den Intervallgrenzen als:

$$\lambda = \frac{\ln a_- - \ln a_+}{2u} = \frac{d}{2u} \quad (2)$$

mit $\quad d = \ln a_- - \ln a_+$

Der Wert in der Mitte des Intervalls ist gleich

$$a = a_{-} \cdot e^{-\lambda u} = a_{-} e^{-\frac{1}{2} d} \qquad (3)$$

Dies läßt sich umformen zu:

$$a = (a_{+} \cdot a_{-})^{1/2} \qquad (4)$$

Auf der anderen Seite ist der Anteilswert a* zu berechnen, der sich T Monate nach der Mitte des Zugangsintervalls ergibt, wenn der Zugang regelmäßig über das ganze Intervall stattfand. Dies ist aber gleich dem mittleren Wert aller Verbleibwerte über das Zugangsintervall:

$$a^* = \int_{T-u}^{T+u} \frac{V(t)}{2u} = \frac{a_{-} - a_{+}}{2 \lambda u} = \frac{a_{-} - a_{+}}{d} \qquad (5)$$

Damit ergibt sich die Abweichung dieser zwei Werte als:

$$D = a^* - a = \frac{a_{-} - a_{+}}{d} - (a_{-} \cdot a_{+})^{1/2} \qquad (6)$$

Im Abschnitt 11.2 wurde darauf hingewiesen, daß diese Abweichung in der Tendenz dadurch ausgeglichen werden kann, daß der Schwerpunkt des Zugangs an Arbeitslosen vor der Monatsmitte liegt. Man kann sich nun fragen, wieviele Tage diese Verschiebung vor die Monatsmitte betragen muß, damit es zu einem Verschwinden der obigen Abweichung kommt. Geht man davon aus, daß alle Arbeitslosen x Tage früher registriert worden sind, dann ergibt sich der Anteilswert bezogen auf das ganze Intervall als der mittlere Wert über das Zugangsintervall einer um x Tage nach links verschobenen Verbleibkurve:

$$a_x = \frac{(a_- - a_+)\, e^{-\lambda x}}{2 \lambda u} = a^* e^{-\lambda x} \qquad (7)$$

x ist nun so zu bestimmen, daß dieser Wert gleich dem Wert in der Mitte des Intervalls ist (mit (4)):

$$a^* e^{-\lambda x} = (a_+ a_-)^{1/2} \qquad (8)$$

Daraus:

$$x = -\frac{1}{\lambda} \ln \frac{(a_+ \cdot a_-)^{1/2}}{a^*} \qquad (9)$$

Und mit (5) :

$$x = \frac{2u}{d} \ln \frac{(a_- - a_+)}{d\, (a_+ a_-)^{1/2}} \qquad (1o)$$

Zur Demonstration der Größenordnung dieser Verschiebung der Zugangszeitpunkte werden nun die x - Werte für eine denkbare Verbliebkurve berechnet:

Verbleib-dauer	O	3	6	12 Monate
Verbleib-werte	100	31	21	6 %
Verschiebung x für das betr. Intervall in Tagen		4.3	1.5	9.3 Tage

Für andere Verbleibkurven (auch extrem schnell oder extrem langsam abklingende) ergeben sich Werte in derselben Größenordnung bis unter 1o Tagen. Im Abschnitt 11.2 wurde festgestellt, daß die Verschiebung durch die Häufung des Zugangs in der ersten Monatshälfte höchstens einen halben Monat betragen kann, in Wirklichkeit jedoch wesentlich kleiner ist, und daß die Verschiebung durch die Häufung zum Quartalsbeginn in der Größenordnung von wenigen Tagen liegt. Diese beiden systematischen Fehler, die sich in der Tendenz ausgleichen, haben ganz grob betrachtet also etwa die gleiche Größenordnung. Dies zusammen mit der Tatsache, daß eine kleine residuale Verschiebung die Verbleibwerte nur unbedeutend verändert, garantiert, daß hier keine Fehler auftauchen, die die Resultate wesentlich verfälschen können.

Anhangtabelle I

Bestands- und Bewegungsdaten zur Arbeitslosigkeit

Bestand zum Monatsende, Zugang und Abgang während des Monats, Umschlagszahl (Berechnung vgl. Abschnitt 6.1 S.97), sowie jahresdurchschnittliche Werte dieser Größen für Männer und Frauen in den Jahren 1964 bis 1977

BEWEGUNGSDATEN ZUR ARBEITSLOSIGKEIT

(MONATSZAHLEN UND JAHRESMITTELWERTE IN TAUSEND,UZ=UMSCHLAGSZAHL)

1964	MAENNER BESTAND	ZUGANG	ABGANG	UZ	FRAUEN BESTAND	ZUGANG	ABGANG	UZ
JAN.	252	177	103	0.65	85	65	53	0.74
FEB.	223	105	134	0.50	81	47	51	0.59
MAR.	158	93	158	0.66	69	41	54	0.63
APR.	89	88	157	0.99	58	51	62	0.90
MAI	78	65	76	0.85	49	36	45	0.76
JUNI	70	63	71	0.91	42	34	41	0.82
JULI	68	67	70	0.99	38	34	38	0.90
AUG.	66	65	66	0.98	37	35	36	0.95
SEP.	64	66	68	1.04	37	39	39	1.06
OKT.	70	76	70	1.09	42	46	41	1.11
NOV.	80	78	68	0.98	47	46	40	0.97
DEZ.	140	119	59	0.81	62	43	28	0.65
1964	113	89	92	0.87	54	43	44	0.84

BEWEGUNGSDATEN ZUR ARBEITSLOSIGKEIT

(MONATSZAHLEN UND JAHRESMITTELWERTE IN TAUSEND,UZ=UMSCHLAGSZAHL)

1965	MAENNER BESTAND	ZUGANG	ABGANG	UZ	FRAUEN BESTAND	ZUGANG	ABGANG	UZ
JAN.	216	171	95	0.75	70	54	46	0.76
FEB.	228	103	92	0.44	64	36	42	0.58
MAR.	150	87	164	0.66	51	34	47	0.71
APR.	85	69	134	0.86	42	35	43	0.85
MAI	71	66	80	0.94	35	32	39	0.92
JUNI	64	58	65	0.90	31	26	31	0.87
JULI	60	61	65	1.01	29	28	31	0.98
AUG.	58	60	62	1.03	27	29	30	1.06
SEP.	57	60	61	1.06	28	32	31	1.13
OKT.	61	68	64	1.13	31	38	35	1.22
NOV.	83	85	63	1.03	36	39	34	1.07
DEZ.	129	112	66	0.84	49	39	27	0.78
1965	105	83	84	0.89	41	35	36	0.91

BEWEGUNGSDATEN ZUR ARBEITSLOSIGKEIT

(MONATSZAHLEN UND JAHRESMITTELWERTE IN TAUSEND,UZ=UMSCHLAGSZAHL)

1966	MAENNER BESTAND	ZUGANG	ABGANG	UZ	FRAUEN BESTAND	ZUGANG	ABGANG	UZ
JAN.	211	161	79	0.71	58	46	37	0.78
FEB.	182	87	116	0.52	53	33	37	0.63
MAR.	101	80	162	0.86	41	33	46	0.84
APR.	83	80	97	0.96	38	35	38	0.93
MAI	74	68	77	0.92	33	31	35	0.92
JUNI	70	63	68	0.91	31	28	31	0.92
JULI	71	69	68	0.97	31	30	30	0.97
AUG.	74	73	70	0.99	32	33	32	1.03
SEP.	78	81	78	1.05	35	39	36	1.13
OKT.	99	106	85	1.08	47	52	40	1.12
NOV.	152	138	86	0.90	65	60	42	0.91
DEZ.	278	202	76	0.65	94	64	35	0.62
1966	123	101	88	0.88	46	40	37	0.90

BEWEGUNGSDATEN ZUR ARBEITSLOSIGKEIT

(MONATSZAHLEN UND JAHRESMITTELWERTE IN TAUSEND,UZ=UMSCHLAGSZAHL)

1967	MAENNER BESTAND	ZUGANG	ABGANG	UZ	FRAUEN BESTAND	ZUGANG	ABGANG	UZ
JAN.	493	323	108	0.56	128	86	51	0.62
FEB.	534	185	144	0.32	139	65	54	0.45
MAR.	441	138	231	0.38	135	59	63	0.45
APR.	364	147	224	0.46	137	69	66	0.50
MAI	326	113	151	0.38	132	54	59	0.42
JUNI	280	108	154	0.43	121	51	62	0.45
JULI	259	114	135	0.46	118	53	57	0.46
AUG.	245	110	123	0.46	114	54	58	0.48
SEP.	231	106	120	0.47	110	57	61	0.52
OKT.	243	131	119	0.53	117	67	59	0.56
NOV.	270	132	105	0.46	125	63	56	0.49
DEZ.	388	202	84	0.43	138	57	44	0.39
1967	340	151	142	0.45	126	61	58	0.48

BEWEGUNGSDATEN ZUR ARBEITSLOSIGKEIT

(MONATSZAHLEN UND JAHRESMITTELWERTE IN TAUSEND, UZ=UMSCHLAGSZAHL)

1968	MAENNER BESTAND	ZUGANG	ABGANG	UZ	FRAUEN BESTAND	ZUGANG	ABGANG	UZ
JAN.	527	277	138	0.45	146	73	66	0.49
FEB.	461	123	190	0.32	129	49	66	0.42
MAR.	348	113	225	0.42	112	49	66	0.47
APR.	232	95	211	0.53	99	50	63	0.53
MAI	180	77	129	0.50	85	41	55	0.52
JUNI	153	63	89	0.46	73	33	45	0.49
JULI	137	72	88	0.55	66	40	48	0.63
AUG.	126	66	77	0.54	61	40	45	0.67
SEP.	116	65	75	0.58	58	42	45	0.73
OKT.	118	81	79	0.68	62	50	46	0.80
NOV.	131	85	72	0.63	65	45	43	0.69
DEZ.	195	123	59	0.56	71	38	32	0.52
1968	227	103	119	0.52	86	46	51	0.58

BEWEGUNGSDATEN ZUR ARBEITSLOSIGKEIT

(MONATSZAHLEN UND JAHRESMITTELWERTE IN TAUSEND, UZ=UMSCHLAGSZAHL)

1969	MAENNER BESTAND	ZUGANG	ABGANG	UZ	FRAUEN BESTAND	ZUGANG	ABGANG	UZ
JAN.	288	198	106	0.63	81	57	47	0.69
FEB.	300	118	105	0.38	74	35	42	0.49
MAR.	182	73	191	0.55	62	36	48	0.62
APR.	100	63	144	0.73	55	39	46	0.72
MAI	77	51	74	0.70	46	31	40	0.70
JUNI	69	45	53	0.67	42	27	31	0.67
JULI	67	51	53	0.77	41	31	32	0.76
AUG.	63	48	52	0.77	41	32	32	0.78
SEP.	58	50	54	0.86	42	38	37	0.91
OKT.	61	58	55	0.95	47	45	40	0.94
NOV.	67	57	51	0.85	52	41	36	0.78
DEZ.	132	110	45	0.78	60	36	28	0.58
1969	122	77	82	0.72	54	37	38	0.72

BEWEGUNGSDATEN ZUR ARBEITSLOSIGKEIT

(MONATSZAHLEN UND JAHRESMITTELWERTE IN TAUSEND,UZ=UMSCHLAGSZAHL)

1970	MAENNER BESTAND	ZUGANG	ABGANG	UZ	FRAUEN BESTAND	ZUGANG	ABGANG	UZ
JAN.	218	165	80	0,70	68	49	41	0,71
FEB.	199	78	97	0,42	65	35	39	0,55
MAR.	140	65	124	0,56	58	33	39	0,58
APR.	68	62	134	0,95	53	40	45	0,77
MAI	55	46	59	0,86	49	30	34	0,62
JUNI	50	46	50	0,92	45	30	34	0,68
JULI	52	53	51	1,01	46	34	32	0,72
AUG.	52	51	51	0,98	47	34	33	0,72
SEP.	49	54	57	1,10	49	40	39	0,83
OKT.	54	62	57	1,17	57	49	40	0,84
NOV.	64	67	57	1,05	65	47	38	0,70
DEZ.	98	84	50	0,82	77	43	31	0,52
1970	91	69	72	0,88	57	39	37	0,69

BEWEGUNGSDATEN ZUR ARBEITSLOSIGKEIT

(MONATSZAHLEN UND JAHRESMITTELWERTE IN TAUSEND,UZ=UMSCHLAGSZAHL)

1971	MAENNER BESTAND	ZUGANG	ABGANG	UZ	FRAUEN BESTAND	ZUGANG	ABGANG	UZ
JAN.	191	172	79	0,87	96	62	44	0,62
FEB.	160	75	106	0,52	95	46	47	0,48
MAR.	121	92	132	0,80	86	46	55	0,56
APR.	77	67	110	0,90	83	46	49	0,56
MAI	66	55	65	0,84	77	36	43	0,49
JUNI	63	54	57	0,86	72	35	40	0,51
JULI	69	64	58	0,92	73	40	39	0,55
AUG.	71	62	60	0,86	74	42	40	0,56
SEP.	71	67	68	0,94	76	49	47	0,64
OKT.	83	80	68	0,96	88	59	47	0,65
NOV.	109	94	68	0,85	99	56	45	0,54
DEZ.	159	114	64	0,66	111	50	38	0,42
1971	103	83	78	0,83	86	47	44	0,55

BEWEGUNGSDATEN ZUR ARBEITSLOSIGKEIT

(MONATSZAHLEN UND JAHRESMITTELWERTE IN TAUSEND,UZ=UMSCHLAGSZAHL)

1972	MAENNER BESTAND	ZUGANG	ABGANG	UZ	FRAUEN BESTAND	ZUGANG	ABGANG	UZ
JAN.	247	179	91	0.66	128	69	52	0.50
FEB.	244	113	116	0.47	125	51	54	0.42
MAR.	155	81	170	0.63	114	47	59	0.45
APR.	123	80	112	0.69	108	51	57	0.49
MAI	108	64	79	0.62	100	41	49	0.43
JUNI	100	65	73	0.66	90	39	49	0.46
JULI	106	71	65	0.66	90	42	42	0.47
AUG.	107	71	70	0.66	92	48	46	0.52
SEP.	102	68	72	0.67	92	51	50	0.55
OKT.	111	84	75	0.74	104	62	51	0.58
NOV.	124	81	69	0.64	111	55	47	0.48
DEZ.	159	100	64	0.58	120	49	40	0.38
1972	141	88	88	0.64	106	50	50	0.48

BEWEGUNGSDATEN ZUR ARBEITSLOSIGKEIT

(MONATSZAHLEN UND JAHRESMITTELWERTE IN TAUSEND,UZ=UMSCHLAGSZAHL)

1973	MAENNER BESTAND	ZUGANG	ABGANG	UZ	FRAUEN BESTAND	ZUGANG	ABGANG	UZ
JAN.	223	158	94	0.66	133	70	56	0.50
FEB.	219	98	102	0.45	128	50	56	0.41
MAR.	169	87	137	0.58	117	47	58	0.43
APR.	128	76	117	0.65	112	50	55	0.46
MAI	105	68	91	0.68	106	47	56	0.46
JUNI	100	59	64	0.59	101	39	44	0.40
JULI	111	77	67	0.68	106	51	46	0.47
AUG.	111	79	78	0.71	111	56	51	0.49
SEP.	107	72	76	0.68	113	56	55	0.50
OKT.	129	105	83	0.80	138	82	56	0.55
NOV.	170	118	76	0.65	162	75	51	0.42
DEZ.	294	189	65	0.55	192	69	39	0.31
1973	156	99	87	0.64	127	58	52	0.45

BEWEGUNGSDATEN ZUR ARBEITSLOSIGKEIT

(MONATSZAHLEN UND JAHRESMITTELWERTE IN TAUSEND,UZ=UMSCHLAGSZAHL)

1974	MAENNER BESTAND	ZUGANG	ABGANG	UZ	FRAUEN BESTAND	ZUGANG	ABGANG	UZ
JAN.	383	207	118	0.48	238	109	63	0.40
FEB.	379	135	139	0.36	241	72	68	0.29
MAR.	329	131	181	0.44	232	70	78	0.31
APR.	281	121	170	0.48	237	84	79	0.35
MAI	239	98	139	0.46	218	62	81	0.32
JUNI	233	82	88	0.36	218	52	52	0.24
JULI	255	138	116	0.52	236	93	76	0.37
AUG.	273	125	107	0.44	254	87	69	0.32
SEP.	289	143	127	0.48	268	98	84	0.35
OKT.	356	182	115	0.46	316	124	75	0.34
NOV.	449	194	101	0.37	350	102	68	0.26
DEZ.	565	200	84	0.28	381	87	56	0.20
1974	336	146	124	0.43	266	87	71	0.31

BEWEGUNGSDATEN ZUR ARBEITSLOSIGKEIT

(MONATSZAHLEN UND JAHRESMITTELWERTE IN TAUSEND,UZ=UMSCHLAGSZAHL)

1975	MAENNER BESTAND	ZUGANG	ABGANG	UZ	FRAUEN BESTAND	ZUGANG	ABGANG	UZ
JAN.	719	296	142	0.34	436	141	86	0.28
FEB.	747	188	160	0.24	437	90	89	0.20
MAR.	692	172	227	0.28	422	90	105	0.23
APR.	648	180	225	0.30	439	117	99	0.25
MAI	593	126	181	0.25	425	79	93	0.20
JUNI	574	137	156	0.25	428	88	85	0.20
JULI	584	185	175	0.31	451	130	107	0.27
AUG.	569	151	167	0.28	463	114	102	0.24
SEP.	544	150	174	0.29	461	112	114	0.24
OKT.	565	187	166	0.32	496	140	106	0.26
NOV.	605	176	136	0.27	509	108	94	0.20
DEZ.	698	200	107	0.24	526	93	77	0.16
1975	628	179	168	0.28	458	108	96	0.23

BEWEGUNGSDATEN ZUR ARBEITSLOSIGKEIT

(MONATSZAHLEN UND JAHRESMITTELWERTE IN TAUSEND, UZ=UMSCHLAGSZAHL)

1976	MAENNER BESTAND	ZUGANG	ABGANG	UZ	FRAUEN BESTAND	ZUGANG	ABGANG	UZ
JAN.	795	267	170	0.29	556	142	111	0.23
FEB.	811	181	165	0.22	536	87	107	0.18
MAR.	682	157	286	0.30	508	99	127	0.22
APR.	593	147	236	0.30	501	114	122	0.23
MAI	499	114	207	0.29	454	83	129	0.22
JUNI	473	125	152	0.28	448	90	96	0.21
JULI	477	147	142	0.30	468	119	99	0.24
AUG.	465	137	148	0.30	474	116	109	0.24
SEP.	436	136	165	0.33	462	114	126	0.26
OKT.	451	162	147	0.35	493	139	108	0.26
NOV.	481	161	130	0.31	504	113	103	0.22
DEZ.	573	205	113	0.30	517	101	88	0.19
1976	561	162	172	0.30	493	110	111	0.22

BEWEGUNGSDATEN ZUR ARBEITSLOSIGKEIT

(MONATSZAHLEN UND JAHRESMITTELWERTE IN TAUSEND, UZ=UMSCHLAGSZAHL)

1977	MAENNER BESTAND	ZUGANG	ABGANG	UZ	FRAUEN BESTAND	ZUGANG	ABGANG	UZ
JAN.	699	274	148	0.33	549	142	110	0.24
FEB.	676	167	190	0.26	537	100	112	0.20
MAR.	570	154	260	0.33	515	105	127	0.22
APR.	523	152	199	0.32	516	120	118	0.23
MAI	464	120	179	0.30	482	88	122	0.21
JUNI	451	122	135	0.28	480	93	96	0.20
JULI	465	163	149	0.34	508	138	110	0.25
AUG.	435	145	174	0.35	510	124	122	0.24
SEP.	424	135	146	0.33	487	113	136	0.25
OKT.	443	159	141	0.35	512	135	110	0.25
NOV.	482	169	130	0.32	523	118	106	0.22
DEZ.								
1977	517	164	164	0.32	512	115	114	0.22

Anhangtabelle II

Dauerverteilung der Arbeitslosigkeit und Abgangsprozeß aus der Arbeitslosigkeit für Kohorten

nach Geschlecht und vier Altersgruppen für die Jahre 1966 bis 1977

Kurze Erläuterung der einzelnen aufgeführten Verteilungen (vgl. dazu Abschnitt 12.1, S. 215 f)

F : Verteilung der Fälle (=aller Kohortenmitglieder einer aufgeführten Gruppe) auf fünf Dauerklassen

G : Verteilung der von einer Kohorte insgesamt "erlittenen" Arbeitslosigkeitsdauer ("Menschmonate") auf fünf Dauerklassen

V : Verbleibwerte für die Kohorten nach x Monaten

A : Viertelmonatliche durchschnittliche Abgangsraten für die Restmitglieder einer Kohorte zwischen zwei Zeitpunkten

VERTEILUNG DER FAELLE (F) UND DER GESAMTDAUER (G) DER ARBEITSLOSIGKEIT AUF DAUERKLASSEN (IN %) SOWIE DURCHSCNNITTLICHE DAUER DER ARBEITSLOSIGKEIT FUER KOHORTEN NACH GESCHLECHT UND ALTERSGRUPPEN

SEPTEMBER 1966

MAENNER

ALTERS-GRUPPEN		UNTER 1 MT.	1-UNT. 3 MT.	3-UNT. 6 MT.	6-UNT. 12 MT.	UEBER 12 MT.	DURCHSCHN. DAUER IN MT.
UNT.25J	F	79.3	17.1	2.5	0.8	0.3	0.77
	G	38.5	34.0	12.4	9.5	5.6	
25-45 J	F	70.4	21.5	4.4	2.0	1.7	1.26
	G	22.4	27.0	13.1	15.2	22.3	
45-55 J	F	60.7	23.4	6.7	4.6	4.6	2.14
	G	12.0	17.4	12.4	19.6	38.6	
UEB.55J	F	46.2	19.3	14.7	13.6	6.2	3.50
	G	5.9	8.3	20.0	30.4	35.5	
ZUS.	F	64.2	20.2	7.2	5.3	3.0	1.88
	G	14.2	16.3	16.7	23.4	29.5	

FRAUEN

ALTERS-GRUPPEN		UNTER 1 MT.	1-UNT. 3 MT.	3-UNT. 6 MT.	6-UNT. 12 MT.	UEBER 12 MT.	DURCHSCHN. DAUER IN MT.
UNT.25J	F	65.3	26.7	5.7	1.9	0.4	1.15
	G	23.4	38.2	18.9	14.3	5.1	
25-45 J	F	57.3	27.3	8.4	5.3	1.7	1.76
	G	14.0	25.9	18.9	27.4	13.9	
45-55 J	F	56.3	26.5	8.3	6.1	2.8	2.00
	G	12.1	21.9	16.4	28.0	21.6	
UEB.55J	F	45.3	25.5	13.2	11.4	4.6	2.92
	G	7.0	14.5	19.3	33.4	25.7	
ZUS.	F	58.2	26.6	8.3	5.1	1.9	1.76
	G	14.1	24.9	18.7	25.8	16.4	
INSGES.	F	62.3	22.2	7.7	5.2	2.7	1.85
	G	14.2	18.7	17.4	23.6	26.1	

VERBLEIBWERTE BEI DEN INTERVALLMITTEN (V) UND VIERTELMONATLICHE DURCHSCHNITTLICHE ABGANGSRATEN ZWISCHE DIESEN ZEITPUNKTEN (A) FUER KOHORTEN NACH GESCHLECHT UND ALTERSGRUPPEN (IN%)

SEPTEMBER 1966

MAENNER

ALTERS-GRUPPEN		0		1.5		4.5		9		18 MT.
UNT.25J	V	100		9.4		1.4		0.7		0.0
	A		32.5		14.8		3.6		7.4	
25-45 J	V	100		16.1		4.0		3.1		0.5
	A		26.3		10.9		1.4		5.0	
45-55 J	V	100		24.6		10.2		7.3		1.8
	A		20.8		7.0		1.9		3.8	
UEB.55J	V	100		39.5		30.1		8.6		3.3
	A		14.3		2.2		6.8		2.6	
ZUS.	V	100		21.4		11.3		4.5		1.3
	A		22.7		5.2		5.0		3.4	

FRAUEN

ALTERS-GRUPPEN		0		1.5		4.5		9		18 MT.
UNT.25J	V	100		20.4		3.1		1.3		0.0
	A		23.3		14.5		4.9		9.1	
25-45 J	V	100		27.9		8.5		4.7		0.2
	A		19.1		9.5		3.2		8.4	
45-55 J	V	100		28.9		10.2		6.7		0.5
	A		18.7		8.3		2.4		7.0	
UEB.55J	V	100		40.4		21.1		9.3		1.2
	A		14.0		5.3		4.5		5.6	
ZUS.	V	100		27.0		8.6		4.6		0.3
	A		19.6		9.1		3.4		7.2	

INSGES.	V	100		23.2		10.5		4.5		1.0
	A		21.6		6.4		4.5		4.1	

VERTEILUNG DER FAELLE (F) UND DER GESAMTDAUER (G) DER ARBEITSLOSIGKEIT AUF DAUERKLASSEN (IN %) SOWIE DURCHSCNNITTLICHE DAUER DER ARBEITSLOSIGKEIT FUER KOHORTEN NACH GESCHLECHT UND ALTERSGRUPPEN

SEPTEMBER 1967

MAENNER

ALTERS-GRUPPEN		UNTER 1 MT.	1-UNT. 3 MT.	3-UNT. 6 MT.	6-UNT. 12 MT.	UEBER 12 MT.	DURCHSCHN. DAUER IN MT.
UNT.25J	F	65.2	27.4	6.0	1.3	0.2	1.09
	G	24.9	41.8	21.8	9.1	2.4	
25-45 J	F	57.3	28.8	9.3	3.4	1.1	1.57
	G	15.7	30.9	24.1	17.6	11.8	
45-55 J	F	50.5	27.0	12.3	7.0	3.3	2.36
	G	9.4	19.1	21.9	24.0	25.5	
UEB.55J	F	40.9	22.6	15.8	13.4	7.3	3.76
	G	5.0	9.8	19.0	28.6	37.6	
ZUS.	F	53.6	26.2	11.3	6.0	2.8	2.16
	G	10.8	20.0	22.1	22.5	24.6	

FRAUEN

ALTERS-GRUPPEN		UNTER 1 MT.	1-UNT. 3 MT.	3-UNT. 6 MT.	6-UNT. 12 MT.	UEBER 12 MT.	DURCHSCHN. DAUER IN MT.
UNT.25J	F	58.1	30.0	8.6	2.9	0.4	1.39
	G	17.8	36.6	24.7	17.0	3.9	
25-45 J	F	47.6	30.7	13.4	7.0	1.3	2.08
	G	10.2	25.7	26.9	28.2	9.0	
45-55 J	F	44.8	29.8	14.8	8.7	2.0	2.37
	G	8.5	21.8	26.2	30.3	13.2	
UEB.55J	F	38.9	26.7	17.1	12.9	4.3	3.17
	G	5.6	14.6	23.5	33.8	22.5	
ZUS.	F	49.4	29.5	12.7	6.7	1.6	2.06
	G	10.7	24.6	25.7	27.2	11.8	

INSGES.	F	52.2	27.3	11.8	6.2	2.5	2.13
	G	10.8	21.5	23.3	23.5	21.1	

VERBLEIBWERTE BEI DEN INTERVALLMITTEN (V) UND VIERTELMONATLICHE DURCHSCHNITTLICHE ABGANGSRATEN ZWISCHE DIESEN ZEITPUNKTEN (A) FUER KOHORTEN NACH GESCHLECHT UND ALTERSGRUPPEN (IN%)

SEPTEMBER 1967

MAENNER

ALTERS- GRUPPEN		0		1.5		4.5		9		18 MT.
UNT.25J	V	100		20.5		2.7		0.4		0.0
	A		23.2		15.6		9.9		7.1	
25-45 J	V	100		27.9		6.9		2.0		0.3
	A		19.2		11.0		6.8		4.7	
45-55 J	V	100		34.9		14.6		5.1		1.4
	A		16.1		7.0		5.7		3.6	
UEB.55J	V	100		45.4		29.2		10.4		3.6
	A		12.3		3.6		5.6		2.9	
ZUS.	V	100		31.6		12.9		4.2		1.3
	A		17.5		7.2		6.0		3.3	

FRAUEN

ALTERS- GRUPPEN		0		1.5		4.5		9		18 MT.
UNT.25J	V	100		27.2		5.2		1.3		0.0
	A		19.5		12.9		7.5		9.8	
25-45 J	V	100		38.0		12.4		3.7		0.1
	A		14.9		8.9		6.5		8.5	
45-55 J	V	100		41.0		15.8		4.9		0.3
	A		13.8		7.6		6.3		7.1	
UEB.55J	V	100		47.8		24.7		8.4		1.1
	A		11.6		5.3		5.8		5.4	
ZUS.	V	100		36.0		12.3		3.8		0.3
	A		15.7		8.5		6.3		7.0	

INSGES.	V	100		33.1		12.7		4.1		1.0
	A		16.8		7.7		6.1		3.9	

VERTEILUNG DER FAELLE (F) UND DER GESAMTDAUER (G) DER ARBEITSLOSIGKEIT AUF DAUERKLASSEN (IN %) SOWIE DURCHSCNNITTLICHE DAUER DER ARBEITSLOSIGKEIT FUER KOHORTEN NACH GESCHLECHT UND ALTERSGRUPPEN

SEPTEMBER 1968

MAENNER

ALTERS-GRUPPEN		UNTER 1 MT.	1-UNT. 3 MT.	3-UNT. 6 MT.	6-UNT. 12 MT.	UEBER 12 MT.	DURCHSCHN. DAUER IN MT.
UNT.25J	F	78.1	19.2	2.3	0.3	0.1	0.71
	G	41.4	42.1	12.0	3.3	1.2	
25-45 J	F	69.5	23.6	5.1	1.4	0.4	1.04
	G	26.8	36.3	19.4	10.3	7.1	
45-55 J	F	62.6	24.5	8.1	3.4	1.4	1.52
	G	17.3	26.1	21.9	18.0	16.7	
UEB.55J	F	51.8	22.4	10.1	9.6	6.1	2.93
	G	7.8	12.0	14.9	27.9	37.4	
ZUS.	F	67.4	21.7	6.1	3.1	1.7	1.42
	G	19.3	23.9	17.5	18.1	21.1	

FRAUEN

ALTERS-GRUPPEN		UNTER 1 MT.	1-UNT. 3 MT.	3-UNT. 6 MT.	6-UNT. 12 MT.	UEBER 12 MT.	DURCHSCHN. DAUER IN MT.
UNT.25J	F	61.8	28.4	7.3	2.2	0.3	1.25
	G	20.8	38.1	23.2	14.5	3.3	
25-45 J	F	55.9	29.5	9.9	4.0	0.7	1.58
	G	15.3	31.5	25.3	21.0	6.9	
45-55 J	F	53.9	29.5	10.7	4.7	1.1	1.74
	G	13.5	28.9	25.2	22.4	9.9	
UEB.55J	F	46.3	28.1	13.4	9.0	3.2	2.52
	G	8.2	19.0	22.4	30.1	20.3	
ZUS.	F	56.6	28.7	9.6	4.1	1.0	1.61
	G	15.2	30.1	24.3	21.2	9.2	

INSGES.	F	63.1	24.5	7.4	3.4	1.5	1.50
	G	17.6	26.4	20.1	19.0	16.9	

VERBLEIBWERTE BEI DEN INTERVALLMITTEN (V) UND VIERTELMONATLICHE DURCHSCHNITTLICHE ABGANGSRATEN ZWISCHE DIESEN ZEITPUNKTEN (A) FUER KOHORTEN NACH GESCHLECHT UND ALTERSGRUPPEN (IN%)

SEPTEMBER 1968

MAENNER

ALTERS-GRUPPEN		0		1.5		4.5		9		18 MT.
UNT.25J	V	100		10.2		0.7		0.1		0.0
	A		31.6		20.3		9.9		5.6	
25-45 J	V	100		16.8		2.8		0.7		0.2
	A		25.7		13.8		7.5		4.1	
45-55 J	V	100		22.8		7.2		2.1		0.6
	A		21.8		9.1		6.6		3.5	
UEB.55J	V	100		33.4		19.8		9.8		2.4
	A		16.7		4.3		3.8		3.9	
ZUS.	V	100		18.6		6.4		2.7		0.7
	A		24.4		8.5		4.7		3.8	

FRAUEN

ALTERS-GRUPPEN		0		1.5		4.5		9		18 MT.
UNT.25J	V	100		23.7		4.1		1.0		0.0
	A		21.4		13.7		7.7		9.5	
25-45 J	V	100		29.3		7.3		2.0		0.1
	A		18.5		10.9		6.9		8.1	
45-55 J	V	100		31.3		8.8		2.6		0.2
	A		17.6		10.1		6.5		6.8	
UEB.55J	V	100		39.3		16.6		6.5		0.8
	A		14.4		6.9		5.1		5.8	
ZUS.	V	100		28.6		7.6		2.3		0.2
	A		18.8		10.5		6.4		7.0	

INSGES.	V	100		22.4		6.8		2.6		0.5
	A		22.1		9.5		5.3		4.5	

VERTEILUNG DER FAELLE (F) UND DER GESAMTDAUER (G) DER ARBEITSLOSIGKEIT AUF DAUERKLASSEN (IN %) SOWIE DURCHSCNNITTLICHE DAUER DER ARBEITSLOSIGKEIT FUER KOHORTEN NACH GESCHLECHT UND ALTERSGRUPPEN

SEPTEMBER 1969

MAENNER

ALTERSGRUPPEN		UNTER 1 MT.	1-UNT. 3 MT.	3-UNT. 6 MT.	6-UNT. 12 MT.	UEBER 12 MT.	DURCHSCHN. DAUER IN MT.
UNT.25J	F	80.9	17.1	1.7	0.2	0.1	0.65
	G	45.5	40.1	10.0	2.9	1.6	
25-45 J	F	72.7	21.6	4.2	1.1	0.4	0.96
	G	30.0	35.8	17.2	8.8	8.1	
45-55 J	F	66.4	23.2	6.4	2.6	1.3	1.37
	G	20.0	27.2	19.0	15.2	18.6	
UEB.55J	F	55.6	21.8	8.3	8.2	6.1	2.74
	G	8.8	12.3	13.0	26.3	39.7	
ZUS.	F	71.0	20.4	4.9	2.3	1.4	1.25
	G	22.6	25.2	15.8	15.7	20.7	

FRAUEN

ALTERSGRUPPEN		UNTER 1 MT.	1-UNT. 3 MT.	3-UNT. 6 MT.	6-UNT. 12 MT.	UEBER 12 MT.	DURCHSCHN. DAUER IN MT.
UNT.25J	F	61.9	28.9	6.9	1.9	0.3	1.22
	G	21.3	39.7	22.0	13.0	4.0	
25-45 J	F	55.5	30.0	9.8	3.8	0.9	1.59
	G	15.1	32.0	24.9	19.8	8.3	
45-55 J	F	54.1	30.1	10.4	4.1	1.2	1.71
	G	13.8	30.1	24.6	19.8	11.7	
UEB.55J	F	44.5	29.0	14.0	8.9	3.6	2.63
	G	7.6	19.1	22.3	28.5	22.4	
ZUS.	F	56.5	29.3	9.4	3.8	1.0	1.59
	G	15.3	31.2	23.8	19.5	10.2	

INSGES.	F	64.7	24.4	6.7	2.9	1.3	1.40
	G	19.2	28.2	19.3	17.1	16.2	

VERBLEIBWERTE BEI DEN INTERVALLMITTEN (V) UND VIERTELMONATLICHE DURCHSCHNITTLICHE ABGANGSRATEN ZWISCHE DIESEN ZEITPUNKTEN (A) FUER KOHORTEN NACH GESCHLECHT UND ALTERSGRUPPEN (IN%)

SEPTEMBER 1969

MAENNER

ALTERS-GRUPPEN		0		1.5		4.5		9		18 MT.
UNT.25J	V	100		8.4		0.5		0.1		0.0
	A		33.9		21.0		8.0		4.7	
25-45 J	V	100		14.3		2.3		0.6		0.2
	A		27.7		14.2		6.8		3.4	
45-55 J	V	100		19.5		5.5		2.0		0.6
	A		23.9		10.0		5.5		3.2	
UEB.55J	V	100		29.6		17.3		9.7		2.3
	A		18.4		4.4		3.1		3.9	
ZUS.	V	100		15.6		4.8		2.3		0.6
	A		26.6		9.4		4.0		3.8	

FRAUEN

ALTERS-GRUPPEN		0		1.5		4.5		9		18 MT.
UNT.25J	V	100		23.5		3.6		0.9		0.0
	A		21.4		14.6		7.2		8.3	
25-45 J	V	100		29.7		7.1		2.0		0.2
	A		18.3		11.2		6.7		7.0	
45-55 J	V	100		31.1		8.0		2.4		0.3
	A		17.7		10.7		6.4		5.5	
UEB.55J	V	100		41.4		17.0		6.7		1.0
	A		13.7		7.2		5.0		5.2	
ZUS.	V	100		28.7		7.0		2.2		0.2
	A		18.8		11.1		6.2		6.2	

INSGES.	V	100		21.0		5.7		2.3		0.4
	A		22.9		10.3		5.0		4.4	

VERTEILUNG DER FAELLE (F) UND DER GESAMTDAUER (G) DER ARBEITSLOSIGKEIT AUF DAUERKLASSEN (IN %) SOWIE DURCHSCHNITTLICHE DAUER DER ARBEITSLOSIGKEIT FUER KOHORTEN NACH GESCHLECHT UND ALTERSGRUPPEN

SEPTEMBER 1970

MAENNER

ALTERS-GRUPPEN		UNTER 1 MT.	1-UNT. 3 MT.	3-UNT. 6 MT.	6-UNT. 12 MT.	UEBER 12 MT.	DURCHSCHN. DAUER IN MT.
UNT.25J	F	79.2	18.3	2.1	0.3	0.1	0.70
	G	42.2	40.4	11.1	3.8	2.5	
25-45 J	F	70.7	22.5	4.8	1.4	0.6	1.06
	G	26.8	34.0	17.9	10.4	10.9	
45-55 J	F	64.1	23.6	7.0	3.2	2.1	1.60
	G	16.7	23.7	17.9	16.2	25.5	
UEB.55J	F	54.7	20.8	7.6	9.1	7.9	3.11
	G	7.7	10.1	10.5	26.0	45.7	
ZUS.	F	70.1	20.8	5.0	2.4	1.7	1.32
	G	21.4	24.5	15.1	15.5	23.5	

FRAUEN

ALTERS-GRUPPEN		UNTER 1 MT.	1-UNT. 3 MT.	3-UNT. 6 MT.	6-UNT. 12 MT.	UEBER 12 MT.	DURCHSCHN. DAUER IN MT.
UNT.25J	F	59.5	30.3	7.5	2.3	0.5	1.32
	G	19.1	38.8	22.1	14.5	5.5	
25-45 J	F	50.3	31.3	11.3	5.6	1.6	1.94
	G	11.5	28.0	23.5	24.8	12.3	
45-55 J	F	48.7	30.7	11.9	6.2	2.4	2.16
	G	10.0	24.6	22.4	24.6	18.2	
UEB.55J	F	40.3	28.5	14.6	11.0	5.5	3.17
	G	5.8	15.7	19.2	30.1	29.2	
ZUS.	F	52.7	30.3	10.4	5.0	1.7	1.85
	G	12.5	28.0	22.4	22.9	14.3	

INSGES.	F	62.5	25.2	7.2	3.4	1.7	1.54
	G	17.0	26.6	18.6	18.6	19.2	

VERBLEIBWERTE BEI DEN INTERVALLMITTEN (V) UND VIERTELMONATLICHE DURCHSCHNITTLICHE ABGANGSRATEN ZWISCHE DIESEN ZEITPUNKTEN (A) FUER KOHORTEN NACH GESCHLECHT UND ALTERSGRUPPEN (IN%)

SEPTEMBER 1970

MAENNER

ALTERS-GRUPPEN		0		1.5		4.5		9		18 MT.
UNT.25J	V	100		9.5		0.7		0.2		0.0
	A		32.5		19.9		6.7		4.9	
25-45 J	V	100		15.8		2.9		0.9		0.3
	A		26.4		13.2		6.1		3.4	
45-55 J	V	100		21.5		7.0		2.9		1.0
	A		22.6		8.9		4.7		2.8	
UEB.55J	V	100		30.5		19.7		12.4		3.1
	A		18.0		3.6		2.5		3.8	
ZUS.	V	100		16.3		5.1		2.7		0.7
	A		26.1		9.3		3.5		3.7	

FRAUEN

ALTERS-GRUPPEN		0		1.5		4.5		9		18 MT.
UNT.25J	V	100		25.8		4.1		1.3		0.1
	A		20.2		14.3		6.2		7.9	
25-45 J	V	100		35.1		9.7		3.9		0.3
	A		16.0		10.1		5.0		7.3	
45-55 J	V	100		36.7		11.6		4.9		0.6
	A		15.4		9.2		4.7		5.6	
UEB.55J	V	100		46.2		21.1		10.3		1.6
	A		12.1		6.3		3.9		5.0	
ZUS.	V	100		32.5		8.9		3.7		0.3
	A		17.1		10.2		4.8		6.3	

INSGES.	V	100		22.9		6.6		3.1		0.6
	A		21.8		9.9		4.2		4.6	

VERTEILUNG DER FAELLE (F) UND DER GESAMTDAUER (G) DER ARBEITSLOSIGKEIT AUF DAUERKLASSEN (IN %) SOWIE DURCHSCNNITTLICHE DAUER DER ARBEITSLOSIGKEIT FUER KOHORTEN NACH GESCHLECHT UND ALTERSGRUPPEN

SEPTEMBER 1971

MAENNER

ALTERS-GRUPPEN		UNTER 1 MT.	1-UNT. 3 MT.	3-UNT. 6 MT.	6-UNT. 12 MT.	UEBER 12 MT.	DURCHSCHN. DAUER IN MT.
UNT.25J	F	74.7	21.8	2.9	0.5	0.2	0.81
	G	35.8	42.6	13.6	4.9	3.2	
25-45 J	F	64.1	26.6	6.6	1.9	0.9	1.28
	G	20.9	34.3	20.2	11.9	12.7	
45-55 J	F	55.1	27.0	10.0	4.8	3.2	2.12
	G	11.3	21.2	19.4	18.3	29.9	
UEB.55J	F	42.2	20.3	9.3	15.1	13.2	4.61
	G	4.2	6.8	8.8	29.8	50.4	
ZUS.	F	64.3	23.5	6.5	3.3	2.3	1.61
	G	16.6	23.3	16.2	17.8	26.2	

FRAUEN

ALTERS-GRUPPEN		UNTER 1 MT.	1-UNT. 3 MT.	3-UNT. 6 MT.	6-UNT. 12 MT.	UEBER 12 MT.	DURCHSCHN. DAUER IN MT.
UNT.25J	F	55.7	31.7	9.1	2.9	0.7	1.49
	G	16.2	36.6	24.1	16.3	6.8	
25-45 J	F	45.5	32.1	13.5	7.0	2.1	2.23
	G	9.2	25.3	24.7	26.4	14.4	
45-55 J	F	41.2	30.5	15.1	9.5	3.7	2.77
	G	6.8	19.5	22.6	28.9	22.2	
UEB.55J	F	33.0	26.7	16.7	15.2	8.3	4.07
	G	3.8	11.6	17.4	32.4	34.7	
ZUS.	F	48.0	30.9	12.4	6.4	2.3	2.16
	G	9.9	24.8	23.3	25.2	16.8	

INSGES.	F	57.4	26.9	8.9	4.5	2.3	1.84
	G	13.4	24.3	19.5	21.0	21.9	

VERBLEIBWERTE BEI DEN INTERVALLMITTEN (V) UND VIERTELMONATLICHE DURCHSCHNITTLICHE ABGANGSRATEN ZWISCHE DIESEN ZEITPUNKTEN (A) FUER KOHORTEN NACH GESCHLECHT UND ALTERSGRUPPEN (IN%)

SEPTEMBER 1971

MAENNER

ALTERS-GRUPPEN		0		1.5		4.5		9		18 MT.
UNT.25J	V	100		12.7		1.0		0.3		0.0
	A		29.1		19.1		7.0		4.6	
25-45 J	V	100		21.5		4.0		1.3		0.4
	A		22.6		13.0		6.1		3.3	
45-55 J	V	100		30.1		10.7		4.4		1.7
	A		18.1		8.3		4.8		2.6	
UEB.55J	V	100		44.0		32.1		21.9		4.8
	A		12.8		2.6		2.1		4.1	
ZUS.	V	100		21.3		7.0		3.7		0.9
	A		22.7		8.9		3.4		3.8	

FRAUEN

ALTERS-GRUPPEN		0		1.5		4.5		9		18 MT.
UNT.25J	V	100		29.5		5.4		1.6		0.1
	A		18.4		13.2		6.6		7.1	
25-45 J	V	100		40.3		12.5		4.6		0.4
	A		14.1		9.3		5.4		6.6	
45-55 J	V	100		45.1		17.7		7.3		1.0
	A		12.4		7.5		4.8		5.4	
UEB.55J	V	100		54.8		29.6		15.0		2.6
	A		9.5		5.0		3.7		4.8	
ZUS.	V	100		37.5		11.9		4.7		0.5
	A		15.1		9.2		5.0		5.9	

INSGES.	V	100		27.9		8.9		4.1		0.8
	A		19.2		9.1		4.2		4.5	

VERTEILUNG DER FAELLE (F) UND DER GESAMTDAUER (G) DER ARBEITSLOSIGKEIT AUF DAUERKLASSEN (IN %) SOWIE DURCHSCNNITTLICHE DAUER DER ARBEITSLOSIGKEIT FUER KOHORTEN NACH GESCHLECHT UND ALTERSGRUPPEN

SEPTEMBER 1972

MAENNER

ALTERS-GRUPPEN		UNTER 1 MT.	1-UNT. 3 MT.	3-UNT. 6 MT.	6-UNT. 12 MT.	UEBER 12 MT.	DURCHSCHN. DAUER IN MT.
UNT.25J	F	70.1	24.7	4.1	0.8	0.3	0.96
	G	29.5	42.0	16.7	6.3	5.6	
25-45 J	F	60.6	28.1	7.7	2.3	1.3	1.47
	G	17.4	31.9	20.9	12.4	17.4	
45-55 J	F	50.3	27.7	11.6	5.7	4.7	2.63
	G	8.4	17.7	18.2	17.5	38.1	
UEB.55J	F	35.7	20.4	12.5	17.2	14.1	5.15
	G	3.2	6.4	10.8	29.4	50.2	
ZUS.	F	60.1	25.6	8.0	3.7	2.6	1.81
	G	14.1	23.1	17.8	17.2	27.8	

FRAUEN

ALTERS-GRUPPEN		UNTER 1 MT.	1-UNT. 3 MT.	3-UNT. 6 MT.	6-UNT. 12 MT.	UEBER 12 MT.	DURCHSCHN. DAUER IN MT.
UNT.25J	F	52.4	32.6	10.3	3.6	1.1	1.68
	G	13.6	33.7	24.4	17.4	10.9	
25-45 J	F	43.1	32.6	14.3	7.1	2.9	2.44
	G	8.0	23.8	23.8	24.5	20.0	
45-55 J	F	37.4	30.5	16.4	10.5	5.3	3.20
	G	5.4	17.0	21.3	27.5	28.8	
UEB.55J	F	29.8	25.8	16.9	16.4	11.2	4.72
	G	3.0	9.7	15.2	30.4	41.7	
ZUS.	F	45.2	31.5	13.3	6.9	3.1	2.40
	G	8.5	23.0	22.5	24.1	21.9	

INSGES.	F	53.8	28.3	10.1	4.9	2.8	2.05
	G	11.5	23.3	20.0	20.1	25.1	

VERBLEIBWERTE BEI DEN INTERVALLMITTEN (V) UND VIERTELMONATLICHE DURCHSCHNITTLICHE ABGANGSRATEN ZWISCHE DIESEN ZEITPUNKTEN (A) FUER KOHORTEN NACH GESCHLECHT UND ALTERSGRUPPEN (IN%)

SEPTEMBER 1972

MAENNER

ALTERS-GRUPPEN		0		1.5		4.5		9		18 MT.
UNT.25J	V	100		16.3		1.7		0.4		0.1
	A		26.1		17.4		7.3		3.3	
25-45 J	V	100		24.8		5.2		1.7		0.7
	A		20.8		12.3		6.0		2.5	
45-55 J	V	100		35.0		13.8		5.9		2.9
	A		16.1		7.5		4.6		2.0	
UEB.55J	V	100		51.5		37.4		22.1		5.8
	A		10.5		2.6		2.9		3.7	
ZUS.	V	100		25.2		8.1		3.8		1.2
	A		20.5		9.0		4.1		3.1	

FRAUEN

ALTERS-GRUPPEN		0		1.5		4.5		9		18 MT.
UNT.25J	V	100		32.9		6.9		2.2		0.3
	A		16.9		12.3		6.1		5.5	
25-45 J	V	100		43.0		13.7		5.4		0.9
	A		13.1		9.1		5.1		5.0	
45-55 J	V	100		49.6		20.9		9.0		1.8
	A		11.0		7.0		4.6		4.3	
UEB.55J	V	100		58.9		33.6		18.6		4.0
	A		8.5		4.6		3.2		4.2	
ZUS.	V	100		40.5		13.3		5.6		1.0
	A		14.0		8.9		4.7		4.7	

INSGES.	V	100		31.4		10.2		4.5		1.1
	A		17.6		9.0		4.4		3.8	

VERTEILUNG DER FAELLE (F) UND DER GESAMTDAUER (G) DER ARBEITSLOSIGKEIT AUF DAUERKLASSEN (IN %) SOWIE DURCHSCNNITTLICHE DAUER DER ARBEITSLOSIGKEIT FUER KOHORTEN NACH GESCHLECHT UND ALTERSGRUPPEN

SEPTEMBER 1973

MAENNER

ALTERS-GRUPPEN		UNTER 1 MT.	1-UNT. 3 MT.	3-UNT. 6 MT.	6-UNT. 12 MT.	UEBER 12 MT.	DURCHSCHN. DAUER IN MT.
UNT.25J	F	66.5	24.4	5.9	2.0	1.3	1.32
	G	20.7	29.9	17.5	12.4	19.5	
25-45 J	F	58.2	26.3	8.4	3.6	3.4	2.03
	G	12.3	21.3	16.5	14.8	35.1	
45-55 J	F	49.7	24.5	10.4	6.7	8.7	3.58
	G	6.2	11.2	12.2	15.5	55.0	
UEB.55J	F	38.2	19.6	10.9	15.4	16.0	5.41
	G	3.2	5.6	9.0	25.0	57.2	
ZUS.	F	58.8	24.6	8.0	4.3	4.3	2.20
	G	11.4	18.1	14.7	16.4	39.5	

FRAUEN

ALTERS-GRUPPEN		UNTER 1 MT.	1-UNT. 3 MT.	3-UNT. 6 MT.	6-UNT. 12 MT.	UEBER 12 MT.	DURCHSCHN. DAUER IN MT.
UNT.25J	F	49.5	30.6	11.5	5.6	2.8	2.17
	G	10.1	24.3	21.3	22.0	22.2	
25-45 J	F	40.7	28.9	14.1	9.9	6.5	3.27
	G	5.7	15.4	17.7	26.1	35.1	
45-55 J	F	35.9	25.8	15.1	13.2	10.1	4.26
	G	3.9	10.5	15.0	26.6	43.9	
UEB.55J	F	28.5	21.2	15.3	18.7	16.3	5.86
	G	2.3	6.2	11.5	27.8	52.2	
ZUS.	F	43.2	28.4	13.2	9.1	6.1	3.11
	G	6.3	15.8	17.4	25.4	35.1	

INSGES.	F	52.0	26.6	10.2	6.2	5.0	2.57
	G	8.9	17.2	16.2	20.5	37.2	

VERBLEIBWERTE BEI DEN INTERVALLMITTEN (V) UND VIERTELMONATLICHE DURCHSCHNITTLICHE ABGANGSRATEN ZWISCHE DIESEN ZEITPUNKTEN (A) FUER KOHORTEN NACH GESCHLECHT UND ALTERSGRUPPEN (IN%)

SEPTEMBER 1973

MAENNER

ALTERS-GRUPPEN		0		1.5		4.5		9		18 MT.
UNT.25J	V	100		19.4		4.3		1.9		0.6
	A		23.9		11.7		4.4		3.0	
25-45 J	V	100		27.0		8.9		4.5		2.0
	A		19.6		8.9		3.7		2.2	
45-55 J	V	100		35.7		18.6		10.5		5.9
	A		15.8		5.3		3.1		1.6	
UEB.55J	V	100		48.6		36.7		23.0		7.8
	A		11.3		2.3		2.6		3.0	
ZUS.	V	100		26.4		10.4		5.8		2.3
	A		19.9		7.5		3.2		2.5	

FRAUEN

ALTERS-GRUPPEN		0		1.5		4.5		9		18 MT.
UNT.25J	V	100		35.9		11.1		4.9		0.9
	A		15.7		9.3		4.4		4.6	
25-45 J	V	100		45.7		20.2		10.7		2.4
	A		12.2		6.6		3.5		4.1	
45-55 J	V	100		51.4		28.7		15.4		4.3
	A		10.5		4.7		3.4		3.5	
UEB.55J	V	100		60.5		41.9		24.4		7.3
	A		8.0		3.0		3.0		3.3	
ZUS.	V	100		42.8		18.9		10.0		2.3
	A		13.2		6.6		3.5		4.0	

INSGES.	V	100		33.3		13.8		7.4		2.3
	A		16.8		7.1		3.4		3.2	

VERTEILUNG DER FAELLE (F) UND DER GESAMTDAUER (G) DER ARBEITSLOSIGKEIT AUF DAUERKLASSEN (IN %) SOWIE DURCHSCNNITTLICHE DAUER DER ARBEITSLOSIGKEIT FUER KOHORTEN NACH GESCHLECHT UND ALTERSGRUPPEN

SEPTEMBER 1974

MAENNER

ALTERS-GRUPPEN		UNTER 1 MT.	1-UNT. 3 MT.	3-UNT. 6 MT.	6-UNT. 12 MT.	UEBER 12 MT.	DURCHSCHN. DAUER IN MT.
UNT.25J	F	49.4	29.8	11.4	6.1	3.3	2.28
	G	9.6	22.4	20.1	23.1	24.7	
25-45 J	F	42.5	29.3	13.1	8.2	6.9	3.23
	G	6.0	15.8	16.5	21.9	39.8	
45-55 J	F	33.9	26.5	14.8	11.1	13.6	5.05
	G	3.1	9.2	12.2	18.8	56.6	
UEB.55J	F	23.7	19.4	14.2	20.2	22.5	7.17
	G	1.6	4.7	8.6	25.3	59.8	
ZUS.	F	43.5	28.1	12.6	8.4	7.3	3.31
	G	6.0	14.6	15.6	22.2	41.6	

FRAUEN

ALTERS-GRUPPEN		UNTER 1 MT.	1-UNT. 3 MT.	3-UNT. 6 MT.	6-UNT. 12 MT.	UEBER 12 MT.	DURCHSCHN. DAUER IN MT.
UNT.25J	F	40.3	29.3	14.5	10.4	5.4	3.11
	G	5.9	16.5	19.3	29.1	29.1	
25-45 J	F	31.4	24.9	15.4	16.3	12.0	4.78
	G	3.1	9.2	13.6	30.3	43.9	
45-55 J	F	25.2	21.8	16.0	19.5	17.5	6.15
	G	2.0	6.3	11.3	28.0	52.5	
UEB.55J	F	21.3	18.1	14.3	21.6	24.6	7.71
	G	1.3	4.1	8.2	25.2	61.3	
ZUS.	F	34.3	25.6	14.8	14.6	10.8	4.42
	G	3.6	10.1	14.1	29.2	43.0	

INSGES.	F	39.7	27.2	13.7	10.8	8.6	3.74
	G	4.9	12.6	15.2	25.3	42.0	

VERBLEIBWERTE BEI DEN INTERVALLMITTEN (V) UND VIERTELMONATLICHE DURCHSCHNITTLICHE ABGANGSRATEN ZWISCHE DIESEN ZEITPUNKTEN (A) FUER KOHORTEN NACH GESCHLECHT UND ALTERSGRUPPEN (IN%)

SEPTEMBER 1974

MAENNER

ALTERS-GRUPPEN		0		1.5		4.5		9		18 MT.
UNT.25J	V	100		35.9		12.0		5.8		1.1
	A		15.7		8.7		4.0		4.6	
25-45 J	V	100		43.6		18.2		10.2		3.1
	A		12.9		7.0		3.2		3.3	
45-55 J	V	100		53.7		29.1		17.8		8.0
	A		9.8		5.0		2.7		2.2	
UEB.55J	V	100		66.7		48.5		33.0		10.4
	A		6.5		2.6		2.1		3.1	
ZUS.	V	100		42.5		19.0		10.9		3.3
	A		13.3		6.5		3.0		3.3	

FRAUEN

ALTERS-GRUPPEN		0		1.5		4.5		9		18 MT.
UNT.25J	V	100		46.1		20.0		9.9		1.6
	A		12.1		6.7		3.8		5.0	
25-45 J	V	100		56.8		33.5		20.1		4.2
	A		9.0		4.3		2.8		4.2	
45-55 J	V	100		64.7		43.4		26.8		7.4
	A		7.0		3.3		2.6		3.5	
UEB.55J	V	100		69.8		52.6		35.8		11.7
	A		5.8		2.3		2.1		3.1	
ZUS.	V	100		53.2		30.2		17.8		3.9
	A		10.0		4.6		2.9		4.1	

INSGES.	V	100		46.9		23.4		13.4		3.5
	A		11.9		5.6		3.1		3.6	

VERTEILUNG DER FAELLE (F) UND DER GESAMTDAUER (G) DER ARBEITSLOSIGKEIT AUF DAUERKLASSEN (IN %) SOWIE DURCHSCNNITTLICHE DAUER DER ARBEITSLOSIGKEIT FUER KOHORTEN NACH GESCHLECHT UND ALTERSGRUPPEN

SEPTEMBER 1975

MAENNER

ALTERS-GRUPPEN		UNTER 1 MT.	1-UNT. 3 MT.	3-UNT. 6 MT.	6-UNT. 12 MT.	UEBER 12 MT.	DURCHSCHN. DAUER IN MT.
UNT.25J	F	44.3	29.9	15.2	8.0	2.7	2.46
	G	8.1	21.1	26.0	26.3	18.5	
25-45 J	F	38.4	28.0	16.5	10.9	6.2	3.43
	G	5.1	14.3	20.6	26.1	33.9	
45-55 J	F	34.0	24.4	16.0	13.3	12.2	4.94
	G	3.2	8.5	14.1	22.1	52.0	
UEB.55J	F	28.4	16.6	10.6	21.0	23.4	7.17
	G	1.9	3.6	6.7	26.6	61.2	
ZUS.	F	39.7	27.5	15.5	10.8	6.5	3.44
	G	5.3	13.8	19.3	25.9	35.7	

FRAUEN

ALTERS-GRUPPEN		UNTER 1 MT.	1-UNT. 3 MT.	3-UNT. 6 MT.	6-UNT. 12 MT.	UEBER 12 MT.	DURCHSCHN. DAUER IN MT.
UNT.25J	F	38.5	27.3	16.1	12.5	5.6	3.34
	G	5.3	14.2	20.6	31.6	28.3	
25-45 J	F	30.4	22.3	16.2	18.5	12.6	5.09
	G	2.8	7.5	14.0	31.4	44.3	
45-55 J	F	27.1	19.4	15.0	20.1	18.4	6.37
	G	2.0	5.1	10.5	27.5	54.9	
UEB.55J	F	24.4	15.4	11.0	21.0	28.3	8.36
	G	1.4	3.0	6.0	22.6	67.1	
ZUS.	F	33.5	23.5	15.5	16.3	11.2	4.66
	G	3.3	8.6	14.5	30.2	43.3	
INSGES.	F	37.0	25.9	15.8	13.0	8.3	3.92
	G	4.4	11.4	17.3	27.9	39.0	

VERBLEIBWERTE BEI DEN INTERVALLMITTEN (V) UND VIERTELMONATLICHE DURCHSCHNITTLICHE ABGANGSRATEN ZWISCHE DIESEN ZEITPUNKTEN (A) FUER KOHORTEN NACH GESCHLECHT UND ALTERSGRUPPEN (IN%)

SEPTEMBER 1975

MAENNER

ALTERS-GRUPPEN		0		1.5		4.5		9		18 MT.
UNT.25J	V	100		41.6		16.1		4.7		0.9
	A		13.6		7.6		6.6		4.6	
25-45 J	V	100		48.4		23.4		9.1		2.8
	A		11.4		5.9		5.1		3.2	
45-55 J	V	100		53.6		32.2		16.0		7.2
	A		9.9		4.2		3.8		2.2	
UEB.55J	V	100		60.6		50.0		35.0		10.4
	A		8.0		1.6		2.0		3.3	
ZUS.	V	100		46.8		23.0		9.7		2.9
	A		11.9		5.7		4.7		3.3	

FRAUEN

ALTERS-GRUPPEN		0		1.5		4.5		9		18 MT.
UNT.25J	V	100		48.2		24.3		10.1		1.7
	A		11.4		5.6		4.8		4.8	
25-45 J	V	100		58.0		38.4		20.3		4.8
	A		8.7		3.4		3.5		3.9	
45-55 J	V	100		62.2		46.0		27.0		8.5
	A		7.6		2.5		2.9		3.2	
UEB.55J	V	100		65.8		55.2		39.2		14.6
	A		6.7		1.5		1.9		2.7	
ZUS.	V	100		54.3		34.2		17.9		4.4
	A		9.7		3.8		3.5		3.8	

INSGES.	V	100		50.0		27.5		12.8		3.5
	A		10.9		4.9		4.2		3.5	

VERTEILUNG DER FAELLE (F) UND DER GESAMTDAUER (G) DER ARBEITSLOSIGKEIT AUF DAUERKLASSEN (IN %) SOWIE DURCHSCNNITTLICHE DAUER DER ARBEITSLOSIGKEIT FUER KOHORTEN NACH GESCHLECHT UND ALTERSGRUPPEN

MAI 1976

MAENNER

ALTERS- GRUPPEN		UNTER 1 MT.	1-UNT. 3 MT.	3-UNT. 6 MT.	6-UNT. 12 MT.	UEBER 12 MT.	DURCHSCHN. DAUER IN MT.
UNT.25J	F	47.6	32.2	12.6	5.4	2.2	2.12
	G	10.0	26.7	24.1	21.1	18.1	
25-45 J	F	40.3	29.7	15.5	9.0	5.5	3.14
	G	5.9	16.6	20.7	23.5	33.3	
45-55 J	F	35.0	26.4	15.9	11.6	11.2	4.60
	G	3.5	10.0	14.6	20.8	51.0	
UEB.55J	F	26.9	17.0	12.1	21.6	22.4	7.09
	G	1.8	3.9	7.7	27.4	59.2	
ZUS.	F	42.2	29.3	14.2	8.5	5.8	3.10
	G	6.2	16.5	19.0	23.0	35.4	

FRAUEN

ALTERS- GRUPPEN		UNTER 1 MT.	1-UNT. 3 MT.	3-UNT. 6 MT.	6-UNT. 12 MT.	UEBER 12 MT.	DURCHSCHN. DAUER IN MT.
UNT.25J	F	38.0	29.9	15.9	10.8	5.4	3.20
	G	5.5	16.6	20.7	28.8	28.5	
25-45 J	F	29.6	24.8	17.0	16.7	12.0	4.93
	G	2.8	8.9	14.8	29.2	44.2	
45-55 J	F	25.5	21.6	16.8	18.8	17.4	6.22
	G	1.9	6.1	11.8	26.0	54.1	
UEB.55J	F	21.8	15.2	12.6	21.7	28.8	8.69
	G	1.2	2.9	6.6	22.0	67.3	
ZUS.	F	32.9	26.0	16.1	14.5	10.6	4.48
	G	3.4	10.2	15.2	27.9	43.3	

INSGES.	F	37.9	28.0	15.3	11.1	7.7	3.68
	G	4.8	13.3	17.4	25.5	39.0	

VERBLEIBWERTE BEI DEN INTERVALLMITTEN (V) UND VIERTELMONATLICHE DURCHSCHNITTLICHE ABGANGSRATEN ZWISCHE DIESEN ZEITPUNKTEN (A) FUER KOHORTEN NACH GESCHLECHT UND ALTERSGRUPPEN (IN%)

MAI 1976

MAENNER

ALTERS-GRUPPEN		0		1.5		4.5		9		18 MT.
UNT.25J	V	100		37.9		10.8		3.8		0.7
	A		14.9		10.0		5.5		4.5	
25-45 J	V	100		46.2		19.5		8.0		2.6
	A		12.1		6.9		4.8		3.1	
45-55 J	V	100		52.4		28.4		14.6		6.6
	A		10.2		5.0		3.6		2.2	
UEB.55J	V	100		62.5		50.5		33.6		10.0
	A		7.5		1.8		2.2		3.3	
ZUS.	V	100		43.9		18.5		8.6		2.6
	A		12.8		7.0		4.2		3.2	

FRAUEN

ALTERS-GRUPPEN		0		1.5		4.5		9		18 MT.
UNT.25J	V	100		48.8		21.1		9.5		1.7
	A		11.3		6.8		4.3		4.7	
25-45 J	V	100		59.1		35.2		18.9		4.8
	A		8.4		4.2		3.4		3.7	
45-55 J	V	100		64.3		43.6		24.9		8.4
	A		7.1		3.2		3.1		3.0	
UEB.55J	V	100		69.2		57.4		38.9		15.7
	A		6.0		1.5		2.1		2.5	
ZUS.	V	100		55.0		30.8		16.7		4.3
	A		9.5		4.7		3.4		3.7	

INSGES.	V	100		48.9		23.7		11.8		3.3
	A		11.2		5.8		3.8		3.4	

VERTEILUNG DER FAELLE (F) UND DER GESAMTDAUER (G) DER ARBEITSLOSIGKEIT AUF DAUERKLASSEN (IN %) SOWIE DURCHSCNNITTLICHE DAUER DER ARBEITSLOSIGKEIT FUER KOHORTEN NACH GESCHLECHT UND ALTERSGRUPPEN

1977

MAENNER

ALTERS-GRUPPEN		UNTER 1 MT.	1-UNT. 3 MT.	3-UNT. 6 MT.	6-UNT. 12 MT.	UEBER 12 MT.	DURCHSCHN. DAUER IN MT.
UNT.25J	F	51.1	29.0	11.7	5.9	2.3	2.08
	G	10.8	23.7	23.2	23.3	19.0	
25-45 J	F	43.1	28.8	14.1	8.5	5.5	3.04
	G	6.4	16.4	19.3	23.1	34.7	
45-55 J	F	37.4	25.6	14.4	11.1	11.4	4.53
	G	3.8	9.7	13.5	20.6	52.4	
UEB.55J	F	30.1	17.6	10.9	19.5	21.9	6.81
	G	2.1	4.1	7.2	25.9	60.8	
ZUS.	F	45.4	27.6	12.9	8.3	5.8	3.00
	G	6.8	15.6	17.9	23.2	36.4	

FRAUEN

ALTERS-GRUPPEN		UNTER 1 MT.	1-UNT. 3 MT.	3-UNT. 6 MT.	6-UNT. 12 MT.	UEBER 12 MT.	DURCHSCHN. DAUER IN MT.
UNT.25J	F	40.1	28.1	15.2	11.3	5.4	3.19
	G	5.8	15.3	20.1	30.0	28.9	
25-45 J	F	30.2	24.5	16.8	16.6	11.9	4.89
	G	2.9	8.8	14.8	29.2	44.2	
45-55 J	F	24.4	21.8	17.9	19.0	16.9	6.22
	G	1.9	6.3	12.7	26.0	53.1	
UEB.55J	F	20.6	15.7	13.4	21.6	28.7	8.71
	G	1.1	3.0	6.9	21.9	67.0	
ZUS.	F	34.3	25.0	15.6	14.6	10.5	4.44
	G	3.6	9.8	15.1	28.3	43.3	

INSGES.	F	40.2	26.7	14.3	11.1	7.7	3.62
	G	5.1	12.7	16.7	25.9	39.6	

VERBLEIBWERTE BEI DEN INTERVALLMITTEN (V) UND VIERTELMONATLICHE DURCHSCHNITTLICHE ABGANGSRATEN ZWISCHE DIESEN ZEITPUNKTEN (A) FUER KOHORTEN NACH GESCHLECHT UND ALTERSGRUPPEN (IN%)

1977

MAENNER

ALTERS-GRUPPEN		0		1.5		4.5		9		18 MT.
UNT.25J	V	100		34.2		11.6		4.1		0.7
	A		16.4		8.6		5.6		4.6	
25-45 J	V	100		42.9		18.4		8.1		2.6
	A		13.2		6.8		4.4		3.1	
45-55 J	V	100		49.5		27.6		15.0		6.6
	A		11.0		4.8		3.3		2.3	
UEB.55J	V	100		58.5		46.8		32.4		10.0
	A		8.6		1.8		2.0		3.2	
ZUS.	V	100		40.3		18.1		8.6		2.6
	A		14.0		6.5		4.1		3.2	

FRAUEN

ALTERS-GRUPPEN		0		1.5		4.5		9		18 MT.
UNT.25J	V	100		46.4		21.9		9.7		1.7
	A		12.0		6.1		4.4		4.7	
25-45 J	V	100		58.3		35.1		18.7		4.8
	A		8.6		4.1		3.4		3.7	
45-55 J	V	100		65.8		44.0		23.9		8.4
	A		6.7		3.3		3.3		2.8	
UEB.55J	V	100		70.7		57.4		38.7		15.7
	A		5.6		1.7		2.2		2.5	
ZUS.	V	100		53.3		31.1		16.3		4.3
	A		10.0		4.4		3.5		3.6	

INSGES.	V	100		46.3		23.7		11.8		3.3
	A		12.1		5.4		3.8		3.4	

Anmerkungen zur Einleitung und zum I. Teil

1) In der vorliegenden Arbeit geht es in erster Linie um die Bundesrepublik. Die Datensituation in anderen Ländern unterscheidet sich jedoch in der hier relevanten Beziehung nur geringfügig von der in der Bundesrepublik, so daß sich überall ähnliche methodische Probleme stellen; die optimale Lösungsmethode kann jedoch in Abhängigkeit von den Differenzen in der Datenlage variieren. Der hier vorgelegte empirische Teil der Arbeit ist zugleich der deutsche Teil einer international vergleichenden Untersuchung über die Dauer der Arbeitslosigkeit im Rahmen des Projekts "IIM Manpower Policy Study". Ähnliche Studien entstehen auch in Frankreich, Großbritannien und Schweden.

2) Die Zahlen in Klammern geben die Kapitel an, in welchen diese Probleme behandelt werden.

3) Vgl. dazu Abschnitt 4.3; D. Mertens, L. Reyher 1977, S. 11 und Anhang A.

4) Vgl. beispielsweise den Artikel in "New Society" vom 12. 2. 1976 von W.W. Daniel und E. Stilgoe: "Towards an American way of unemployment?". Es wird dort eine ähnliche Auffassung vertreten wie hier, daß nämlich die Höhe der Arbeitslosigkeit durch eine Abwälzung auf schwächere Gruppen relativ unabhängig vom wirtschaftlichen Wachstum werden könnte. Es wird die auch in England noch weit verbreitete Ansicht in Frage gestellt, daß die europäischen Regierungen mit einer so hohen Arbeitslosigkeit nicht zu leben bereit sein werden.

5) In der Arbeitsmarktdynamik selbst liegende Faktoren im Gegensatz zu Ungleichgewichten, die ihre Ursache außerhalb des Arbeitsmarkts haben. Diese Unterscheidung ist nicht in einem strengen Sinne zu verstehen, da dies ja die Festlegung von Systemgrenzen des Arbeitsmarkts voraussetzen würde. Vgl. dazu auch 3. Kapitel.

6) Es ist interessant, wie der Begriff der "Theorie" von deutschen und amerikanischen Wissenschaftlern verschieden gebraucht wird. In Deutschland ist mit "Theorie" meist ein ehrfurchtsgebietendes wissenschaftliches Über-Ich angesprochen, das man dauernd als - weil nie einlösbar - Schuldgefühle erzeugende Anforderung vor sich her trägt. Bei vielen Akademikern hat man das Gefühl, daß, solange man nicht über die Theorie menschlicher Arbeit, die politische Ökonomie der Arbeit im Kapitalismus verfügt, sie sich in Klausur begeben möchten vor der Realität, die als peinlich (=schmerzend) empfunden wird, wenn sie nicht durch die Brille ihres theoretischen Begriffs betrachtet werden kann. Die Erklärung für dieses Verhalten kann wohl

(zu Anmerkung 6)

nur in einer "Psychologie der Wissenschaft" gefunden werden. Nicht daß es den Typus der realitätsfernen Theorie bei den Amerikanern nicht gäbe. Der Theoriebegriff ist dafür jedoch nicht reserviert und er wird oft mit dem nützlichen "Approach" (Herangehensweise) synonym verwendet. Hier soll auch der Begriff der "Sichtweise" für ein nicht so vorbelastetes "Theoretisieren" Verwendung finden.

7) Aus der Einbeziehung der Informationskosten in das Suchverhalten der Arbeitnehmer (oder der Arbeitgeber) bei Stiegler G. J. 1962, hat sich inzwischen eine Schule der "Neuen Mikroökonomie des Arbeitsmarkts" entwickelt (vgl. etwa Phelps E.S. et al. 197o). Einen kurzen Überblick über die "Job Search and Labor Turnover Theory" habe ich gegeben in: Freiburghaus D. 1976.

8) Vgl. dazu Freiburghaus D. 1976 und Freiburghaus D. und Schmid G. 1975. Wichtige Aufsätze aus der amerikanischen Diskussion zur Segmentierung und Dualisierung sind inzwischen deutsch erschienen in: Sengenberger W. 1978.

9) Vgl. beispielsweise Cain G.C. 1975 und Wachter M.L. 1974. Es gibt bekanntlich kein denkbares Verhalten von Individuen, das nicht als ökonomisch rationales beschreiben werden kann, wenn nur die Begriffe des Nutzens und der Kosten entsprechend angepaßt werden. Diskriminierung von Schwarzen bei Einstellungen erscheint für den Arbeitgeber ökonomisch rational, wenn die ablehnenden Gefühle der sonst weißen Belegschaft als Kosten perzipiert werden. Ob man es aber damit bewenden lassen kann, die Diskriminierung so zu "erklären", ist eine andere Frage.

1o) Beim Wissenschaftszentrum Berlin wurde die Absicht, etwas gegen diese Trennung zu tun, ursprünglich durch die Forderung nach "anwendungsorientierter Grundlagenforschung" betont. Daß weder diese Absicht noch der gewählte Begriff die dabei auftauchenden Probleme lösen kann, ist inzwischen klar geworden. Immerhin sind sie noch Thema an dieser Institution geblieben, im Gegensatz zu vielen Universitäten und Beratungsinstituten.

11) Diese Verengung der Sichtweise bei der Beratungswissenschaft hat Claus Offe anläßlich einer Tagung des Wissenschaftszentrums Berlin über theoretische und praktische Probleme der anwendungsbezogenen Sozialwissenschaft thematisiert (Offe C. 1977, S. 321 ff). Er zeigt drei Alternativen auf: 1) Adressat der Wissenschaft außerhalb der staatlichen Politik; 2) "Vogelperspektive" durch "Rückzug auf Themen und Konzepte, die im Umkreis der

(zu Anmerkung 11)

Marx'schen Kritik der politischen Ökonomie entwickelt worden sind" (S. 327) und 3) Verzicht auf direkte Beratung, jedoch empirisch-analytische Forschung, die eine "subversive" Wirkung hätte, indem der Staat den Aktionsradius seiner Politik erst erweitern müßte, wollte er von Diagnose und Therapievorschlägen der Wissenschaft Gebrauch machen. Die hier vertretene Auffassung schließt sich am ehesten an die dritte Variante an, weicht allerdings, wie noch zu zeigen sein wird, in entscheidenden Aspekten davon ab.

12) "Das abstrakte (oder konstruierte) System wird weit mehr durch seine Systemgemeinschaften als durch seine Tatsachentreue bestimmt, wie dies bei der empirischen Theorie der Fall ist. Im Prinzip braucht es mit Tatsachen überhaupt nichts zu tun haben; es kann eine willkürliche Konstruktion sein, wie zum Beipsiel die nichteuklidischen Geometrien. Eine in diesem Sinne gute Theorie ist in erster Linie mit der Beweisführung eines guten Mathematikers zu vergleichen. Sie ist möglichst prägnant und bewegt sich im Idealfall auf eine einzige Gleichung zu. Wie ein gutes logisches System gehorcht sie den Regeln, die sie sich selbst gegeben hat. Sie kann "nützlich" sein oder auch nicht, aber sie muß es nicht sein." (Maslow A. H. 1977 S. 1o5).

13) Offe (1977 S. 321) verweist auf das Problem der Sozialwissenschaften, daß sie es mit den Systemen zu tun haben, die schon immer Meinungen und Deutungen über sich selbst enthalten, sich also selbst reflektieren. Er zieht daraus jedoch nur den Schluß, daß deswegen die Funktion von sozialwissenschaftlicher Forschung in erster Linie sei, "unwahre Deutungen und Kausalitätsvermutungen aufzuklären und durch wissenschaftlich erwiesene zu ersetzen". (S. 322) Meines Erachtens müßte jedoch im Falle der Eigenreflektion das Wahrheitskriterium und die Möglichkeit von Wissenschaft, eine überlegene Weise des Reflektierens anzustellen, viel stärker problematisiert werden. Die Deutung von Realität ist immer Teil von Strategien, ob sie nun von der Wissenschaft oder von anderen Instanzen angestellt wird. Eine Strategie kann aber nicht dem Wahrheitskriterium unterworfen werden.

14) "Hysterese (Hysteresis) (gr.; = das Zurückbleiben), das Zurückbleiben einer Wirkung hinter der verursachenden physikal. Größe. Die dielektr. H. äußerst sich in einem langsameren (schwächeren) Anwachsen der dielektr. Polarisation bei hohen elektr. Feldstärken und einer Restpolarisation nach Absinken der Feldstärke auf den Wert Null." (Meyers Enzyklopädisches Lexikon, in 25 Bänden, Mannheim 1974, S. 419) Es handelt sich also nicht nur um einen

(zu Anmerkung 14)

time-lag zwischen verursachender Größe und Wirkung, sondern um Wirkungen, Veränderungen eines Systems, die auch nach dem Wegfall der Ursache weiterbestehen, respektive nur durch einen negativen Wert der Ursache wieder aufgehoben werden können.

15) Titel eines Aufsatzes von Dieter Mertens (1973) in den "Mitteilungen aus der Arbeitsmarkt- und Berufsforschung". Er entwirft eine fast schon arithmetische Schematik des Zustandekommens von Angebot und Nachfrage, die dann auf dem Markt zusammengeführt werden. Je nach dem Grad der Übereinstimmung nach qualitativen oder quantitativen Aspekten werden dann "typische Reaktionen" der Preisveränderung, der Arbeitszeitanpassung oder der Entstehung von Arbeitslosigkeit ausgelöst (S. 232). "Konflikt" bedeutet eine solche auf dem Markt festzustellende Nichtübereinstimmung. Die hier zutage tretende technisch-ökonomistische Auffassung des Arbeitsmarkts setzt sich in vielen Arbeiten des IAB fort. Sehr ausgeprägt etwa im Artikel von Jürgen Kühl et. al. (1975). Das in dieser Arbeit enthaltene "Bezugssytem für Ansätze einer Theorie der erwerbswirtschaftlichen und kontrahierten Arbeit" besteht aus fast 8o Kästchen, die mit vielen Pfeilen verbunden sind und die sich um den "Arbeitsmarkt" herumgruppieren, der als "Komparator: Feststellung, Ermöglichung, Simulation, Vollzug der Deckungsgleichheit beider Offerten" (gemeint sind Arbeitskräfte und Arbeitsplätze) eingeführt wird. Diese Auffassung findet sich auch in Analysen zur Arbeitslosigkeit, indem etwa strukturelle Arbeitslosigkeit nur als Problem von Profildiskrepanzen zwischen Angebot und Nachfrage thematisiert und damit als heute wenig erklärend deklariert wird (Autorengemeinschaft IAB 1976). Zur Kritik an dieser Position vgl. Günther Schmid 1977.

16) Etwa die Vorliebe der Gewerkschaften für "strukturelle Arbeitslosigkeit", von welcher ausgehend, qua Äquivokation, die Notwendigkeit von Strukturpolitik begründet wird. Sehr deutlich wird diese - logisch nicht sehr stringente - Argumentationskette von struktureller Arbeitslosigkeit als Arbeitslosigkeit in einer Strukturkrise zur Forderung nach Strukturpolitik im Sinne von Investitionslenkung beispielsweise bei Meißner W. und Welsch J. 1976. Auf der anderen Seite die Vorliebe der Arbeitgeber für den "konjunkturellen" Aspekt der Arbeitslosigkeit als Hintergrund für Forderungen nach Steuererleichterungen und Lohnzurückhaltung. Unter dem Titel "Nicht strukturell" schreibt beispielsweise der "Informationsdienst des Instituts der deutschen Wirtschaft" (Nr. 4o, 6. 1o. 1977, S. 4): "Die gegenwärtige Arbeitslosigkeit ist vor allem eine Folge der gesamtwirtschaftlichen Nachfrageschwäche;

(zu Anmerkung 16)

sie hat also fast ausschließlich konjunkturelle Ursachen. Die strukturelle Arbeitslosigkeit dagegen zählt nicht zu den Kernproblemen der Unterbeschäftigung - trotz gegenteiliger Behauptungen insbesondere von Gewerkschaftsseite."

17) Damit soll nicht gesagt werden, daß das Problem als objektives unabhängig von seiner Perzeption besteht, sondern Vermittlung als Weise der Existentwerdung gesellschaftlicher Probleme. Zur Illustration, stark verkürzend und übertreibend: bei nicht unähnlicher "objektiver" Situation nimmt Schweden die Arbeitslosigkeit als ein lösbares Problem, die Bundesrepublik als ein für lange Zeit nicht lösbares an und die Schweiz nimmt Arbeitslosigkeit gewissermaßen nicht zur Kenntnis. Entsprechend lösen die Schweden ihre Arbeitsmarktprobleme, werden die Deutschen für lange Zeit Arbeitslosigkeit haben und haben die Schweizer kein relevantes Problem. Vgl. zur unterschiedlichen Perzeption der Arbeitslosigkeit und ihren Folgen für politisches Handel auch: Schmid G. und Freiburghaus D. 1977.

18) Strukturelle Ungleichgewichte zwischen Investition und Konsum können beispielsweise die Grundlage der Stagnation sein und allgemein hohe Arbeitslosigkeit der Hintergrund für die Abschwächung der Anpassungsfähigkeit des Arbeitsmarkts und damit Anlaß für das Aufstauen von Profildiskrepanzen zwischen angebotener und nachgefragter Arbeitskraft.

19) Von einigen Autoren wird die Ansicht vertreten, daß es an sich genügend Arbeitsplätze gäbe, daß sie nur nicht besetzt würden. So berechnet etwa das DIW, daß heute auf 1oo Arbeitsplätze nur 92.5 Erwerbstätige kämen (1977), während die Arbeitsplatzbesetzung im Jahre 197o 95 % betragen hätte. Diese Auffassung des Arbeitsplatzes wird hier nicht geteilt, da sie zu einseitig technisch bestimmt ist. Außerdem ist die Berechnung des Arbeitsplatzpotentials, die das DIW vornimmt, höchst problematisch. Sie geht von Zu- und Abgängen beim Kapitalstock aus und berechnet die Arbeitsplätze mit angenommenen Kapitalintensitäten. Dies ist zirkulär, da Kapitalintensität nicht anders berechnet werden kann als eingesetztes Kapital pro Arbeitsplatz. Vgl. dazu DIW-Wochenbericht 3-4/77, S. 26 ff.

2o) Jährliche Wachstumsraten des BIP zu konstanten Preisen:
1968/7o : 6.9 %; 197o/73 : 3.9 %; 1974/76 : 1.1 %
Quelle: Statistisches Jahrbuch 1977, S. 5oo.

21) Abhängige Erwerbstätige in der Bundesrepublik:
1973 : 22.6 Mio.; 1976 : 21.3 Mio.; Rückgang in den drei Jahren: 1.25 Mio. = 5.5 %
Quelle: Statistisches Jahrbuch 1977, S. 96

(zu Anmerkung 21)

Noch stärker ist das geschätzte gesamtwirtschaftliche Arbeitsvolumen in Stunden zurückgegangen, nämlich allein in den Jahren 1973 bis 1976 um 7.8 %. Interessant ist hier allerdings, daß das Arbeitsvolumen schon seit Beginn der Sechzigerjahre einen rückläufigen Trend hat. Die Anzahl der geleisteten Arbeitsstunden ist von 196o bis 1973 um fast 1o % gesunken, im selben Zeitraum ist jedoch die Anzahl der Erwerbstätigen um 2 % gestiegen. Ein Rückgang des Arbeitsvolumens muß also nicht zu Arbeitslosigkeit führen, weil zwischen diesen beiden Größen die Verteilung der Arbeitszeit steht.
Quelle: Bach H. et. al. 1977, S. 27, Autorengemeinschaft IAB 1978, S. 55.

22) Bei Berechnung durch Konstanthaltung der altersspezifischen Erwerbsquoten aus Boomjahren.

23) Entwicklung der Arbeitsproduktivität in der Industrie (Produktionsergebnis je Beschäftigtenstunde):

	197o	1971	1972	1973	1974	1975	197
Index	1oo	1o4.9	112.o	119.3	123.3	127.1	137
Steigerung		4.9	6.7	6.5	3.4	3.1	8.1

Quelle: Statistisches Jahrbuch 1977 S. 178 und
Statistisches Jahrbuch 1975 S. 243

24) "Trade union response to unemployment may now be more ritualistic that real. The TUC has to make the right noises about its horrors but won't do anything. Ultimately, trade unions are concerned only about their members. These are people in work, not the unemployed." Daniel W.W. und Stilgoe E. 1976, S. 322.

25) Vgl. zur Entwicklung der Verteilung der Arbeitslosigkeit in der Bundesrepublik Schmid G. 1977.

26) Zu diesem Problem gibt es einen sehr interessanten Artikel von Robert Hall, 1972. Er stellte fest, daß in den Städten der USA, die ein vergleichsweise hohes Lohnniveau hatten, die Arbeitslosigkeit konstant höher war als in solchen mit niedrigerem Lohnniveau. Er erklärt das durch eine Dualisierung der Belegschaft in einen stabilen Teil, dessen hohe Produktivität gerade mit der Stabilität zusammenhängt, die wiederum erst auf dem Hintergrund relativ hoher Arbeitslosigkeit und der dadurch bedingten geringen freiwilligen Mobilität erklärbar ist und in einen unstabilen Teil, der wiederum für gewisse Produktionsbereiche hohe Produktivität garantiert, auf der anderen Seite jedoch die hohe Arbeitslosigkeit hervorbringt. Die insgesamt dadurch erzeugte überdurchschnittliche Produktivität ermöglicht dann für

(zu Anmerkung 26)

die Beschäftigten höhere Löhne. In diesem Zusammenhang macht Hall den Versuch einer Theorie der Fluktuationsprozesse. Sein Artikel war in den USA ein zentraler Anstoß für die intensivere Beschäftigung mit der Dynamik des Arbeitsmarkts.

27) Vgl. dazu auch Kapitel 5 über Daten- und Meßprobleme der Arbeitslosigkeit.

28) Zur Berechnung der "verdeckten Arbeitslosigkeit" und der "stillen Reserve": Egle F. et. al. 1975. Zu Indikatoren für die Unterauslastung des Erwerbspotentials: Noll H. 1977. Kritisch zum Konzept der "Stillen Reserve" z.B. Bert Rürup in der "Zeit" No. 4o vom 23. 9. 77, S. 24.

29) Vgl. Kapitel 14 dieser Arbeit und Anhangtabelle II, S. 285.

3o) Der Bestand an offenen Stellen betrug im Sept. 1973 612 Tausend, im Sept. 1977 237 Tausend. Neue offene Stellen wurden im Laufe des Sept. 1973 22o Tausend, im Laufe des Sept. 1977 184 Tausend registriert.
Quelle: ANBA, No. 11, 1977, S. 1388, S. 1391
ANBA Jahreszahlen 1974 S. 77, S. 87.

31) Vgl. dazu die Untersuchung von Kühl J. 1976 S. 431 ff. Sie stützt sich auf Betriebsbefragungen, die in den Jahren 1972/73 durchgeführt wurden.

32) Für die Stichhaltigkeit dieses Arguments spricht die gegenüber der Vollzeitarbeitslosenquote (Sept. 77 : 3,7 %) viel höhere Teilzeitsarbeitslosenquote (Sept. 77 : 11,1 %)
Quelle: ANBA, No. 11, 1977 S. 1388.
Rechnerisch ergibt sich folgendes: Würden immer zwei Anbieter von Teilzeitarbeit eingestellt anstelle eines Vollzeit-Arbeiters, würde die Arbeitslosenzahl um ca. 9o ooo reduziert. Damit sind natürlich die Vollzeit-Arbeiter nicht erfaßt, die, wäre die Möglichkeit gegeben, weniger Arbeit anbieten würden.

33) Vgl. Anmerkung 21.

34) Diese Position vertreten beispielsweise Meißner W. und Welsch J. 1976, S. 332 ff. Allerdings ist auch ihr Strukturbegriff sehr ungenau und ambivalent. Wenn sie betonen, daß im Gegensatz zur Rezession 1966/67 diesmal alle Branchen betroffen sind, und gerade dies als Beweis für die Strukturkrise auffassen (S. 335), dann wird deutlich, daß sie unter Strukturkrise eher die Krise der Struktur (des kapitalistischen Wirtschaftssystems) als

(zu Anmerkung 34)

etwa Krise im Zusammenhang mit Strukturwandel meinen. Dies erlaubt dann, verschiedenste Probleme, wie Konzentration, Absatzschwierigkeiten, Rationalisierung, Entlassung von Angestellten, weltwirtschaftliche Schwierigkeiten etc. ohne nähere Untersuchung der Zusammenhänge als Beleg für den strukturellen Charakter anzuführen.

35) Eine Variante dieser Strukturwandel-Arbeitslosigkeit hat sich das Institut der Deutschen Wirtschaft als Gegner gewählt. Die sehr spezifische Ausdeutung macht die "empirische" Widerlegung sehr leicht: "Von struktureller Arbeitslosigkeit kann nur dann die Rede sein, wenn sich statistisch nachweisen läßt, daß innerhalb einer bestimmten Branche ein langfristiger Rückgang der Arbeitskräfte-Nachfrage zeitlich mit einem Anstieg der Arbeitslosenzahlen zusammenfällt. Mit anderen Worten: Die Schere zwischen der Zahl der offenen Stellen und der Arbeitslosen müßte sich in der betreffenden Branche auf lange Sicht, und zwar unabhängig vom Konjunkturzyklus, öffnen." (IWD, Informationsdienst des Instituts der deutschen Wirtschaft, No. 4o, 6. 1o. 77, S. 4).

36) Autorengemeinschaft IAB 1976, S. 77 ff.

37) Mertens D. und Reyher L. 1977, S. 1ff. Es wird in diesem Artikel auf die großen "Flexibilitätspotentiale" hingewiesen, die durch die riesige Zahl von jährlich stattfindenden inner- und zwischenbetrieblichen Arbeitsplatzwechsel (zusammen in der Größenordnung von geschätzt 1o Mio.) gegeben sind (S. 11). Wie noch zu zeigen sein wird, ist es jedoch denkbar, daß trotz der Aufrechterhaltung dieser großen Fluktuationen die Anpassungsfähigkeit des Arbeitsmarkts abnimmt.

38) Autorengemeinschaft IAB 1976, S. 73 ff.

39) Die Formulierung dieser Schlußfolgerung ist allerdings, wohl mit einem Blick auf die Drittelsparität in der Selbstverwaltung der Bundesanstalt, sehr "ausgewogen", wenn auch in ihrer Substanz nicht minder deutlich: "Weder kann - mit dem Hinweis auf Strukturprobleme - auf energische Wachstumspolitik verzichtet werden, noch kann die Strukturpolitik vernachlässigt werden - etwa weil man erkennt, daß die wesentliche Ursache für die gegenwärtige Arbeitslosigkeit das Wachstumsdefizit ist." (ebenda S. 72)

4o) Schmid G. 1977

41) Diese Faktoren und ihre Auswirkung werden sehr stark von der "Job-Search-Theory" betont (kurzer Überblick

(zu Anmerkung 41)

bei Freiburghaus D. 1976 S. 8o ff). Ohne die Bedeutung der globalen Nachfragefaktoren vernachlässigen und ohne die Arbeitslosigkeit verharmlosen zu wollen, ist es wichtig festzustellen, daß unter den genannten veränderten Bedingungen die Suche nach einem neuen Arbeitsplatz länger dauert und damit den Bestand an Arbeitslosen erhöht (der Bestand ergibt sich annähernd als Neuzugang multipliziert mit der durchschnittlichen Dauer der Arbeitslosigkeit), und daß dies sowohl für das einzelne Individuum wie auch für die ganze Wirtschaft zu einer besseren Allokation der Arbeitskräfte führen kann. Selbst wenn nachgewiesen werden könnten - die Untersuchungen in den USA haben sehr widersprüchliche Ergebnisse gebracht (vgl. Katz A. 1977) - daß die Reduktion der Arbeitslosen-Einkommen die Suchdauer verkürzen würde, wäre dies deswegen noch keine sinnvolle Maßnahme zur Bekämpfung der Arbeitslosigkeit.

42) Auf die Probleme der "Dualisierung" und "Marginalisierung" wird im 3. Kapitel noch eingegangen.

43) Daß Betriebe sich der Realität so oder ähnlich verhalten, zeigen beispielsweise die Untersuchungen des Instituts für sozialwissenschaftliche Forschung, die 1975 vor allem in der Kraftfahrzeugindustrie durchgeführt wurden. Vgl. dazu Schultz-Wild R. 1978, Maase M. und Mendius G. 1975, Mendius G. und Schultz-Wild 1976.

44) Eine wissenschaftliche Form hat das "den Letzten beißen die Hunde" -Prinzip in der Theorie der "Thurow-Schlange" angenommen. Thurow geht davon aus, daß die Lohnkonkurrenz weitgehend durch eine Arbeitsplatzkonkurrenz ersetzt worden ist. Entscheidend für den Platz in der Warteschlange für einen Job ist dabei das Ausmaß der voraussichtlich in den Bewerber zu investierenden "on-the-job"-Ausbildung, bis er die vom Arbeitsplatz geforderte Produktivität erreicht. Vgl. Thurow L.C. 1978.

45) Einen vielversprechenden theoretischen Ansatz, der Macht- und Verteilungskämpfe auch zwischen verschiedenen Gruppen der Arbeitskraftanbieter thematisiert und der unter anderem vom weiter unten noch zu erläuternden Gedanken der "Alternativrolle" (vgl. S. 49 dieser Arbeit) ausgeht, haben unlängst Offe und Hinrichs 1977 vorgelegt.

46) So kommt Herbert Karry in einem Artikel in der FAZ vom 3o. Juli 1977 (S. 1o), der unter der Überschrift "Die Realität jenseits der Schlagzeilen" steht, für Hessen zum folgenden Schluß: "Während die Zahl der offenen Stellen weitaus höher ist, als statistisch ausgewiesen, liegt die Zahl der dem Arbeitsmarkt zur Verfügung stehenden

(zu Anmerkung 46)

Arbeitslosen beträchtlich unter der Zahl der ausgewiesenen Arbeitslosen. Auf dem Arbeitsmarkt der Männer herrscht heute bereits weitgehend ein Zustand der Vollbeschäftigung, der in Überbeschäftigung umschlagen müßte, wollte man kurzfristig die Zahl der ausländischen Arbeitnehmer reduzieren."

47) Vom IAB wurde beispielsweise die "stille Reserve" für 1977 auf 55o ooo geschätzt (Autorengemeinschaft IAB 1977, S. 5). Auf die Fragwürdigkeit solcher Schätzungen, die auf hypothetischen Erwerbsneigungen beruhen, wurde oben (vgl. Anmerkung 28) schon hingewiesen; fragwürdig sofern sie nicht nur dazu dienen, mögliche Erwerbspotentiale zu schätzen, sondern der registrierten Arbeitslosigkeit als "nichtregistrierte Arbeitslosigkeit" zur Seite gestellt werden. Rürup (vgl. ebenfalls Anmerkung 28) macht zu Recht darauf aufmerksam, daß, wenn man schon Erwerbsneigungen konstant hält, es keinen Grund gibt, sie nur in der Zeit konstant zu halten. Mit demselben Recht könnte für die ganze Bundesrepublik eine gleich hohe Erwerbsbeteiligung gefordert werden. Ginge man dabei von der höchsten Erwerbsneigung Berlins aus, würde die "stille Reserve" auf 4.6 Mio. anwachsen.

48) Als solche wird Arbeitslosigkeit vor allem im Umfeld der "neuen Mikroökonomie des Arbeitsmarkts" Thema. Es geht um wohlfahrtsökonomisch optimale Kombinationen von Inflation und Arbeitslosigkeit, die als grundsätzlich nicht gleichzeitig minimierbar angenommen werden. Vgl. dazu beispielsweise E.S. Phelps, 1972.

49) Der Beantwortung dieser Frage widmete sich eine 1974 von der Royal Economic Society durchgeführte Konferenz über "The Concept and Measurement of Involuntary Unemployment" (Worswick G. D. N. e. 1976). Der Frage: "What is it that we ought to measure?" ging dabei Richard Kahn aus der Sicht der Keynesianer und Malcolm R. Fisher aus der Sicht der Neuen Mikroökonomie nach.

5o) Einen solchen Ansatz versucht beispielsweise Michael Piore 1973. Er steht in engem Zusammenhang mit seinen Untersuchungen über "interne Arbeitsmärkte".

51) Rein "umfanglogisch" wird hier also der Arbeitsmarktbegriff ähnlich weit gefaßt wie im "Bezugssystem für Ansätze einer Theorie der erwerbswirtschaftlichen und kontrahierten Arbeit" von Jürgen Kühl et. al. 1975.

52) Zum Konzept des "Internal Labor Market" vgl. vor allem P.B. Doeringer und M.J. Piore 1971. Daß auch in der Bundesrepublik interne Arbeitsmärkte zunehmende Bedeutung

(zu Anmerkung 52)

erlangen, wurde in verschiedenen Arbeiten des Instituts für sozialwissenschaftliche Forschung nachgewiesen. Vgl. Anmerkung 43 und Lutz B. 1978.

53) Vgl. dazu auch den folgenden Abschnitt, b) Dualisierung des Arbeitsmarkts, S. 52ff.

54) "Die einschlägigen Statistiken weisen 5 bis 6 Mio. zwischenbetrieblicher Arbeitsplatzwechsel bzw. Neubesetzungen von Arbeitsplätzen pro Jahr aus. Hinzu kommt eine statistisch nicht hinreichend belegte Zahl innerbetrieblicher Arbeitsplatzwechsel, die mutmaßlich eine ähnliche Größenordnung haben dürfte. Die ergibt zusammengenommen ein jährliches Flexibilitätspotential von etwa 1o Mio. Arbeitsplatzwechselfällen..." D. Mertens und L. Reyher 1977, S. 11.

55) In dieser Arbeit wird später gezeigt, daß beispielsweise im Jahre 1976 von 1oo Arbeitslosen, die zum selben Zeitpunkt arbeitslos wurden, nach neuen Monaten nur noch 12 weiterhin arbeitslos waren. 1972 allerdings sank im selben Zeitraum dieser Anteil auf 4.5 (vgl. Kapitel 14).

56) Auf die zentrale Bedeutung positiver Rückkopplungen für die Segmentierung des Arbeitsmarkts weisen T. Vietorisz und B. Harrison 1973 hin.

57) Hier wird die "Magie der Zahlen" zu einer wirksamen Kraft. Die Tatsache, daß eine Million Arbeitsloser zugleich ca. 5 % Arbeitslosenquote ausmachen, macht sie zu einer besonderen Schwelle. Sie hat sich zwar schon von der "Horrorzahl" zur "kritischen Marke" gewandelt, aber gerade im letzten Begriff kommt ihr Charakter als politische "Steuergröße" deutlich zum Ausdruck.

58) Vgl. Anmerkung 14).

59) Dazu beispielsweise Dirickx, Freiburghaus, Sertel 1974.

6o) So etwa das Syndrom der Sucht. Ursprünglich für die Beschreibung eines Krankheitsbildes entwickelt, das bei Alkohol- und Drogenmißbrauch auftaucht, werden heute Aspekte der Liebe und der Arbeit mit einem ähnlichen Muster beschrieben.

61) Das Grundmuster des Marginalisierungssyndroms stammt aus der Randgruppensoziologie und der Analyse von Diskriminierungen bestimmter Gruppen. Natürlich werden durch die Verdrängung beispielsweise der verheirateten Frauen diese nicht zu einer gesellschaftlichen Randgruppe. Die Prozesse der Separierung und die Funktion des Schutzes von zentralen Gruppen sind jedoch jenen Phänomenen strukturell ähnlich.

62) Das Konzept der Alternativrollen als Ausgangspunkt für die Marginalisierung wurde in Diskussionen mit Christian Brinkmann vom IAB entwickelt. Vgl. Brinkmann und Schober-Gottwald 1976 S. 95. Vgl. auch Anmerkung 45.

63) Diesen "Aussiebungseffekt" haben wir am Beispiel der ausländischen Arbeitskräfte untersucht in: Ayse Kudat et. al. 1975. Geht man z.B. davon aus, daß in einem Betrieb zwei Gruppen am Anfang gleich stark vertreten sind, daß pro Zeitperiode 2o % des Personal umgeschlagen werde und daß die Angehörigen der zweiten Gruppe eine 5o % höhere Entlassungswahrscheinlichkeit, die Angehörigen der ersten Gruppe jedoch eine 5o % höhere Einstellungswahrscheinlichkeit haben, dann wird nach ca. sechs Perioden der Anteil der zweiten Gruppe auf 1/3 der Belegschaft gesunken sein.

64) Zur inzwischen umfangreich gewordenen Literatur über die "Dual Labor Market Theory" vgl. Freiburghaus D. und Schmid G. 1975, Ulmann H. 1977, Sengenberger W. 1978. Das Grundmuster des Dualisierungssyndroms stammt aus der Entwicklungsländerökonomie. Dort geht es um die gleichzeitige Existenz und die Wechselwirkung zwischen einem "modernen", primären und einem "traditionellen", sekundären Sektor der Wirtschaft.

65) Diese diffuse Verbundenheit zwischen Erfahren und Erkennen wird von vielen nicht akzeptiert, respektive als unerträglich empfunden. Ihr Anspruch ist ein viel stringenterer Bezug. Da er nie einlösbar ist, folgen daraus drei mögliche Verhaltensweisen: Rückzug in die Glasperlenspiele reiner Theorie, Versuch der exakten Verbindung, dauernd begleitet von schlechtem Gewissen, das die Form von Rechtfertigungen oder von Verwünschungen über die schlechte Qualität der Daten annimmt, oder naive Kopplungsversuche zwischen aus Theorien extrahierter Modellen und meist unkritisch übernommenen Daten. Die "Lösung" dieses Dilemmas kann m.E. nur darin liegen, die Nichtstrukturierbarkeit dieses Zwischenbereichs anzuerkennen und, daraus folgend, parallel "Theorie" zu betreiben - als Training zum Erfassen und Strukturieren komplexer Systeme - und sich in höchstmöglichem Maße mittels Empirie der Wirklichkeit auszusetzen.

66) Auf einige Probleme der Datenerfassung wird im 5. Kapitel eingegangen.

Anmerkungen zum II. Teil

1) Vgl. dazu Abbildung 4 I, S. 7o.

2) Vgl. Abschnitt 5.4, S. 81.

3) Eine andere mögliche Definition der Arbeitsmarktprozesse könnte wie folgt lauten: Arbeitsmarktprozesse sind alle Veränderungen in der Zuordnung von Arbeitskräften und Arbeitsplätzen, sowie die Vorgänge, die zu diesen Veränderungen führen, seien es Veränderungen in der Quantität und Qualität des Angebots von Arbeitskraft, oder seien es Veränderungen auf der Seite der verfügbaren Arbeitsplätze. In diesem Wechselwirkungsprozeß ist die Rolle der Arbeitskräfte einerseits und der Arbeitsplätze andererseits jedoch nicht so symmetrisch, wie es auf den ersten Blick aussieht. Auf der Seite der Arbeitskräfte gibt es die beschriebene,problemlose Identität der Individuen in der Zeit. Dies ist bei den Arbeitsplätzen jedoch nicht der Fall. Ein Arbeitsplatz kann aus verschiedenen Gesichtswinkeln erfaßt werden: als räumlich-technisch feststehender Ort (z.B. ein Arbeitsplatz an einer bestimmten Maschine), als technisch-qualifikatorische Einheit (etwa durch eine Arbeitsplatzbeschreibung), als rechtlich-organisatorische Gegebenheit (beispielsweise eine Planstelle). Bei einer statischen Betrachtung fallen diese Aspekte weitgehend zusammen und ermöglichen die Identifizierung eines Arbeitsplatzes. In der zeitlichen Entwicklung können sie jedoch "auseinanderlaufen": Die Planstelle kann beispielsweise erhalten bleiben, der örtliche Arbeitsplatz jedoch verschwinden; der Arbeitsplatz als Arbeitsort kann weiterbestehen, die technisch-qualifikatorischen Anforderungen können sich grundlegend ändern. Arbeitsplätze haben also keine über die Zeit konstante Identität, es kann grundsätzlich nicht zwischen einer Veränderung ein und desselben Arbeitsplatzes und der Vernichtung und Neuschaffung eines Arbeitsplatzes unterschieden werden. Damit wird die Brauchbarkeit dieser Definition der Arbeitsmarktprozesse eingeschränkt.

4) Zur Beschreibung von Aufbau und Auswertungsprogrammen der Beschäftigtenstatistik vgl. W. Schwabe 1976; H.P. Hoffmann und W. Wermter 1976.

5) Mit dieser Einordnung ist nicht gemeint, daß die Arbeitslosigkeit kein Phänomen des Arbeitsmarkts selbst sei. Es sei auf die Diskussion der Begriffsbestimmungen im 3. Kapitel verwiesen, wo eine inhaltlich oder funktional strenge Begrenzung des Arbeitsmarktsbegriffs abgelehnt wurde. Die Arbeitslosigkeit ist jedoch Teil des Arbeitsmarktumfeldes, wenn dieses als Ausgleichssystem der Schwankungen des Beschäftigtenvolumens aufgefaßt wird.

6) Die hier wiedergegebenen Größenordnungen stützen sich auf folgende Quellen: Statistisches Jahrbuch 1977 für die Bundesrepublik Deutschland; Almut Steger 1977, Deutsches Institut für Wirtschaftsforschung 1977/1978; ANBA Jahreszahlen 1976; D. Mertens und L. Reyher 1977.
Anmerkungen zu einzelnen Strömen:

- Weitere Schätzungen zu den Strömen, die die Arbeitslosigkeit mit ihrer Umgebung verbinden erfolgen im Anhang A, S. 26o.

- Die zwischenbetrieblichen Arbeitswechsel umfassen nur diejenigen, die nicht über Arbeitslosigkeit führen.

- Die sehr wichtigen direkten Übergänge zwischen "stiller Reserve" und Erwerbstätigkeit lassen sich nicht schätzen. Es ist jedoch anzunehmen, daß der größte Teil der Abgänge aus dem Erwerbsleben über die registrierte Arbeitslosigkeit führt, da der überwiegende Teil Anspruch auf Arbeitslosengeld hat und sich deswegen registrieren läßt, selbst wenn ein Rückzug vom Erwerbsleben vorgesehen ist.

7) Vgl. Anmerkung 12.

8) Vgl. zu den aus der Statistik der Bundesanstalt für Arbeit verfügbaren Daten Abschnitt 5.3, S. 78.

9) Vgl. S. 26o.

1o) Zum Thema Erfassung und Messung der Arbeitslosigkeit mit verschiedenen Verfahren in verschiedenen Ländern und Vergleichbarkeit dieser Daten wird gegenwärtig am Internationalen Institut für Management und Verwaltung eine Untersuchung unter Beteiligung des Autors durchgeführt, die Ende 1978 abgeschlossen wird. Der Vergleich der Mikrozensusdaten mit denen über registrierte Arbeitslosigkeit ist Gegenstand dieser Untersuchung. Zum Vergleich der Arbeitslosenstatistik der Bundesanstalt für Arbeit mit den Erwerbslosen nach dem Mikrozensus vgl. auch: Werner Karr 1977, S. 35of.

11) Für die kritische Durchsicht der hier gemachten Angaben über die Statistiken der Bundesanstalt für Arbeit danke ich Herrn Bogdahn vom Landesarbeitsamt Berlin.

12) Über die Arbeitsuchenden, und damit auch über die Arbeitslosen, die einen Teil der ersteren darstellen, werden sehr viele Informationen in der Vermittlungskartei festgehalten. Neben persönlichen Daten insbesondere solche über Ausbildung, bisherige Tätigkeit und Berufserfahrung, Einkommen, Gründe für die Beendigung bisheriger Berufstätigkeit etc.. Auch auf der Stufe gibt es jedoch, außer

(zu Anmerkung 12)

wenn der Arbeitslose vom Arbeitsamt in eine neue Tätigkeit vermittelt wird, wenig Informationen über den Verbleib nach der Arbeitslosigkeit.

13) Die Auszählungen werden durch die Arbeitsvermittler selbst, teilweise zusammen mit Hilfskräften, vorgenommen. Dies ist trotz der zusätzlichen Belastung der Vermittler erforderlich, da nur sie in der Lage sind, Grenzfälle richtig zu beurteilen. Vgl. auch Abschnitt 5.4.3 S. 87.

14) Eine solche Erfassung der vollständigen Dauer ist bisher nur einmal im Jahre 1957 als Stichprobe durchgeführt worden (Vgl. Abschnitt 5.3). Außerdem wurde vom IAB eine ähnliche Sonderzählung 1976 durchgeführt, die gegenwärtig ausgewertet wird. Vgl. dazu F. Egle und R. Leupoldt 1977.

15) ANBA Jg. 1957, S. 646 ff und S. 67o ff.

16) ANBA Jg. 1957, S. 647.

17) ANBA Jg. 1957, S. 647.

18) ANBA Jg. 1964, S. 514.

19) ANBA Jg. 1968, S. 539 ff.

2o) Wie aus der nachstehenden Skizze hervorgeht, fallen die Intervallgrenzen der Dauererhebung (1, 3, 6, 12 und 24 Monate vor dem Erhebungszeitpunkt) nicht mit der vorhergehenden Erhebung zusammen (außer im Jahresrhythmus). Wäre beispielsweise der Erhebungsabstand ein halbes Jahr, dann würden diejenigen, die zum früheren Zeitpunkt schon arbeitslos waren und beim nächsten Zeitpunkt immer noch sind, alle in die Klasse "länger als 1/2 Jahr arbeitslos" fallen. Dies würde, wie im Abschnitt 1o.1 gezeigt werden wird, eine einfache Schätzung von Abgangswahrscheinlichkeiten erlauben.

Intervalleinteilung der bisherigen Dauer — Erhebungszeitpunkt

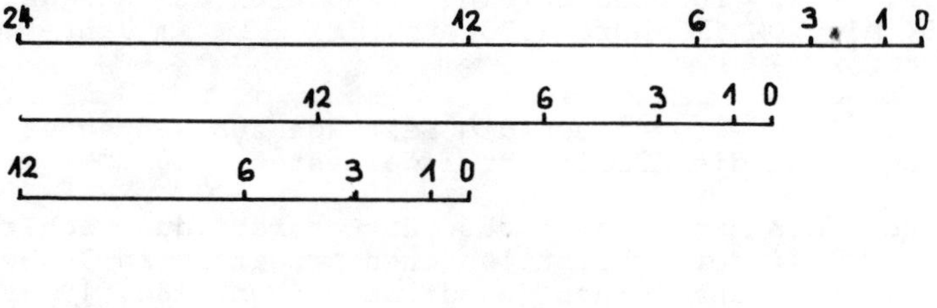

September

Mai

September Vorjahr

21) Vgl. ANBA Jahreszahlen 1975 S. 84 ff und Monatshefte ab 1975.

22) Nach dem "Verzeichnis der Wirtschaftszweige für die Statistik der Bundesanstalt für Arbeit", Bundesanstalt für Arbeit 1973.

23) Aus ähnlichen Überlegungen folgern F. Egle und W. Karr: "Für eine systematische Beobachtung und Analyse der Arbeitslosigkeit ist neben der statistischen Erfassung der Arbeitslosenbestände eine ebenso gegliederte Statistik der Zu- und Abgänge erforderlich". Vgl. Egle und Karr, S. 363.

24) Vgl. International Labour Office 1959, S. 44.

25) Vgl. dazu und zum Problem der internationalen Vergleichbarkeit: Heinz, Werner 1971, Koller M. und König I. 1977.

26) Vgl. Jürgen Kühl 1976, S. 434.

27) Christian Brinkmann ermittelte auf Grund von Befragungen Arbeitsloser, die nach einiger Zeit wieder in Arbeit standen, daß in 28 % der Fälle durch "Vermittlung oder Mitwirkung des Arbeitsamtes" die neue Stelle gefunden wurde. Brinkmann 1977, S. 212.

28) Die besondere Form des Unterhaltsgeldes ist mit der 1. Änderung des Haushaltsstrukturgesetzes aufgehoben worden. Künftig wird in diesen Fällen ebenfalls Arbeitslosengeld bezahlt.

29) Die Bundesanstalt kann in besonderen Fällen profitorientierte und gemeinnützige Träger mit Arbeitsvermittlung beauftragen (so etwa bei Künstlern, Pflegeberufen, Sportlern etc.). Vgl. das Gesamtverzeichnis dieser Einrichtungen und Personen in ANBA 1977 S. 1o91 ff.

3o) Werner Karr nimmt eine Verbesserung des "Einschaltungsgrades" der Arbeitsämter bei den jüngeren Arbeitslosen in den letzten Jahren an. Vgl. Karr 1977, S. 354.

31) Die Einschränkungen der Förderung von Fortbildungs- und Umschulungsmaßnahmen durch das Haushaltsstrukturgesetz vom 18. 12. 1975 führten zu einer Reduktion der Ausgaben von 8,54 Mio. DM im Jahre 1975 auf 5 Mio. DM im Jahre 1976.

32) Ab 1. Juli 1978 werden auch die Beiträge zur Rentenversicherung durch die Arbeitsämter geleistet.

33) Eine Studie des Bundesinstituts für Berufsbildung schätzt, daß 3o bis 4o % der schulentlassenen arbeitslosen Jugendlichen nicht erfaßt werden (Handelsblatt Nr. 18o, 19. 9. 1977). Baethge et. al. 1978 kommen sogar zu einer 5o% igen Untererfassung.

34) Diese "Erläuterungen" wurden erstmals im Jahre 1963 bei den Arbeitsämtern eingesetzt. Sie sind mehrmals abgeändert und 1977 grundlegend überarbeitet worden. Den Auswirkungen dieser verschiedenen Änderungen auf die Erfassung kann hier jedoch nicht im Einzelnen nachgegangen werden. Die weiteren Ausführungen beziehen sich, soweit nichts anderes vermerkt wird, auf den letzten Stand.

35) Vgl. § 1o1 AFG.

36) Vgl. § 1o3 AFG. Auch die Zumutbarkeitsregelung wurde mit dem Haushaltsstrukturgesetz vom 18. 12. 1975 zu Ungunsten der Arbeitslosen verändert.

37) Es werden hier nur die wesentlichsten definierenden Merkmale wiedergegeben.

38) Einige dieser Schwierigkeiten sind durch die Neufassung der "Erläuterungen" behoben worden. Da alle in dieser Untersuchung verwendeten Daten noch unter den alten Regeln erhoben wurden, werden hier diese dargestellt. Folgende Änderungen sind durch die Neufassung eingetreten:
(a) Zugänge zu den Arbeitslosen werden jetzt als solche erfaßt, auch wenn sie nicht gleichzeitig mit den Zugängen zu den Arbeitsuchenden erfolgen;
(b) Zugänge zu den Arbeitslosen sind nicht erneut anzuschreiben, wenn sich Personen nach einer kurzfristigen Beschäftigung oder solche, die die bei der letzten Bestandszählung (die längstens ein Monat zurückliegt) noch als Arbeitsuchende gezählt worden sind, sich nach Krankheit oder anderen beschäftigungslosen Zeiten erneut arbeitslos melden (vgl. "Erläuterungen" Absatz 116).

Damit ist eine grundsätzliche Untererfassung bei den Zugängen behoben. Außerdem werden die Fälle seltener, wo während einer Dauerregistrierung mehr als ein Zugang registriert wurde.

39) Dieses Problem taucht mit der Neuregelung nicht mehr auf. Vgl. Anmerkung 38.

4o) Ch. Brinkmann und K. Schober-Gottwald 1976, S. 94.

41) Allgemeine Maßnahmen zur Arbeitsbeschaffung.

42) Im Sommer 1977 waren über 4o ooo Arbeitslose in solchen Maßnahmen beschäftigt. Vgl. ANBA 1977, S. 1o67.

43) Dieses Problem wurde durch die Neuregelung ebenfalls reduziert. Vgl. Anmerkung 38.

44) Herr Bogdahn vom LAA Berlin hat mich darauf hingewiesen, daß nicht nur die unmittelbaren Sanktionen dahingehend wirken, daß die Arbeitslosen Veränderungen im allgemeinen genau melden, sondern auch die Situation, in der die Arbeitnehmer annehmen müssen, auch künftig wieder Klienten der Arbeitsämter zu werden. Deshalb sind sie daran interessiert, daß bei dieser Behörde "alles im Reinen" ist.

45) Eingehende Bereinigungen werden vor den Sondererhebungen durchgeführt.

46) Vgl. Abschnitt 4.2, S. 7o, und Anhang A.

47) Vgl. S.277

48) Günther Schmid 1977, Werner Karr 1977.

49) Günther Schmid 1977 S. 43 f.

5o) Vgl. Werner Karr 1977 S. 35o und Kapitel 5 dieser Arbeit.

51) Vgl. Günther Schmid 1977 S. 43 f.

52) Zur Definition und Interpretation der "Verbleibwerte" und "Verbleibkurven" vgl. auch Abschnitt 1o.2, S.195

53) Vgl. Resultate Anhangtabelle II, S. 285

54) Vgl. Abschnitt 14.1, S. 237

55) Ursache und Ausmaß der Dreimonatsschwankungen wurden im Abschnitt 6.1 diskutiert.

56) Vgl. Abschnitt 5.4, S. 86.

57) Vgl. Abschnitt 13.1, S. 223

58) Vgl. dazu beispielsweise Ch. Brinkmann 1976.

59) Vgl. Abschnitt 14.3, S. 243

6o) Vgl. Frank R. 1977

61) Die verwendeten Begriffe stammen aus der Demographie, die sich bei der Beschreibung der Bevölkerungsdynamik ähnlicher Methoden bedient. Vgl. auch Abschnitt 9.1, S.149

62) Ulrich Cramer und Franz Egle 1976.

63) Hans Kellerer 1965, S. 3o7 f.

64) Der Vergleich mit den Resultaten von Cramer und Egle 1976, S. 495 weist, berücksichtigt man die leicht verschobenen Bezugszeiträume, eine bemerkswerte hohe Übereinstimmung auf, die dieses vereinfachte Verfahren rechtfertigt.

65) Cramer und Egle weisen darauf hin, daß dies für die durchschnittliche bisherige Dauer der Arbeitslosigkeit, wie sie sich direkt aus den Sonderuntersuchungen ergibt, nicht gilt. Diese folgt dem Konjunkturverlauf mit ein- bzw. zweijähriger Verzögerung. (Vgl. Cramer und Egle 1976, S. 494). Dies ist klar, wenn man sich die Art der Verzerrung der Dauerverteilung vor Augen führt, die bei der Stichtagserhebung entsteht. Mit Einsetzen der Rezession beginnt der Anteil der längerfristig Arbeitslosen langsam anzusteigen: die Übervertretung der langfristig Arbeitslosen wirkt sich noch nicht stark aus. Bei Beginn des Aufschwungs kommen zum Rest von Langfrist-Arbeitslosen, die noch "abzuarbeiten" sind, nun wieder viele kurzfristig Arbeitslose. Die durchschnittliche Dauer der vollständigen Arbeitslosigkeit beginnt sofort zu sinken, bei der Verteilung der bisherigen Arbeitslosigkeit wirkt sich jetzt jedoch der Verzerrungseffekt voll aus.

66) Eine ähnliche Aufgliederung der Bestände in Dauer und Anzahl der Fälle schlägt Franz Egle 1977 vor. Bezieht man gruppenspezifisch die Anzahl der Arbeitslosigkeitsfälle auf die Erwerbspersonen derselben Gruppen, dann ergibt sich ein Arbeitslosigkeitsrisiko, das Egle Betroffenheit von Arbeitslosigkeit nennt. Er schlägt weiter vor, die Anzahl der Fälle in die beiden Faktoren (a) Anzahl der unterschiedlichen, von Arbeitslosigkeit betroffenen Personen und (b) Häufigkeit, mit der eine (durchschnittliche) Person arbeitslos wird, zu zerlegen. Dies ist analytisch sehr sinnvoll, empirisch ist dies jedoch bei der gegenwärtigen Datenlage noch nicht möglich. In einem weiteren Artikel schlagen Egle und Karr 1977 Änderungen in der Arbeitsmarktstatistik vor, die eine solche Zerlegung für wichtige Gruppen möglich machen würde.

Anmerkungen zum III. Teil

1) Vgl. zur Interpretation der Verbleibkurve auch Abschnitt 1o.2, S. 195 und Abschnitt 12.1, S. 213.

2) Vgl. dazu M. Cramer und F. Egle 1976, S. 482 ff.

3) S. Salant 1974, S. 4 f. Vgl. auch das Beispiel in Abschnitt 7.2 dieser Arbeit, S. 132.

4) Vgl. dazu ebenfalls M. Cramer und F. Egle 1976, S. 483.

5) Bei einer stationären Situation ist per definitionem die Verteilung der Abgangswahrscheinlichkeit für jede Kohorte gleich und damit auch für alle, die in einem beliebigen Zeitintervall arbeitslos geworden sind.

6) Vgl. S. Salant 1974, S. 3 f. und Abschnitt 9.1.1 dieser Arbeit, S. 153.

7) Die Stärke dieses Effekts wurde bei der Ermittlung der durchschnittlichen Dauer im Abschnitt 7.2 S.132 illustriert.

8) Der Effekt der Verkleinerung der Abgangswahrscheinlichkeit mit der Zeit ist allerdings in der ganzen untersuchten Zeitspanne wesentlich stärker als möglicherweise entgegenwirkenden Effekte durch die Nichtstationarität der Rahmenbedingungen, so daß die oben unter der Variante c) dargestellte Richtung der Verzerrung immer erhalten bleibt (vgl. S. 145).

9) Dies wird an folgendem Beispiel deutlich: Ist Stationarität nicht vorausgesetzt und ist bei einer bestimmten Querschnittuntersuchung der Anteil der "über drei bis unter sechs Monate Arbeitslosen" niedrig, dann ist ohne Zugangsdaten in den vorangehenden Monaten nicht zu entscheiden, ob dieser Wert durch einen verhältnismäßig kleinen Neuzugang im relevanten Zeitintervall bei normalem Abgangsprozeß dieser Kohorten oder durch einen normalen Neuzugang bei überdurchschnittlichen Abgangschancen zustande gekommen ist.

1o) Im Rahmen eines zur Zeit am IIMV laufenden vergleichenden Arbeitslosigkeitsprojekts werden die Ergebnisse von Daueruntersuchungen in den Ländern Großbritannien, Frankreich, Schweden und Bundesrepublik verglichen. Dazu liefert diese Arbeit eine theoretische Grundlage.

11) Mit anderen Worten: diese Methode braucht keine inhaltlichen Aussagen über den Abgangsprozeß zu machen. Die Abgangswahrscheinlichkeiten von Kohorten und deren Untergruppen können sich beliebig in der Zeit verändern. Im Gegensatz dazu wird im folgenden Abschnitt 9.2 dieser Abgangsprozeß als ein Sortierprozeß zwischen homogenen Untergruppen mit in der Zeit konstanten Abgangswahrscheinlichkeiten modelliert. Diese beiden Extreme stehen sich

zu Anmerkung 11)

allerdings nicht alternativ gegenüber. Es gibt einen kontinuierlichen Übergang vom inhaltlich nicht weiter begründeten Einpassen einer die vorhandenen Daten über die bisherige Dauer der Arbeitslosigkeit möglichst gut annähernden Funktion,über einfache, plausible Annahmen über den Abgangsprozeß und Schätzen der diese Funktion bestimmenden Parameter bis zu ausgeklügelten Verhaltensmodellen der Arbeitslosen. Die im folgenden erläuterte Anwendung von R.F. Fowler aus dem Jahre 1967 ist ein Beispiel der ersten Art. Für Frankreich hat R. Salais 1974 eine Daueruntersuchung gemacht, bei der er drei Abgangsfunktionen ausprobierte (einmal konstante Abgangswahrscheinlichkeit, einmal zeitabhängige Abgangswahrscheinlichkeit vom Typ λT^{α} und einmal explizite Berücksichtigung des Alters). In einer Arbeit von 1977 versucht S. Nickell Erkenntnisse der "Search Theory" für die Daueranalyse fruchtbar zu machen. Ausgehend von einem Nutzenkalkül leitet er eine Funktion der Abgangswahrscheinlichkeiten her, deren Parameter mit Hilfe einer Arbeitslosenstichprobe für Großbritannien geschätzt werden.

12) Die mathematischen Zusammenhänge bis einschließlich Gleichung (7) wurden so A.R. Thatcher für die Analyse der Dauerverteilung in Großbritannien, die im Abschnitt 9.1.2 dargestellt wird, entwickelt (Vgl. R.F. Fowler 1967, S. 37 ff.).

13) Dies ergibt sich durch partielle Integration

$$\bar{d} = \int_0^\infty -z \cdot v'(z)dz = -z \cdot v(z) \Big|_0^\infty + \int_0^\infty v(z)dz = 0 + \int_0^\infty v(z)dz$$

Da jede Kohortenverbleibfunktion (v(z)) für einen endlichen Wert von z gleich null wird, ist der erste Summand unproblematisch. Dabei ist die Beschränktheit zwar eine hinreichende, aber keine notwendige Bedingung.

14) Vgl. Abschnitt 7.2 S. 125.

15) Vgl. Fälle a), b), c) in Abschitt 8.2. S. 145.

16) Vgl. auch S. Salant 1974, S. 24 ff.

17) R.F. Fowler 1967

18) Bei der Anwendung auf die Daten der Bundesrepublik im folgenden Abschnitt wird sichtbar, welche Unsicherheit und Ungenauigkeit durch dieses Problem entsteht.

19) Vergleichszahlen für die Bundesrepublik vgl. Abschnitt 14.3, S. 243.

2o) Es gibt kein verbindliches Maß oder Kriterium für die Stationarität. Da der Variationskoeffizient (Quotient aus Standardabweichung und Mittelwert) jedoch sowohl durch kurzfristige Schwankungen wie auch durch trendmäßige Veränderungen erhöht wird, ist er dafür geeignet. Solange man dem Prozeß keine statistische Theorie unterlegt, gibt es auch keine Möglichkeit, ein bestimmtes Niveau des VK festzulegen, welches die Hypothese der Stationarität verifizieren oder falsifizieren könnte. Es ist also hier nur eine Aussage über mehr oder weniger stationäre Verhältnisse möglich.

21) Vgl. Abschnitt 11.2, S. 2o3.

22) Vgl. S. 142.

23) Vgl. Anhang C, S. 271.

24) Dieser erste Wert ist zudem deswegen fragwürdig, weil, wie schon im 6. Kapitel erläutert wurde, der Neuzugang eine systematische Dreimonatsschwankung, verursacht vor allem durch die vierteljährlichen Kündigungstermine der Angestellten, aufweist.

25) Salant, der den Arbeitslosigkeitsprozeß mit dieser Methode untersucht hat, und auf welchen sich unter anderem nachfolgende Ableitungen stützen, vergleicht diesen Sortierprozeß mit der Abkühlung einer Flüssigkeit durch Verdampfen. Die schnellen (heißen) Moleküle, die eine höhere Entweichwahrscheinlichkeit haben, verlassen die Flüssigkeit zuerst, es bleiben immer mehr langsame Moleküle zurück, die Restflüssigkeit wird kühler. Vgl. Salant 1974, S. 7.

26) Diese Herleitung folgt weitgehend derjenigen in der Arbeit von Robert H. Frank 1977. Sein Ansatz ist jedoch weiter, da er gleichzeitig die beiden Übergangsprozesse - von der Erwerbstätigkeit in die Arbeitslosigkeit und zurück in die Erwerbslosigkeit - analysiert. Außerdem danke ich Günther Bühler für die Durchsicht dieser Ableitung.

27) Vgl. R. Frank 1977, S. 9.

28) Vgl. Abschnitt 9.1.1, S. 153.

29) Intuitiv ist einsichtig, daß der Erwartungswert der vollständigen Dauer im Querschnittbestand doppelt so groß sein muß wie der Erwartungswert der bisherigen Dauer im Querschnittsbestand, da im Mittel die Fälle in ihrer Hälfte von Querschnitt erfaßt werden. Der Beweis dafür findet sich in Anhang D, S. 272.

3o) Salant hat gezeigt, daß im Fall kontinuierlicher Zeitachse die Verkleinerung der Abgangsrate gleich der Varianz der Verteilung der Abgangswahrscheinlichkeit im jeweiligen Restbestand, also positiv ist. Vgl. S. Salant 1974, S. 26 f.

31) Darstellung und Eigenschaften der Beta Wahrscheinlichkeitsverteilung vgl. z.B. N.A. Rahman 1968, S. 114 ff.

32) Dies ist eine der zentralen Annahmen der "Suchtheorie" des Arbeitsmarkts. Vgl. z.B. Freiburghaus 1976, S. 8o ff.

33) Vgl. Anmerkung 2o Teil II, S. 324.

34) In Großbritannien wird die bisherige Dauer vierteljährlich festgestellt und zwar in Wochenschritten bis zu 9 Wochen und in Dreimonatsschritten bis zu einem Jahr. Eine Altersgliederung wird jedoch nur zweimal jährlich ausgewertet, so daß die Bilanzmethode auf Altersgruppen auch nicht anwendbar ist. Außerdem gibt es ein monatliches Dauerregister, allerdings nur in den beiden Klassen unter und über vier Wochen. Vgl. zur Arbeitslosenstatistik in Großbritannien: A. Donaldson 1977.

35) C. Leicester 1976, S. 167 ff.

36) Vgl. Abschnitt 14.1, S. 233.

37) Vgl. Anmerkung 13, S. 33o.

38) Die Berechnung eines solchen Abgangsprozesses wird in Abschnitt 12.2 S. 217 im Zusammenhang mit einem Test über die Verläßlichkeit der ermittelten Verbleibkurven erläutert.

Anmerkungen zum IV. Teil

1) Allerdings stellen auch diese noch ein sehr grobes Raster dar, welches unter theoretischen Gesichtspunkten wichtige Merkmalskombinationen, wie etwa Gruppen mit einer Häufung von die Verwertung der Arbeitskraft erschwerenden Voraussetzungen, nicht abbildet.

2) Wie im Abschnitt 7.2 S.132 gezeigt wurde, kann sich sogar in stationären Situationen die Reihenfolge in den Durchschnittswerten verschiedener Gruppen zwischen den beiden Verteilungen verkehren.

3) Vgl. Graphik 6 III, S. 116.

4) Vgl. Abschnitt 12.2, S. 217.

5) Der Einfluß der regionalen Unterschiede zwischen den Landesarbeitsamtsbezirken auf die durchschnittliche Dauer wurde im Abschnitt 9.1.2 mit Hilfe der bevölkerungsstatistischen Methode untersucht (vgl. S. 161).

6) Vgl. Beispiel S. 193. Das Intervall "zwei Jahre und länger" kann für die Berechnung eines Verbleibwerts nicht benutzt werden, da ihm kein geschlossenes Zugangsintervall entspricht.

7) Der verstärkte Zugang in den Wintermonaten ist ja nicht ausschließlich auf den Einfluß der "Außenberufe" zurückzuführen. Auch bei den Frauen, wo diese kaum eine Rolle spielen, ergibt sich ein verstärkter Zugang im Winter, der unter anderem auf die Kündigungstermine zum Jahresende zurückzuführen ist. Zu korrigieren ist hier jedoch nur der Einfluß der Außenberufe, für die ein anderer Abgangsprozeß angenommen werden muß. Zur Korrektur dieses Effekts wurde der erhöhte Zugang bei den Männern in den Monaten Dezember und Januar auf das Ausmaß reduziert, das sich auch bei den Frauen im Vergleich zu den je zwei Monaten davor und danach feststellen läßt.

8) Dies ergaben Berechnungen der Schwerpunktverschiebung für Intervalle, bei denen der Quartalseffekt sehr ausgeprägt ist.

9) Wie im Abschnitt 9.1.2 bei der Anwendung der bevölkerungsstatistischen Methode (Einzelheiten vgl. Anhang C). Dort war jedoch die erste Ableitung nach der Zeit bei den Stützwerten von Bedeutung, was einen punktweise nicht differenzierbaren Funktionsverlauf ausschloß.

1o) Vgl. Abschnitt 1o.2, S. 196 und Anmerkung 13, III Teil, S. 33o

11) Zur Interpretation der Verteilung (G) vgl. Abschnitt 14.3, S. 243.

12) Zur Interpretation der Abgangsraten (A) vgl. Abschnitt 14.1, S. 236.

13) Ch. Brinkmann und K. Schober-Gottwald 1976, S. 96.

14) In Klammern die entsprechenden Abschnitte, in denen die einzelnen Schritte erläutert wurden.

15) Vgl. S. 277, S. 285 und Tabelle 6 II S. 113 ff.

16) Vgl. Abschnitt 11.2, S. 2o4 und 11.4, S. 212.

17) Vgl. Abschnitt 11.4, S. 2o9.

18) Vgl. auch die Interpretation der Veränderung in der Altersstruktur in Abschnitt 6.2, S. 1o5 f.

19) Vgl. Abschnitt 7.3, S. 133.

2o) Um den Schulentlassungseffekt zu neutralisieren, wurden die Durchschnittswerte der Altersanteile von Frühjahr und Herbst berechnet.

21) Vgl. Abschnitt 7.2, S. 125.

22) Vgl. S. 12o.

23) Vgl. Abschnitt 12.3, S. 222.

24) Vgl. Abschnitt 5.4, S. 84 ff.

25) Vgl. zu diesen technischen Problemen der Registrierung Abschnitt 5.4, S. 91 ff.

26) So lautete etwa der Untertitel eines Artikels im Handelsblatt (Meldung vom 5. 8. 1975): "Jeder Dritte über ein halbes Jahr ohne Job". Er erweckt den Eindruck, daß die Arbeitslosigkeit bei einem Drittel aller von ihr Betroffenen länger als ein halbes Jahr dauerte. Tatsächlich betrug dieser Anteil 1975 jedoch nur ca. ein Fünftel. Genauer müßte es also heißen: "Jeder Dritte der Ende Mai Arbeitslosen ist bisher über ein halbes Jahr ohne Job".

27) Wie etwa die schon erwähnte umfangreiche Untersuchung zur Wiedereingliederung Arbeitsloser von Ch. Brinkmann und K. Schober-Gottwald 1976.

28) Für Sortierprozesse wird dies im Anhang D, S. 272 bewiesen.

29) Vgl. Abschnitt 12.1, S. 215.

3o) Vgl. S. 3o8.

31) Vgl. beispielsweise die Untersuchungen von Christian Brinkmann 1976 und von Ulrich Hentschel et. al. 1977.

Anmerkungen zu den Anhängen A bis E

1) Vgl. Abschnitt 5.3, S. 8o.

2) ANBA Jahreszahlen 1976, S. 86 ff.

3) Vgl. dazu Abschnitt 5.4.3, S. 88 und Anmerkung 34, II. Teil

4) ANBA Nr. 1/1977 S. 121 ff.

5) Vgl. Abschnitt 6.2.3, S. 12o.

6) F. Egle und R. Leupoldt, 1977, S. 463 ff.

7) Die schon erwähnte Untersuchung von Ch. Brinkmann et.al. 1976 enthält Informationen über den Verbleib der Arbeitslosen vom September 1974 im April und im September 1975. Diese Abgänge beziehen sich jedoch auf den Bestand an Arbeitslosen vom September 1974. Dieser ist jedoch, als "dauerverzerrte Stichprobe", völlig anders zusammengesetzt als der Gesmtfluß der Arbeitslosen, folglich ergibt sich auch eine wesentlich andere Zusammensetzung der Abgänge nach verschiedenen Richtungen. Die "Übervertretung" der Problemfälle im Bestand führt zu viel geringeren Wiedereingliederungen ins Erwerbsleben als dies bei einer Strombetrachtung der Fall ist.

8) F. Egle und R. Leupoldt, 1977, S. 465.

9) ANBA Jahreszahlen 1976, S. 172.

1o) Zur Registrierung arbeitsloser Jugendlicher vgl. Abschnitt 5.4.2, S. 86.

11) Im Arbeitslosenbestand ist der Anteil der Ausländer, die mehr als neun Monate arbeitslos sind, erheblich höher als 1o %. Diese Zahl bezieht sich wiederum auf den Arbeitslosenfluß.

12) Deren Anteil spielte bis 1967 noch eine große Rolle. Durch das Finanzänderungsgesetz vom 1. 1. 1968 wurde die vorher bestehende Möglichkeit, unter bestimmten Umständen neben der Rente weiter Arbeitslosengeld zu beziehen, abgeschafft. Daraufhin gingen die Arbeitslosenzahlen in dieser Gruppe drastisch zurück. 1975 wurde dann deren Registrierung ganz eingestellt (vgl. auch Werner Karr, 1977, S. 349).

13) Statistisches Bundesamt 197o.

14) Bundesanstalt für Arbeit 1973.

15) Statistisches Bundesamt 197o.

Literaturverzeichnis

ANBA, Amtliche Nachrichten der Bundesanstalt für Arbeit, Nürnberg (verschiedene Monatshefte und Hefte "Jahreszahlen").

Autorengemeinschaft IAB 1976, Zum Problem der strukturellen Arbeitslosigkeit, in: Mitteilungen aus der Arbeitsmarkt- und Berufsforschung, 9. Jg., No. 1, S. 7o ff.

Autorengemeinschaft IAB 1977, Der Arbeitsmarkt in der Bundesrepublik Deutschland 1977 (insgesamt und regional) und die Auswirkungen arbeitsmarktpolitischer Maßnahmen, in: Mitteilungen aus der Arbeitsmarkt- und Berufsforschung, 1o. Jg., No. 1, S. 1 ff.

Autorengemeinschaft IAB 1978, Der Arbeitsmarkt in der Bundesrepublik Deutschland 1978, in: Mitteilungen aus der Arbeitsmarkt- und Berufsforschung, 11. Jg., No. 1, S. 5o ff.

BACH, Hans-Uwe, KOHLER, Hans, REYHER, Lutz, TERIET, Bernhard 1977, Arbeitszeit und Arbeitsvolumen in der Bundesrepublik Deutschland 196o-1975. Struktur, Entwicklung und Auslastung, in: Mitteilungen aus der Arbeitsmarkt- und Berufsforschung, 1o. Jg., No. 1, S. 19 ff.

BAETHGE, Martin et. al. 1978, Ausbildungs- und Berufsstartprobleme von Jugendlichen, Göttingen.

BOLLE, Michael (Hrsg.) 1976, Arbeitsmarkttheorie und Arbeitsmarktpolitik, Opladen.

BRINKMANN, Christian 1976, Finanzielle und psycho-soziale Belastungen während der Arbeitslosigkeit, in: Mitteilungen aus der Arbeitsmarkt- und Berufsforschung, 9. Jg., No. 4, S. 397 ff.

BRINKMANN, Christian 1977, Arbeitslosigkeit und Mobilität, in: Mitteilungen aus der Arbeitsmarkt- und Berufsforschung, 1o. Jg., No. 2, S. 2o1 ff.

BRINKMANN, Christian und SCHOBER-GOTTWALD, Karen 1976, Zur beruflichen Wiedereingliederung von Arbeitslosen während der Rezession 1974/75, in: Mitteilungen aus der Arbeitsmarkt- und Berufsforschung, 9. Jg., No. 2, S. 91 ff.

Bundesanstalt für Arbeit 1973, Verzeichnis der Wirtschaftszweige für die Statistik der Bundesanstalt für Arbeit, Ausgabe 1973, Nürnberg.

Bundesanstalt für Arbeit 1977, Erläuterungen zur Statistik der Arbeitsvermittlung, 23. Sept. 1977.

CAIN, Glen G. 1975, The Challenge of Dual and Radical Theories of the Labor Market to Orthodox Theory, in: The American Economic Review, Vol. 65, No. 2, May 1975, S. 16 ff.

CRAMER, Ulrich und EGLE, Franz 1976, Zur durchschnittlichen Dauer der Arbeitslosigkeit, in: Mitteilungen aus der Arbeitsmarkt- und Berufsforschung, 9. Jg., No. 4, S. 482ff.

DANIEL, W.W., und STILGOE, E., 1976, Towards an American Way of Unemployment, in: New Society vom 1o. 2. 1976.

Deutsches Institut für Wirtschaftsforschung 1977, Wochenbericht 9/1o, S. 81 ff.

Deutsches Institut für Wirtschaftsforschung 1978, Wochenbericht 13, S. 125 ff.

DIRICKX, Y.M.I., FREIBURGHAUS, Dieter, SERTEL, Murat M., 1974, Auswirkungen der Energiekrise auf die Beschäftigung von Gastarbeitern in Westdeutschland, IIM Report Series IV/74-1, Berlin.

DOERINGER, Peter B., und PIORE, Michael J. 1971, Internal Labor Markets and Manpower Analysis, Lexington Mass.

DONALDSON, Alison 1977, Description of United Kingdom Unemployment Statistics, mimeo IIM, Berlin, November 1977

EGLE, Franz, ERNST, Angelika, SCHNUR, Peter, 1975, Verdeckte Arbeitslosigkeit in der Bundesrepublik Deutschland und Möglichkeiten ihrer Messung. Untersuchung im Auftrage der Kommission für wirtschaftlichen und sozialen Wandel, Bonn-Bad Godesberg.

EGLE, Franz und KARR, Werner 1977, Statistische Probleme einer systematischen Beobachtung der Arbeitslosigkeit, in: Mitteilungen aus der Arbeitsmarkt- und Berufsforschung, 1o. Jg., No. 3, S. 363 ff.

EGLE, Franz und LEUPOLDT, Rudolf 1977, Mehrfacharbeitslosigkeit, Dauer der Arbeitslosigkeit und Wiedereingliederung von Arbeitslosen, in: Mitteilungen aus der Arbeitsmarkt- und Berufsforschung, 1o. Jg., No. 4, S. 463 ff.

FOUCAULT, Michel 1977, Sexualität und Wahrheit, Der Wille zum Wissen, Frankfurt.

FOWLER, R.F. 1967, Duration of unemployment on the register of wholly unemployed, Studies in Official Statistics, Research Series no. 1, London.

FRANK, Robert 1977, How Long is a Spell of Unemployment, mimeo, Cornell University.

FREIBURGHAUS, Dieter, 1976, Zentrale Kontroversen der neueren Arbeitsmarkttheorie, in Bolle M. 1976. Arbeitsmarkttheorie und Arbeitsmarktpolitik, Opladen.

FREIBURGHAUS, Dieter und SCHMIDT, Günther, 1975, Theorie der Segmentierung von Arbeitsmärkten. Darstellung und Kritik neuerer Ansätze mit besonderer Berücksichtigung arbeitsmarktpolitischer Konsequenzen, in Leviathan, Heft 3., S. 417 ff.

HALL, Robert E. 1972, Turnover in the Labor Force, in: Brookings Papers on Economic Activity, No. 3.

HENTSCHEL, Ulrich, MÖLLER, Carola, PINTAR, Rüdiger 1977, Zur Lage der Arbeitslosen in Nordrhein-Westfalen, Bericht 11 des Instituts zur Erforschung sozialer Chancen, Köln.

HOFFMANN, Hans Peter und WERMTER, Winfried 1976, Die Beschäftigungsstatistik der Bundesanstalt für Arbeit, in: Arbeit und Beruf, 27. Jg., No. 2., S. 533 ff.

International Labour Office 1959, The Standardisation of Labour Statistics, Geneva.

KARR, Werner 1977, Zur Altersstruktur der Arbeitslosen, in: Mitteilungen aus der Arbeitsmarkt- und Berufsforschung, 1o. Jg., No. 3, S. 349 ff.

KATZ, Arnold (Hrsg.) 1977, The Economics of Unemployment Insurance: A Symposium, in: Industrial and Labor Relations Review, Vol. 3o, No. 4.

KELLERER, Hans 1965, Mittlere Verbleibdauer und Umschlaghäufigkeit - zwei Kennzahlen für Erneuerungsintensität von Bestandsmassen, in: Schweizerische Zeitschrift für Volkswirtschaft und Statistik, 1o1. Jahrgang, Bern.

KÖLLER, Martin und KÖNIG Ingeborg 1977, Internationaler Vergleich von Arbeitslosenquoten, in: Beiträge zur Arbeitsmarkt- und Berufsforschung, Nürnberg.

KUDAT, Ayse, SERTEL, Murat, FREIBURGHAUS, Dieter 1975, Ein Vorschlag zur Messung der Diskriminierung der Beschäftigung ausländischer Arbeitnehmer in Westdeutschland, Preprint Series AVG p/75-13, Wissenschaftszentrum Berlin.

KÜHL, Jürgen 1976, Bereitstellung und Besetzung von Arbeitsplätzen, in: Mitteilungen aus der Arbeitsmarkt- und Berufsforschung, 9. Jg., No. 4., S. 414 ff.

KÜHL, Jürgen, PUSSE, Leo, TERIET, Bernhard, ULRICH, Erhard 1975, Bezugssystem für Ansätze einer Theorie der erwerbswirtschaftlichen und kontrahierten Arbeit, in: Mitteilungen aus der Arbeitsmarkt- und Berufsforschung, 8. Jg., No. 4, S. 287 ff.

LEICESTER, Colin 1976, The duration of unemployment and job search, in: G.D.N. Worswick (ed.), The Concept and Measurement of Involuntary Unemployment, London.

LUTZ, Burkhart 1978, Wirtschaftliche Entwicklung, betriebliche Interessen und Arbeitsmarktsegmentation, hektographierter Bericht, München.

MAASE, Mira und MENDIUS, Gerhard 1975, Beschäftigungsanpassung in der Kraftfahrzeugindustrie - Was erreicht der Betriebsrat für die Arbeitnehmer, Arbeitsbericht 5 des Instituts für sozialwissenschaftliche Forschung, München.

MASLOW, Abraham H., 1977, Die Psychologie der Wissenschaft, Neue Wege der Wahrnehmung und des Denkens, München.

MEISSNER, Werner und WELSCH, Johann 1976, Tendenzwende: Ökonomische Aspekte, in: Gewerkschaftliche Monatshefte, 27. Jg., No. 6, S. 332 ff.

MENDIUS, Gerhard, SCHULTZ-WILD Rainer 1976, Personalabbau und Interessenvertretung durch den Betriebsrat - Zur Krisenbewältigung in der Automobilindustrie, in: Leviathan Heft 4, S. 465 ff.

MERTENS, Dieter 1973, Der Arbeitsmarkt als System von Angebot und Nachfrage, in: Mitteilungen aus der Arbeitsmarkt- und Berufsforschung, 6. Jg., No. 3, S. 229 ff.

MERTENS, Dieter und REYHER, Lutz 1977, Zum Beschäftigungsproblem in den nächsten Jahren, in: Gewerkschaftliche Monatshefte, 28. Jg., No. 1, S. 1 ff.

NICKELL, Stephen 1977, Estimating the Probability of Leaving Unemployment, Centre for Labour Economics, LSE, Discussion Paper No. 7.

NOLL, Heinz-Herbert 1977, Soziale Indikatoren für Arbeitsmarkt und Beschäftigungsbedingungen, in: Zapf W., (Hrsg.) Lebensbedingungen in der Bundesrepublik, SPES-Projekt, Frankfurt/Mannheim.

OFFE, Claus 1977, Die kritische Funtkion der Sozialwissenschaften, in: Wissenschaftszentrum Berlin (Hrsg.), Interaktion von Wissenschaft und Politik, Frankfurt/New York.

OFFE, Claus und HINRICHS, Karl 1977, Sozialökonomie des Arbeitsmarkts und die Lage "benachteiligter" Gruppen von Arbeitnehmern, in: Offe Claus (Hrsg.), Opfer des Arbeitsmarkts, Neuwied.

PHELPS, Edmund S. 197o, Microeconomic Foundations of Employment and Inflation Theory, London.

PHELPS, Edmund S. 1972, Inflation Policy and Unemployment Theory, New York.

PIORE, Michael J. 1973, Fragments of a "Sociological" Theory of Wages, in: Proceedings of the 25th Annual Meeting of the Industrial Relations Association, S. 286 ff.

RAHMANN, N.A. 1968, A Course in Theoretical Statistics, London.

SALAIS, Robert 1974, Chômage: fréquences d'entrée et durée moyennes selon l'enquête employ, in: Annales de L'INSEE, No. 16/17.

SALANT, Stephen W. 1974, Search Theory and Duration Data: A Theory of Sorts, Special Studies Paper-Division of Research and Statistics, Federal Reserve Board, Washington, B.C. Nr. 42.

SCHMID, Günther 1977, Strukturelle Arbeitslosigkeit in der BRD, IIM paper 77-6, Berlin.

SCHMID, Günther und FREIBURGHAUS, Dieter 1977, Arbeitsmarktpolitik in Schweden und in der Bundesrepublik: Überlegungen zu einer möglichen Wende arbeitsmarktpolitischer Konzeption, in: Forum DS, 2. Jahrgang, No. 4.

SCHULTZ-WILD, Rainer 1978, Betriebliche Beschäftigungspolitik in der Krise - Forschungsergebnisse aus der Rezession 1973/75, Frankfurt.

SCHWABE, Wolfgang 1976, Grundlagen und Verfahren der neuen Statistik, in: Arbeits- und Sozialstatistik, 27. Jg., No. 4. S. 1o3 ff.

SENGENBERGER, Werner 1975, Arbeitsmarktstruktur: Ansätze zu einem Modell des segmentierten Arbeitsmarkts, Frankfurt, München.

SENGENBERGER, Werner (Hrsg.) 1978, Der gespaltene Arbeitsmarkt, Frankfurt, New York.

Statistisches Jahrbuch für die Bundesrepublik Deutschland, Stuttgart (verschiedene Jahrgänge).

Statistisches Bundesamt 197o, Systematische Verzeichnisse, Klassifizierung der Berufe, Ausgabe 197o, Stuttgart und Mainz.

STEGER, Almut 1977, Problemdimensionen und soziale Indikatoren der Bevölkerungsentwicklung, in: W. Zapf (Hrsg.), Lebensbedingungen in der Bundesrepublik, SPES-Projekt, Frankfurt/Mannheim.

STIEGLER, G.J. 1962, Information in the Labor Market, in: Journal of Pol. Econ., 7o.

THUROW, Lester C., Die Arbeitskräfteschlange und das Modell des Arbeitsplatzwettbewerbs, in: Sengenberger W. (Hrsg.) 1978, Der gespaltene Arbeitsmarkt, Frankfurt, New York.

ULLMANN, Hans 1977, Die Theorie des dualen Arbeitsmarkts, Darstellung und Kritik, Diplomarbeit am Fachbereich Wirtschafts- und Sozialwissenschaften der Universität Erlangen-Nürnberg.

VIETORISZ, Thomas und HARRISON, Bennett 1973, Labor Market Segmentation: Positive Feedback and Divergment Development, in: American Economic Review (Papers and Proceedings) 63 (1973) 2, S. 366 ff.

WACHTER, Michael L. 1974: Primary and Secondary Labor Markets: A Critique of the Dual Approach, in: Brookings Papers on Economic Activity, No. 3, S. 637 ff.

WERNER, Heinz 1971, Zur Arbeitsmarktstatistik in acht Industriestaaten, in: Mitteilungen aus der Arbeitsmarkt- und Berufsforschung, 4. Jg., No. 3, S. 221 ff.

WORSWICK G.D.N. ed. 1976, The Concept and Measurement of Involuntary Unemployment, London.

as Wissenschaftszentrum Berlin ist eine Trägerorganisation für sozialwissenschaftliche Forschungseinrichtungen und betreibt in seinen z.Zt. 3 Instituten problemorientierte Forschung in gesellschaftsrelevanten Schwerpunktbereichen. Dem Wissenschaftszentrum gehören an:

1. Das Internationale Institut für Management und Verwaltung (IIMV),
2. Das Internationale Institut für Vergleichende Gesellschaftsforschung (IIVG),
3. Das Internationale Institut für Umwelt und Gesellschaft (IIUG).

Charakteristisch für die Arbeitsweise aller Einrichtungen sind die internationale Besetzung, die interdisziplinäre Projektbearbeitung in Forschergruppen sowie der Anwendungsbezug und die Praxisorientierung der Institutsprogramme.